KB184746

소송과 중재를 위한 금융

제3자 펀딩

안태준

THIRD-PARTY FUNDING

박영사

序文

    소송이나 중재를 수행하기 위해서는 많은 자금이 필요하다. 또한 소송이나 중재의 결과에 따라 그 당사자들은 상당한 재무적 위험에 노출될 수 있다. 이러한 이유로 소송이나 중재 등 분쟁해결절차의 당사자들은 제3자로부터 자금을 조달하거나 제3자에게 위험을 이전하기 위한 금융적 수단을 필요로 할 수 있다. 이러한 수요에 부합하는 법률 분야의 금융방법으로서, 제3자 펀딩(Third-Party Funding)계약이 영국과 호주를 비롯한 영미법 국가들뿐만 아니라 독일을 비롯한 일부 대륙법 국가에서도 널리 활용되고 있다. 제3자 펀딩계약은 제3자 펀딩업자가 의뢰인에게 소송 또는 중재를 위한 자금을 제공하고 승소할 경우에만 승소금액 중 일정 비율을 받기로 하는 계약을 말한다. 제3자 펀딩계약은 사법에 대한 접근권(access to justice)을 확대시키고 법률비용과 법률 위험을 재무적 기법에 의해 효율적으로 관리할 수 있도록 하는 장점으로 인하여 해외에서는 그 활용이 늘어나고 있고, 학문적으로도 구미의 유명 법과대학이나 로스쿨에서는 '법률금융(Legal Finance)' 등의 과목명으로 제3자 펀딩 내지 소송금융을 연구하고 강의하는 법학자가 적지 않다.

    이와 대조적으로 국내에서는 아직 제3자 펀딩이 본격적으로 활용되고 있지 않고 학문적으로도 제3자 펀딩 내지 소송금융에 대한 연구는 거의 이루어지지 않은 상황이다. 그러나 국내에서도 각종 집단소송의 도입, 권리주체인 국민의 권리의식 향상, 3배/5배 배상제도 내지 징벌적 손해배상제도의 도입 내지 확대 움직임 등으로 인하여 거액의 청구금액을 다투어야 하는 대규모 소송이 증가할 것으로 예상된다. 그에 따라 그 소송당사자들이 대규모 소송에 대응하기 위해 조달해야 할 자금의 규모 역시 커질 것이고, 그러한 소송의 판결금액 역시 과거보다 상당히 높아질 것이므로 소송으로 인한 위험 역시 대폭 커질 것으로 예상된다. 한편 국제중재 분야에서는 청구금액이 수조 원에 이르고 법률비용이 수백억 원에 이르기도 하는 투자중재는 말할 것도 없고, 상사중재에서도 건설이나 조선 사건 등을 중심으로 이미 청구금액이나 법률비용을 통상적인 기업의 현금흐름으로 감당하기에 벅찬 사건이 비일비재한 상황이다. 더욱이 우리나라 정부는 서울 등을 세계적인 중재지로 육성하려는 정책적 목표를 가지고 있는데 아시아에서 국제중재로 유명한 주요 도시 내지 국가는 이미 제3자 펀딩을 법제화하여 이를 법률비용을 조달하기 위한 금융수단으로 적극 활용하고 있다. 이러한 상황을 고려할 때, 국내에서도 소송과 중재를 위한 자금조달 내지 위험관리 수단으로서 제3자 펀딩을 활용하기 위한 논의와 제도 정비가 시급해 보인다.

제3자 펀딩은 일종의 금융거래 내지 금융투자로서의 속성을 가지기 때문에 그 계약을 위해 다양한 금융계약기법을 활용해야 할 뿐만 아니라 금융소비자로서의 소송당사자를 보호하기 위한 금융규제장치도 필요할 수밖에 없다. 이러한 측면에서 제3자 펀딩은 금융거래법과 금융규제법을 망라한 금융법 분야와 밀접하게 관련되어 있다. 한편 제3자 펀딩업자가 당사자나 대리인의 절차적 행위에 간섭하거나 분쟁해결절차에 대한 통제권을 행사할 경우에는 분쟁해결절차를 왜곡시킬 위험을 증가시키고 분쟁해결절차의 온전성과 공정성이라는 공공의 이익을 심각하게 훼손시킬 수 있다. 이러한 위험을 예방하기 위해서는 제3자 펀딩의 존재 및 제3자 펀딩업자에 관한 정보를 공개하도록 하고 제3자 펀딩업자의 절차 개입을 억제하고 제재할 수 있는 절차법적 제도를 정비할 필요도 있는데, 이러한 맥락에서 제3자 펀딩은 민사소송법과 중재법을 망라한 절차법 분야와도 긴밀하게 관련되어 있다. 이 외에도 제3자 펀딩에 대한 연구를 위해서는 보험법, 변호사법 등에 대한 검토도 필요할 수 있고, 관련 제도를 합리적으로 설계하기 위하여는 법경제학적 접근방식도 유용하게 활용될 수 있다.

필자는 판사와 대형로펌 국제중재 변호사로서의 실무경험과 대학원에서 금융법을 포함하여 상사법을 연구한 이력을 바탕으로 제3자 펀딩이라는 난해하면서도 흥미로운 주제에 대하여 박사논문을 작성한 바 있는데, 지난 몇 년간 로스쿨 상법 교수로서의 연구와 강의 경험을 바탕으로 그 박사논문을 수정·발전시켜 이번에 본서를 발간하게 되었다. 제3자 펀딩은 광범위한 학

제 간 연구를 필요로 하는 난해하고 복잡한 연구주제임에 비해, 필자의 지식과 저술능력이 미약하여 본서를 통한 연구성과는 아직 많이 미흡할 것이다. 부디 본서를 계기로 재능 있는 상사법, 절차법, 법경제학 분야의 학자들과 실무가들이 제3자 펀딩이라는 주제에 대하여 관심을 가지고 제3자 펀딩을 새로운 관점에서 분석한 다양한 연구성과가 나오길 기대한다.

본서의 서문을 통해 감사의 말씀을 전할 분들이 많다. 대학 재학 시부터 필자에게 많은 가르침을 주셨던 송상현 교수님(前 국제형사재판소 소장), 송옥렬 교수님, 김재형 교수님(前 대법관), 정순섭 교수님 그리고 법무법인(유) 율촌에서 선배 변호사로서 필자를 관심과 애정으로 이끌어주셨던 백윤재 변호사님, 김세연 변호사님(現 김·장 법률사무소), 법원에서 부장판사와 배석판사로 만난 이후 필자에게 법조 선배로서 항상 많은 가르침을 주시고 계신 전현정 변호사님(前 서울중앙지법 부장판사)을 비롯하여 필자가 법학도에서 법관, 변호사, 교수로 성장하는 동안 필자에게 많은 가르침과 도움을 주신 학계와 법조 선배분들께 본서의 출간을 계기로 다시 한번 감사의 말씀을 전한다. 어려운 출판 환경에도 본서를 출간할 기회를 주신 박영사 관계자 분들께도 감사의 말씀을 전하고, 사랑하는 가족에게도 감사와 사랑의 마음을 전한다.

2025. 1.
저자 안태준

목차

Chapter 03. 제3자 펀딩에 대한 비교법적 연구

Chapter 04. 제3자 펀딩의 이해당사자 간 계약관계의 문제와 그 해결방안

Chapter 05. 제3자 펀딩과 관련한 절차법상의 문제와 그 해결방안

Chapter 06. 제3자 펀딩에 대한 금융규제의 문제

참고문헌

1. 국문

(1) 단행본

Kraakman, Reinier et al (김건식 외 역), 회사법의 해부, 소화, 2014 [Kraakman et al (김건식 외 역, 2014)]

김건식·정순섭, 자본시장법, 두성사, 2013 [김건식 외 (2013)]

김건식·노혁준·천경훈, 회사법, 박영사, 2018 [김건식 외 (2018)]

김병연·권재열·양기진, 자본시장법: 사례와 이론, 박영사, 2018 [김병연 외 (2018)]

김화진, 자본시장법 이론, 박영사, 2016 [김화진 (2016)]

목영준·최승재, 상사중재법, 박영사, 2018 [목영준 외 (2018)]

민일영 (편집대표), 주석 민사소송법 I, 한국사법행정학회, 2018 [민일영 (주석 민사소송법, 2018)]

박세민, 보험법, 박영사, 2019 [박세민 (2019)]

박준·한민, 금융거래와 법, 박영사, 2018 [박준 외 (2018)]

성희활, 자본시장법 강의, 캐피털북스, 2018 [성희활 (2018)]

이시윤, 신민사소송법, 박영사, 2019 [이시윤 (2019)]

임성우, 국제중재, 박영사, 2016 [임성우 (2016)]

임재연, 자본시장법, 박영사, 2018 [임재연 (2018)]

장형룡, 신탁법개론, 육법사, 1991 [장형룡 (1991)]

정동윤 (집필대표), 주석 상법: 보험 I, 한국사법행정학회, 2015 [정동윤 (주석 상법: 보험 I, 2015)]

정동윤 (집필대표), 주석 상법: 보험 II, 한국사법행정학회, 2015 [정동윤 (주석 상법: 보험 II, 2015)]

정찬형 (편집대표), 주석 금융법 I: 은행법, 한국사법행정학회, 2007 [정찬형 (주석 금융법, 2007)]

최수정, 신탁법, 박영사, 2019 [최수정 (2019)]

한기정, 보험법, 박영사, 2018 [한기정 (2018)]

한기정, 보험업법, 박영사, 2019 [한기정 (2019)]

호문혁, 민사소송법, 법문사, 2016 [호문혁 (2016)]

(2) 논문 등

김범준, "금융기관의 건전성 규제에 관한 국세적 논의와 개선과제-그림자금융과 보험회사 및 연기금을 중심으로", 법학논총 제39권 제2호, 2015 [김범준 (2015)]

김상만, "금융투자상품의 정의", BFL 제60호, 2013 [김상만 (2013)]

김자영·백경희, "변호사 성공보수약정에 관한 소고", 서울법학 제23권 제2호, 2015 [김자영 외 (2015)]

김종민·정순섭, "금융규제와 시장원리에 관한 연구", 한국금융연구원, 2009 [김종민 외 (2009)]

김해식·조재린·이경아, "보험회사 재무건전성 규제-IFRS와 RBC 연계방안", 보험연구원, 2015 [김해식 외 (2015)]

김홍기, "현행 금융업규제체계 및 금융투자업의 범위", BFL 제61호, 2013 [김홍기 (2013)]

박경재, "변호사의 성공보수약정의 금지논리와 그 한계", 부산대학교 법학연구 제51권 제4호, 2010 [박경재 (2010)]

박선종, "보험계약과 옵션계약의 비교에 관한 연구-변액보험과 장외옵션을 중심으로", 보험법연구 제6권 제1호, 2012 [박선종 (2012)]

박정기, "비양심성 법리에 관한 영미간 비교연구", 비교사법 제12권 제1호, 2005 [박정기 (2005)]

송옥렬, "민사소송의 법경제학", 서울대학교 법학 제46권 제2호, 2005 [송옥렬 (2005)]

심인숙, "자본시장과 금융투자업에 관한 법률상 '투자계약증권' 개념에 대한 검토", 비교사법 제15권 제1호, 2008 [심인숙 (2008)]

안건형, "클레임을 대상으로 하는 제3자 자금조달 제도-경영학분야와 법학분야의 신

융합파생상품을 중심으로", 무역학회지 제38권 제1호, 2013 [안건형 (2013)]

안수현, "금융소비자보호법 제정안의 판매관련 금융소비자보호의 의의와 한계", 금융법연구 제11권 제1호, 2014 [안수현 (2014)]

유지호·최원, "금융상품의 정의 및 분류에 관한 연구-보험상품을 중심으로", 보험연구원, 2008 [유지호 외 (2008)]

윤경, "소송신탁의 판단기준 및 임의적 소송담당의 허용한계", Jurist 제389호, 2003 [윤경 (2003)]

윤민섭, "대출형 크라우드펀딩의 개선방안", 은행법연구 제6권 제2호, 2013 [윤민섭 (2013)]

윤성승, "벤처캐피탈의 법적 기반에 관한 연구", 박사학위논문, 서울대학교, 2001 [윤성승 (2001)]

이규호, "법률비용보험의 현황과 법적 과제", 민사소송 제15권 제1호, 2011 [이규호 (2011)]

이선형, "형사사건에 관한 변호사 성공보수약정의 유효성 여부", 전북대학교 법학연구소 법학연구 통권 제48집, 2016 [이선형 (2016)]

이혜민, "Third-Party Funding(제3자 자금지원)의 가능성과 규제 방안", 저스티스 제173호, 2019 [이혜민 (2019)]

전성재, "제3자 펀딩에 관한 소고-중재시장의 활로를 찾아서", 법조 제726호, 2017 [전성재 (2017)]

정경영, "금융환경의 변화에 대한 법적 대응에 관한 연구", 성균관법학 제29권 제4호, 2017 [정경영 (2017)]

정경영, "암호통화의 본질과 스마트계약에 관한 연구", 상사법연구 제36권 제4호, 2018 [정경영 (2018)]

정선주, "변호사의 성공보수약정: 독일연방헌법재판소 2006년 12월 12일 결정을 중심으로", 민사소송 제12권 제1호, 2008 [정선주 (2008)]

정선주, "재판청구권 보장과 ADR-조정과 중재를 중심으로", 저스티스 제170권 제3호, 2019 [정선주 (2019)]

정순섭, "금융시장의 변화와 금융규제제도의 정비(상)", The Korean Journal of Securities Law Vol. 3 No. 1, 2002 [정순섭 (2002)]

정순섭, "금융규제법상 포괄개념 도입의 가능성과 타당성-자본시장통합법상 금융투자

상품의 개념을 중심으로", 서울대학교 법학 제49권 제1호, 2008 [정순섭 (2008)]

정순섭, "환경친화적 녹색금융을 위한 법적 과제", 환경법연구 제31권 제1호, 2009 [정순섭 (녹색금융, 2009)]

정순섭, "금융규제개혁과 금융소비자 보호", 상사판례연구 제22집 제4권, 2009 [정순섭 (금융소비자 보호, 2009)]

정순섭, "금융회사의 조직규제-금융회사 지배구조의 금융규제법상 의미를 중심으로", 상사판례연구 제24집 제2호, 2011 [정순섭 (2011)]

정순섭, "금융규제법체계의 관점에서 본 자본시장법", BFL 제61호, 2013 [정순섭 (2013)]

정순섭, "금융감독체계의 구성원리에 관한 연구-이원화모델을 중심으로", 민사판례연구 (XXXVII), 박영사, 2015 [정순섭 (2015)]

정순섭, "금융소비자보호의 기본 법리", BFL 제80호, 2016 [정순섭 (2016)]

최유삼·유승은, "금융소비자보호체계에 대한 법적 연구", BFL 제58호, 2013 [최유삼 외 (2013)]

허규, "신탁행위와 신탁법상의 신탁", 사법논집 제5집, 1974 [허규 (1974)]

2. 영문

(1) 단행본

Blackaby, Nigel et al, *Redfern and Hunter on International Arbitration* (Oxford University Press 2009) [Blackaby et al (2009)]

Born, Gary, *International Arbitration: Law and Practice* (Wolters Kluwer 2016) [Born (2016)]

Burke, Thomas, *Lawyers, Lawsuits* and Legal Rights: The Battle over Litigation in American Society (University of California Press 2002) [Burke (2002)]

Croley, Steven, *Civil Justice Reconsidered: Toward a Less Costly, More Accessible Litigation System* (NYU Press 2017) [Croley (2017)]

Moses, Margaret, *The Principles and Practice of International Commercial*

Arbitration (Cambridge University Press 2017) [Moses (2017)]

Nieuwveld, Lisa Bench and Victoria Shannon Sahani, *Third-Party Funding in International Arbitration* (Kluwer Law International 2017) [Nieuwveld and Sahani (2017)]

Paulsson, Marike, *The 1958 New York Convention in Action* (Kluwer Law International 2016) [Paulsson (2016)]

Perrin, Leslie (ed), *The Third Party Funding Law Review* (Law Business Research 2018) [Perrin (2018)]

Smith, Marcus and Nico Leslie, *The Law of Assignment* (Oxford University Press 2018) [Smith and Leslie (2018)]

Volsky, Max, *Investing in Justice* (The Legal Finance Journal 2013) [Volsky (2013)]

Von Goeler, Jonas, *Third-Party Funding in International Arbitration and Its Impact on Procedure* (Kluwer Law International 2016) [Von Goeler (2016)]

(2) 논문 및 기고문

Abraham, Donald, "Investor-Financed Lawsuits: A Proposal to Remove Two Barriers to an Alternative Form of Litigation Financing" (1992) 43 Syracuse Law Review 1297 [Abraham (1992)]

Abramowicz, Michael, "On the Alienability of Legal Claims" (2005) 114 Yale Law Journal 697 [Abramowicz (2005)]

Abramowicz, Michael, "Litigation Finance and the Problem of Frivolous Litigation" (2014) 63 DePaul Law Review 195 [Abramowicz (2014)]

Abrams, David and Daniel Chen, "A Market for Justice: A First Empirical Look at Third Party Litigation Funding" (2013) Penn Law Faculty Scholarship Paper 875 [Abrams and Chen (2013)]

Attrill, Wayne, "Ethical Issues in Litigation Funding" (IMF Australia Ltd, 16

February 2009) [Attrill (2009)]

Barker, George, "Third-Party Funding in Australia and Europe" (2012) 8 Journal of Law, Economics & Policy 451 [Barker (2012)]

Barksdale, Courtney, "All That Glitters Isn't Gold: Analyzing the Costs and Benefits of Litigation Finance" (2007) The Review of Litigation 707 [Barksdale (2007)]

Barrington, Louise, "Third-Party Funding and the International Arbitrator" in Patricia Louise Shaughnessy and Sherlin Tung (eds), *The Powers and Duties of an Arbitrator* (Kluwer Law International 2017) [Barrington (2017)]

Boardman, Michelle, "Insurers Defend and Third Parties Fund: A Comparison of Litigation Participation" (2012) 8 Journal of Law, Economics & Policy 673 [Boardman (2012)]

Bogart, Christopher, "Dispute Resolution- Third-Party Funding: Helping Companies Control Runaway Litigation Costs" (2013) 34 Business Law Review 148 [Bogart (2013)]

Bond, Paul, "Making Champerty Work: An Invitation to State Action" (2002) 150 University of Pennsylvania Law Review 1297 [Bond (2002)]

Carlucci, Jennifer, "Litigation Funding Devices for Franchisees: Are They Securities" (1996) 25 Hofstra Law Review 353 [Carlucci (1996)]

Coester, Michael and Dagobert Nitzsche, "Alternative Ways to Finance a Lawsuit in Germany", Civil Justice Quarterly, 24 January 2005 [Coester and Nitzsche (2005)]

Cord, Stephen, "Getting Trust Fund Lawyers under Control: Using Third-Party Litigation Financing and the Litigation Budget to Maximize Litigation Trust Funds" (2017) 4 Business & Bankruptcy Law Journal 181 [Cord (2017)]

Couture, Wendy Gerwick, "Securities Regulation of Alternative Litigation

Finance" (2014) 42(1) Securities Regulation Law Journal Art. 1 [Couture (2014)]

Cremades, Bernardo, "Usury and Other Defenses in U.S. Litigation Finance" (2013) 23 Kansas Journal of Law & Public Policy 151 [Cremades (2013)]

De Morpurgo, Marco, "A Comparative Legal and Economic Approach to Third-Party Litigation Funding" (2011) 19 Cardozo Journal of International & Comparative Law 343 [De Morpurgo (2011)]

Dluzniak, Simon, "Litigation Funding and Insurance" (2009) [Dluzniak (2009)]

Faure, Michael and Jef De Mot, "Comparing Third-Party Financing of Litigation and Legal Expenses Insurance" (2012) 8 Journal of Law, Economics & Policy 743 [Faure and De Mot (2012)]

Fortese, Fabricio and Lotta Hemmi, "Procedural Fairness and Efficiency in International Arbitration" (2015) 3(1) Groningen Journal of International Law 110 [Fortese and Hemmi (2015)]

Friedman, Lawrence, "Litigation and Society" (1989) 15 Annual Review of Sociology 17 [Friedman (1989)]

Frignati, Valentina, "Ethical Implications of Third-Party Funding in International Arbitration" (2016) 32 Arbitration International 505 [Frignati (2016)]

Gaffney, John, "'Abuse of Process' in Investment Treaty Arbitration" (2010) 11 The Journal of World Investment & Trade 515 [Gaffney (2010)]

Gaillard, Emmanuel, "The Representations of International Arbitration" (2010) 1(2) Journal of International Dispute Settlement 271 [Gaillard (2010)]

Gaillard, Emmanuel, "International Arbitration as a Transnational System of Justice" in Albert Jan Van Den Berg (ed), *Arbitration-The Next Fifty*

Years (ICCA Congress Series No. 16, 2012) [Gaillard (2012)]

Gaillard, Emmanuel, "Abuse of Process in International Arbitration" (2017) 32(1) ICSID Review 1 [Gaillard (2017)]

Gayner, Oliver and Susanna Khouri, "Singapore and Hong Kong: International Arbitration Meets Third Party Funding" (2017) 40(3) Fordham International Law Journal 1033 [Gayner and Khouri (2017)]

Giesel, Grace, "Alternative Litigation Finance and the Work-Product Doctrine" (2012) 47 Wake Forest Law Review 1083 [Giesel (2012)]

Glasgow, Tom et al, "Dispute Resolution Finance in Korea: An Introduction to Basic Concepts of Third Party Litigation and Arbitration Funding, the Development of the Global Industry and its Application to Korea" (2018) 9 Korean Arbitration Review 39 [Glasgow et al (2018)]

Grous, Lauren, "Causes of Action for Sale: The New Trend of Legal Gambling" (2006) 61 University of Miami Law Review 203 [Grous (2006)]

Guven, Brooke and Lise Johnson, "The Policy Implications of Third-Party Funding in Investor-State Dispute Settlement" (2019) Columbia Center on Sustainable Investment Working Paper [Guven and Johnson (2019)]

Herschkopf, Jayme, "Third-Party Litigation Finance" (2017) Federal Judicial Center Pocket Guide Series [Herschkopf (2017)]

Huang, Bert, "Litigation Finance: What do Judges Need to Know?" (2012) 45 Columbia Journal of Law and Social Problems 525 [Huang (2012)]

Kidd, Jeremy, "Modeling the Likely Effects of Litigation Financing" (2016) 47 Loyola University Chicago Law Journal 1239 [Kidd (2016)]

Kim, Beomsu et al, "Is Korea on its Way to Become a New Arbitration Hub for Asia?" (Global Arbitration Review, 2019) [Kim et al (2019)]

Kleinheisterkamp, Jan, "The Impact of Internationally Mandatory Laws on the Enforceability of Arbitration Agreements" (2009) 3(2) World

Arbitration & Mediation Review 91 [Kleinheisterkamp (2009)]

Legg, Michael et al, "The Rise and Regulation of Litigation Funding in Australia" (2011) 38 Northern Kentucky Law Review 625 [Legg et al (2011)]

Lyon, Jason, "Revolution in Progress: Third-Party Funding of American Litigation" (2010) 58 UCLA Law Review 571 [Lyon (2010)]

Martin, Susan Lorde, "Syndicated Lawsuits: Illegal Champerty or New Business Opportunity?" (1992) 30 American Business Law Journal 485 [Martin (1992)]

Martin, Susan Lorde, "Financing Litigation On-Line Usury and Other Obstacles (2002) 1 DePaul Business & Commercial Law Journal 85 [Martin (2002)]

Martin, Susan Lorde, "The Litigation Financing Industry: The Wild West of Finance Should be Tamed not Outlawed" (2004) 10 Fordham Journal of Corporate & Financial Law 55 [Martin (2004)]

Martin, Susan Lorde, "Litigation Financing: Another Subprime Industry that Has a Place in the United States Market" (2008) 53(1) Villanova Law Review 83 [Martin (2008)]

McConnaughay, Philip, "The Risks and Virtues of Lawlessness: A 'Second Look' at International Commercial Arbitration" (1999) 93 Northwestern University Law Review 453 [McConnaughay (1999)]

Messina, Vienna, "Third-Party Funding: The Road to Compatibility in International Arbitration" (2019) 45 Brooklyn Journal of International Law 433 [Messina (2019)]

Molot, Jonathan, "A Market in Litigation Risk" (2009) 76(1) The University of Chicago Law Review 367 [Molot (2009)]

Molot, Jonathan, "Litigation Finance: A Market Solution to a Procedural Problem" (2010) 99 Georgetown Law Journal 65 [Molot (2010)]

Moses, Margaret, "The Growth of Arbitrator Power to Control Counsel

Conduct" (Kluwer Arbitration Blog, 2014) [Moses (2014)]

Moses, Margaret, "Public Policy under the New York Convention: National, International and Transnational" in Katia Fach Gomez and Ana Lopez-Rodriguez (eds), *60 Years of the New York Convention: Key Issues and Future Challenges* (Kluwer Law International 2019) [Moses (2019)]

Mulheron, Rachael, "England's Unique Approach to the Self-Regulation of Third Party Funding: A Critical Analysis of Recent Developments" (2014) 73(3) Cambridge Law Journal 570 [Mulheron (2014)]

Pardau, Stuart, "Alternative Litigation Financing: Perils and Opportunities" (2011) 12 U.C. Davis Business Law Journal 65 [Pardau (2011)]

Popp, Austin, "Federal Regulation of Third-Party Litigation Finance" (2019) 72(2) Vanderbilt Law Review 727 [Popp (2019)]

Radin, Margaret Jane, "Market-Inaliebility" (1987) 100 Harvard Law Review 1849 [Margaret Radin (1987)]

Radin, Max, "Maintenance by Champerty" (1935) 24(1) California Law Review 48 [Radin (1935)]

Richey, Joshua, "Tilted Scales of Justice? The Consequences of Third-Party Financing of American Litigation" (2013) 63 Emory Law Journal 489 [Richey (2013)]

Richmond, Douglas, "Other People's Money: The Ethics of Litigation Funding" (2005) 56 Mercer Law Review 649 [Richmond (2005)]

Rogers, Catherine, "International Arbitration's Public Realm" in *Contemporary Issues in International Arbitration and Mediation: The Fordham Papers* (Martius Nihoff Publishers, 2010) [Rogers (2010)]

Samra, Emily, "The Business of Defense: Defense-Side Litigation Financing" (2016) 83 The University of Chicago Law Review 2299 [Samra (2016)]

Sebok, Anthony, "The Inauthentic Claim" (2010) 64 Vanderbilt Law Review

2011 (Cardozo Legal Studies Research Paper No. 298) [Sebok (2010)]

Sebok, Anthony, "Should the Law Preserve Party Control? Litigation Investment, Insurance Law and Double Standards" (2015) 56 William & Mary Law Review 833 [Sebok (2015)]

Shamir, Julia, "Saving Third-Party Litigation Financing" (2016) 9 Northwestern Interdisciplinary Law Review 141 [Shamir (2016)]

Shannon, Victoria, "Third-Party Litigation Funding and the Dodd-Frank Act" (2014) 16 Transactions: The Tennessee Journal of Business Law 15 [Shannon (2014)]

Shannon, Victoria, "Harmonizing Third-Party Litigation Funding Regulation" (2015) 36 Cardozo Law Review 861 [Shannon (2015)]

Shavell, Steven, "The Social Versus The Private Incentive to Bring Suit in a Costly Legal System" (1982) 11(2) The Journal of Legal Studies 333 [Shavell (1982)]

Shavell, Steven, "Economic Analysis of Litigation and the Legal Process" (NBER Working Paper Series 9697, May 2003) [Shavell (2003)]

Silver, Charles, "Litigation Funding versus Liability Insurance" (2014) 63 DePaul Law Review 617 [Silver (2014)]

Steinitz, Maya, "Whose Claim is This Anyway-Third-Party Litigation Funding" (2011) 95 Minnesota Law Review 1268 [Steinitz (2011)]

Steinitz, Maya, "The Litigation Finance Contract" (2012) 54 William & Mary Law Review 455 [Steinitz (2012)]

Steinitz, Maya, "Incorporating Legal Claims" (2015) 90 Notre Dame Law Review 1155 [Steinitz (2015)]

Steinitz, Maya and Abigail Field, "A Model Litigation Finance Contract" (2014) 99 Iowa Law Review 711 [Steinitz and Field (2014)]

Stempel, Jeffrey, "The Relationship between Defense Counsel, Policyholders, and Insurers: Nevada Rides Yellow Cab Towards

'Two-Client' Model of Tripartite Relationship. Are Cumis Counsel and Malpractice Claims by Insurers Next?" (2007) University of Nevada Las Vegas School of Law Scholarly Works Paper 183 [Stempel (2007)]

Van Boom, Willem, "Financing Civil Litigation by the European Insurance Industry" in Tuil, M. and Visscher, L.T. (eds), *New Trends in Financing Civil Litigation in Europe: A Legal, Empirical and Economic Analysis* (Edward Elgar 2010) [Van Boom (2010)]

Velchik, Michael and Jeffery Zhang, "Islands of Litigation Finance" (2017) Harvard John M. Olin Fellow's Discussion Paper No. 71 [Velchik and Zhang (2017)]

Waye, Vicki, "Conflicts of Interests between Claimholders, Lawyers and Litigation Entrepreneurs" (2007) 19(1) Bond Law Review 225 [Waye (2007)]

Wendel, Bradley, "Alternative Litigation Finance and Anti-Commodification Norms" (2014) 63 DePaul Law Review 655 [Wendel (2014)]

Yeazell, Stephen, "Re-Financing Civil Litigation" (2002) 51 DePaul Law Review 183 [Yeazell (2002)]

Yeazell, Stephen, "Brown, the Civil Rights Movement, and the Silent Litigation Revolution" (2004) 57 Vanderbilt Law Review 1975 [Yeazell (2004)]

Zander, Michael, "Will the Revolution in the Funding of Civil Litigation in England Eventually Lead to Contingency Fees?" (2002) 52 DePaul Law Review 259 [Zander (2002)]

Zimmerman, Alan et al, "Economics and the Evolution of Non-Party Litigation Funding in America: How Court Decisions, the Civil Justice Process, and Law Firm Structures Drive the Increasing Need and Demand for Capital" (2016) 12(3) New York University Journal of Law & Business 101 [Zimmerman et al (2016)]

(3) 기관 발행/후원의 연구보고서 및 간행물

American Bar Association, *Information Report to the House of Delegates: White Paper on Alternative Litigation Finance* (Commission on Ethics 20/20, February 2012) [American Bar Association (2012)]

Austalian Law Reform Commission, *Integrity, Fairness and Efficiency-An Inquiry into Class Action Proceedings and Third-Party Litigation Funders: Final Report* (ALRC Report 134, December 2018) [Australian Law Reform Commission (2018)]

Australian Securities and Investments Commission, *Litigation Schemes and Proof of Debt Schemes: Managing Conflicts of Interest* (Regulatory Guide 248, April 2013) [Australian Securities and Investments Commission (2013)]

Australian Securities and Investments Commission, *Submission: Australian Law Reform Commission Inquiry into Class Action Proceedings and Third-Party Litigation Funders* (September 2018) [Australian Securities and Investments Commission (2018)]

Burford Capital, *The 2019 Managing Legal Risk Report: A Survey of CFOs and Finance Professionals* (2019) [Burford Capital (2019)]

England and Wales Law Commission, *Proposals for Reform of the Law Relating to maintenance and champerty* (22 November 1966) [England and Wales Law Commission (1966)]

Garber, Steven, *Alternative Litigation Financing in the United States: Issues, Knowns and Unknowns* (Rand Corporation Occasional Paper Series, 2010) [Garber (2010)]

Hodges, Christopher et al, *Litigaion Funding: Status and Issues* (Oxford Center for Socio-Legal Studies and Lincoln Law School, January 2012) [Hodges et al (2012)]

International Council for Commercial Arbitration, *Report of the*

ICCA-Queen Mary Task Force on Third-Party Funding in International Arbitration (The ICCA Reports No. 4, April 2018) [International Council for Commercial Arbitration (2018)]

International Law Association, *The Inherent Powers of Arbitrators in International Commercial Arbitration* (ILA Committee Report, 2014) [International Law Association (2014)]

Jackson, Rupert, *Review of Civil Litigation Costs: Final Report* (December 2009) [Jackson (Final, 2009)]

Jackson, Rupert, *Review of Civil Litigation Costs: Preliminary Report* (May 2009) [Jackson (Preliminary, 2009)]

Law Council of Australia, *Regulation of Third Party Litigation Funding in Australia* (June 2011) [Law Council of Australia (2011)]

Law Reform Commission of Hong Kong, *Third Party Funding for Arbitration: Report* (October 2016) [Law Reform Commission of Hong Kong (2016)]

Lloyd's, *Litigation and Business: Transatlantic Trends* (2008) [Lloyd's (2008)]

McGovern, Geoffrey et al, *Third-Party Litigation Funding and Claim Transfer: Trends and Implications for the Civil Justice System* (Rand Corporation Conference Proceedings Series, 2010) [McGovern et al (2010)]

Productivity Commission, *Access to Justice Arrangements* (Productivity Commission Inquiry Report, September 2014) [Productivity Commission (2014)]

Standing Committee of Attorneys-General, *Litigation Funding in Australia* (Discussion Paper, May 2006) [Standing Committee (2006)]

US Chamber Institute for Legal Reform, *Selling Lawsuits, Buying Trouble: Third-Party Litigation Funding in the United States* (October 2009) [US

Chamber Institute for Legal Reform (2009)]

US Chamber Institute for Legal Reform, *Stopping the Sale on Lawsuits: A Proposal to Regulate Third-Party Investments in Litigation* (October 2012) [US Chamber Institute for Legal Reform (2012)]

US Chamber Institute for Legal Reform, *Selling More Lawsuits, Buying More Trouble: Third Party Litigation Funding A Decade Later* (January 2020) [US Chamber Insitute for Legal Reform (2020)]

Victorian Law Reform Commission, *Access to Justice-Litigation funding and Group Proceedings* (March 2018) [Victorian Law Reform Commission (2018)]

(4) 실무지침 및 자율규약

Association of Litigation Funders of England and Wales, "Code of Conduct for Litigation Funders" [England Code of Conduct]

Chartered Institute of Arbitrators, "International Arbitration Practice Guidelines on Application for Security for Costs" [CIARB Guidelines]

Hong Kong Secretary for Justice, "Code of Practice for Third Party Funding of Arbitration" [Hong Kong Code of Practice]

International Chamber of Commerce, "Note to Parties and Arbitral Tribunals on the Conduct of the Arbitration under the ICC Rules of Arbitration" (1 January 2019) [ICC Note]

Singapore Institute of Arbitrators, "SIARB Guidelines for Third Party Funders" [SIARB Guidelines]

Singapore International Arbitration Center, "Practice Note on Arbitrator Conduct in Cases Involving External Funding" [SIAC Practice Note]

The Law Society of Singapore, "Guidance Note 10.1.1 on Third Party Funding" [Singapore Guidance Note]

제3자 펀딩제도에
관한 개관

논의의 단초와 문제의식

법원소송절차를 중심으로 한 분쟁해결절차를 규율하는 각종 법률과 제도 등을 살펴보면, 그 전반적인 취지가 법적 분쟁해결절차의 공공성을 매우 강조하여 그 절차에는 일정한 자격을 갖춘 한정된 관여자의 역할만을 인정하고 그 외 이해관계자의 참여를 엄격히 제한하고 있다. 또한 형사사건에 관한 성공보수에 대한 대법원 전원합의체 판결[1]을 보더라도, 사법절차의 공공성을 강조하면서 그 절차에 금전적 이해관계가 개입하는 것을 지극히 경계하는 현행 법질서 관념도 파악할 수 있다.

그러나, 경제주체로서 기업이든 개인이든 그 활동과정에서 큰 자본을 필요로 하는 프로젝트를 수행해야 할 때 그것을 자신이 보유한 현금흐름만으로는 감당하기 어려운 경우가 많다. 그러한 경우 자금을 조달하기 위한 수단으로 간접금융시장에서 대출을 받을 수도 있고, 직접금융시장으로서의 자본시장에서 신주를 발행할 수도 있을 것이다. 그런데 분쟁에 관련된 금액이 크고 그 분쟁의 성격과 내용이 복잡하여 분쟁해결절차를 수행하기 위해 법률비용이 많이 소요될 경우에 분쟁당사자의 입장에서는 그러한 분쟁해결절차가 자금조달을 필요로 하는 일반적인 사업프로젝트와 별반 다르지 않을 수 있다.

한편, 경제주체는 그 활동과정에서 많은 위험에 직면할 수밖에 없고, 그 위험을 소위 헤지(hedge)하기 위해 선물계약, 보험계약 등 다양한 위험헤지를 위한 수단을 이용하고 있는 것이 주지의 사실이다. 그런데, 개인이나 기업이 어마어마한 청구금액이 관련된 소송의 피고가 된 경우, 그로 인한 위험 역시 기존의 여러 금융계약에서 다루는 위험(즉 보험계약에 규정된 다양한 보험사고, 선물계약에서 헤지하려는 환율 내지 유가 변동 등의 위험)과 그 본질에서 다르다고 보기는 어렵다. 이와 같이 소송이나 중재의 피고로 된 경우뿐만 아니라 소를 제기하거나 중재신청을 하려는 원고 입장에서도 패소로 인하여 자신이 투입한 법률비용이 매몰되거나 상대방 당사자 법률비용까지 상환해야 하는 위험을 걱정해야 할 수 있다.

이처럼 분쟁해결절차에 소요되는 자금의 조달과 공급이라는 측면 그리고 분쟁해결절차에서 비롯되는 재무적 위험의 이전과 관리의 필요성을 주목할 때, 분쟁해결절차 역시 금융거래의 목적 내지 대상에서 제외될 이유는 없다고 본다. 이와 같은 맥락에서 이미 해외에서는 영미권과 독일어권 국가들을 중심으로 제3자인 자금제공자가 소송 및 중재 당사자들에게 법률비용을 제공하고 승소했을 때 그 대가로 판결 내지 중재판정의 승소금액 중 일정 비율을 지급받기로 하는 제3자 펀딩계약이 활용되고 있고, 그와 같은 거래를 사업모델로 하는 제3자 펀딩회사들이 설립되어 분쟁해결절차에 필요한 금융수단을 제공하고 그에 따른 수익을 추구하고 있다.

한편 우리나라에서는 사회경제적으로 중대한 위법행위에 대한 민사적 억지수단이 활성화되지 않아 위법행위를 억지·제재하기 위한 국가권력 차원의 메커니즘이 형사적·행정적 집행수단에 과도하게 집중되어 있고 그로 인한 부작용이 크다는 지적이 있었다. 이러한 현실에서 제3자 펀딩은 잠재적 피해자들의 소 제기를 위한 경제적·재무적 인센티브를 실질적으로 교정함으로써 손해배상청구소송 등 민사적 억지수단을 실효성 있게 만드는 데 기여할 수 있다는 점에서도 주목할 필요가 있어 보인다.

개념 및 유형

I. 개념

1 강학상 개념

　본서에서는 소송당사자를 위한 법률비용 등을 그 분쟁과 관련 없는 제3 자가 제공하고 성공할 경우 그 대가로 판결회수금액의 일부를 지급받기로 하는 금융방법을 제3자 펀딩(third-party funding)이라 칭하고 있는데, 이와 같은 거래를 의미하는 다른 용어로는 소송펀딩(litigation funding), 소송투자 (investment in litigation), 법률금융(legal finance),[2] 대체적 소송금융(alternative litigation financing),[3] 또는 분쟁펀딩(dispute funding)[4] 등이 사용되기도 한다.

　위와 같이 제3자 펀딩 영역에서 다양한 용어가 사용되는 데서도 추론할 수 있겠지만, 역사적으로 분쟁당사자 이외의 제3자가 분쟁당사자를 위한 금 융을 제공한다는 의미에서의 거래행태는 국가마다 시대마다 다양하여 제3자 펀딩에 대한 정의 역시 다양하게 이루어질 수 있다.

　비교적 일반적인 강학상의 정의부터 살펴보면 제3자 펀딩은 (소송을 전제 로 했을 때) "소송의 대상과 관련 없는 제3자가 재무적 보상을 대가로 그 법 적 청구에 있어서 소송당사자의 목적달성을 돕기 위하여 그 당사자에게 자 금을 제공하는 관행"[5] 또는 "제3자가 소송비용을 지급하고 그 대가로 승소 할 경우 판결회수금액의 일정 비율을 받기로 하는 약정"[6]을 의미한다고 볼 수 있다. 보다 간결한 정의로는 "당사자 이외의 자에 의해 이루어지는 이윤을 목적으로 한 소송에 대한 비소구성 펀딩(non-recourse funding)"이라 할 수도 있을 것이다.[7]

2 주요 연구보고서상 개념

제3자 펀딩의 중요성이 커지자 국제적으로나 각 국가별로 권위 있는 단체가 제3자 펀딩에 대한 광범위하고 체계적인 연구용역보고서를 발간하는 경우가 늘어나고 있는데, 그와 같은 보고서를 통해 제3자 펀딩에 대하여 통일되고 포괄적인 정의를 내리려는 시도가 있다. 대표적으로, 국제상사중재협의회(International Council for Commercial Arbitration, ICCA)와 영국 퀸메리 대학이 2018년 발간한 보고서는 제3자 펀딩에 대해 "분쟁당사자 아닌 법인이 당사자, 당사자의 이해관계인 또는 당사자를 대리하는 법무법인에게 특정 사건 또는 특정 범위의 사건 집합 중 일부의 분쟁해결절차에 소요되는 비용 전부 또는 일부를 지원하기 위해 자금 또는 기타 물질적 지원을 제공하기로 하는 합의"라고 하면서 "그러한 지원 또는 자금제공은, 분쟁결과에 의해 전부 또는 부분적으로 좌우되는 보상을 대가로 제공되거나, 무상으로 또는 당사자 측이 지급하는 소정의 프리미엄을 대가로 제공되는 것"이라 정의하였다.[8]

또 다른 예로 영국에서는 2009년에 루퍼트 잭슨(Lord Justice Rupert Jackson) 판사 주도로 제3자 펀딩을 포함한 소송비용에 관하여 권위 있는 최종보고서(이하 "잭슨 최종보고서"라 한다)[9]가 발간되었는데, 그 최종보고서의 기초가 되었고 그 최종보고서가 인용하고 있는 예비보고서(이하 "잭슨 예비보고서"라 한다)는 제3자 펀딩에 관하여 비교적 간결하게 "제3자 펀딩업자가 승소할 경우 회수되는 금액 중 일정 비율을 받고 패소할 경우에는 아무것도 받지 않는 조건으로 소송을 위해 금융적 지원을 제공하는 것"이라 정의하였다.[10]

3 입법 및 국제협정상 개념

홍콩, 싱가포르는 입법을 통해 중재절차 및 그 관련 절차에 대하여 한정적으로 제3자 펀딩의 합법성을 인정하면서 제3자 펀딩의 법적 개념을 정의하고 있다. 우선 홍콩의 관련 법에 따르면 제3자 펀딩은 "제3자 펀딩업자가 펀딩계약에 따라 중재절차가 성공적인 경우에만 재무적 이익을 받는 대가로 당사자에게 중재절차를 위한 자금을 제공하는 것"을 의미한다.11) 싱가포르의 관련 법은 제3자 펀딩계약을 "분쟁해결절차의 일방 당사자와 제3자 펀딩업자 사이에 그 당사자가 받을 분쟁해결금액 중 일부를 얻는 대가로 그 분쟁해결절차 비용의 전부 또는 일부를 펀딩하는 계약"으로 정의하고 있다.12)

한편 유럽연합과 캐나다 사이의 투자무역협정인 CETA(Comprehensive Economic and Trade Agreement between Canada and the European Union) 제8.1조가 제3자 펀딩을 정의하고 있는데, 그에 따르면 제3자 펀딩은 "분쟁의 당사자가 아닌 자연인 또는 법인이 분쟁 일방당사자에게 무상으로 또는 분쟁결과에 결부된 보수를 대가로 분쟁절차비용의 전부 또는 일부를 금융제공하기 위한 펀딩"을 의미한다.13)

4 검토

위와 같은 다양한 정의를 보면 큰 차이가 느껴지지 않을 수 있어 위와 같이 다양한 정의를 검토할 실익에 대해 의문을 표시할 수도 있겠지만 제3자 펀딩은 개념상 너무나 다양한 거래를 포함할 수 있어 그에 대한 개념을 명확히 규정하지 않으면 연구의 범위가 지나치게 광범위하거나 모호할 수 있다. 따라서 제3자 펀딩에 대한 본격적인 연구에 앞서 그에 대한 개념을 명확히 규정할 필요가 있다. 예를 들어 제3자 펀딩의 주체를 한정하지 않으면, 성공보수나 보험 역시 제3자인 변호사와 보험자가 당사자에게 소송비용을 제공한다는 의미에서 제3자 펀딩의 개념에 포함될 수 있는데 연구의 목적과 범위상 성공보수나 보험은 제3자 펀딩과 구별될 필요가 있다. 또한 위 ICCA 보고서와 같이 제3자 펀딩계약의 상대방을 변호사나 법무법인까지 포함할 정도로 포괄적으로 규정하면 당사자인 개인이나 기업에 자금을 제공하는 일반적인 제3자 펀딩과 구분하여 별도의 연구주제라 할 만한 변호사 또는 법무법인을 위한 금융방법까지 연구의 범위가 확장될 우려가 있다.

한편 일부 정의에 따르면 제3자가 무상으로 소송당사자에게 자금을 제공하는 방식도 제3자 펀딩에 포섭될 여지가 있는데 본 연구의 주된 대상은 전문적인 금융업자로서의 제3자 펀딩업자가 상업적인 금융방법으로서 소송당사자에게 금융을 제공하는 방식을 염두에 두고 있으므로 제3자가 무상으로 자금을 제공하는 방식은 제3자 펀딩에 관한 본 연구의 일반적인 개념 정의에서는 일단 제외될 필요가 있다.

그리고 제3자 펀딩의 정의에 따라서는, 제3자 펀딩업자가 펀딩의 대가로 받는 보상을 '승소 시 당사자가 회수하는 판결금액 중 일정 비율'이라는 형태로 특정하여 규정하는 경우가 있는가 하면, '재무적 보상'이라는 일반적인 용어를 사용하여 포괄적으로 규정하는 경우도 있음을 알 수 있다. 물론 상업적인 제3자 펀딩의 가장 일반적인 거래관행에 따르면 제3자 펀딩업자의 보수를 당사자가 승소할 경우 상대방으로부터 실제 회수하는 판결금액 중 일정 비율의 형태로 정해지는 경우가 많기는 하지만, 뒤에서 볼 일부 제3자 펀딩거래에서는 승소 시 제3자 펀딩업자가 제공한 소송비용의 몇 배 또는 몇 % 상당의 이윤 등의 형태로 제3자 펀딩업자의 보수가 정해질 수도 있다.14) 따라서 제3자 펀딩업자가 받는 보상 측면에서는 여러 형태의 보수 내지 보상을 포섭할 수 있는 정의가 필요할 수 있다.

위와 같은 점을 고려하여, 제3자 펀딩에 관한 연구범위를 명확히 하기 위해, 실무상 잘 알려진 상업적인 제3자 펀딩 거래관행에 한정하면서, 인접 제도인 성공보수, 책임보험 또는 변호사(법무법인)를 위한 자금제공 및 무상의 자금제공을 제외할 수 있는 개념을 정의할 것이다. 다만 범위를 상업적인 성격의 제3자 펀딩으로 한정하더라도 위에서 설명한 바와 같이 제3자 펀딩업자가 받는 보상의 형태 내지 기준은 제3자 펀딩계약의 다양성과 융통성을 반영하는 차원에서 다소 포괄적인 용어를 사용하는 것이 필요하다. 이러한 목적에 의할 때 홍콩과 싱가포르의 입법상 정의 그리고 영국 잭슨 예비보고서상의 정의를 조화롭게 결합하는 것이 적절해 보인다.

그와 같은 기준에 따라 제3자 펀딩을 정의해 보면, 제3자 펀딩을 주된 사업으로 하는 제3자 펀딩업자가 소송 및 중재가 성공했을 때(화해를 포함하여)에만 당사자로부터 일정한 재무적 보상을 받는 대가로 소송 및 중재 당사자에게 소송 및 중재 절차를 위한 자본을 제공하기로 하는 거래로 정의할 수 있을 것이다.

위와 같은 정의에서 주요 개념적 징표로는 다음과 같은 요소를 들 수 있다. 첫째, 제3자 펀딩을 제공하는 주체는 제3자 펀딩을 주된 사업으로 하는 전문 제3자 펀딩업자로 한정되고, 보험상품을 제공하는 보험업자나 성공보수 약정을 하는 변호사 또는 정치·사회적 목적으로 무상으로 소송비용을 지원하는 시민사회단체 등은 제외된다. 둘째, 제3자 펀딩거래는 비소구성 자금거래로서 성공조건이 성취되었을 때에만 제3자 펀딩업자가 소정의 재무적 보상을 받을 수 있다. 이를 달리 말하면 제3자 펀딩업자의 재무적 보상이 당사자의 소송 승패의 결과에 연동되어 있다고 할 수 있다. 한편 이러한 성공의 조건을 절차법적 용어로 엄밀히 표현할 경우 단순히 판결절차에서 청구인용 판결이 선고된 것, 즉 청구권의 존재가 확정되고 집행권원을 얻는 것만으로는 성공조건이 충족되었다고 할 수 없고, 승소한 의뢰인이 패소한 상대방 당사자로부터 승소 판결금을 실제 회수까지 한 경우라야 성공조건이 충족될 수 있다.15) 다만 이하에서는 표현의 간결성을 위해 특별한 사정이 없는 한 제3자 펀딩에서의 성공조건을 주로 승소라고만 표현한다. 셋째, 제3자 펀딩계약에 따른 제3자 펀딩업자의 자본투하와 제3자 펀딩업자가 받는 재무적 보상은 서로 대가관계에 있다. 이때 제3자 펀딩업자의 재무적 보상은 앞서 본 것처럼 승소한 당사자가 회수하는 승소 판결금액 중 일정 비율 상당으로 정해지는 것이 일반적이다.

II. 거래의 성질과 구조

제3자 펀딩업자는 당사자에게 소송절차를 위한 자본을 제공해야 하는데, 이렇게 조달된 자본은 "변호사 보수, 전문가 증인 보수, 법원 비용" 등의 소송비용에 사용되는 것이 가장 일반적이지만 개인의 경우 생활비, 기업의 경우 현금흐름을 보전하기 위한 운전자금에 사용될 수도 있을 것이다.[16] 또한 제3자 펀딩업자가 제공해야 하는 자본에 소송비용의 담보제공명령이 내려진 경우의 담보비용 또는 패소했을 경우 제3자 펀딩을 받은 당사자가 상환해야 할 상대방 소송비용까지 포함되는지 여부가 문제될 수 있는데, 계약마다 다르기는 하겠지만 담보비용이나 상대방 소송비용도 제3자 펀딩업자가 지급할 자본의 범위에 포함되는 것이 일반적이라 한다.[17]

한편 제3자 펀딩업자가 받는 보상의 형태는 "판결로 회수된 금액에 대한 일정 비율(a percentage of the amount recovered)"이 가장 일반적이겠지만, "고정 보수(flat fee)", "제3자가 소송비용으로 지급한 금액의 몇 배에 해당하는 금액(a multiple of the amount advanced)", "일정한 이자율" 등도 생각해 볼 수 있을 것이다.[18]

거래의 실질에 관하여는 뒤에서도 자세히 분석하겠지만, 당사자 간의 계약 내용에 따라 일부는 대출, 보험과 유사하게 볼 수 있는 부분도 물론 있을 것이다. 그러나 상업적으로 일반적인 제3자 펀딩의 거래관행이라 할 수 있는 거래구조, 즉 제3자 펀딩업자가 소송비용을 제공하고 승소 시에 회수한 판결금액 중 일정 비율을 받기로 하는 거래구조는 대체로 투자로 이해되고 있다.[19] 이러한 일반적인 거래구조에서 제3자 펀딩업자는 그의 자본을 이용하는 소송으로부터 비롯되는 위험을 인수하는 대가로 그 소송의 결과에 따른 수익의 기회에 투자하는 것이다.[20] 위에서 본 것처럼 제3자 펀딩업자는 보통 패소 시 제3자 펀딩을 받은 당사자가 지급해야 할 상대방 소송비용까지 부담해야 하는 경우가 일반적이므로, 제3자 펀딩업자가 제3자 펀딩계약으로 인수하는 위험에는 소송과정에서 투입하는 소송비용이 매몰될 위험뿐만 아니라 패소로 인하여 상대방 소송비용까지 부담할 위험을 포함한다고 할 것이다. 이때 제3자 펀딩을 받는 당사자는 소송비용을 조달받고, (계약에서 제3자 펀딩업자가 상대방 소송비용까지 부담할 경우에) 소송으로 인한 위험을 제3자 펀딩업자에 전부 이전하면서도, 소송결과에 따른 수익의 기회에는 제3자 펀딩업자와 함께 참여하게 된다.[21] 이러한 점에서 제3자 펀딩은 청구권 양도[22]와도 구분될 수 있다. 청구권 양도에서 원권리자는 자신이 가진 청구권의 하방위험을 양수인에게 처분함과 동시에 당초 합의된 양도대가보다 높은 금액의 판결을 통해 이익을 얻을 수 있는 기회 역시 양수인에게 이전하는 반면, 제3자 펀딩의 경우 원권리자가 위험은 제3자 펀딩업자에게 이전하면서도 소송의 목적인 권리를 보유하면서 소송의 결과물이자 과실인 승소금액에 대한 이익의 기회에 계속 참여하기 때문이다. 다만, 일부 거래에서는 제3자 펀딩업자가 펀딩의 방법으로 청구권을 직접 양수하면서 그 청구권을 대상으로 하여 판결을 받은 후 회수한 판결금액 중 일부를 청구권 양도의 대가로서 원권리자인 양도인에게 지급하는 경우도 있는데 이러한 경우에는 형식은 청구권 양도이지만 실질적으로는 제3자 펀딩과 유사하다고 할 것이다.[23)]

III. 유형

1 제3자 펀딩의 다양성

제3자 펀딩시장에서는 정형화되고 표준화된 상품과 계약이 존재하기보다는 각 분쟁 사건별로 당사자들의 수요에 맞춰 맞춤형 제3자 펀딩계약이 체결되는 것이 보통이라,[24)] 시장에서의 제3자 펀딩계약의 내용과 형태는 다양하다. 그러나 일정한 기준에 따라 그 유형을 분류해 보면 다음과 같이 분류해 볼 수 있을 것이다.

2 소비자 소송펀딩과 상업적 소송펀딩의 구분

우선 소송펀딩을, 소비자 소송펀딩(consumer litigation funding)과 상업적 소송펀딩(Commercial litigation funding)으로 나누어 볼 수 있다. 소비자 소송펀딩은 통상 인신손해소송의 원고(personal injuries plaintiffs)를 위한 일종의 비소구성(non-recourse) 대출[25)]로서, 제3자 펀딩업자는 원고가 소송에서 손해를 전보받을 경우에만 소정의 펀딩보수와 함께 상환받을 수 있으며 제3

자 펀딩업자가 선지급하는 자금(cash advances)은 소송비용에 쓰이기보다는 주로 소송이 계속되는 기간 동안 원고의 생활자금에 쓰인다고 한다.[26) 이와 같은 소비자 소송펀딩은 연혁적으로 미국에서 초기 제3자 펀딩의 형태로 활용되었는데, 비교적 작은 규모의 소송을 대상으로 하였고, 미국 주에 따라서는 고리대금법이나 소비자신용법 등의 규제를 받을 수 있다.[27)

반면, 상업적 소송펀딩은 비교적 규모가 큰 상업적 소송을 대상으로 하여 승소할 경우 승소한 당사자가 회수하는 승소 판결금 중 일정 비율을 받는 대가로 소송비용을 투자하는 거래인데, 주요 제3자 펀딩업자들의 기본적인 사업모델이라 할 것이다.[28) 이하의 논의에서는 세계적인 대형 제3자 펀딩업자들의 주된 사업모델인 상업적 소송펀딩이 주로 다루어지겠지만, 개인을 대상으로 하는 소비자 소송펀딩 역시 제3자 펀딩의 유형 중 하나로서 연혁적으로나 이론적으로 의미 있는 논의의 가치를 가진다.

3 원고 펀딩과 피고 펀딩의 구분

제3자 펀딩은 원고 또는 중재신청인 측을 위한 펀딩과 피고 또는 중재피신청인 측을 위한 펀딩으로 나누어 볼 수도 있는데, 이때 전자는 일종의 파이낸스(즉, 자금조달)의 기능을 수행하는 것으로 볼 수 있는 반면, 후자는 일종의 책임보험과 유사한 기능을 수행한다고 볼 수 있을 것이다.[29)

일반적으로 제3자 펀딩 하면 직관적으로 원고 측 펀딩만을 연상하기가 쉽기에 피고 측 펀딩은 그 개념이 생소할 수 있겠지만, 제3자 펀딩업자와 피고가 서로 합의한 성공조건 금액을 기준으로 피고에 대한 판결이나 화해금액이 그 기준금액 이하일 경우에만 그 기준금액과 판결(화해)금액의 차액에 대한 일정 비율의 금액 또는 제3자 펀딩업자가 투입한 금액의 일정 배수금액을 받기로 하는 대가로 제3자 펀딩업자가 피고를 위한 소송비용을 제공하는 방식으로도 이루어질 수 있다.[30) 이러한 피고 측 펀딩은 피고가 자신에게 불리한 판결의 위험을 이전할 수 있도록 하여 사고 후 보험의 기능을 수행할 수 있다.[31) 그러나 피고 측 펀딩은 상당 부분 기존 보험상품과 기능이나 목적에서 겹치는 부분이 있어 아직 별로 활용되지 않고 있고, 피고 측 펀딩에 관한 이론적 논의도 아직 많지 않다고 할 수 있어서, 이하에서는 주로 원고 측 펀딩을 대상으로 논의를 전개하고, 피고 측 펀딩에 대하여는 이론적으로 논의가 필요한 부분에 한해 제한적으로 논의할 것이다. 따라서 이하에서 다른 특별한 언급이 없는 한 제3자 펀딩이라 할 때에는 원고 측 펀딩을 의미하는 것으로 보아도 무방할 것이다.

4 개인 원고 펀딩과 기업 원고 펀딩의 구분

원고 측을 위한 펀딩의 경우에는 그 펀딩을 받는 원고 당사자가 개인인지 아니면 기업인지에 따라 그 펀딩의 의의와 목적이 서로 다를 수 있는데, 우선 펀딩을 받는 당사자가 개인인 경우에는 이를 "사법 접근 원고(access to justice plaintiff)"라 하여 제3자 펀딩이 없었다면 그 소를 제기할 수 없었을 원고를 가리킨다.[32] 반면 펀딩을 받는 당사자가 기업인 경우에는 이를 "기업 재무 원고(corporate finance plaintiff)"라 하여 절대적 자력이 부족해서라기보다는 하나의 금융기법 차원에서 기업재무관리 또는 회계관리의 목적으로 제3자 펀딩을 받으려는 원고를 가리킨다.[33]

SECTION 03

유사 제도와의 비교

I. 보험계약과의 비교

1 책임보험의 의의 및 제3자 펀딩과의 유사성

제3자 펀딩이 소송당사자에게 소송비용을 지원하고 소송위험을 원고로부터 이전하는 거래라고 할 때, 이러한 거래의 기능은 책임보험과 법률비용보험이 종전 수행하던 기능과 유사한 측면이 있다.

책임보험은 보험기간 중의 보험사고로 제3자가 입은 손해에 대해 피보험자가 배상책임을 질 경우에 그로 인한 피보험자의 재산상 손해를 보험자가 보상하는 보험을 말한다.34) 책임보험에 의하면 제3자가 피보험자에게 소송을 제기하는 경우 보험자는 화해 또는 판결에 의해 확정되는 손해배상금을 지급하는 것은 물론 피보험자가 제3자의 청구를 방어하기 위하여 필요로 하는 재판상 또는 재판외의 비용을 피보험자에게 지급해야 한다.35) 또한 그 소송에서 패소 시 보험약관에 따라 피보험자가 부담해야 하는 상대방 소송비용에 대하여도 보험자가 책임을 부담할 수 있다.36) 따라서 소송의 피고 입장에서 책임보험은 소송비용을 지원하고 피고의 소송으로 인한 위험을 인수하기 때문에 원고 입장에서의 제3자 펀딩과 유사한 기능을 수행한다고 하겠다.

2 법률비용보험의 의의 및 제3자 펀딩과의 유사성

법률비용보험은 국내에서는 아직 별로 익숙하지 않은 개념이고, 주로 유럽에서 많이 활용되고 있는 보험 유형인데, 유럽연합의 지침에 따를 때, 그 개념은 "화해 또는 민형사 재판을 통해 피보험자가 입은 손실, 손해 또는 피해에 대한 보상을 얻고, 민·형사·행정 절차를 막론하고 피보험자를 상대로 한 청구에 대하여 피보험자를 방어하거나 대리하기 위하여, 보험료를 지급받고 법적 절차 비용을 부담하고 보험담보범위에 직접적으로 관련된 다른 서비스를 제공하기로 하는 약정"이라 할 수 있다.37)

법률비용보험은 장래에 입을 수 있는 잠재적인 소송비용을 담보하기 위한 '사고 전 보험'과 보험사고가 이미 발생한 경우에도 장래 법률비용을 담보하기 위해 들 수 있는 '사고 후 보험'으로 나누어 볼 수 있다.38) 이 중 사고 후 보험은 뒤에서 설명할 영국의 변호사 보수약정 형태 중 하나인 조건부 보수와 결합하여 주로 영국에서만 판매되는 보험상품이다.39) 영국에서 변호사와 조건부 보수약정을 한 당사자는 승소 시에는 아무런 위험을 부담하지 않지만 패소 시에는 '패자가 소송비용을 부담한다'는 영국의 소송비용 부담원칙으로 인하여 상대방의 소송비용을 스스로 부담해야 하는 위험을 안게 되자 그러한 위험을 제거하기 위하여 패소 시 상대방의 소송비용을 담보하기 위한 상품으로 사고 후 보험이 생긴 것이다.40) 이렇듯 사고 후 보험은 보험으로 인식될 수도 있는 그 표면적인 명칭과는 다르게 변호사에 대한 조건부 보수약정과 결합하여 사실상 제3자 펀딩과 유사한 기능을 수행하고 있을 뿐만 아니라 그 활용 역시 주로 영국에서만 제한적으로 이루어지고 있다고 할 수 있어서,41) 일반적으로 법률비용보험이라 할 때에는 사고 전 보험을 의미한다고 할 것이다.42)

사고 전 보험으로서의 법률비용보험에서는 보험계약 당시 법적 청구가 존재하지 않아야 하고, 보험계약자가 매년 보험료를 납입하면 보험자는 향후의 소송에서 변호사 보수, 전문가 보수 및 각종 소송경비를 부담하게 된다.43) 그런데 법률비용보험에서도 보험증권에 따라서는 패소 시에 피보험자가 부담할 상대방 소송비용까지도 담보할 수 있다.44) 이렇듯 법률비용보험을 통해 피보험자 자신의 소송비용을 지원받는 것은 물론 패소 시 부담해야 할 상대방 소송비용까지 담보될 수 있다면 이는 제3자 펀딩을 통한 소송비용 조달과 소송위험 이전이라는 기능과 별반 다를 바 없다고 할 수 있다. 특히 소송상 피고에만 활용될 수 있는 책임보험과 달리 법률비용보험은 피고뿐만 아니라 원고에게도 적용될 수 있어 원고를 위해 주로 활용되는 제3자 펀딩과의 기능적 유사성은 더 커진다고 할 것이다.

③ 제3자 펀딩과 보험 사이의 차이점

위에서 본 제3자 펀딩과 책임보험 및 법률비용보험 사이의 유사성으로 인하여 기존 보험과 관련하여 확립된 각종 이론과 제도는 제3자 펀딩에 관한 이론과 실무에 일정 부분 의미 있는 시사점을 줄 수 있을 것이다.[45]

그러나 면밀히 살펴보면 제3자 펀딩과 보험 사이에는 다음과 같은 의미 있는 차이점도 발견할 수 있는데 이러한 차이점은 보험과 관련한 이론적 논의를 제3자 펀딩에 유추하는 데 있어 일정한 한계로 작용할 것이다.

첫째, 보험은 동일한 위험에 처한 다수의 구성원들로 위험단체를 구성하고 그들 사이에서 위험을 분산하는 제도로서 보험의 핵심인 대수의 법칙을 적용하기 위하여 위험의 동질성을 본질적으로 요구한다.[46] 그러나 제3자 펀딩에서 문제되는 소송으로 인한 위험은 각 사건별로 개별화된 다양한 요인에 의존하는 이질적인 위험이라 과거의 위험발생에 관한 자료를 기반으로 한 통계적 계산을 적용하여 그 위험을 정량적으로 평가하기는 어렵다.[47] 이러한 차이로 인하여 보험에서는 위험의 동질성 요건을 충족하는 제한된 범위의 위험에 관한 소송만을 담보할 수밖에 없고 그러한 범위에 포함될 수 없는 다수의 소송은 보험에 의해 담보되기 어려울 것이다.[48] 그러나 제3자 펀딩업자는 소송위험 평가에 대한 전문성에 기반하여 각 사건마다 승소가능성에 대한 엄밀한 실사과정을 거쳐 개별적으로 펀딩 여부를 결정하기 때문에 기존 보험증권에 의해 담보될 수 없는 소송위험도 인수할 가능성이 충분히 있다.[49]

둘째, 보험의 내재적인 사행성으로 인하여 보험자는 도덕적 해이, 역선택과 같은 부작용을 항상 주의해야 하고 그로 인하여 최대 보험금 상한액을 설정한다.50) 그리고 보험의 경우 위험의 동질성과 위험의 단체성에 기반하여 위험단체 내부에서 보험료 수입과 총지출이 균형을 이루는 수준에서 보험료와 보험금을 설정해야 하는 제약 때문에라도, 보험금의 상한금액을 높게 설정할 수는 없다.51) 이렇듯 보험계약상 보험자의 보험금 지급의무에는 금액의 상한이 미리 설정되어 있고 그 상한은 대체로 낮은 경우가 많기 때문에, 어떤 소송이 보험에 의해 담보되는 보험사고의 범위에 포함된다 하여도 그 소송으로 인한 전체 비용이나 책임 중 일부 금액만이 담보되는 경우가 많아 보험으로 소송위험을 전부 대비하기는 어렵다.52) 그러나 제3자 펀딩에서는 각 사건별로 승소가능성을 평가하여 제3자 펀딩업자가 제공하는 자금의 범위 내지 제3자 펀딩업자의 책임범위를 개별적으로 협상할 수 있기 때문에 기존 보험증권에 의해 담보될 수 없는 금액의 소송에 대하여도 그 위험의 전부를 인수할 수 있다.53) 그리고 제3자 펀딩은 투자의 속성상 위험이 크더라도 소송규모(청구금액)가 같이 커지면 목표수익률이 달성될 수 있는 측면이 있고,54) 소송이 복잡하고 규모가 커서 소송비용이 많이 들 것이 예상되더라도 승소 시 제3자 펀딩업자가 받을 수익 비율을 높게 설정하는 방법으로 목표수익률을 유지할 수 있으므로, 보험과 비교했을 때 크고 복잡한 소송위험을 인수하기가 훨씬 용이하다고 할 것이다.

셋째, 국가마다 다르기는 하겠지만 일반적으로 보험계약은 유상계약으로서 보험자가 위험을 인수한 대가로 보험계약자는 보험계약 체결 후 지체없이 보험료의 전부 또는 일부를 보험자에게 지급해야 한다.55) 그리고 이때의 보험료 지급의무는 조건부 의무가 아니라 보험계약 당사자로서 보험계약자가 당연히 이행해야 할 의무이다. 그러나 제3자 펀딩에서는 계약 당시에 당사자가 제3자 펀딩업자에게 보험료에 상응하는 대가를 지급해야 할 의무가 없다. 물론 승소판결이 선고된 후 상대방으로부터 판결금액을 회수한 당사자가 제3자 펀딩업자에게 미리 합의한 소정의 수익 비율에 따라 판결금액의 일부를 지급하는 경우가 생기지만 이러한 수익금 배분의무는 승소일 경우에만 발생하는 조건부 의무라 할 것이어서 보험계약자의 보험료 지급의무와는 차이가 있다.

넷째, 일반적으로 보험계약은 보험사고나 소송보다 선행하여 체결되어야 하고, 장래 보험사고 발생은 불확정적이고 우연적이어야 한다.[56] 그리고 보험증권의 담보범위에 포함되는 보험사고가 발생하면 보험자의 개입은 자동적으로 이루어지고, 보험자가 피보험자를 방어할지 여부 또는 보험금을 지급할지 여부를 선택할 수는 없다.[57] 반면, 제3자 펀딩은 소송의 원인이 이미 발생하여 펀딩의 대상이 될 청구가 특정될 수 있는 상태에서만 계약이 체결될 수 있으며, 그 특정된 청구에 대한 개별적인 실사와 평가를 거친 후 제3자 펀딩업자의 선택에 의해 펀딩 여부를 결정한다.[58]

다섯째, 보험계약의 경우에는 통상적으로 보험증권마다 그 담보범위와 각종 면책 내지 책임제외조항이 복잡하여 어떤 사고 내지 소송이 해당 보험에 의해 담보되는지 여부에 대한 판단이 불확실하다.[59] 그러나 제3자 펀딩계약은 그 대상이 특정 청구에 한정되어 있기 때문에 사후에 기본 계약의 적용 여부와 관련하여 보험과 같은 불확실한 법적 해석의 문제를 겪지 않아도 된다.[60]

여섯째, 책임보험이나 제3자 펀딩 모두 소송수행단계에서 당사자-소송대리인-보험자(또는 제3자 펀딩업자)의 삼자 관계에 직면하고 이때 제3자인 보험자와 제3자 펀딩업자 모두 소송의 결과에 대하여 이해관계를 가지므로[61] 당사자가 아님에도 소송절차에 관여하여 통제권을 행사하려 할 수 있는데 이들 제3자에게 소송절차에 관여할 수 있는 권한을 인정할지 (인정할 경우) 어느 정도의 권한을 부여할지 여부는 논쟁의 대상이다.[62] 그리고 이와 관련하여 소송대리인인 변호사는 위와 같은 삼자 관계에서도 일반적인 소송에서와 같이 소송당사자에 대하여만 의무를 부담하면 될지 아니면 소송당사자뿐만 아니라 보험자 또는 제3자 펀딩업자 모두에게 의무를 부담할지 여부에 관하여도 논란이 있다.[63] 이에 대하여는 뒤에서 좀 더 자세히 다루겠지만, 간단히 설명하자면 책임보험에서는 보험법이 보험자에게 적극적인 방어의무를 인정하고 피보험자에게는 소송절차에 협력할 의무를 인정하며 보험자가 어느 정도 소송절차에 대한 통제권을 행사하는 것을 용인하고 있다.[64] 그러나 제3자 펀딩에서는 챔퍼티 금지 법리의 적용을 피하기 위하여 당사자에게 소송행위에 대한 최종적인 결정권을 부여하면서 제3자 펀딩업자에게는 소송절차에 대한 통제권을 부여하지 않는 게 일반적이며 이때문에 당사자와 제3자 펀딩업자 사이에 이해상충 및 대리인 문제가 발생한다.[65] 그리고 책임보험에서는 대체로 보험자에게 소송대리인인 변호사를 선임할 수 있는 권한을 인정하면서 변호사가 의뢰인에 대한 의무를 보험자와 피보험자 모두에 대하여 부담한다는 공동의뢰인 이론이 받아들여지기도 한다.[66] 그러나 제3자 펀딩에서는 챔퍼티 금지 법리와 변호사윤리규칙을 위반하지 않기 위해 변호사의 의뢰인에 대한 의무는 당사자인 원고에 대하여만 부담하며 제3자 펀딩업자의 결정과 당사자의 결정이 충돌할 경우에는 당사자의 결정이 우선하는 경우가 일반적이다.

II. 성공보수와의 비교

1 국내에서의 성공보수의 의의

국내에서는 변호사에 지급하는 보수 중 일부를 의뢰인이 위임사무의 처리결과에 따라 또는 사건 해결의 성공 정도에 따라 특별한 보수로 지급하기로 하는 약정을 성공보수 약정이라 한다.[67] 그런데 이러한 국내의 성공보수 개념은 미국식 성공보수(contingent fee) 또는 영국식 조건부 보수(conditional fee)와는 차이가 있다.[68]

이들의 개념 차이를 비교해 보면, 우선 국내에서는 성공보수약정을 한다고 하면 보통 당사자가 소송대리인에게 소송위임계약 체결과 동시에 착수금이라고 하는 기본 보수는 지급하되 그것과 별도로 소송의 결과에 따라 속칭 성공보수라고 하는 추가보수를 지급하기로 하는 이중적 보수구조를 의미하는 경우가 대부분이다.[69] 이러한 구조에서 성공보수는 제3자 펀딩에서처럼 소송비용을 부담하고 패소의 위험을 이전받는 기능을 하기보다는 변호사와 의뢰인 사이의 이해관계를 일치시켜 변호사의 업무성과를 향상시키기 위한 일종의 성과보수적 기능을 한다고 보는 것이 타당할 것이다.

2 외국에서의 성공보수의 의의

외국의 성공보수제도70)는 국내의 성공보수제도와 그 개념이나 구조가 다른데, 그 중 미국식 성공보수는 제3자 펀딩과 유사하게 변호사가 승소 시 판결수익을 분배받는 대가로 소송비용을 부담하면서 패소 시의 위험을 일부 이전받는 보수약정구조로 주로 이해되고 있다.71) 즉, 미국식 성공보수약정은 승소 없으면 보수가 없다는 기준에 바탕으로 두고, 변호사가 승소한 경우에는 판결금액의 일정 비율에 대한 권리를 보수로서 가지지만 패소한 경우에는 보통 어떠한 보수도 받지 못하는 약정이다. 따라서 제3자 펀딩과 비교하여 소송비용 제공 주체가 소송대리인인 변호사인지 아니면 당사자·대리인 이외의 펀딩업자인지 여부에 차이가 있을 뿐 소송에 관한 기본적인 비용부담 및 수익배분 구조는 제3자 펀딩과 유사한 것이 사실이다.72) 이러한 이유로 성공보수약정은 역사적으로 영미에서 금지되었던 챔퍼티에 해당한다고 간주되어 19세기 말까지는 그 유효성을 인정받지 못하다가 1930년대 중반 무렵이 되어서야 미국 대부분의 주에서 챔퍼티 금지의 예외로서 그 유효성이 인정된다.73)

한편, 영국에서는 승패에 따라 보수조건을 달리 약정하고자 할 때 조건부 보수약정구조가 흔히 사용되는데, 조건부 보수약정에 의할 때 패소 시에는 무보수 또는 할인된 시간당 보수만을 지급받고 승소 시에는 사전에 합의된 정액 형태의 보너스 금액 또는 표준 시간당 보수의 2배까지 할증된 시간당 보수를 지급받게 된다.74) 다만, 조건부 보수약정에 따라 승소 시에 받는 추가 보수는 미국식 성공보수와는 달리 판결금액에 연동되어서는 안 된다.75) 이러한 이유로 영국에서는 미국식의 성공보수가 존재하지 않는다고 할 수도 있었다.76) 그러나 최근에는 영국에도 손해액-연계 보수약정(damages based agreements)이 도입되었는데 이는 미국식 성공보수와 유사하다고 한다.77)

이 외에도 변호사 보수약정방식으로서의 성공보수는 나라별로 그에 관한 용어과 규제가 다양한데, 이 연구에서 성공보수를 분석하는 목적은 제3자 펀딩과의 비교를 통해 제3자 펀딩의 개념과 기능에 대한 이해를 명확히 하기 위한 것이므로, 이하에서는 제3자 펀딩과 유사한 부분이 많은 미국식 성공보수만을 비교분석의 대상으로 삼기로 하고 성공보수라 칭할 때에는 특별히 다른 언급이 없는 한 미국식 성공보수를 가리킨다는 점을 미리 밝혀 둔다.

3 성공보수와 제3자 펀딩의 비교

앞서 본 것처럼 성공보수는 소송당사자 이외의 자가 소송당사자에게 소송비용을 제공하고 그 대가로 승소 시 판결의 결과물 내지 과실에 대하여 일정한 지분을 얻는다는 점에서 제3자 펀딩과 유사하고 이러한 이유로 역사적으로도 제3자 펀딩과 마찬가지로 챔퍼티 금지 법리의 적용을 받았다.[78]

그러나 제3자 펀딩과 성공보수 사이에는 다음과 같은 차이점이 있고 이로 인하여 실무적으로 제3자 펀딩과 성공보수는 서로 다르게 활용되고 있다.

첫째, 성공보수 약정에서는 소송대리인인 변호사 개인 또는 법무법인 자신이 자금원이 되면서, 자금제공자와 법률서비스제공자의 역할을 동시에 수행한다.[79] 반면, 제3자 펀딩에서 제3자 펀딩업자는 실무상 전직 변호사들을 많이 고용하고 있기는 하지만 본질적으로는 금융회사이므로 기본적으로 법률비용을 제공할 뿐 대상 소송을 위한 본격적인 법률서비스는 제3자 펀딩업자가 아닌 외부 법무법인이 수행하게 된다.

둘째, 금융을 전문으로 하는 제3자 펀딩업자와 법률서비스를 전문으로 하는 변호사 또는 법무법인은 스스로 조달할 수 있는 자금의 규모에 있어 현격한 차이를 보일 수밖에 없다.[80] 따라서 변호사나 법무법인이 소송비용을 부담할 수 있는 사건의 수나 규모는 제3자 펀딩업자가 자금을 제공하는 사건의 그것과 비교하여 현저히 제한될 수밖에 없을 것이다.[81] 이러한 이유로 미국식 성공보수가 적극 활용되고 있는 국가에서는 성공보수와 제3자 펀딩의 영역이 서로 구분되어 성공보수는 주로 인신손해소송을 위해 활용되고 제3자 펀딩은 기업이 관련된 대규모 상업적 소송이나 중재를 위해 활용될 여지가 많을 것이다. 그리고 성공보수를 제공하는 변호사와는 달리 제3자 펀딩업자는 금융전문가로서 다양한 금융상품을 개발하고 판매하며 이를 소송금융과 결합시켜(예를 들어 자신이 지원하는 소송에 대한 일정 지분을 증권화하여 판매하거나 자신이 투자한 여러 소송 사건을 투자 포트폴리오로서 관리하는 등) 투자위험을 헤지하거나 분산시킬 수도 있을 것이다.82)

I. 제3자 펀딩시장

제3자 펀딩이 비교적 활발히 활용되고 있는 영국, 호주, 미국 등의 국가에서 2000년대 초를 전후하여 제3자 펀딩업자들이 본격적으로 생겨나기 시작했는데, 제3자 펀딩업자의 예로는 Burford Capital, Omni Bridgeway, Harbour Litigation Funding 등을 들 수 있다. 이들 중 특히 발행주식이 증권거래소에 상장되어 있는 회사는 주기적으로 자신들의 재무적 정보를 공시하기도 하지만, 제3자 펀딩시장에서의 상당수의 활동은 비밀유지약정의 적용을 받는 등의 이유로 그 전체 시장의 규모를 정확히 측정하기는 어렵다.[83] 그러나 일부 분석에 따르면 2018년 전세계적인 소송펀딩 시장 규모는 약 109억 1,630만 달러 정도이고 2027년까지 약 223억 7,330만 달러 규모로 성장할 것으로 예측하고 있다.[84] 또 다른 분석에 따르면 멀지 않은 장래에 약 500억 달러 규모까지 성장할 것이라는 전망도 있다.[85] 구체적으로 일부 제3자 펀딩업자의 사업실적을 보면, Burford Capital의 경우 2018년에만 13억 달러의 새로운 투자약정을 하고 그 해의 세후 순익이 3억 2,800만 달러(세전 4억 2천만 달러) 정도를 기록했다고 하는데 그 성장속도 역시 가파르다고 한다.[86]

이와 같이 제3자 펀딩시장이 확대되고 성장하는 배경을 살펴보면, 첫째, 투자자들이 변동성이 심한 기존 금융투자대상과 차별화된 새로운 투자대상으로서 소송 및 중재 펀딩에 주목하게 되었음을 들 수 있다.[87] 즉, 제3자 펀딩업자들은 법률전문가와 함께 어떤 분쟁 사건에 대하여 면밀한 실사 내지 심사를 거쳐 승소가능성을 판단하게 되고 그 과정을 통과한 사건에 대하여만 투자를 하게 된다. 이러한 과정 때문에 소송 및 중재 펀딩은 기존의 변동성이 심한 다른 금융투자상품과 비교하여 수익성과 안정성 두 가지 면에서 모두 매력적이라는 평가를 받을 수 있기 때문에 새로운 투자기회를 찾는 투자자들의 관심을 끌 수밖에 없는 것이다.

둘째, 소송이나 중재 사건 중 일부 사건들은 갈수록 복잡해지고 그 규모도 커져서 그에 따른 변호사 보수가 상당히 늘어났을 뿐만 아니라, 전문적이고 복잡한 사건일수록 변호사 이외 전문가의 도움, 즉 전문가 증인 서비스, 번역·통역 서비스, 문서 포렌식(forensic) 서비스 등을 받아야 하는데, 그와 같은 전문가 서비스 비용이 어떤 경우에는 변호사 보수에 못지않거나 변호사 보수를 초과하는 경우도 있어 그와 같은 사건을 제대로 수행하기 위해서는 막대한 비용지출이 수반되고 있다.[88] 따라서 자금사정이 그리 넉넉하지 않은 중소기업이나 개인 당사자가 그와 같은 소송이나 중재 사건을 시작하기 위해서는 제3자로부터의 금융을 필요로 할 수 있다.[89]

셋째, 최근에는 대기업들도 그 재무담당자들이 소송을 금융기법의 적용을 받는 하나의 자산으로 인식하면서, 매년 변동이 심한 소송비용을 재무관리 내지 회계 차원에서 관리할 수 있고 소송 특유의 불확실성을 기업의 위험관리 차원에서 해결할 수 있는 수단으로서 제3자 펀딩에 주목하게 되었다.[90] 즉, 대기업들도 급변하는 경제환경 속에서 갈수록 커져가는 소송비용을 비용절감 차원에서 체계적으로 관리할 필요성을 공감하고 있고, 일시에 막대한 현금이 소요되는 법률비용의 특성상 어떤 시점에는 법률비용이 기업의 현금유동성에도 악영향을 미칠 수 있다는 점을 절실히 느끼고 있는 것이다.[91] 이러한 측면에서 제3자 펀딩은 점차 대기업 재무책임자와 법무책임자에게도 소송비용과 법적 위험을 관리하는 좋은 수단으로 인식되고 있다.[92]

넷째, 주요 대형 소송이나 중재 사건의 대리인인 대형 법무법인 입장에서도 고객과의 관계에서 전통적인 시간당 요율 기준의 시간당 보수 청구방식을 고수하기가 어려워지면서 어떻게 하면 적정한 보수를 산정할 수 있을 지 그리고 어떻게 하면 수월하게 보수를 지급받을 수 있을지를 고민하고 있 다.93) 이러한 시점에서, 전문금융회사로서의 제3자 펀딩업자가 변호사 보수 를 전적으로 책임진다면 법무법인으로서는 그와 같은 고민을 덜 수 있을 것 이다.94)

위와 같은 배경으로 급격히 성장하는 제3자 펀딩이라는 산업의 변천과정 을 미국의 예를 중심으로 살펴보면, 원래 제3자 펀딩은 성공보수 모델에서 비롯된 인신손해 원고들에 대한 대출(loans to personal injury plaintiffs)에서 시작되었다가 점차 기업당사자의 상업적 청구 소송에 대한 투자로 확대되었 다.95) 초기 모델의 유형으로는 화해 전 펀딩(pre-settlement funding agreement or lawsuit loans)과 신디케이트 소송(syndicated lawsuit)이 있다. 그 중 전자 는 "인신손해 원고에게 소송이 계속되는 기간 동안의 생활비용에 충당하기 위한 자금을 선지급하되 그 사건이 그 당사자에게 유리한 판결이나 화해로 종결되면 그 판결금액이나 화해금액으로 그 대출금이 담보되는 약정"을 말 한다.96) 후자는 원고가 자신의 소송상 청구에 대한 개별 투자자를 모집하여 그들과 사이에 판결이나 화해를 통한 회수금액을 일정 비율로 분배하는 방 식을 의미한다.97) 이들 초기 유형은 그 대출금액이 많아야 2만 달러 정도에 불과하고 관련 자금제공자 역시 전문적인 금융회사들이라기보다는 성공보수 약정을 기반으로 활동하던 전직 변호사들이 세운 비교적 작은 규모의 업체 였으며 종종 약탈적 대출로 비난을 받기도 하였다.98)

위와 같은 초기 유형을 1세대라 한다면 그 이후 소위 2세대의 제3자 펀 딩은 국제적인 기관투자자로서 상업적 기업소송에 대한 펀딩을 전문으로 하 는 세계적인 몇몇 제3자 펀딩업자들에 의해 주도되는데, 그들의 펀딩을 받 는 당사자는 주로 기업당사자들이고, 펀딩 규모는 1,500만 달러 정도에 이 를 수도 있다.99) 이들 제3자 펀딩업자들 중 일부(Juridica)는 과거 1세대 펀 딩업자들이 인신손해 원고에 대한 약탈적 대출 등으로 비난을 산 점을 참작 하여 인신손해 청구에 대하여는 아예 펀딩을 하지 않는다는 정책을 세우기 도 했다.100) 이와 같이 인신손해 원고에 대한 펀딩을 하지 않고 상업적 청구 소송에 집중하는 이유는, 과거의 약탈적 대출에 대한 비난뿐만 아니라, 승소가능성 측면에서 인신손해 청구의 승소가능성을 예측하기 어렵다는 점이 꼽히고 있다. 즉, 인신손해 청구는 서면 증거보다는 증인의 진술에 의존하는 경향이 있는데 그러한 증인 진술의 신빙성 문제로 인하여 승소가능성을 쉽게 예단할 수 없는 반면, 상업적 청구 소송의 경우에는 상대적으로 증거가치가 높은 서면 증거가 주로 사용되는 경향이 있어서 그러한 증거를 바탕으로 승소가능성을 예측하기 쉬울 수 있다는 점이 작용한 것이다.101) 한편, 이러한 2세대 제3자 펀딩에는 위와 같은 소송펀딩 전문의 회사들뿐만 아니라 알리안츠(Allianz), 크레딧 스위스(Credit Suisse)와 같은 전통적인 대형 금융기관들도 제3자 펀딩 전문 계열회사(Allianz ProzessFinanz) 또는 사업부문(크레딧 스위스의 litigation-finance unit)을 설립하여 참여하고 있다.102)

이와 같은 2세대 제3자 펀딩업자들의 사업동향을 살펴보면, 소송에 집중하였던 과거와 비교하여 국제중재를 위한 펀딩을 늘리고 있다는 점이 눈에 띈다.103) 또한 원고 측과 달리 과거 성공보수약정을 적용받지 못했던 피고 측에 대한 제3자 펀딩도 새로운 영역으로 등장하고 있다.104)

향후 제3자 펀딩시장은 소송상 청구에 대한 2차적 시장의 등장으로 진화할 것으로 예상해 볼 수 있을 것이다.105) 그 예로서, 제3자 펀딩회사 상장을 통해 일반 투자자가 제3자 펀딩회사 주식에 투자함으로써 그 회사가 펀딩을 한 소송 내지 중재 사건에 간접적으로 투자할 수 있는 것도 그와 같은 2차적 시장 내지 2차적 투자의 유형으로 볼 수 있을 것이다.106) 또한 소송상 청구를 기초자산으로 한 유동화증권 즉 '법적 청구권 담보부 증권(legal claims-backed securities)'도 2차적 시장의 또 다른 유형으로 등장할 것으로 예상된다.107)

II. 제3자 펀딩의 실무 프로세스

1 서설

본서의 주된 분석대상인 원고 측에 대한 투자로서의 상업적 제3자 펀딩으로 한정하더라도 그러한 제3자 펀딩이 정형화된 금융상품으로 존재하지 않고 각 분쟁 사건마다 그 사건에 맞게 개별적으로 협상·설계되는 탓에,108) 제3자 펀딩의 구체적인 실무절차를 설명하기 위한 일정한 기준을 설정하기가 어려운 측면이 있다.

그러나 제3자 펀딩이 활용되고 있는 국가에서는 유관 기관이 제3자 펀딩에 관련한 법적·윤리적 규제를 고려하여 제3자 펀딩업자를 위한 모범관행 규약을 제정하기도 하고, 세계적으로 유명한 주요 제3자 펀딩업자들은 자신들의 투자정책 내지 실무절차를 일정한 형태로 공개하고 있다. 또한 제3자 펀딩에 관한 일부 문헌에서는 저자들이 제3자 펀딩의 실무 관행에 관하여 다수의 제3자 펀딩업자와 면담을 한 후 그 결과를 정리하고 있기도 하다.

따라서 이하에서는 위와 같은 자료를 바탕으로 하여, 본격적인 이론적 논의에 앞서 제3자 펀딩의 전형적인 실무절차를 개략적으로 살펴보기로 한다.

2 제3자 펀딩을 위한 협상과정

가. 제3자 펀딩의 대상(對象) 선정

(1) 소가 기준

주요 제3자 펀딩업자들은 일정한 규모 이상의 수익을 목표로 하기 때문에 일반적으로 인신손해소송은 자신들의 포트폴리오에서 제외하면서 일정한 금액 이상의 소가를 가진 상업적 청구사건을 주요 대상으로 삼고 있다.109)

상당수의 제3자 펀딩업자들은 소가 기준으로 최저 기준금액을 정하거나 투자금액 기준으로 상한금액을 설정하는데, 소가 기준으로 최저 기준금액이 높은 경우에는 200만 파운드 이상의 청구만을 대상으로 삼기도 하고, 최저 금액 기준으로서 100만 파운드 이상이 적당하다고 보기도 하는데, 그 기준금액이 아무리 낮은 경우에도 경제적인 관점에서 10만 파운드를 하회하기는 어렵다고 한다.110) 예를 들어, 영국의 Harbour Litigation Funding의 경우 1,000만 파운드 이하의 사건에 펀딩을 하는 경우는 드물다고 하고,111) Omni Bridgeway와의 합병 전 IMF Bentham은 단독 청구인 사건 기준으로 보통 500만 호주달러 이상의 사건에 대하여 펀딩을 하였다고 한다.112)

(2) 청구유형 기준

앞서 본 것처럼 세계적인 제3자 펀딩업자들은 상대적으로 소액이 걸려 있는 인신손해소송은 자신들의 펀딩 대상에서 제외하고 있고 주로 기업 간의 금전지급 내지 배상을 목적으로 하는 이행의 소를 대상으로 한다. 그러나 확인의 소도 경우에 따라 제3자 펀딩의 대상이 될 수 있는데, 그 경우에는 성공시 제3자 펀딩업자에 대한 보상을 어떻게 산정하고 지급할지의 문제를 사전에 개별적으로 협상할 필요가 있다.113)

한편 상업적 소송이라도 사건이 지나치게 복잡하고 결과를 예측하거나 손해액을 산정하기가 어려워 투자 여부를 결정하기가 어려운 특허 사건이나 건설 사건 등은 제3자 펀딩의 대상에서 제외될 수도 있다.114) 개인에 관련한 소송이라도 고액이 걸려 있는 경우에는 제3자 펀딩의 대상이 될 수 있어, 주요 기업 고위 임원들의 보수 또는 해임 관련한 소송은 제3자 펀딩이 대상이 될 수 있지만, 이혼 소송의 경우 재산분할·위자료 등에 많은 금액이 걸려 있더라도 개인사를 이익 목적으로 활용한다는 부정적인 인식을 피하기 위해 제3자 펀딩업자들의 펀딩 대상에서 보통 제외된다.115) 명예훼손 소송 역시 손해액이 적고 그 결과를 예측하기 어렵기 때문에 제3자 펀딩업자의 관심을 받기가 어렵다.116)

제3자 펀딩의 대상이 되는 청구의 유형은 국가마다 그리고 제3자 펀딩업자마다 경향이 조금씩 달라 일반론으로 결론을 내리기는 어렵다.

나. 청구에 대한 실사를 통한 위험성 평가

제3자 펀딩업자가 펀딩 여부를 결정하는 과정에서는 펀딩의 성공가능성 내지 청구의 승소가능성에 따른 위험성 평가가 중요한데, 제3자 펀딩업자로서는 청구의 승소가능성이 높아 위험성이 낮다고 평가하는 사건에 펀딩을 하게 된다.117) 이때 펀딩 여부를 결정하게 되는 승소가능성의 기준에 대하여 보면, 어떤 제3자 펀딩업자는 95% 이상을 기준으로 설정하기도 하고, 또 다른 펀딩업자는 그 기준을 50% 정도로 낮게 설정하기도 하며,118) 그 중간 정도인 60%의 승소가능성을 요구하는 제3자 펀딩업자도 있다.119)

이와 같은 위험성 평가를 위해 의뢰인은 제3자 펀딩업자와 계약을 체결하기 전에 자세한 정보와 자료를 제공해야 하고, 그 정보와 자료를 바탕으로 제3자 펀딩업자는 위험성 평가를 위한 실사(due diligence)를 하게 된다.120) 실사의 주요 대상은 판결절차에서의 승소가능성이겠지만, 엄밀한 의미에서 펀딩이 성공했다고 평가하기 위해서는 승소판결에 따른 인용금액을 상대방으로부터 실제 추심 또는 회수하는 것이 중요하므로 상대방의 자력과 집행가능성도 중요한 검증대상이 된다.

실사를 위하여 요구하는 자료로는 보통 ① 분쟁의 기초가 되는 주요 계약서, ② 주요 증인의 진술서, ③ 의뢰인의 대리인이 작성한 법률의견서, ④ 분쟁과 관련되는 주요 권리의 귀속주체를 증명하는 공적 장부, ⑤ 분쟁의 원인 및 손해액에 관한 전문가 보고서 등이 있을 수 있다.121) 이와 같은 자료를 바탕으로 제3자 펀딩업자는 ① 청구의 승소가능성, ② 청구에 따른 법리상 또는 사실관계에서의 불리한 요소, ③ 청구의 성립시점, ④ 청구가 제기될 경우의 재판권 또는 관할, ⑤ 청구의 금액 및 유형, ⑥ 변호사 보수 및 전문가 증인 보수를 포함한 예상 법률비용, ⑦ 소송의 예상 소요기간, ⑧ 상대방 대리인의 능력 및 과거 승소 이력, ⑨ 승소할 경우 피고의 지급능력, ⑩ 판결의 집행가능성 등을 검증하게 된다.122) 이러한 검증을 위해 제3자 펀딩업자는 자신의 사내 변호사 또는 외부 자문변호사를 주로 활용하고 의뢰인의 대리인인 변호사에게 필요한 의견을 구하기도 한다.123) 제3자 펀딩업자의 위와 같은 실사과정은 매우 신중하고 엄격한 것으로 알려져 있는데, 일부 제3자 펀딩업자의 예를 보면, 평균 10건의 펀딩 신청 건수 중 1건 정도만이 실제 펀딩을 받을 수 있다고 한다.124) 이렇듯 제3자 펀딩업자는 청구의 승소가능성 검증을 위해 철저한 실사과정을 거치는데, 일부 제3자 펀딩업자에 따르면, 보통 실사에 60~90일 정도가 소요되고 실사를 위한 비용으로 평균 75,000 달러에서 10만 달러 정도의 비용을 지출한다고 한다.[125]

한편 이와 같은 검증과정에서 의뢰인으로부터 제3자 펀딩업자에게 제공되는 자료 내지 정보의 기밀성을 보호하기 위해 제3자 펀딩업자와 의뢰인 사이에는 비밀유지약정을 체결하게 된다.[126] 이와 같은 비밀유지약정은 제3자 펀딩업자에게 제공된 자료와 정보에 대하여 의뢰인이 변호사-의뢰인 특권(attorney-client privilege)을 포기한 것으로 간주될 위험을 최소화하기 위한 목적도 가지고 있다.[127]

위와 같은 실사 과정을 거친 후 투자 여부를 결정할 때 Burford Capital 등 일부 제3자 펀딩업자는 다수의 전문가로 구성된 투자위원회(investment committee)의 의결을 거쳐 결정한다.[128]

3 제3자 펀딩계약의 체결

가. 계약의 주요 재무적 조건

(1) 보수지급조건

제3자 펀딩계약은 기본적으로 의뢰인이 승소할 경우에만 제3자 펀딩업자에 보수를 지급하는 조건으로 체결되므로, 그러한 조건하에서는 의뢰인에게 유리한 판결이나 화해로 종결되지 않으면 제3자 펀딩업자에게 어떤 명목의 금전이나 재산도 지급하지 않아도 된다.[129] 그리고 여기서 말하는 승소조건은 엄밀히 말하면 단순히 판결절차에서 청구인용판결을 받는 것만으로는 부족하고 승소한 당사자가 상대방 당사자로부터 승소 판결금액을 실제 회수한 경우를 의미한다.[130] 따라서 제3자 펀딩업자의 의뢰인에 대한 펀딩보수에 관한 권리는 의뢰인이 패소한 상대방 당사자로부터 승소 판결금액을 실제 지급받은 때에야 비로소 행사할 수 있다.[131]

(2) 제3자 펀딩업자의 자금제공 범위와 한도

제3자 펀딩계약에 따라 제3자 펀딩업자가 당사자에게 지급하는 비용의 범위에는 보통 소송수행과정에서 발생하는 변호사 보수와 각종 지출비용,

상대방 소송비용에 대한 담보 그리고 패소 후 소송비용부담재판에 따라 상환해야 할 수 있는 상대방의 소송비용까지 포함된다.132) 그러나 계약에 따라 제3자 펀딩업자가 제공해야 할 자금의 범위는 다를 수 있어 제3자 펀딩계약에는 제3자 펀딩업자가 의뢰인에게 제공할 자금의 범위를 명시할 필요가 있다.133) 특히 제3자 펀딩업자가 상대방 소송비용에 대한 담보 또는 패소 시 소송비용부담재판에 따라 의뢰인이 상환할 상대방 소송비용에 대하여도 책임을 지는지 여부를 명확히 해야 한다.134) 변호사 보수와 각종 지출비용의 경우 그 전액이 아니라 일정 상한금액까지 또는 전체 비용 대비 일정비율의 금액까지만 제3자 펀딩업자가 부담하기로 하는 계약도 가능한데, 그 경우에는 상한금액 또는 부담비율을 명시해야 할 것이다.135)

(3) 승소 시 제3자 펀딩업자가 받을 펀딩보수

제3자 펀딩 상황에서 소송을 성공적으로 수행하기 위해서는 의뢰인과 제3자 펀딩업자가 서로 긴밀하게 협력하는 것이 필수적인데, 이러한 협력을 담보하기 위해서는 승소에 따른 판결회수금액 중 제3자 펀딩업자가 차지할 금액 비율을 적정하게 정하는 것이 중요하다.136) 이와 관련하여 제3자 펀딩업자는 적게는 10% 정도의 지분비율을 요구할 수도 있지만 통상적으로는 30% 내외의 지분비율을 요구하는 것으로 알려져 있다.137)

(4) 승소 시 판결회수금액의 관리와 분배

제3자 펀딩을 받은 의뢰인이 승소하여 상대방 당사자로부터 승소 판결금을 회수하면 그 판결회수금액 중 소정의 금액을 의뢰인이 제3자 펀딩업자에게 상환하는 것이 원칙적인 모습이다. 그러나 실무상으로는 승소에 따른 각종 보수와 비용 등의 정산과 관련한 의뢰인, 제3자 펀딩업자 및 소송대리인 사이의 불필요한 의심과 분쟁을 예방하기 위해, 의뢰인이 승소할 경우 그에 따른 판결회수금액이 전문 에스크로 대리인(escrow agent)의 에스크로 계좌에 입금되도록 하는 경우도 있다.138) 이렇게 에스크로 계좌에 입금된 판결회수금액을 누구에게 어떤 순위로 지급할 것인지에 대하여도 제3자 펀딩계약이 미리 정해야 하는데, 우선순위로 제3자 펀딩업자가 제공한 변호사 보수와 소송지출비용 등 모든 법률비용, 제3자 펀딩업자가 제공한 프로젝트관리서비스에 대한 수수료(project management fee, 이는 보통 변호사보수 및 비용에 대한 일정 비율로 계산된다) 및 제3자 펀딩업자의 펀딩보수 내지 투자수익금을 제3자 펀딩업자에게 먼저 지급하는 것이 일반적이다.139) 그와 같이 제3자 펀딩업자의 보수 및 비용에 대한 지급이 완료되면 그 나머지 금액을 승소한 의뢰인이 차지한다.140)

나. 계약체결의 공정성을 위한 외부 법률자문 및 숙려기간

불리하거나 불공정한 계약조건으로부터 의뢰인을 보호하기 위하여 제3자 펀딩업자는 제3자 펀딩계약 체결 전에 의뢰인으로 하여금 계약의 의미, 효과 및 내용 등에 대하여 외부의 독립적인 변호사로부터 법률자문을 받도록 한다.141)

또한 의뢰인이 불공정한 계약을 경솔하게 체결하였다고 판단할 경우 계약 체결 직후 그 계약의 구속력으로부터 벗어날 수 있는 기회를 부여하기 위해 의뢰인에게 숙려기간(cooling off period)을 부여하는데, 이러한 숙려기간 조항에 따라 의뢰인은 계약에 서명한 후라도 그 숙려 기간이 도과하기 전에는 언제든 제3자 펀딩계약을 해지할 수 있다.142)

4 소송수행과정에서의 각 이해당사자의 권한과 의무

제3자 펀딩의 거래구조상 의뢰인, 제3자 펀딩업자, 소송대리인의 이해관계는 다음과 같이 서로 다를 수 있다.143)

제3자 펀딩업자는 자신이 투자해야 할 각종 소송비용을 최소화하되 자신의 투자수익은 극대화할 인센티브를 가진다.144) 반면 제3자 펀딩을 받는 의뢰인은 소송비용을 부담할 책임이 없으므로 소송비용을 과다하거나 부적절하게 지출할 인센티브가 있고,145) 패소의 위험을 부담하지 않으므로 무모하거나 낙관적으로 소송을 수행할 유인도 있다. 한편 소송대리인인 변호사는 자신의 보수와 비용을 지급받는 것에 이해관계를 가지는데,146) 의뢰인과 제

3자 펀딩업자 중 누가 궁극적으로 소송비용을 부담하는지의 문제 그리고 반복적 행위자로서 의뢰인과 제3자 펀딩업자 중 누구의 이익을 위해 소송을 수행하는 것이 나중에 자신에게 유리할지의 문제 등에 의해 영향을 받을 수 있다.

위와 같은 이해당사자 간 이해관계의 분화로 인해 제3자 펀딩에서는 다양한 국면에서 이해상충이 발생하는데, 그러한 이해상충으로 인한 문제는 이해당사자들 사이의 계약관계를 설계함에 있어 각 이해당사자들의 권한과 역할을 적정하게 설정하는 방법으로 다룰 수 있다. 그에 관한 내용은 Chapter 4에서 자세히 다룬다.

제3자 펀딩에 관한 이론과 정책

서언

    이 장에서는 제3자 펀딩을 둘러싼 다양한 각도의 이론적·정책적 논쟁을 다룬다. 우선은 제3자 펀딩과 같은 소송투자 내지 법률금융에 대한 역사적 인식과 철학적 관념을 다룬다. 제3자 펀딩 제도는 현재 이를 적극 활용하고 있는 국가에서도 그 제도의 적법성이 인정된 것은 비교적 최근의 일이고 오래전부터 제3자 펀딩의 원형이 되는 소송을 매개로 한 금융의 관행을 금지하거나 경계하는 전통이 있었다. 이렇게 제3자 펀딩을 오랫동안 금지해 온 역사의 중심에는 영미 보통법상 메인터넌스와 챔퍼티를 금지하는 법리가 자리잡고 있으므로, 이하에서는 메인터넌스 및 챔퍼티 금지 법리의 역사적 기원과 전개과정을 먼저 살펴볼 예정이다.

    한편 제3자 펀딩과 같은 소송투자 내지 법률금융을 제한하는 또 다른 요인으로는 소송을 통한 권리실현과정을 상품화하거나 거래의 대상이 되는 재산권의 객체로 전락시키는 것에 대한 관념적인 거부감을 들 수 있다.[1] 이 장의 Section 3에서는 제3자 펀딩에 대한 거부감의 근원으로서 소송 또는 그 대상인 법적 권리를 상품화하거나 거래의 객체로 삼는 것을 경계해야 한다는 철학적 주장을 살펴본다.

    그다음으로는 제3자 펀딩 제도의 수용 여부에 대한 정책적 논의를 전개한다. 이 장의 Section 4에서는 제3자 펀딩의 효용성과 문제점을 둘러싼 논란을 소개하면서 특히 제3자 펀딩에 대한 비판론의 핵심인 제3자 펀딩이 사회 전체의 분쟁을 증가시키고 그 중에서도 승소가능성이 낮은 청구에 대한 남소를 촉진할 것인지의 문제를 자세히 분석한다. 그리고 제3자 펀딩에 대한 이론적·정책적 연구의 목적 중 하나는 궁극적으로 국내에서도 제3자 펀딩을 허용하고 활용할 것인지를 결정하는 문제가 될 수 있다. 따라서 이 장의 Section 5에서는 국내에서 제3자 펀딩을 활용할 필요성이 있는지, 필요성이 있다면 제3자 펀딩을 활용함에 있어 장애가 될 만한 제도는 없는지를 살펴본다.

끝으로 제3자 펀딩에 대한 이론적·정책적 분석은 연혁적으로 소송절차를 위한 제3자 펀딩에 집중되어 있는데, 소송절차를 위한 제3자 펀딩은 위에서 언급한 바와 같이 많은 이론적·정책적 논쟁을 수반한다. 이에 반해 국제중재절차는 사적 분쟁해결절차로서 외부의 간섭이나 구속을 덜 받는다는 점에서 국제중재절차를 위한 제3자 펀딩은 소송절차를 위한 제3자 펀딩에 관련된 법적·이론적 제약의 구속으로부터 자유로울 것이라는 인식이 있을 수 있는데, 과연 그러한 인식이 타당한지에 관하여 국제중재의 이론과 현실을 기초로 분석해 본다.

메인터넌스 및 챔퍼티 금지 법리

I. 메인터넌스 및 챔퍼티 금지 법리의 역사적 배경과 그 전개

1 개관

개념적으로 메인터넌스는 소송절차에 이해관계가 없는 제3자가 소송을 돕거나 부추기는 행위를 말하고, 챔퍼티는 메인터넌스의 일종으로서 소송에 이해관계가 없는 제3자가 그 소송을 지원하거나 돕는 대가로 소송상 청구를 이루는 권리관계의 주체와 사이에 그 소송의 판결금액을 분배하기로 하는 합의를 말한다.[2]

본 연구의 대상인 제3자 펀딩계약은 개념적으로나 기능적으로 메인터넌스와 챔퍼티 법리에서 금지하고자 했던 바로 그 계약에 해당할 수 있기 때문에,[3] 제3자 펀딩의 적법성과 정당성을 인정받기 위해서는 메인터넌스와 챔퍼티를 금지하던 과거의 이론과 규범을 검토하고 그 이론과 규범이 폐기된 것인지를 검증해야 할 것이다.

우선은 메인터넌스와 챔퍼티 법리의 연원과 배경을 추적할 텐데, 메인터넌스와 챔퍼티라는 용어 자체는 중세 잉글랜드에서 비롯되었다고 할 수 있지만, 메인터넌스 및 챔퍼티 금지의 법리에는 소송에 대한 인식, 소송에 있어서의 제3자의 개입과 그 역할에 대한 관념 그리고 소송에 자금을 제공하거나 소송을 거래의 대상으로 삼는 관행에 대한 관념이 내포되어 있다는 점을 감안할 때, 메인터넌스와 챔퍼티의 연원을 제대로 추적하기 위해서는 위와 같은 관념들에 대한 논쟁이 시작되었다고 할 수 있는 고대 그리스와 로마 시대까지 거슬러 올라가야 할 것이다.[4)

2 고대 그리스

메인터넌스와 챔퍼티에 관한 논의는 기본적으로 소송에 대한 그 사회구성원의 인식과 관념, 소송에 있어서의 당사자 이외 제3자의 역할에 대한 평가, 그리고 소송을 거래와 투자의 대상으로 할 수 있을지에 대한 관념 등과 긴밀히 관련되어 있는데, 우선 법의 초기 역사시대로 거슬러 올라가면, 소송 내지 재판은 판사와 양 당사자 사이에서 이루어져야 하는 것이었고, 그 이외의 자가 거기에 개입하는 것은 허용되지 않거나 부정적으로 인식되었다.[5) 그리고 직접 민주주의가 고도로 발달한 아테네 사회의 속성상 소송 역시 정치적 행위의 일부로 간주되어 소송당사자는 스스로 변론을 해야 했다.[6)

그러나 당사자의 친구들, 친척들 내지 추종자들이 재판에 같이 참석할 수 있었는데, 이는 당사자와 일정한 관계에 있는 자들이 당사자와 집단 내지 그룹 책임의 범위에 포함되어 있었던 관습에서 비롯된 것으로 볼 수 있고 그러한 연유로 그들이 재판에 참석하는 것은 권리일 뿐만 아니라 의무였다.[7) 그런데 이러한 친척 내지 친구 등의 지인들이 재판에 동석하는 것에서 비롯되어 점차 권력자들은 많은 수의 지지자들을 동원하여 재판에 참석함으로써 자신의 위세를 과시하는 반면 가난한 사람들은 그러한 지원을 전혀 받지 못한 채 재판에 참석하는 현상이 벌어졌고, 고대 아테네에서 기원전 6세기경에는 'Kindly Men'이라는 제3자가 가난하거나 친구가 없는 당사자들을 돕기 위해 재판에 참석하는 것을 가능하게 하는 개혁이 이루어졌다.[8)

따라서 처음 제3자의 개입은 상대적으로 강력한 상대방 당사자에 대응할 수 없는 피해자 측 당사자를 위해 공익 목적 차원에서 예외적으로 허용된 것인데, 점차 사적인 목적으로도 이러한 제3자 개입이 남용되기에 이르렀고 이렇게 제3자로서 개입하여 당사자를 위해 주장하는 행위를 시코펀시(sycophancy)라 하고 그러한 제3자를 시코펀트(sycophant)라 불렀다.[9) 시코펀시는 점차 정치적 선동 내지 정치적 활동의 일부가 되어 기원전 5세기와 4세기에는 같은 정치적 클럽(hetaireiai)의 구성원들이 적대관계에 있는 정치인들을 상대로 한 소송에서 서로를 지원하는 수단으로 사용되기도 하였다.10) 그리고 나중에는 시코펀시가 증인과 판사에 대한 협박과 뇌물 등 부정적인 것까지 포함하여 당사자와 법원 사이의 모든 개입과 방해를 포괄하는 용어로 사용되었고 시코펀트는 사회적으로 낙인을 받는 존재였다.11)

한편, 고대 그리스에서는 변호사라는 직업적 소송대리인 제도를 인정하지 않았지만, 소송에서 주장할 변론내용을 돈을 받고 대신 써 주는 직업적 연설작가(logographoi) 그리고 돈을 받고 법정에서의 변론기술을 가르치는 소피스트(sophistai)들이 있었다.12) 외형적으로는 모든 소송에서 아테네 시민은 각자가 스스로 변론을 하는 것으로 포장되었지만, 실제로는 자력이 풍부한 당사자일수록 위와 같은 연설작가나 소피스트를 돈을 주고 고용하여 소송에서 좋은 결과를 얻는 경향이 있었고, 재판을 맡은 배심원들도 대부분의 당사자들이 돈을 주고 직업적 연설작가와 소피스트를 고용하여 변론을 준비한다는 것을 알고 있었다.13) 또한 고대 그리스에서 각 당사자는 자신을 위한 증인들을 데려올 수 있었는데 자금이 많은 당사자일수록 돈을 주고 많은 증인을 매수하여 자신의 재판에 활용하였다.14) 그리고 고대 그리스에서는 재판의 배심원들을 뇌물로써 매수하는 관행이 널리 퍼져 있었다.15) 이렇듯 고대 그리스에서는 승소를 하기 위해 직업적 연설작가나 소피스트를 고용하고, 증인을 매수하며, 배심원들에 뇌물을 주는 관행이 점차 성행하였는데 이는 자금을 필요로 하는 관행이었고 그러한 자금은 때때로 제3자로부터 얻을 수 있었다.16)

고대 그리스에서 위와 같은 소송에 대한 제3자의 자금제공과 지원은 앞서 살펴본 정치적 클럽의 활동에서 더욱 조직적으로 발달하는데, 일부 정치적 클럽은 돈을 모아 증인을 매수하고 연설작가와 원고를 고용하여 소송을 제기함으로써 이익을 취하기 위해 운영되었다.17) 이러한 정치적 클럽에서 가난한 회원 또는 중산층 회원들은 자발적 소 제기 또는 증언을 통해 비금전적 기여를 하기도 하지만 부유한 회원들은 자금제공을 통한 금전적 기여

를 선호하였다.18)

이와 같이 고대 그리스에서도 사실상 제3자가 소송에 자금제공을 하는 관행이 있었다고 볼 수 있는데, 고대 그리스인들은 그러한 관행을 비민주적이라 인식하며 혐오하였지만 그에 대한 직접적인 규제는 하지 않았고, 다만 그러한 관행에 연루되는 시코펀트들을 사회적으로 낙인찍는 방법으로 그 관행을 억제하려 하였다.19)

3 고대 로마

로마의 민사소송은 다음과 같은 이유로 부유한 사람에게 유리하였다.20) 첫째, 로마법상 당사자의 출석을 강제할 수 있는 방법이 없었는데, 이를 악용하여 권력이 있는 피고는 출석을 거부함으로써 판결을 피할 수 있었다.21) 둘째, 로마의 문화는 부유한 사람들이 태생적으로 그보다 재력이나 권력이 못한 사람들보다 더 나은 사람들이란 인식을 가지고 있었고 그러한 이유로 그들의 소송에서의 주장은 더 설득력 있게 받아들여졌다.22) 셋째, 모든 판결은 금전적 배상의 형태로 이루어졌는데 로마의 경제구조상 가난한 사람들이 금전적 배상판결을 충족시키기는 어려웠다.23)

이러한 이유들로 로마에서는 소송에서 재력가의 후원을 통해 유리한 결과를 얻으려 하였다.24) 후원자는 자신의 영향력을 발휘하여 상대방 당사자를 출석하도록 강제할 수 있었고, 자신의 신분과 지위가 나타내는 높은 도덕적 기준과의 결합을 통해 사건 본안의 승소가능성도 높일 수 있었으며, 패소 시 상대방 당사자에 판결금액을 배상함으로써 자금제공자의 역할을 할 수도 있었다.25) 이러한 역할에 대한 대가로 후원자는 자신의 의뢰인에게 충성과 봉사를 요구할 수 있었고 정치적 선거에서 지지표를 확보할 수 있었다.26) 증거가 명확하지 않지만 로마제국 말기에는 타인의 소송에 대한 제3자의 자금제공을 금지하였는데 그러한 금지조치는 위와 같은 관행이 공공질서에 반한다고 인식했기 때문일 것이다.27)

한편, 고대 그리스 시대의 시코펀시 내지 시코펀트와 거의 동의어로서 로마시대에는 칼럼니아(calumnia) 내지 칼럼니에이터(calumniator)라는 용어가 있었는데, 로마에서는 칼럼니아(calumnia)법에 의해 남을 괴롭히기 위해 성가신 소송을 제기하여 돈을 받는 사람을 칼럼니에이터라 하고 칼럼니에이터로부터 그러한 소송을 당한 피고는 그 소송 청구금액의 4배 상당의 배상을 청구할 수 있었다.28) 그러한 칼럼니에이터에 대한 정의와 제재는 테오도시우스 법전(Theodosian Code)에 나오는데, 그 법전은 칼럼니에이터를 ① "승인 없이 자신과 관계 없는 다른 사람의 이름으로 소를 제기하는 자" ② "소송에서 패소한 후 다시 소를 제기하려는 자" ③ "자신에게 귀속되지 않는 재산을 위해 법원에 소를 제기하려는 자" ④ "재무관청을 돕는다는 핑계로 다른 사람의 재산을 취득하려는 자" 등으로 정의하면서 그들을 추방이라는 벌에 처한다고 규정했다.29) 로마시대의 칼럼니에이터는 중세 잉글랜드에서의 메인테이너(maintainer), 챔퍼터(champertor) 개념을 포함하여 정의를 왜곡할 수 있는 모든 유형의 제3자의 개입을 포괄하는데, 그와 같은 제3자에 대한 부정적인 관념은 기본적으로 분쟁은 원래 그 대상인 거래에 관계된 직접적인 당사자들만이 관여하는 것이 적절하다는 감정에 기반한 것으로 보인다.30)

소송 내지 그 대상이 되는 청구의 거래에 관한 한, 로마에서 소송상 청구가 제기되면 그것은 팔 수 없고 그것을 거래하기 위한 계약은 무효였는데 그와 같이 무효로 한 근거는 소송은 그 기초가 되는 법률관계에 실제 관련된 당사자들 사이에서만 이루어져야 하고 소송상 청구를 매수하는 것은 공공질서에 반한다는 관념이었다.31) 소가 제기되기 전 청구권의 경우에는 이를 팔 수 있었던 시대도 있었지만 서기 506년경이 되면 그러한 청구권의 거래도 금지되었다.32) 이와 같이 소 제기 전 청구권의 거래가 금지된 배경에는 제3자가 원청구권자로 하여금 청구권의 실제 가치보다 낮은 가격에 청구권을 팔도록 강요하는 관행이 있었기 때문이다.33) 그리고 로마에서는 당사자의 권력이 클수록 소송에서 승소할 가능성이 높았는데, 이러한 점을 이용하여 원청구권자가 권력자에게 자신의 청구권을 팔아 권력자들이 소송을 수행하면 당시 재판업무를 수행하던 하급 관료들을 손쉽게 협박하며 유리한 결과를 얻을 수 있었고 이로 인해 그러한 소송의 피고는 부당한 피해를 입을 수 있었다는 점도 소 제기 전 청구권의 매매를 금지시킨 배경이다.

결국, 고대 그리스와 로마 모두 제3자의 개입에 관한 한 소송절차에 제3자가 개입하면 노련한 제3자가 절차를 조작하여 잘못된 판결로 이어질 수 있는 위험이 있고 그러한 위험을 최소화하기 위해서는 원칙적으로 소송은 본인과 자신의 친구, 친척 등에만 의존해야 한다는 인식을 가지고 있었다고 볼 수 있다.34) 그러나 규제 측면에서 로마 시대에는 고대 그리스와 비교하여 제3자의 소송절차 개입 및 자금제공에 대하여 한층 형식을 갖춘 규제를 시행했다고 볼 수 있다.35)

4 로마제국 말기로부터 중세에 이르기까지의 기독교적 소송관의 영향

소송에 대한 관념의 경우 원래 고대 그리스와 로마 시대에는 결과에 따라 소송을 용납할지 여부가 결정되는 관념이 지배적이어서 민사소송의 경우 청구가 인용되고 형사소송의 경우 피고인에 대하여 유죄선고가 내려지면 그 동기가 어떻든 그러한 소 제기가 시코펀시(sycophancy) 또는 칼럼니아(calumnia)로 비난받을 이유는 전혀 없었다.36) 그러나, 로마가 기독교 국가가 되면서 소송에 대한 관념은 변화하여, 소송은 억제되어야 한다는 관념이 유스티니아누스 시대부터 나타나기 시작하였다.37) 그리고 중세시대로 갈수록 이러한 관념은 더욱 확고해지면서 소송은 경멸의 대상이었고, 재판의 형태도 변해감에 따라38) 소송을 제기하는 것은 호전적이고 상대방을 괴롭히고자 하는 동기의 표현이자 종교적 가르침에 역행하는 것으로 간주되면서 소송은 절대 피해야 할 악으로 인식되었다.39) 이와 같이 소송을 죄악시하는 분위기에서 소송당사자 이외 제3자가 소송에 개입하는 것도 공적인 동기에서 비롯된 것이라기보다는 악한 동기에서 비롯된 것으로 간주하며 이를 부정적으로 인식하였다.40)

5 중세 잉글랜드의 상황

위와 같이 소송에 제3자가 개입하는 것은 물론 소송 그 자체에 대하여도 부정적인 관념이 지배적인 시대적 상황에서 중세 잉글랜드의 정치적, 사회적 여건 또한 메인터넌스와 챔퍼티를 불법적인 것으로 인식하고 이를 금지하는 이론과 규범을 정립하는 데 중요한 원인이 되었다.

우선, 챔퍼티라는 용어의 기원은, 라틴어로 땅을 의미하는 *campus*와 분배를 의미하는 *partire*가 결합된 것이라고 한다.41) 중세 잉글랜드에서는 봉건 영주들이 자신의 적의 재정적 기반을 약화시킬 목적으로 자신의 적을 상대로 타인이 제기한 소송을 인수하거나 지원하는 것이 빈번하였는데, 이러한 종류의 소송에서 원고가 청구하는 것은 보통 상대방 토지에 대한 소유권이었고, 그 소송에서 원고를 지원한 영주는 그 대가로 원고가 취득하는 토지의 일정 부분을 분배받았다.42) 이러한 소송은 사적 전쟁시스템으로 규정지을 수도 있는데, 봉건 영주들은 이러한 방식으로 자신의 영지를 계속 확장하고 자신의 적을 약화시켰으며 심지어 왕을 위협하기도 하였다.43) 그 과정에서 사법절차 역시 부패되어 봉건 영주들은 판사들을 협박하여 근거가 없는 청구권을 가지고도 승소 판결을 얻을 수 있었다.44) 중세 말기에 이를수록 귀족들은 권한이 약화되어 자신들의 봉신(vassal)들로부터 세금을 거둘 수 없고 그들을 사적 전쟁에 동원할 수도 없게 되자 이를 만회하기 위해 부패하고 왜곡된 재판절차를 악용하는 관행에 더욱 의존하게 되었다고 한다.45)

New York Court of Errors가 1824년 선고한 *Thalhimer v. Brinckerhoff* 사건에 대한 판결은, 중세 잉글랜드에서 메인터넌스와 챔퍼티 이론을 필요로 했던 당시 잉글랜드의 불공평한 사회적 상황과 취약하고 부패한 법적 시스템을 검토하였는데, 당시 잉글랜드 사회에서 권력 있는 자는 법원을 압도하여 자신이 관여하는 소송에서 원하는 결과를 얻는 것이 가능하였기 때문에, 토지에 대한 소송에서 권력이 없는 약한 당사자는 권력 있는 자로부터 소송에 대한 도움을 받는 대가로 그 소송의 대상인 토지에 대한 권리의 일부를 권력 있는 자에게 양도하였고 이러한 챔퍼티의 방식으로 권력

있는 자는 자신의 권력을 더 늘릴 수 있었다는 점을 지적한 바 있다.[46]

이러한 배경에서 당시 잉글랜드 사회는 부유한 자금제공자가 사법절차를 부패시켜 재판 결과를 농단하고 그로써 자신의 부를 늘리고 자신의 적을 괴롭히며 자신의 세력을 모으는 관행을 막기 위해 소송절차에 대한 제3자의 개입과 자금제공을 금하는 사법적 보호장치를 필요로 하게 된 것이다.[47] 시대사적으로도 봉건주의에서 벗어나 싹트기 시작하는 새로운 사법시스템과 경제시스템을 강력한 귀족들의 소송남용 관행으로부터 보호할 필요성이 있었다.[48]

결국, 위와 같은 부패한 소송관행과 결부된 중세 잉글랜드 특유의 봉건적 악습으로 인한 부작용, 소송을 호전적이고 반기독교적인 정신의 표상으로 보던 중세 기독교적인 소송에 대한 관념, 그리고 고리대금과 투기를 불명예스럽게 인식하던 중세의 경제 관념[49] 등이 결합하여 당시 잉글랜드에서는 의회가 1275년부터 1504년에 걸쳐 여러 제정법을 통해 점진적으로 메인터넌스와 챔퍼티를 범죄이자 불법행위로 규정하게 되었다.[50] 따라서 메인터넌스와 챔퍼티에 대한 금지 운동은 한편으로는 중세적인 관념의 영향을 받은 부분도 있지만, 정치·사회적으로는 봉건제도의 마지막 잔재를 청산하고 왕권을 신장시키려는 근세로의 전환 움직임의 일부라고 볼 수도 있을 것이다.[51]

II. 메인터넌스 및 챔퍼티 금지 법리의 약화와 폐기

1 20세기 중반까지의 영미권에서의 변화

중세 잉글랜드에서 비롯된 메인터넌스와 챔퍼티 금지 법리는 보통법 전통을 따르는 호주를 비롯한 영연방 국가와 미국에도 그대로 전해졌는데, 미국이 영국으로부터 독립할 무렵에는 이미 메인터넌스 및 챔퍼티 금지 법리는 미국과 영국 양쪽에서 쇠퇴하고 있었다.[52]

18세기 말 영국의 유명한 철학자인 제레미 벤담(Jeremy Bentham)은 메인터넌스와 챔퍼티 금지 법리가 생겨난 야만적이고 봉건적인 무정부 상태와 달리 판사의 독립성이 확립되어 가는 시대에는 메인터넌스와 챔퍼티에 대한 금지가 낡은 제도임을 지적하였다.53) 더 나아가 벤담은 메인터넌스 및 챔퍼티 금지 법리가 지속되어 부(富)가 사법을 독점하게 만드는 역효과를 낳았다고 주장하기도 하였다.54) 한편 영국 항소 법원은 1895년에 선고한 판결에서 메인터넌스와 챔퍼티 금지가 옳고 그름의 일반적인 원칙이나 자연 정의에 기반한 것은 아니라고 지적하며 그 정당성에 의문을 품었다.55)

미국에서도 19세기 중반에 일부 법원이 메인터넌스와 챔퍼티가 중세 잉글랜드의 특수한 상황 때문에 금지된 것일 뿐 더 이상 그것을 금지할 근거는 없다는 취지로 판시하기 시작하였다.56)

과거 메인터넌스와 챔퍼티 금지의 주된 대상은 봉건 영주들이나 권력과 재력을 갖춘 귀족들이었으나 정치적·사회적 변화에 따라 그들은 역사에서 사라져갔고, 고리대금이나 투자를 금지하던 중세의 경제 관념도 자본주의의 성장과 함께 사라져서, 메인터넌스와 챔퍼티를 금지해야 할 배경과 동기는 이미 오래전부터 존재하지 않았다고 볼 수도 있을 것이다.57) 그런데 여기서 주목할 부분은 위와 같은 봉건적 관념과 폐단이 사라지고 한참이 지난 후에도 메인터넌스 및 챔퍼티 금지 법리는 폐지되지 않았다는 점이다.

여기서 메인터넌스 및 챔퍼티 금지 법리를 지탱한 또 다른 근거로서 법적 절차와 법률가에 대한 근본적인 불신이 자리 잡고 있었다는 점을 주목할 수 있다.58) 봉건 영주들이나 귀족들을 대신하여 변호사들이 점차 메인터넌스와 챔퍼티에 관한 비난의 대상이 되어 갔는데 이는 변호사들이 소수의 특권층 지위에서 점차 치열한 경쟁에 내몰리게 되자 챔퍼티에 해당하는 성공보수59)를 적극 활용하며 당사자로부터 폭리를 취하게 되었고 이에 변호사에 대한 원망과 분노가 커져가며 메인터넌스 및 챔퍼티 금지 법리는 새로운 합리화의 근거를 찾게 된 것이다.60) 거기에 더하여 성공보수를 활용하는 변호사는 가난한 계층을 대리하는 성공하지 못한 신참 변호사들이 대부분인 반면 부유한 자산가를 주로 대리하는 성공한 기득권층 변호사들은 성공보수를 군이 활용할 필요가 없었고, 성공보수를 활용한 소송의 주요 상대방인 부유한 계층 역시 신참 변호사들이 성공보수를 활용하여 소송을 일삼는 것에 대한 거부감이 있었다.[61] 이에 성공한 기득권층 변호사들로 구성된 변호사단체와 부유한 자산가들을 중심으로 변호사의 직업적 위신과 명예 등을 명분으로 내세워 성공보수를 챔퍼티로 비난하는 여론이 퍼졌고, 이러한 상황 속에서 미국에서도 19세기 말까지는 성공보수를 챔퍼티로서 금지하였다.[62]

그러나 산업화의 진전에 따라 철도회사 등 강력한 피고들을 상대로 한 소송의 수요가 증가했는데 그러한 소송을 제기하려는 개인 소비자, 승객 또는 보행자 등은 자력이 부족하여 성공보수약정을 필요로 하는 상황이었기 때문에, 이러한 현실을 외면한 성공보수에 대한 반대 주장은 점차 힘을 잃어갔다.[63] 또한 성공보수를 챔퍼티로서 금지하게 될 경우 자력이 부족한 청구권자는 자신이 가진 청구권의 승소가능성이 충분함에도 소송비용을 감당하지 못해 소송을 제기하는 것이 어렵게 되는데 이러한 결과는 정의와 형평의 관점에서 매우 불공평하다는 지적이 점차 성공보수에 대한 반대주장을 압도해 갔다.[64] 이에 더하여 성공보수를 챔퍼티로서 금지해야 할 이유로 지적되던 성공보수의 문제점, 즉 변호사가 과다한 보수를 착취할 수 있다는 점, 무모한 소송을 증가시킬 수 있다는 점 등은 성공보수를 금지하지 않고도 성공보수약정에 대한 사법심사를 강화하거나 성공보수에 관한 변호사윤리규칙을 추가함으로써 충분히 예방할 수 있다는 주장이 설득력을 얻었다.[65]

이에 미국은 1930년대에 이르면 챔퍼티 금지 법리에도 불구하고 그 예외로서 변호사에 대한 성공보수를 허용하게 된다.[66] 이와 대조적으로 영국에서는 챔퍼티의 개념에 부합하는 성공보수에 대하여 챔퍼티 금지 원칙을 일관되게 관철하면서 판결의 결과에 연동되는 의미의 성공보수를 허용하지 않았다.[67]

한편 사회적으로 전혀 해악을 야기할 것 같지 않은 제3자의 지원 유형, 즉 어떤 사람의 소송에 그 가족이나 친구가 아무런 대가 없이 순수한 목적에서 비금전적 지원(예를 들어, 증거를 찾아준다든지, 소 제기를 권유하는 등)을 제공하는 행위나 시민단체가 개인의 인권소송을 위해 법적 조언과 소송비용을 지원하는 행위 등을 이타적 메인터넌스(selfless maintenance)로 분류할 수 있을 텐데, 메인터넌스의 개념에 비추어 보면 위와 같은 이타적인 메인터넌스도 메인터넌스 금지 법리에 위반하여 범죄나 불법행위가 될 수 있었다.68)

실제 미국에서는 1950년대 중후반 버지니아주 등에서 시민단체들이 인권소송을 지원하는 것을 억제하기 위해 메인터넌스와 챔퍼티에 대한 금지를 강화하는 법을 통과시키기도 하였다.69) 예를 들어 1956년 버지니아 주법은 메인터넌스와 챔퍼티의 정의를 확대하여 소송에 직접적인 이해관계 없는 자가 소송비용을 지원하기로 하는 계약은 그 지원을 받은 소송이 바람직한지 여부에 관계 없이 금지되는 메인터넌스와 챔퍼티에 포섭이 되도록 하였는데, 이는 사실상 아프리카계 미국인의 인권신장을 위한 단체인 NAACP의 활동을 저지하기 위한 것이었다.70)

그러나 미국 연방 대법원은 메인터넌스와 챔퍼티를 금지하는 규정을 가지고 NAACP의 활동을 금지할 수 없다고 판시하며, 소송을 통해 헌법적으로 보호되는 권리를 행사하기 위한 차원의 이타적 메인터넌스에 대하여 그 정당성과 합법성을 인정하였다.71)

이렇듯, 부분적이기는 하지만 메인터넌스 및 챔퍼티 금지 법리는 점차 그 효용과 규범력을 잃어가고 있었는데, 미국에서 메인터넌스 및 챔퍼티 금지 법리가 결정적으로 약화하게 된 계기로서 주목할 부분은, 20세기 중반 그 유명한 *Brown v. Board of Education* 판결72)을 전후로 하여 민사소송 및 그 소송대리인인 변호사를 바라보는 시각 자체에 혁명적인 변화가 일어났다는 점이다.73) 메인터넌스 및 챔퍼티 금지 법리의 관념적 기초 중 하나가 소송은 되도록 피해야 할 악이라는 것이었는데, 위 *Brown* 판결 이후 민사소송이 사회를 변화시키고 헌법상 보장되는 권리를 실현시키는 중요한 도구라는 인식이 확산하게 된 것이다.74) 그러한 시각의 변화는 의회를 움직여 민사소송에 관련된 제도를 사법에 대한 접근권을 확대하는 방향으로 개혁하도록 하였고, 소송대리인으로서 민사소송을 수행하는 변호사의 역할에 대한 인식 역시 사회 변혁을 위한 중요한 조력자로 바꿔 놓았다.75) 이러한 사회적 분위기에서 자력이 부족한 피해자 또는 권리자들에게 소송비용을 제공함으로써 그들의 사법에 대한 접근권을 확대시키겠다는 제3자 펀딩을 챔퍼티로 금지하는 것은 공공의 질서에 반할 수 있다는 인식이 설득력을 얻어갔다.[76]

2 메인터넌스와 챔퍼티 금지 법리의 폐기

가. 미국

미국에서의 메인터넌스 및 챔퍼티 금지 법리는 연방법이 아닌 각 주의 보통법과 제정법의 적용을 받는데, 현재는 주별로 허용되는 주도 있고, 금지되는 주도 있는 상황이다.[77] 몇몇 주목할 만한 주로는 메사추세츠주, 사우스캐롤라이나주, 오하이오주, 뉴욕주 등이 있는데, 1997년 메사추세츠주에서는 주대법원이 메인터넌스 및 챔퍼티 금지 법리를 명시적으로 폐기하는 판결을 선고하였다.[78] 2000년에는 사우스캐롤라이나 주대법원도 중세시대에 발전된 챔퍼티 법리와 관련된 해악을 더 이상 방지할 필요가 없다고 하며 챔퍼티 금지 법리를 폐기한다고 판시했다.[79]

한편, 오하이오주에서는 주대법원이 당사자가 주장하지도 않은 메인터넌스와 챔퍼티 법리를 근거로 문제가 된 소송대출계약이 무효라고 결론지으며, 메인터넌스와 챔퍼티 법리의 유효성을 확인하기도 했다.[80] 그러나 그 판결 후 오하이오주 의회가 "비소구성 민사소송 대출(non-recourse civil litigation advances)"을 허용하고 동시에 규제하는 법안을 통과시키면서, 오하이오주에서는 제3자 펀딩이 그 합법성을 인정받게 되었다.[81]

뉴욕주에서는 형식적으로는 여전히 챔퍼티 법리가 유효하지만, 그 적용요건 내지 범위가 제한되어 사실상 상업적 제3자 펀딩이 뉴욕주에서 챔퍼티 법리 위반으로 인정될 여지는 적다고 할 수 있다.[82] 즉, 뉴욕주에서는 소가가 50만 달러 이상에서는 챔퍼티 법리가 적용되지 않고 오로지 소 제기를 주된 목적으로 하는 청구권의 양도 등에만 챔퍼티 원칙을 적용하게 되는데 상업적인 소송펀딩의 경우 대체로 소가가 50만 달러를 초과하거나 청구권의 양도를 수반하지 않기 때문에 제3자 펀딩이 챔퍼티 법리를 위반할 여지가 거의 없다고 볼 수 있는 것이다.[83]

그러나 아직도 미국의 미네소타주, 델라웨어주 등의 몇몇 주는 챔퍼티를 여전히 금지하고 있는데, 그 주된 정책적 근거는 챔퍼티를 허용할 경우 무모하고 불필요한 소송이 부추겨진다는 점, 우월한 지위에 있는 제3자가 자력이 부족한 당사자를 상대로 불공정한 거래를 통해 과도한 수익을 취할 우려가 있다는 점 등을 들 수 있다.[84] 그러나 그와 같은 근거는 뒤에서 검토하는 바와 같이 설득력이 떨어지고 무엇보다 미국에서 챔퍼티를 금지하는 주들이 개념적으로 챔퍼티에 해당하는 변호사 성공보수는 모두 허용하고 있다는 점도 모순적이라 할 것이다.[85]

나. 영국

19세기까지도 영국에서는 메인터넌스와 챔퍼티가 민사상 불법행위, 형사상 범죄로서 엄격히 금지되었으나, 1880년 도산(insolvency) 상황에서의 제3자 펀딩이 처음으로 허용되고, 1908년 *British Cash and Parcel Conveyors v. Lamson Store Service Co.* 판결(이하 "*Lamson* 사건"),[86] 1955년 *Martell v. Consett Iron Company* 판결(이하 "*Consett*" 사건)[87] 등에서 메인터넌스 및 챔퍼티 금지에 대하여 완화된 해석을 보여주었다.[88] 위 *Lamson* 사건에서는 법원이 메인터넌스와 챔퍼티를 이해관계 없는 다른 사람들의 분쟁에 정당한 사유 없이 간섭하는 것이라고 하며 다른 사람들의 분쟁에 지원을 제공하더라도 정당한 사유가 있으면 메인터넌스나 챔퍼티에 해당하지 않을 수 있다는 여지를 남겼다.[89] 위 *Consett* 사건에서도 법원은 타인의 소송에 지원을 제공하더라도 법상 인정되는 특별한 예외사유 중 하나에 의해 정당화될 수 있다면 그것은 범죄가 되지 않을 것이라고 판시하며 메인터넌스와 챔퍼티 금지에도 불구하고 타인의 소송을 지원할 수 있는 여지를 남겼다.[90]

메인터넌스 및 챔퍼티 금지의 예외는, 자선 목적으로 친족이나 피용자를 위해 지원하는 경우, 소송에 관여하지 않은 채 판결금 채권을 양수한 경우, 변호사가 자신의 보수채권을 확보하기 위해 의뢰인으로부터 판결금 채권을 담보로 이전받는 경우, 보험자가 보험금을 지급한 후 보험자대위에 의해 취득한 권리에 관한 소송을 수행하는 경우 등에 인정되었고 이는 점차 확대되는 추세였다.91)

이러한 추세 속에서 의회는 1967년에 마침내 메인터넌스 및 챔퍼티와 관련한 불법행위와 범죄를 폐지하기에 이르렀다.92)

메인터넌스와 챔퍼티에 관한 불법행위와 범죄를 폐지한 이유는 잉글랜드·웨일즈 법률위원회(England and Wales Law Commission)의 1966년 보고서에 잘 나와 있는데, ① 국가에 의한 법률구조 등 소송에 대한 제3자의 펀딩은 이미 많이 이루어지고 있다는 점, ② 불법행위로서의 챔퍼티로 인한 손해를 입증하는 것이 실무적으로 거의 불가능하다는 점, ③ 메인터넌스와 챔퍼티를 불법행위로 다룬 판례도 거의 없는 등 메인터넌스와 챔퍼티를 불법행위 및 범죄로 규정한 이론은 이미 효용이 없다거나 낡은 이론이라는 평가를 받고 있는 점 등이 고려되었다고 볼 수 있다.93)

다. 호주

호주는 영연방 국가라는 특징으로 인하여 메인터넌스 및 챔퍼티 금지 법리에 관하여 영국과 비슷한 과정을 거쳤다고 할 수 있다. 즉 영국과 마찬가지로 호주에서도 연혁적으로 메인터넌스와 챔퍼티를 금지하는 법리로 인하여 제3자 펀딩은 억제되다가, 뉴사우스웨일즈, 빅토리아 등 주요 주에서 입법으로 메인터넌스 및 챔퍼티와 관련한 범죄와 불법행위가 폐지됨으로써, 제3자 펀딩이 그 정당성과 합법성을 인정받을 토대가 마련된 것이다.94) 그러나, 퀸즐랜드, 서호주 그리고 태즈매니아는 아직 메인터넌스 및 챔퍼티와 관련된 범죄와 불법행위를 폐지하지 않았다.95)

III. 제3자 펀딩계약에 관련된 챔퍼티 금지 법리의 현대적 의미와 그로 인한 절차법적 영향

챔퍼티 금지 법리에 대한 비판과 반성적 고려는, 소송을 비롯한 분쟁해결절차를 수행함에는 많은 자금이 필요한데 엄격한 챔퍼티 금지 법리를 적용하여 제3자에게 일정한 경제적 이익을 약속하면서 그로부터 자금을 조달하는 관행을 금지하면 분쟁해결절차에 소요되는 자금을 조달하기 쉽지 않은 경우가 많고 그러한 경우에는 정당한 청구권을 가지고도 분쟁해결절차에 실질적으로 접근하기가 어려워진다는 인식이 자리잡고 있다. 또한 챔퍼티 금지 법리를 통해 예방하고자 한 절차적 부작용 내지 해악(즉, 제3자가 소송의 결과에 연동되는 일정한 경제적 이익을 약속받고 소송당사자에게 경제적 지원을 하게 되면 당사자가 아닌 제3자가 소송절차에 간섭하려 할 유인이 커지고 그렇게 되면 공정하고 중립적이어야 할 소송절차를 부패시키고 왜곡시킴으로써 절차적 정의 관념이 훼손될 수 있다는 위험성)을 현대의 발전된 사법제도와 절차법에 의한 통제를 통해 충분히 차단할 수 있다는 인식도 챔퍼티 금지 법리의 약화와 폐기에 많은 영향을 미쳤다.

위와 같은 배경에서 이루어진 챔퍼티 금지 법리의 자유화로 인한 영향은 다음과 같은 두 가지 측면에서 분석해 볼 수 있다.

첫째, 소송을 비롯한 분쟁해결절차와 무관한 제3자가 소송의 결과와 연동된 경제적 이익을 약속받고 소송당사자에게 자금을 제공하는 금융방법으로서의 목적과 기능에만 충실한 제3자 펀딩은, 더 이상 챔퍼티 금지 법리나 그에 관련된 공서양속에 의한 제약을 받지 않고 그 적법성을 인정받았다고 볼 수 있다. 이러한 점은 챔퍼티 법리의 현대적 의미를 분석하는 다수의 영국 법원의 판결에 의해서도 쉽게 확인할 수 있다.96) 그러나 이와 같이 챔퍼티 금지 법리나 그에 관련된 공서양속으로부터 제약을 받지 않기 위해서는 제3자 펀딩업자가 소송행위에 간섭하지 않는 금융제공자로서의 역할에만 머물러야 한다. 만약 금융제공자로서의 역할에만 머무르지 않고 제3자 펀딩업자의 행위가 소송절차에 직접 영향을 미칠 위험이 있는 경우에는 소송절차의 적법성과 온전성을 보호하기 위해 챔퍼티 법리 또는 그에 관련된 공서양속 법리에 의해 실체법 및 절차법에 의한 통제를 받을 수밖에 없다.

둘째, 앞에서 챔퍼티 금지 법리가 약화된 배경에는 제3자가 소송결과에 결부된 경제적 이익을 약속받고 소송당사자에게 금융을 제공할 때 발생할 수 있는 절차적 부작용 내지 해악을 현대의 발전된 사법제도와 절차법에 의한 통제를 통해 충분히 예방하거나 제재할 수 있다는 믿음이 바탕에 깔려 있다고 설명한 바 있다. 즉 챔퍼티 금지 법리의 자유화는 제3자 펀딩으로 인한 절차적 부작용이나 해악을 용인하거나 방치한다는 것이 아니라 그것을 사법시스템에 의해 관리하고 통제해야 한다는 것을 필수적 조건으로 전제하는 것이다. 이와 같은 제3자 펀딩으로 인한 절차적 부작용이나 해악은 제3자 펀딩업자가 소송의 결과에 대한 경제적 이해관계를 가진 채로 소송행위에 간섭하고 소송절차를 통제하기까지 하면, 그 자체로서 증인과 판사를 매수하고, 증거를 은폐·조작하며, 청구금액을 부풀리는 등으로 소송절차를 타락시키고 왜곡시킬 위험이 커진다는 점에서 기인한다. 여기서 주목할 점은, 제3자 펀딩과 관련한 절차법적 제재와 예방의 대상은 제3자 펀딩업자의 소송절차 간섭으로 소송절차를 부패시키고 왜곡하는 **구체적인** 결과가 발생한 경우(증인 매수, 증거 조작 등)가 아니라 제3자 펀딩계약의 전반적인 조건과 내용이 소송절차를 부패시키고 왜곡시킬 위험을 발생시키는 경우라 할 수 있는데,97) 이러한 위험 요인으로서 가장 중요하고 결정적인 요인은 제3자 펀딩업자가 소송행위에 부당하게 직접 간섭하는 경우인 것이다.98) 즉, 소송의 결과에 경제적 이해관계를 가진 제3자가 소송행위에 직접 간섭까지 하게 되면 그 자체로 소송절차의 온전성과 공정성에 큰 위협이 되므로 절차적 정의 관념을 보호하고 소송절차의 적법한 관리를 유지하기 위해서는 위와 같은 제3자가 소송절차를 통제하는 행위 그 자체를 예방하고 제재해야 한다는 것이다.99)

이러한 이유로 뒤에서 볼 비교법 연구에서 확인할 수 있는 바와 같이 챔퍼티 금지 법리가 상당부분 완화되거나 폐기된 이후에도 제3자 펀딩업자가 금융제공자의 역할에 그치지 않고 소송행위에 간섭하여 소송절차를 통제하려는 행위는 절차적 정의 관념을 보호하기 위한 공서양속에 반하는 행위로 보고 있다.

IV. 검토

메인터넌스와 챔퍼티를 범죄 내지 불법행위로 규정하는 법리는 부패한 사법절차가 봉건 영주의 봉건적 특권을 확대하고 고착화시키는 데 기여하던 중세 잉글랜드 특유의 정치·사회적 상황과 소송을 죄악시하던 종교적 교리와 관념 그리고 제3자가 소송에 개입하여 소송결과를 왜곡하는 것을 경계해 온 고대 그리스·로마 시대로부터의 오래된 전통에서 비롯된 것으로서, 오늘날에는 중세의 메인터넌스와 챔퍼티 법리를 유지해야 할 정당한 근거를 찾기 어렵다. 우선 중세 잉글랜드 특유의 봉건적 제도는 더 이상 존재하지 않고, 현대사회에서 소송은 더 이상 죄악으로서 억제되어야 할 대상이 아니라 사회의 현상을 변화시키고 부당한 권력에 저항하며 정치·경제적 환경을 개혁하는 수단으로 활용될 수 있는 중요한 정치적 권리로 인식되고 있다.[100]

그러나 역사적으로 메인터넌스 및 챔퍼티 금지 법리를 지탱해 오던 중세의 사회·경제적 조건과 관념들이 사라진 시대에도, 일부 국가 또는 주는 메인터넌스와 챔퍼티로 인하여 무모하고 불필요한 소송을 부추길 수 있고, 제3자가 경제적으로나 사회적으로 열악한 입장에 있는 당사자와의 불공정한 계약으로 과도한 수익을 착취할 수 있다는 점 등을 근거로 메인터넌스 및 챔퍼티 금지 법리를 유지하고 있다.[101]

위와 같은 메인터넌스와 챔퍼티에 대한 현대적 비판론이 타당한지를 살펴보면, 우선 메인터넌스와 챔퍼티를 허용함으로써 무모하고 불필요한 소송이 늘어난다는 객관적인 근거가 없을 뿐만 아니라, 소송당사자에 자금제공을 하여 소송 결과로부터 이익을 얻으려는 제3자는 오히려 승소가능성을 엄격히 검토한 후 자금제공을 할 것이기 때문에, 챔퍼티가 무모한 소송을 부추긴다는 주장은 논리적으로도 맞지 않다.[102] 그리고 무모하고 불필요한 소송이 문제라면 사법제도나 절차법적으로 민사소송절차의 남용 내지 악용을 직접 제재하고 억제하는 장치를 가지고 해결하는 것이 더 합리적인데, 이미 상당수의 국가들은 절차 남용, 악의적인 제소, 불법행위로서의 타인의 권리 침해 등의 법리를 통해 그러한 문제를 대비하고 있어 메인터넌스 및 챔퍼티 금지를 별도로 유지할 필요성은 없다고 할 수 있다.103)

한편, 챔퍼티 계약을 통해 제3자가 소송당사자로부터 과도한 이익을 착취할 수 있다는 염려 또한 설득력이 없다. 계약의 일방 당사자가 타방 당사자와의 불공정한 계약을 통하여 폭리를 취할 가능성은 챔퍼티 계약에만 국한된 것이 아니라 다른 모든 종류의 계약에서도 발생할 수 있는 부작용인데 유독 챔퍼티 계약만 폭리의 가능성을 이유로 원천적으로 금지하는 것은 불합리하고 과도한 조치라고 할 것이다.104) 챔퍼티를 허용함으로써 소송당사자에게 불공정한 계약이 체결될 가능성이 문제되는 것이라면 챔퍼티 계약 역시 법원이 공서양속 등 일반적인 계약의 무효 법리를 가지고 면밀히 심사하도록 함으로써 그러한 문제를 충분히 통제할 수 있을 것이다.105)

오늘날 소송이나 중재 사건은 갈수록 그 내용과 절차가 복잡해져서 법률 전문가뿐만 아니라 그 준비와 수행에 다양한 전문가에 의한 체계적 도움과 관리를 필요로 하고 예전보다 훨씬 많은 비용이 드는 게 현실이다. 이러한 상황에서 이미 정당성의 근거를 상당 부분 상실한 메인터넌스 및 챔퍼티 금지 법리에 의존하여 제3자의 관여를 제한하고 그들의 경제적 대가를 금지하는 것은, 현실에도 전혀 맞지 않으며, 확대시켜야 할 당사자의 사법에 대한 접근권을 오히려 축소시키는 결과를 초래할 수도 있어 사회적으로 바람직하지 않다고 할 것이다.

요컨대 메인터넌스와 챔퍼티를 금지하는 법리는 시대에 뒤떨어진 낡은 개념으로서 더 이상 유지될 수 없으므로106) 그 이론이 제3자 펀딩의 도입과 활용에 장애가 되어서는 안 될 것이다. 다만 메인터넌스 및 챔퍼티 금지 법리를 완화를 통해, 소송의 결과에 연동된 경제적 이익을 약속받고 소송당사자에게 소송비용에 필요한 자금을 제공하는 금융방법으로서의 제3자 펀딩을 허용하더라도, 제3자 펀딩업자가 소송행위에 간섭하여 소송절차를 직접

통제함으로써 생길 수 있는 절차적 해악이나 부작용은 마땅히 경계해야 할
것이다.

소송 및 그 대상이 되는 권리에 대한 상품화를 금기시한 관념

I. 문제의 소재

챔퍼티 금지 법리 등과는 별개로, 일반인이든 법률가든 제3자 펀딩의 개념을 처음 접할 때 아무런 거부감이나 의구심 없이 그 개념을 자연스럽게 받아들이는 사람은 잘 없을 것으로 예상된다. 그러한 감정적 반응의 원인은 챔퍼티 금지와 같은 법규범을 의식해서일 수도 있지만 보다 근원적으로는 타인의 법적 권리 및 그 권리를 실현시키는 사법절차를 상업적 돈벌이의 수단, 즉 거래의 객체나 투자의 수단으로 삼아서는 안 된다는 도덕적 인식 내지 직관적 거부감이 작용했을 가능성이 높다.[107] 이러한 도덕적 관념의 타당성은 영미에서 클레임 양도를 금지하는 이론의 철학적·도덕적 근거에 대한 분석의 일환으로 연구된 바 있는데,[108] 그러한 이론적 설명은 제3자 펀딩에도 시사하는 바가 크다.

물론 제3자 펀딩의 일반적인 거래구조는 위에서 언급한 연구의 직접적인 대상인 클레임 양도와는 형식적으로 다르다. 그러나 역사적으로 영미에서는 클레임 양도도 메인터넌스나 챔퍼티 법리의 적용을 받는 등,[109] 전형적인 제3자 펀딩거래와 클레임 양도거래는 규범적으로 서로 비슷한 취급을 받는 경향이 있었다. 이는 엄밀한 거래형식의 관점으로 두 가지 거래를 구분할 수도 있지만, 경제적 실질 내지 거래의 동기라는 관점에서 보면 제3자 펀딩이나 클레임 양도 모두 원권리자 이외의 제3자가 원권리자의 클레임 및 그 클레임을 실현시키는 소송절차를 상업적 거래의 수단으로 하여 그 클레임의 소송적 성과를 통해 자신의 경제적 이익을 추구한다는 공통점이 있기 때문이다.

위와 같은 사정을 고려하면 클레임 양도를 금지하는 철학적·이념적 논거로서의 소송 및 클레임에 대한 반상품화 이론이나 교정적 정의 이론은 적어도 관념적 차원에서나 도덕적 차원에서는 제3자 펀딩에도 시사하는 바가 있다.

이하에서는 클레임 양도를 금지하는 철학적 논거로서의 반상품화 이론이나 교정적 이론을 차용하여, 제3자 펀딩에 대한 경계심리의 원인이라 할 수 있는 소송과 그 대상이 되는 법적 권리를 상업적 거래 수단이나 투자의 대상으로 삼아서는 안 된다는 직관 내지 도덕적 관념의 실체와 그 타당성을 검토해 본다.

II. 상품화(commodification)에 대한 경계

1 반상품화(anti-commodification) 이론

마가렛 래딘(Margaret Radin) 교수의 견해에 의하면, 어떤 잠재적인 재산권의 객체에 대한 상품화를 금지할 때 그 주된 기준은 그 객체가 인간다움 내지 인간성(personhood)에 중요하게 결부된 것인가 여부라 할 것인데, 어떤 객체가 인간성에 중요하게 결부되어 있는지 여부는 어떤 권리자가 자기 자신의 정체성과 어떤 객체 사이에 일체감(self-constitution)을 가지는지 여부 그리고 그 객체가 우리의 인간성 발전(human-flourishing)의 관념과 적절한 연관성을 가지는지 여부에 달려 있다고 할 것이다.110)

또한 마가렛 래딘 교수는 어떤 객체에 대한 상품화를 금지할 때에는 다음과 같은 세 가지 근거에 바탕을 둔다고 하였다.

첫째는 예방(prophylactic)이론인데, 이에 따르면 어떤 객체가 인간성에 중요함에도 불구하고 그 소유주체를 벗어나 거래된다는 것은 그 거래가 어떠한 이유로든 강요되었을 개연성이 높기 때문에 그러한 강요에 의한 거래는 사전적 금지로서 예방되어야 한다는 것이다.111)

둘째는 금지(prohibition)이론인데, 이에 따르면 상품화는 인간성 발전에 있어 열후한 관념(inferior conception of human flourishing)을 조장하기 때문에 사랑, 우정과 같이 양질의 영역에 속하는 것은 상품화된 형태로 존재하지 말아야 한다는 도덕적 요건이 있어야 한다는 것이다.112)

셋째는 도미노이론인데, 이에 따르면 인간성에 중요한 어떤 객체에 관하여 그 일부에 대하여라도 상품화를 인정하면 그 일부에 대한 상품화가 전염되어 결국은 상품화를 금지해야 할 나머지 부분까지도 상품화가 인정될 것이기 때문에 어떤 객체가 인간성에 중요하다면 그에 대한 상품화를 일체 하지 않는 것이 중요하다는 것이다.113)

2 소송과 그 대상인 클레임에 대한 반상품화 주장

소송과 그 대상이 되는 클레임은 그 내용이 원권리주체 자신의 과거 행위와 긴밀히 연결되어 있을 뿐만 아니라 그 권리주체의 과거 행위가 정당했는지 여부에 대한 평가가 그 소송 내지 클레임의 결과에 중대한 영향을 미치기 때문에, 인간성의 관점에서 소송과 그 대상이 되는 클레임은 인간성 발전의 측면에 중요하게 결부되어 있어 인간의 性 또는 신체 장기 등과 마찬가지로 상품화의 객체로 인정함에 있어 논란이 있을 수 있는 측면이 있다.114)

또한 예방이론의 관점에서 클레임 또는 소송의 결과에 대한 지분을 처분하는 원고로서는 스스로의 자력이나 능력으로 자신의 클레임에 관한 소송을 수행할 자신이 없었기 때문에 그와 같이 클레임이나 소송의 결과에 대한 지분을 처분하는 결정을 내렸을 개연성이 높을 것이다.115) 따라서 그와 같은 자력이나 능력의 부족이라는 사정이 원고를 위와 같은 거래를 하게끔 강요했다고 볼 여지도 있다.116)

금지이론의 관점에서는, 소송과 그 대상이 되는 클레임에 대한 상품화가 허용되면 단순히 개별 소송과 클레임이 거래되는 것에 그치지 않고 인간성에 중요한 법적 시스템(사법절차)의 정당성이 훼손되는 결과가 발생하므로 소송과 그 대상이 되는 클레임에 대한 상품화를 금지해야 한다는 주장이 있을 수 있다.117)

도미노이론의 관점에서는, 소송과 그 대상이 되는 클레임에 대한 상품화를 허용하기 시작하면 소송이 가지는 인간성에 중요한 측면이 간과된 채 법적 시스템이 경제적 기능을 수행하는 정부의 재무부서로 전락하고 권리주체는 투자자 또는 투기꾼으로 변질될 위험이 크기 때문에 이를 일체 금지해야 한다고 볼 수 있다.118)

3 반상품화 주장에 대한 반론

소송과 그 대상이 되는 클레임의 속성을 잘 살펴보면, 그것은 온전한 법적 시스템에 의해 처리가 되더라도 해당 소송절차가 진행되는 동안 일시적인 형태로 존재할 뿐이고, 판결이 선고되면 결국 그 판결의 결과로 수령하는 금전 또는 경제적 이익에 의해 대체되어 소멸된다.119) 그렇다면 상품화를 금지하고 온전한 법적 시스템에 의해 클레임을 실현하는 것(판결로 돈을 받는 것)과 상품화, 즉 클레임의 양도를 허용함으로써 시장에서 클레임을 실현하는 것(시장에서 돈을 받는 것) 사이에, 소송과 그 클레임에 대한 상품화를 금지해야 한다는 명제를 정당화할 만큼의 본질적인 차이가 있는 것인지에 대하여는 의문을 품을 수밖에 없다.

그리고 위에서 본 예방이론에서는 원권리자가 자신의 클레임을 팔기로 결정했을 때 그것이 경제적 이유에 의해 강요된 거래일 개연성이 높기 때문에 문제라고 보지만, 그러한 문제는 하자 있는 계약을 취소하거나 무효화하는 법리에 의해 해결할 수 있기 때문에, 강요에 의한 거래일 개연성이 높다는 이유로 그 거래를 전면 금지하는 것은 과도한 조치일 수 있다.120) 또한 원권리자가 궁박 상태에서 어쩔 수 없이 자신의 클레임을 양도하는 거래를 할 경우 그의 입장에서는 당장 금전이 필요하여 그 클레임을 양도하는 것인데 그 양도인(원권리자)이 필요로 하는 금전이나 재화를 제공해 주지도 못하면서 그 양도거래를 금지하는 것은 결코 그 양도인(원권리자)의 인간성 발전

의 관념에 부합하지도 않는다.121)

금지이론은 앞서 본 것처럼 인간성 발전의 측면에서 열후한 관념을 조장하는 상품화는 금지해야 한다는 것인데, 인간의 노동이나 인간의 공간적 정체성을 상징하는 주택의 경우에도 그 상품화는 인간성에 반하는 것일 수 있다.122) 그러나 인간의 노동이나 주택을 대상으로 하는 시장은 엄연히 존재하며 다만 인간성 보존에 필요한 규제가 수반되는 불완전한 상품화를 인정한다고 볼 수 있는데, 소송이나 그 대상이 되는 클레임이라 하여 그에 대한 시장 자체를 금지하는 것은 타당하다고 볼 수 없다.123)

도미노이론과 관련하여서는, 비경제적 이유로 소송을 제기하더라도 그 소송상 클레임은 대부분 판결에서 명한 금전지급과 서로 교환되어 소멸한다는 점에서 상품화는 이미 법적 시스템의 영역에 일부 반영되어 있다고 할 수 있다. 따라서 법적 시스템의 일부 상품화를 허용함으로써 그 상품화가 전체로 전염될 것이라는 도미노 이론의 염려는 법적 클레임의 양도에는 적용될 여지가 희박하다고 할 것이다.

무엇보다 소송 및 그 대상이 되는 클레임의 거래를 금지하여 그 상품화를 허용하지 않는 법적 시스템하에서도 판결이 아닌 화해를 통한 분쟁의 해결은 일반적이고 장려되기까지 하는데, 화해라는 메커니즘이 어떤 의미에서는 원고가 자신의 클레임의 일부를 시장에서 상대방 당사자에게 처분하는 것으로 볼 수 있다는 점에서 화해를 인정하면서도 법적 영역에서 상품화를 인정하지 말아야 한다는 주장은 모순적이라 할 수 있다.124) 더욱이 화해라는 메커니즘은 원고의 클레임 양도와 관련한 거래상대방으로서 피고의 독점권을 인정하는 것인데, 이는 원고의 소송상 클레임을 시장에서 거래상대방의 경쟁을 통해 자유롭게 거래하도록 하는 것과 비교하여 원권리자의 인간성 보존에 더 해롭다고 할 것이다.125) 따라서 인간성 보존을 위해 소송의 상품화를 금지해야 한다는 주장은 허울만 그럴듯할 뿐 근거나 설득력이 미약한 주장이라 볼 수 있다.

III. 교정적 정의에 대한 오해 및 그 오해에 기반한 부진정한 클레임 이론

1 교정적 정의 이론

불법행위법 영역을 지배하는 가장 영향력 있는 규범적 이론 중 하나가 교정적 정의(corrective justice) 관념이다.126) 교정적 정의의 내용은 학자에 따라 다르지만, 일부는 위법상태를 야기하는 관계, 즉 불법행위자와 피해자 사이의 관계뿐만 아니라 그 위법상태를 시정하는 관계, 즉 손해배상의무자와 그 의무를 이행 받는 상대방 사이의 관계, 이 두 가지 모두에서 쌍방 대칭적인 관계를 중시하며, 위법상태를 야기하는 관계가 위법상태를 시정하는 관계에도 그대로 이어져야 한다고 주장하기도 한다.127) 즉, 불법행위의 피해자가 불법행위자로부터 직접 손실을 회복해야만 교정적 정의에 부합한다고 보는 견해도 있는데, 이에 따를 경우 피해자가 자신의 클레임을 제3자에 양도하거나 제3자를 소송의 결과에 대한 이해관계에 참여시킴으로서 불법행위자가 피해자를 향하여 직접 모든 손실을 회복시키지 않게 되면 교정적 정의가 훼손된다고 볼 수 있다는 것이다.128) 이와 같이 소송 내지 그 대상이 되는 클레임을 거래의 대상으로 삼으면 불법행위법의 중요 이념인 교정적 정의가 훼손되므로 이러한 결과를 예방하기 위해 소송 내지 그 대상이 되는 클레임을 거래의 대상으로 삼으면 안 된다는 관념이 존재했고, 이는 그 동안 영미에서 메인터넌스와 챔퍼티를 금지하고 클레임의 양도를 제한한 근거가 된 측면이 있다.

2 교정적 정의 이론에 입각한 주장에 대한 반론

불법행위 소송에서의 원고의 권리가 피고의 의무의 기초가 되고 피고의 의무의 범위에 원고가 입은 피해를 포함함으로써, 교정적 정의에서 말하는 상관성(correlativity)이 충분히 인정된다고 보는 견해에 따를 경우,129) 클레임이 양도되거나 소송의 결과에 이해관계를 가진 제3자가 개입된다고 하여도 여전히 당초 원고의 권리가 피고의 의무의 기초가 되며 피고의 의무의 범위가 당초 원고가 입었던 피해를 포함하기 때문에 교정적 정의가 훼손된다고 볼 수 없다.[130]

그리고 교정적 정의가 손실 회복과 책임에 대한 근거를 정할 뿐 그 손실의 구체적인 시정방법을 정하는 것은 아니라는 견해에 따르더라도, 손실을 시정하는 의무자와 그 의무를 이행받는 당사자 사이에 엄격한 상관관계가 요구되고 있는 것은 아니므로, 클레임이 양도되거나 소송의 결과에 제3자가 개입한다고 하여 교정적 정의가 침해되는 것은 아니다.[131] 또한 교정적 정의가 규범적으로 피해자가 입은 손실에 기초하여 그 손실을 야기한 불법행위자에게 의무를 부과하는 것이라 할 때, 실제 그 위법상태가 시정되었는지, 어떻게 시정되었는지 또는 피해자가 직접 그 손실을 회복받았는지의 문제는 교정적 정의와 무관하다.[132]

교정적 정의에 관한 여러 견해를 살펴보아도, 교정적 정의가 위법상태를 시정하기 위한 불법행위자의 의무이행이 반드시 직접 원래의 피해자를 향해서만 이루어져야 한다는 것을 의미한다고 보기는 어렵다.[133] 제3자에 클레임이 양도되거나 제3자가 소송의 결과에 대해 이해관계를 가진다고 하더라도 손실회복에 대한 권리가 이전되는 등에서 일부 영향이 있을 뿐 피해자의 손실에 기초한 불법행위자의 피해자에 대한 의무 자체는 그대로 성립되고 인정되므로 손해배상청구권이 거래된다고 하여 교정적 정의가 훼손되는 것은 아니다.[134] 원래의 피해자가 불법행위로 생긴 자신의 권리를 양도하든 포기하든 그 권리행사를 보류하든 이는 피해자가 선택할 문제이고, 교정적 정의를 근거로 피해자 자신의 권리에 대한 처분 권한을 제약하는 것은 교정적 정의의 의미를 잘못 적용한 것이라 할 것이다.[135]

3 부진정한 클레임 이론

위와 같은 교정적 정의에 대한 논의를 바탕으로, 세복(Sebok) 교수는 영미권에서 제3자가 소송 및 그 대상이 되는 클레임을 거래하거나 투자하는 것을 금지하거나 제한하는 법리의 배경에는, 클레임을 실제 행사하여 이를 소송상 제기한 당사자와 그 소송에 의한 구제를 요하는 손실을 입은 피해자가 서로 다를 경우 그 클레임은 '부진정한 클레임(inauthentic claim)'으로서 이를 법원이 받아들여서는 안 된다는 이념이 역사적으로 자리잡고 있다고 한다.136) 이러한 입장에 따르면 실제 피해를 입지 않은 제3자가 원래의 당사자가 입은 피해를 구제받기 위한 클레임에 대하여 과다한 통제권을 행사하는 것을 허용해서는 안 되는데, 세복 교수는 클레임의 양도와 제3자의 개입에 대한 위와 같은 관념적 반대를 '부진정한 클레임' 이론이라 칭하고, 그 이론은 위에서 본 교정적 정의에 대한 잘못된 이해에서 비롯되었다고 주장한다.137)

세복 교수에 따르면 영미 법원이 전통적으로 어떤 클레임이 받아들여지려면 그 클레임 고유의 법적 유효성에 더하여 그 클레임이 진정한 당사자 사이의 것이어야 함(authenticity)이라는 요건을 추가적으로 갖출 것을 암묵적으로 요구해 왔다고 한다.138) 즉 어떤 클레임이 사기적 클레임인지 무모한 클레임인지 여부에 관계 없이, 진정한 당사자에 의해서가 아니라 그 클레임을 오염시키거나 부패시킨 제3자에 의해 클레임이 제기되면 그 클레임이 사실에 부합하고 타당한 법리에 기반하여도 그 클레임은 법원에서 받아들이지 말아야 한다는 부진정한 클레임 이론이 무의식 중에 확립되어 있었다는 것이다.139)

그러나 세복 교수에 따르면, 그와 같은 부진정한 클레임 이론은 불법행위가 그 불법행위자에게 위법상태를 시정할 의무를 발생시킨다는 교정적 정의를 응보적 교정 정의로 지나치게 엄격하게 잘못 해석한 결과에서 비롯되었으며, 부진정한 클레임 이론을 토대로 소송 및 그 대상이 되는 클레임에 대한 거래와 투자를 제한하는 것은 역사적으로나 법이론적으로 합리적인 근거를 찾기 어렵다고 한다.140)

IV. 검토

본질적으로 제3자 펀딩은 제3자 펀딩업자가 소송절차나 사법작용의 본체에 영향을 미치도록 하기 위한 것이 아니라, 소송절차 내지 사법작용 이전의 단계인 '자금조달' 그리고 소송절차 내지 사법작용 이후의 단계인 '소송의 결과로 인한 위험에 대한 헤지'를 위한 것이다.

반상품화 주장은 소송 내지 그 대상인 권리가 상품화되면 그로 인하여 인간성 발전에 중요한 의미를 가지는 소송절차 내지 사법작용의 가치가 훼손될 수 있다는 염려에 기반하고 있다. 그러나 제3자 펀딩은 기본적으로 소송절차 내지 사법작용의 본체에 관여하는 메커니즘이 아니므로 반상품화 주장으로 제3자 펀딩의 정당성을 탄핵하는 것은 적합하지 않다. 그리고 제3자 펀딩으로 인하여 소송절차 내지 사법작용의 가치가 훼손될 수 있는 여지가 일부 있다 하더라도, 과거보다 훨씬 발전되고 세련된 절차법제와 사법시스템으로써 제3자 펀딩이 소송절차 내지 사법작용에 미칠 수 있는 부작용을 충분히 억제하거나 제재할 수 있으므로, 이러한 점에서도 제3자 펀딩이 소송을 상품화시켜 소송절차나 사법작용의 가치를 훼손할 수 있다는 관념은 설득력이 떨어진다.

또한 과거 사회와 비교하여 권리의 양도가 대부분 자유화되었고 여러 경제주체 사이의 경제적 이해관계가 복잡하게 얽혀 있어서 많은 경우에 형식적 당사자와 실질적 당사자를 엄밀히 구분하는 것이 현실적으로 어려워진 현대 사회에 와서는, 어떤 소송상 청구에서의 당사자를 실체법상의 권리관계에서 원시적 권리자로만 한정하는 의미의 협소한 교정적 정의나 부진정한 클레임 이론이 일반적으로 지지를 받기는 어렵다. 더구나 제3자 펀딩에서는 소송상 청구의 당사자가 형식적으로 실체법상의 청구권을 보유할 뿐만 아니라 실질적으로나 경제적으로도 소송의 결과에 대해 큰 이해관계를 보유하고 있으므로, 그가 당사자로 소송을 수행하고 제3자 펀딩업자가 자금을 제공하는 것이 협의의 교정적 정의나 부진정한 클레임 이론에 반한다고 볼 수도 없다.

물론 제3자 펀딩업자가 소송의 결과에 대하여 상당한 지분적 이해관계를 가지고 있으므로 그가 원래의 권리자를 대신하여 부진정하게 소송을 수행하는 것 아닌가 하는 의구심을 품을 수도 있을 것이다. 그러나 그러한 경우에까지 교정적 정의나 부진정한 클레임 이론을 관철하려 한다면, 피고를 위하여 소송비용을 부담하고 패소의 위험을 인수하는 보험회사는 물론 소송당사자에게 일반적인 신용·담보대출을 한 후 판결로써 자력을 회복한 소송당사자로부터 원금과 이자를 상환받는 은행이나 대부업자도 해당 소송절차에 있어서의 부진정한 당사자로 비난받을 여지가 있을 텐데, 이는 법질서나 법감정에 맞지 않다. 여러 경제주체가 다양하고 복잡한 거래와 이해관계로 얽혀 있는 현대 사회에서는 소송이라는 사회적 현상에도 다양한 경제적 이해관계와 정치·사회적 이해관계가 복잡하게 얽혀 있을 수밖에 없다. 그럼에도 불구하고 모든 소송에서 당사자 이외 경제적·재무적 이해관계를 가진 모든 자를 확인하고 그 이해관계의 내용과 경중을 모두 고려하여 이를 기초로 진정한 당사자와 부진정한 당사자를 구별하고 부진정한 청구를 판단해야 한다면, 소송을 통한 분쟁해결 메커니즘은 사실상 작동불가능하게 될 뿐만 아니라[141] 사법자원의 한계를 고려할 때 그러한 프로세스를 현실적으로 구현하는 것조차 사실상 불가능할 것이다.

요컨대, 제3자 펀딩의 거래구조와 관행을 고려했을 때 제3자 펀딩이 교정적 정의나 부진정한 클레임 이론으로 인해 비난받아야 할 근거는 희박하며, 만약 제3자 펀딩으로 인하여 교정적 정의나 부진정한 클레임 이론의 목적과 취지에 반하는 부작용이 일부 발생한다면 이는 뒤에서 보는 바와 같이 입법이나 개별 사건에서의 사법적 심사를 통해 충분히 해결할 수 있다고 판단된다.

제3자 펀딩의 필요성과 문제점에 대한 정책적 분석

I. 서언

앞서 영국이나 호주 등에서 본 것처럼 법원은 챔퍼티 금지 법리를 폐기하고 제3자 펀딩의 적법성을 인정하는 결론의 근거로서 제3자 펀딩이 자력이 부족한 원고 당사자를 위하여 법원에 대한 접근권을 증진시킬 수 있다는 점을 들고 있다. 이처럼 전통적으로 제3자 펀딩은 자력이 부족한 원고 당사자를 위한 사법 접근권을 증대시킨다는 데 의의가 있었는데, 최근 들어서는 그 의미가 좀 더 확대되어 기업당사자를 위한 소송 관련 위험관리 내지 재무관리의 수단으로서도 관심을 끌고 있다. 뿐만 아니라 제3자 펀딩은 최근 사회경제적으로 문제가 되고 있는 현대적 불법행위 소송에서의 원피고 사이 불균등한 협상력 내지 기울어진 운동장을 시정할 수 있는 수단으로서도 그 효용성을 기대할 수 있다. 이하에서는 이와 같은 제3자 펀딩의 전통적인 의의와 현대적인 효용성을 중심으로 제3자 펀딩을 지지하고 찬성하는 측의 논거를 먼저 분석해 본다.

한편 제3자 펀딩의 문제점을 지적하며 제3자 펀딩을 반대하는 견해도 일부 존재하는데, 그러한 견해는 거의 대부분 미국 상업회의소 산하 법개혁연구원(US Chamber Institute for Legal Reform)이 2009년 발간한 보고서(이하 "법개혁연구원 보고서")142)의 논거를 기초로 하고 있고, 그 반대론을 반박하는 측 역시 대체로 법개혁연구원 보고서의 논거를 반박하고 있다. 이하에서는 법개혁연구원 보고서가 지적한 제3자 펀딩의 문제점을 중심으로 제3자 펀딩에 대한 비판론과 그에 대한 반론을 살펴본다.

II. 제3자 펀딩의 사회·경제적 효용성과 필요성

1 사법에 대한 접근권 확대와 잠재적 불법행위자에 대한 억제 효과

전통적으로 제3자 펀딩의 장점 내지 편익으로서 가장 먼저 손꼽히는 것은 사법에 대한 접근권 확대이다.[143] 이러한 사법에 대한 접근권 확대의 편익은 실체법상 근거가 있는 청구권을 가지고 있음에도 자력이 부족하여 경제적인 이유로 소 제기를 포기할 뻔했던 원고에게 주로 해당될 것이다.[144] 그러나 그러한 편익은, 반드시 자력이 부족한 원고에게만 해당하는 것은 아니고, 자력이 있음에도 패소 시 자신의 경제적 부담으로 투하한 소송비용이 매몰될 위험을 피하기 위해 소 제기를 주저하는 위험기피형 원고에도 해당할 수 있다.[145] 이와 같은 제3자 펀딩으로 인한 사법 접근권 확대의 편익은 오늘날에도 그 의미가 커지고 있는데, 이는 갈수록 중요 소송이나 중재 사건을 수행하는 데 드는 법률비용이 증가하고 있는 현실에 기인한다.

제3자 펀딩으로 사법에 대한 접근권이 확대되면 불법행위 영역에서는 잠재적 가해자의 위법행위를 억제할 수 있는 효과도 기대할 수 있다.[146] 잠재적 가해자 입장에서 잠재적 피해자들 중 소송비용을 부담할 수 없다는 경제적 이유로 또는 위험을 기피하고자 하는 성향으로 인하여 소를 제기하지 않을 피해자가 더 많을 것이라 인식할 경우, 잠재적 가해자가 적정한 주의의무를 다할 인센티브는 별로 없을 것이다.[147] 그러나 반대로 잠재적 가해자 입장에서 제3자 펀딩으로 인하여 더 많은 잠재적 피해자가 소 제기를 할 것이라는 점을 인식하거나 예상할 경우 소 제기의 위협을 느껴 위법행위를 억제하고자 하는 동기는 커질 것이다.[148] 이렇듯 제3자 펀딩이 피해자로 하여금 가해자를 상대로 한 소 제기를 용이하게 하고 빈번하게 함으로써, 평소

법적 압력 내지 소송으로 인한 책임의 위협에 영향을 받지 않는다고 생각하던 기업 피고들로 하여금 사전적으로는 위법행위를 억제하도록 하고 사후적으로는 손해회복을 위한 화해 등에 진지하게 임하도록 하는 요인이 될 수 있을 것이다.[149]

② 소송의 위험을 금융의 기법으로 관리할 필요성

가. 위험 헤지의 대상으로서의 소송의 위험

개인이나 기업은 일상생활과 사업활동 과정에서 다양한 위험에 직면하고 그 위험을 헤지 또는 관리하기 위해 보험, 선물(Futures), 옵션(Option), 기타 금융파생상품 등을 망라한 다양한 금융기법을 활용한다. 예를 들어, 자연재해를 대비하여 보험에 가입하고, 유가 등락을 걱정하는 항공사들은 헤지계약이나 선물계약을 활용하며, 농산품판매업자들은 선물계약으로 농산품 가격 등락의 위험을 헤지할 수 있는 것이다.[150]

그런데 소송을 당한 개인이나 기업의 입장에서 소송 역시 그 결과가 당사자 및 소송대리인의 능력과 통제범위를 벗어나 있어 예측할 수 없을 뿐만 아니라 소송가액이 큰 사건에서 패소할 경우 기업의 재무와 생존에 큰 위협이 될 수 있거나 반대로 (그 소송에 베팅을 한 제3자 입장에서는 승소할 경우) 큰 수익의 기회가 될 수도 있다.[151] 이러한 점에서 자연재해나 시장의 위험과 마찬가지로 소송 역시 금융전문가에 의해 관리되거나 거래될 수 있는 위험의 한 종류로 취급할 수 있을 것이다.[152]

또한, 소송으로 인한 위험 내지 비용은, 우선 당사자가 그 소송을 위해 직접 투입하는 법률비용과 시간을 의미하는 1차적 비용과, 소송비용과 위험이 분산되지 않고 그것이 특정 기업에 집중됨으로써 생기는 2차적 비용이 있을 수 있다.[153] 거기에 더하여 거래소상장, 사채발행 내지 M&A와 같은 중요한 거래를 앞둔 기업이 큰 소송을 제기당한 경우 그 소송으로 인한 책임의 위험으로 인해 그 기업의 주식가격이 낮아지거나 사채 이자율이 올라가는 등의 추가적인 자본비용을 부담함으로써 생기는 3차적 비용까지 고려해야 한다는 점에서, 소송으로 인한 위험 내지 비용은 그 규모와 범위가 상당히 크다는 점을 알 수 있다.154) 그와 같이 소송위험에 처한 다수인을 모아서(pooling), 그 집합적인 위험단체에 그 위험을 이전·분산시키는 금융기법을 사용할 경우 소송으로 인한 위험과 비용은 상당 부분 완화하거나 제거할 수 있는 측면이 있을 것이다.155)

나. 거래를 통한 소송위험관리의 실현가능성

실제 금융거래로서 소송위험을 거래하고 이전할 수 있기 위해서는 그에 관련된 몇 가지 현실적인 난점을 해결할 수 있어야 하는데, 우선 위험거래의 대상으로서의 소송에 대한 합리적인 가격책정(pricing)이 가능한지에 관한 문제가 있다. 보험의 경우에는, 동일한 위험에 처한 다수인의 집합인 위험단체 내에서 발생할 사고의 확률과 사고에 따른 손해의 크기를 파악함에 있어, 위험단체의 집단표본이 커지고 관찰대상기간이 길어질수록 특정사고의 발생률이 평균치에 가까워진다는 소위 대수의 법칙을 이용하여, 위험률과 그에 따른 보험료 및 보험금을 비교적 객관적이고 합리적으로 계산할 수 있다.156) 그러나 소송위험의 경우에는 사건별로 개별화된 요인들(사실관계, 준거법, 증거, 소송대리인의 능력과 수준, 판사의 성향 등)에 의존하는 이질적인 위험이라 할 수 있어, 동질적인 위험을 대상으로 하는 보험에서 보험계리사가 대수의 법칙 등에 의해 보험료를 결정하는 것과는 달리, 소송위험을 객관적으로 정량화하여 평가하는 것은 쉽지 않을 수 있다.157) 그러나 소송위험을 어느 정도 객관적으로 평가할 수 있을 것이라는 낙관적인 분석도 있다. 소송의 경우에도 화해나 조정을 통해 분쟁을 해결할 때 변호사들이 과거 동종사건에 대한 판결 및 당해 사건에 관한 객관적인 정보와 자료에 기초하여 합리적인 화해금액 내지 조정금액을 결정하려 하는 부분이 있는데, 이는 소송위험을 객관적으로 평가하고 수치화할 수 있는 가능성을 보여주는 일례라할 수 있다.158) 물론 금융시장에서 거래되는 기존의 다양한 금융상품의 가격책정에 적용되는 메커니즘, 즉 다수의 시장참여자들이 가격을 결정하는 메커니즘이 소송위험의 거래 내지 가격책정에는 적용되기 어려운 부분이 있겠지만, 그렇다고 하여 소송위험에 대한 합리적인 가격책정이 불가능하다고 할 수는 없을 것이다. 불확실하고 개성이 강한 개별적인 벤처기업에 투자하는 벤처캐피탈리스트와 마찬가지로, 소송위험 평가에 대한 전문성과 경험을 가진 금융회사가 나름의 전문성과 경험에 바탕을 두고 위험에 영향을 미치는 다양한 요인을 검증한다면 그 위험에 대한 거래를 결정하기 위한 목적의 합리적인 가격책정은 충분히 가능할 수 있기 때문이다.

따라서 소송위험을 이전하고 거래하기 위한 소송위험에 대한 가격평가가 불가능하다고 할 수는 없을 것인데, 소송위험에 대한 거래가 이루어지기 위해서는 또 다른 전제조건으로서 소송위험을 인수하려는 제3자와 소송위험을 처분하려는 소송당사자 사이의 정보비대칭 문제도 해결할 수 있어야 한다.[159] 원래 금융규제의 핵심적인 과제 중 하나가 금융시장 참여자들 사이의 정보비대칭을 해결하는 것인데, 소송위험 이전거래의 경우에도 소송의 결과에 영향을 미칠 수 있는 각종 자료와 정보가 소송당사자에게만 집중되어 있어 그에 따른 정보비대칭을 해결하기 위해서는 제3자 펀딩업자에게 자신이 투자할 소송사건에 대한 철저한 실사 기회를 보장해 주어야 한다.[160] 그리고 그와 같은 실사 과정의 실효성을 담보하기 위해, 제3자 펀딩계약에 소송당사자가 중요한 내용이나 자료를 공유하지 않은 경우 제3자 펀딩업자에게 해당 계약에 대한 해지권을 부여하는 등의 적절한 페널티 조항을 포함시켜야 할 것이다.[161]

그리고 금융거래로서 소송위험을 이전하고 거래할 수 있기 위해서는, 소송위험을 인수할 만한 충분한 자본력을 가진 자금제공자도 끌어들일 수 있어야 한다.[162] 소송위험의 인수 내지 거래가 필요한 소송은 보통 막대한 금액이 걸려 있어 패소의 위험이 큰 소송일 텐데 그러한 소송의 위험을 인수하려면 그 정도의 위험을 흡수할 정도의 자본력을 갖추고 있어야 하기 때문이다.[163] 그런데 소송위험에 대한 투자는 안정적 고수익을 기대할 수 있는 투자방법으로서 그러한 투자기회를 찾는 대형 투자펀드들의 관심을 끌기에 충분하다. 즉, 소송위험 역시 다수의 소송을 집합화하면(pooling), 개별 소송으로 인한 위험을 분산시킬 수 있고, 보험에서의 대수의 법칙과 비슷하게 소송포트폴리오가 다양해지고 커지면서 전체 소송 포트폴리오에서의 위험률 내지 예상수익률 역시 특정 수치로 수렴할 것을 기대해 볼 수 있을 뿐만 아니라, 실력과 전문성을 갖춘 변호사를 통한 철저한 실사를 통해 승소가능성이 매우 높은 소송을 선별하여 투자함으로써 투자로 인한 위험을 사전에 상당 부분 통제할 수 있다는 점에서, 소송위험에 대한 투자는 다른 어떤 투자보다도 안정적인 고수익을 기대할 수 있는 투자방법이 될 수도 있는 것이다.164)

한편, 소송위험을 제3자 펀딩업자가 인수한 후에 소송당사자, 소송대리인 및 제3자 펀딩업자 간의 이해상충으로 인하여 제3자 펀딩업자가 소송위험을 제대로 통제할 수 없을 것이라는 우려 역시 소송위험에 대한 거래를 방해하는 요인이 될 수도 있다. 그러나 그와 같은 이해상충의 위험은 뒤에서 자세히 보는 바와 같이 이해당사자 간 계약관계를 합리적으로 설계함으로써 충분히 해결할 수 있다.

3 반복적 행위자로서의 제3자 펀딩업자가 일회적 이용자인 소송 당사자의 구조적 불리함을 해결할 가능성

제3자 펀딩을 제약했던 메인터넌스 및 챔퍼티 금지 법리는 연혁적으로 중세 잉글랜드에서부터 봉건영주 등 강자가 소송절차를 이용해 약자의 토지 등 재산을 취득하여 자신의 재산과 세력을 부당하게 확장하는 것을 막기 위해 생겨난 것이었다.165) 그런데 그 법리에 의해 챔퍼티를 금지함으로써 약자들이 보호받기는커녕 그들에 대한 제3자의 지원이 제한되어 안 그래도 경제적 자원 및 법적 전문지식 등이 상대적으로 부족한 약자들의 사법절차에 대한 접근권이 더 악화된 측면이 있다.166) 이와 대조적으로 전문가의 충분한 조력을 받을 수 있는 강자들이 약자들보다 사법절차를 더 잘 활용할 수 있다는 사회적 인식은 현대에 오면서 더욱 확고해지고 있다.167) 특히 현대사회에서 복잡하고 소송가액이 큰 집단소송이나 불법행위를 원인으로 한 손해배상소송에서 원고는 파편화된 개인인 경우가 많고, 피고는 대기업인 경우가 많을 텐데, 이러한 경우 피고는 소위 대형 법무법인을 선임하고 각 분야의 전문가를 고용하여 치밀한 소송준비와 전략으로 소송절차에 임할 수 있을 것이다. 그에 반해 파편화된 원고는 그와 같은 대형 법무법인이나 전문가를 접촉할 네트워크도 부족하고 그들을 선임할 자력도 부족하기 때문에 객관적으로 충분히 승소가능한 청구원인을 가지고도 소 제기를 아예 단념하거나 소를 제기하고도 소송절차 초기에 낮은 화해금액에 화해로 사건을 종결할 여지가 크고 소송절차를 끝까지 수행하더라도 만족스럽지 못한 결과를 받을 가능성이 높은 것이 현실이다.

이러한 구조적 문제점은, 위 사례에서 피고는 소송절차에 대한 반복적 행위자(repeat-player)로서 소송절차에서의 구조적 이점을 누릴 수 있는 반면, 원고는 소송절차에 대한 일회적 행위자(one-shotter)로서 반복적 행위자에 비해 구조적으로 열악한 지위에 있기 때문일 수 있다. 즉, 소송절차를 반복적으로 이용하는 반복적 행위자는 여러 사건을 다루다 보니 그 과정에서 지식도 쌓고 전문성도 키우게 되며 관련 전문가들과의 네트워크도 강화시킬 수 있다.168) 그리고 반복적 행위자는 다수의 사건을 집합적으로(pooling) 관리할 수 있어 특정 하나의 사건으로 인한 위험과 그 특정 사건의 결과에 대한 이해관계를 줄일 수 있는데 그렇게 되면 단기적으로 어느 한 사건의 손익에 집착하기보다는 전체 사건 포트폴리오에서의 수익을 극대화하는 장기적 전략을 사용할 수 있게 된다.169) 여기서 반복적 행위자의 장기적 전략의 핵심은, 어느 한 사건의 결과보다는 시스템 내지 규칙을 자신에 유리하게 바꾸는 것이 장기적으로 수익을 극대화할 수 있는 효과적인 방법이라는 점을 인식함으로써 반복적 행위자는 일련의 판결을 통해 자신에게 유리한 방향으로 시스템 내지 규칙을 변경하는 것에 기꺼이 시간과 비용을 투자한다는 것이고, 그렇게 변경된 시스템 내지 규칙은 다시 반복적 행위자의 입지를 강화시키는 데 이용된다는 것이다.170) 반면, 일회적 행위자는 경험과 지식이 부족하여 소송위험을 객관적으로 평가할 능력이 부족하고 장기간의 소송을 감수할 만한 자금도 갖추고 있지 못하기 때문에 승소가능성이 있는 권리를 가지고도 소를 제기하는 것을 자제하거나 소를 제기한 후에도 패소판결의 위험성을 과대평가한 나머지 낮은 금액에 화해를 하기도 하는데, 이러한 일회적 행위자의 경향은 장기적으로 시스템 내지 규칙을 자신에게 유리

하게 변경할 가능성도 봉쇄시킬 것이다.171)

　이와 같은 반복적 행위자와 일회적 행위자 사이의 구조적 불평등하에서 일회적 이용자인 개인 원고들이 개념적으로 반복적 행위자라 할 수 있는 제3자 펀딩업자와 결합할 경우 개인 원고들은 규모의 경제 및 축적된 전문성이라는 제3자 펀딩업자의 구조적 이점을 얻을 수 있고 개인 원고들의 사법접근권도 향상될 수 있을 것이다.172) 특히 명성 있는 제3자 펀딩업자가 어떤 개인 원고의 소송에 펀딩을 한 사실이 상대방 당사자에게 알려질 경우 이는 그 청구의 객관적인 승소가능성을 강력하게 뒷받침하는 근거가 될 수 있기 때문에 반복적 행위자인 상대방과의 협상에서도 개인 원고의 협상력을 강화시킬 수 있고 개인 원고가 낮은 금액에 조기에 화해하는 것을 막을 수 있다.173)

4 기업재무적 관점에서 법률비용 및 위험에 대한 효율적 관리의 필요성

　중소기업뿐 아니라 대기업에서도, 법률비용이 기업의 재무제표에 큰 영향을 미치지 않는 간헐적 내지 비정기적 지출비용에 그치던 과거와 달리 점차 기업의 운전자금 내지 현금흐름에도 큰 영향을 미칠 수 있는 상시적이고 규모가 큰 지출비용이 되자, 법률비용과 위험은 기업의 사내변호사뿐만 아니라 재무책임자들에게도 큰 관심거리이자 고민거리가 되고 있다. 즉, 법률비용의 지출 규모가 점차 커지고 그것이 기업재무에 미치는 영향 역시 무시할 수 없는 수준에 이르자 기업의 재무담당자들과 사내변호사들은 법률비용과 위험을 효율적이고 체계적으로 관리하기 위해 소송 역시 타인자본을 이용한 금융의 대상 내지 목적이 될 수 있지는 않은지 고민하기 시작했고, 그러한 소송금융의 방법으로서 제3자 펀딩에 주목하고 있는 것이다.174)

　이러한 상황에서 기업의 재무책임자들이 기업재무적 관점에서 법률비용과 위험의 관리수단으로서의 제3자 펀딩에 대하여 실제 어떠한 인식을 가지고 있는지를 살펴볼 수 있다면, 제3자 펀딩의 필요성과 효용성에 대한 객관적인 판단을 내리고 관련 제도를 설계하는 데 도움이 될 것이다. 이러한 맥락에서 세계적인 제3자 펀딩업자인 Burford Capital이 2019년 미국, 영국, 캐나다 주요 기업의 총 502명의 최고재무책임자 및 그에 준하는 임원들을 상대로 설문조사를 하고 그 결과를 분석한 보고서(이하 "Burford 보고서")를 발간한 바 있는데, 그 보고서의 주요 내용은 대략 다음과 같다.

첫째, 응답자의 압도적 다수인 71.5%가 법률비용 관리는 더 이상 사소하고 지엽적인 문제가 아니라 획기적인 해결책을 필요로 하는 긴급한 과제라는 인식을 가지고 있다.[175]

둘째, 응답자의 다수인 63%가 소송비용 부담 때문에 승소가능성이 있음에도 소를 제기하지 않기로 결정한 적이 있다고 하고, 규모가 큰 회사(연 매출액 100억 달러 이상)를 대상으로 했을 때에는 그 답변비율이 73.3%까지 올라간다.[176]

셋째, 응답자의 77.6%는 소송에서 이겼음에도 집행하지 못한 판결금액이 1,000만 달러 이상이라 하고, 응답자의 58.4%는 그와 같이 지급받지 못한 판결을 집행하기 위해 소송펀딩을 이용하는 것이 매우 중요하다는 답변을 하였다.[177]

넷째, 응답자의 66.9%는 불경기에 들어서면 법률예산을 축소할 수밖에 없을 것이라고 하고, 응답자의 67.3%는 그러한 상황에서 소송펀딩을 이용하게 될 것이라고 답변하였다.[178]

다섯째, 49%의 응답자가 법적 위험과 그 불확실성을 관리하는 것이 기업의 사업상 문제로서 매우 심각하다고 하고, 47.2%의 응답자는 사내 법무실이 소송의 소요기간과 소요비용을 예측할 수 없다는 것 역시 매우 심각한 기업의 사업상 문제라고 하였으며, 46.4%는 현재의 법률비용이 기업의 재무적 성과를 떨어뜨릴 수 있는 점 역시 매우 심각한 사업상 문제라고 답변하였다.[179]

여섯째, 응답자의 66.3%가 자신은 소송펀딩에 대해 잘 알고 있다고 하고, 응답자의 94.7%는 본인 회사에 소송펀딩 활용을 추천할 것이라고 하며, 응답자의 69.5%는 시간당 보수에 기반한 법률비용의 부담에서 벗어나기 위해 소송펀딩이 일상화될 것이라고 답변하였다.[180]

일곱째, 응답자의 54.8%는 사업에 현금 가치를 창출할 수 있는 청구권을 실현하기 위해, 응답자의 45.2%는 위험을 헤지하기 위해, 응답자의 45%는 현금을 소송보다는 다른 사업상 우선순위를 위해 유보하기 위해, 응답자의 44.4%는 소송보다는 성장에 투자를 하고 자본을 효율적으로 활용하기 위해, 소송펀딩을 이용할 것 같다고 답변하였다.[181]

여덟째, 소송펀딩의 효용으로서 응답자의 95.7%는 소송보다는 성장에 현금을 투자하고 자본을 효율적으로 활용할 수 있도록 하는 데에 소송펀딩이 도움을 준다는 점에 대체로 동의하고, 응답자의 93.4%는 위험노출을 헤지하는 데에 소송펀딩이 도움을 준다는 점에 대체로 동의하며, 응답자의 93%는 소송펀딩을 이용함으로써 법률지출비용이 수익성에 미치는 영향을 최소화하는 등의 재무보고와 회계상 효용성을 가질 수 있다는 점에 대체로 동의하고 있다.[182]

위와 같은 설문조사 등을 종합해 보면, 제3자 펀딩이 더 이상 유동성이 부족한 개인이나 중소기업이 부족한 자금을 융통할 목적으로 이용하는 수단에 그치는 것이 아니라, 풍부한 유동성을 가진 대기업의 관점에서도 법률비용과 위험을 기업재무 관점에서 합리적으로 관리하게 하고, 자기 자본을 투입하는 대신 레버리지를 활용해 소송비용을 충당하게 함으로써 소송비용으로 쓰였을 자본을 기업의 성장을 위한 생산적인 목적으로 사용할 수 있도록 하는 용도로도 활용될 수 있음을 알 수 있다.[183] 갈수록 기업들이 법률비용으로 지출되는 예산을 소모적이고 비생산적인 예산으로 간주하여 이를 최대한 절감하려 하고 있고 이에 발맞추어 기업의 사내변호사들도 소송으로 인한 비용지출을 획기적으로 줄일 수 있는 방법을 모색하는 상황에서 제3자 펀딩은 법률 분야의 비용과 위험을 기업재무적 관점에서 효율적으로 관리할 수 있는 수단으로 자리잡을 잠재력이 크다고 할 것이다.[184]

그리고 제3자 펀딩업자가 관여할 경우 그들은 소송관리의 전문가이자 재무전문가로서 소송대리인인 변호사들로 하여금 예산 범위 안에서 효율적으로 업무를 수행하도록 감시하고 법률비용 지출을 효율적으로 관리할 수도 있을 것이다.[185]

III. 제3자 펀딩의 문제점에 관한 주장과 그에 대한 반론

1 제3자 펀딩으로 인하여 소송 건수가 증가한다는 주장

가. 반대론자의 주장

제3자 펀딩을 반대하는 측이 보통 가장 먼저 제기하는 질문은, 과거에 억제되었거나 포기되었던 소송이 제3자 펀딩으로 인하여 증가하는 것은 이론적으로나 직관적으로 분명해 보이는데, 그것이 과연 사회적으로 바람직한가의 문제라 할 수 있다.186) 제3자 펀딩으로 소송이 증가하면 사법 자원의 소모라는 관점에서 사회적 비용이 발생하고 상대방 당사자의 소송비용이라는 측면에서도 사회적 비용이 발생하는데 그것이 과연 사회적으로 바람직한지에 대한 의문이 생기는 것이다.187) 특히 잠재적 원고 당사자의 통상적인 위험 기피적인 경향을 고려할 때 잠재적 승소금액이 높더라도 승소확률 내지 승소가능성이 낮은 영역에서는 소 제기를 하지 않는 것이 보통일 텐데, 제3자 펀딩으로 인하여 소 제기에 따른 재무적 위험이 제거되고 비용-편익 계산이 유리해짐으로써 잠재적 원고의 소 제기가 늘어난다면, 그것이 과연 사회적으로 바람직한지에 대한 질문이 있을 수밖에 없는 것이다.

나. 반대론에 대한 분석

(1) 제3자 펀딩으로 인하여 소송 건수가 증가하는지 여부

제3자 펀딩으로 인한 소송 건수 증가가 사회적으로 바람직한지에 대한 분석을 하기 위해서는 우선 제3자 펀딩으로 인하여 과연 소송 건수가 증가하는지 여부를 검증해 볼 필요가 있는데, 그와 같은 검증은 크게 경험적 차원과 이론적 차원에서 이루어질 수 있을 것이다.

우선 경험적 차원의 연구결과를 살펴본다. 제3자 펀딩이 영국과 호주 등에서 본격 활용된 지는 적지 않은 시간이 흘렀지만, 위 쟁점, 즉 제3자 펀딩으로 인하여 소송 건수가 증가하였는지에 대한 연구로는 호주의 사례를 대상으로 한 에이브럼스(David Abrams) 교수와 첸(Daniel Chen) 교수의 공동 연구가 거의 유일하게 거론된다. 그 연구결과에 따르면 제3자 펀딩의 합법화 이후 일부 유형의 소송 건수가 증가한 것을 알 수 있다.[188] 그러나 위 공동연구자들 스스로도 자신의 연구결과를 일반화하는 것을 경계하고 있고, 다른 연구자들도 위 연구결과와 관련하여 표본의 규모가 작고 소송 건수의 증가 수준이 유의미하지는 않다는 점 등을 들어 위 연구결과를 가지고 어떠한 결론을 도출하기는 어렵다는 점을 지적하고 있다.[189]

에이브럼스 교수와 첸 교수의 위 연구결과가 제3자 펀딩으로 인한 소송 건수 변화를 다룬 유일한 실증 연구임에도 그 연구결과로부터 유의미한 결론을 도출하기가 어렵다면 결국 이론적 내지 직관적 관점에서 제3자 펀딩으로 인한 소송 건수 변화를 추론할 수밖에 없을 것이다. 그런데 이론적으로나 직관적으로는 제3자 펀딩의 영향으로 소송 건수 자체가 증가하는 것을 비교적 쉽게 추론할 수 있다. 잠재적 원고로서는 소송에 따른 사적 편익이 사적 비용보다 클 때 소를 제기할 텐데,[190] 제3자 펀딩으로 인하여 그 비용을 전혀 부담하지 않아도 된다면, 비용-편익 계산에서 유리해지는 잠재적 원고들 입장에서 소를 제기할 인센티브가 커지는 것은 분명하기 때문이다. 한편 비용-편익 계산 결과와 상관없이 위험 기피적 성향으로 인하여 소 제기를 주저했던 잠재적 원고들 입장에서도 제3자 펀딩이 패소에 따른 위험을 제거해 준다면 소를 제기할 인센티브가 커질 수밖에 없을 것이다.

따라서 이론적으로나 직관적으로는 제3자 펀딩으로 인하여 소송 건수가 증가할 것이라는 예상을 부정하기 어려울 것이다. 다만 그 증가의 정도에 대하여는 다양한 분석과 예측이 있을 수 있는데, 현실 세계에서 세계적으로 유명한 대형 제3자 펀딩업자의 펀딩 건수를 살펴보면 한 회사당 기껏해야 수십 건 정도의 수준이라는 점을 알 수 있어서,[191] 추론컨대 제3자 펀딩으로 인하여 실제 증가하는 소송 건수 자체는 사회 전체적으로 처리되는 분쟁 건수에 대비해 보면 미미한 수준일 가능성이 높을 것이다.

(2) 제3자 펀딩으로 인한 소송의 증가가 사회적으로 바람직한지 여부에 대한 이론적 분석

제3자 펀딩으로 인하여 소송 건수가 증가한다고 가정할 때, 그러한 현상이 사회적으로 바람직한지 여부를 판단하는 방법으로는 두 가지 방법론을 생각해 볼 수 있을 것이다. 우선, 소송의 총량이 사회적으로 적정한 양적 수준을 넘어갈 경우 그 양적 지표를 기준으로 사회적 효용성 내지 가치 유무를 판단하는 방법이 있을 것이다(이하 "총량적 접근방법"이라 한다). 또 다른 방법으로는 사회 전체적으로 소송이 증가할 때 그 증가한 소송 중에는 사회적으로 이로운 소송도 있을 수 있고 사회적으로 해로운 소송도 있을 것이므로, 소송 증가의 원인과 유형을 분석하여, 제3자 펀딩으로 인하여 증가하는 소송 유형이 사회적으로 이로운 소송인지 아니면 사회적으로 해로운 소송인지를 규명하는 방법이 있을 것이다(이하 "유형별 접근방법"이라 한다).

먼저 총량적 접근방법을 실효적으로 적용하기 위해서는, 사회적 효용성 측면에서 소송 총량의 많고 적음을 판별하기 위한 기준으로서 사회적으로 합의된 소송 총량의 적정한 양적 기준이 전제되어야 할 것이다. 그러나 사회적으로 소송 건수가 지나치게 많은지 여부에 관하여 다양한 연구를 시도한 미국의 사례를 보더라도, 정치·경제적 이해관계에 따라 소송의 역할과 기능 그리고 적정한 소송의 양적 수준에 대한 입장이 너무나 달라 사회적으로 합의된 소송 총량의 적정 양적 기준을 발견하거나 도출하는 것은 불가능해 보인다.[192] 이러한 점 이외에도 사회적으로 바람직한 수준의 소송의 양이 어느 정도인지를 계량하고 규명하는 것은 이론적으로나 통계기술적으로도 매우 어려운 일임을 감안할 때,[193] 총량적 접근방법에 기반하여 제3자 펀딩으로 인한 소송 총합의 양적 지표 변화만을 가지고 사회적 효용성을 측정하거나 판단하는 것은 불가능하거나 적절하지 않을 것이다.[194]

다음으로, 위와 같은 총량적 접근방법의 대안으로서 유형별 접근방법을 적용하기 위해서는, 우선 제3자 펀딩으로 인하여 증가하는 소송 유형과 그 증가의 원인을 분석한 후 그와 같이 증가한 소송 유형이 사회적으로 이로운지, 즉 사회적으로 편익을 가져오는 소송인지를 판단하고, 그러한 유형의 소송이 증가한 원인이나 동기가 사회적으로 바람직한지를 평가할 필요가 있다.195) 이러한 분석을 위해서는 먼저 제3자 펀딩의 대상이 되는 잠재적 소송을 일정한 기준에 따라 유형화할 필요가 있는데, 잠재적 원고나 제3자 펀딩업자가 예상 승소금액과 승소가능성을 곱한 소송의 기댓값을 기준으로 소 제기와 펀딩 여부를 결정할 것이라는 점을 가정하여, 이하에서는 승소금액의 多寡와 승소가능성의 高低를 주요 변수로 하여 잠재적 소송을 네 가지로 유형화해 본다.

우선, 첫 번째 유형으로서 승소금액도 크고 승소가능성도 높은 소송 유형의 경우, 제3자 펀딩업자 입장에서 펀딩 수익이 클 뿐만 아니라 투자의 위험성도 가장 낮아 제3자 펀딩업자가 가장 선호할 유형이다. 잠재적 원고 입장에서도 소송에 걸려 있는 이익이 크고 패소의 위험도 낮기 때문에 제3자 펀딩 여부에 상관없이 자신의 경제적 부담으로라도 소 제기를 적극 고려할 것이다. 그러나 승소금액이 클 경우 대체로 그에 수반되는 소송비용 역시 높을 것이기 때문에196) 이를 스스로 조달할 만한 충분한 자력이 없는 경우에는 소송비용이 소송절차의 진입장벽으로 기능하여 잠재적 원고가 소 제기를 망설이거나 포기하는 경우도 생길 것이다. 이와 같이 잠재적 원고가 소를 제기할 동기와 의지가 충분함에도 높은 승소금액에 대응하는 높은 소송비용을 조달하기 어려워 소 제기가 억제되었던 영역의 경우 제3자 펀딩이 소 제기를 촉진하는 요인이 될 수 있을 것이다. 그러나 이러한 유형의 소송이 증가한 경우에는, 제3자 펀딩 본연의 목적과 취지에 충실하게, 높은 승소가능성을 가진 청구권을 가지고 있음에도 소송비용에 조달할 자금이 충분하지 못하여 소 제기를 포기할 뻔한 당사자의 소 제기가 증가함으로써 발생한 결과로서, 사회적으로 바람직하다고 평가할 수 있다.

두 번째 유형으로서 승소금액도 낮고 승소가능성도 낮은 소송 유형의 경우에는, 낮은 사업성 내지 수익성으로 인하여 제3자 펀딩업자가 펀딩을 할 인센티브가 없는 유형으로서, 그러한 소송 유형이 제3자 펀딩으로 인하여 증가할 개연성은 거의 없다고 보아도 무방할 것이다.

세 번째 유형으로서 승소가능성은 높지만 승소금액이 낮은 소송 유형의 경우, 잠재적 원고 입장에서는 제3자 펀딩이 없다면 스스로 부담해야 할 소송비용에 대비한 소송의 기대이익이 높지 않아 승소가능성이 높더라도 소 제기를 적극 고려하지 않을 것이다. 그러나 잠재적 원고가 제3자 펀딩을 받게 된다면 아무런 비용 매몰에 대한 부담이나 걱정 없이 적으나마 안정적으로 소송의 기댓값을 추구할 수 있기 때문에 이러한 유형의 소 제기를 거부하거나 주저할 이유는 별로 없을 것이다. 따라서 잠재적 원고의 인센티브만을 기준으로 본다면 제3자 펀딩이 이러한 유형의 소송 건수를 증가시키는 시나리오도 충분히 예상해 볼 수 있다. 그러나 제3자 펀딩이 실제 이루어지려면 소송비용을 부담해야 하는 제3자 펀딩업자의 이해관계와 잠재적 원고의 이해관계가 일치하여야 하는데, 승소금액이 낮은 소송 유형의 경우 제3자 펀딩업자가 투자한 소송비용 대비 적정한 이익을 추구하기가 어려울 것이므로, 제3자 펀딩업자가 이러한 유형의 소송에 대한 펀딩을 적극적으로 고려할 동기는 별로 없다. 따라서 승소가능성이 높으나 승소금액이 낮은 소송 유형의 경우 제3자 펀딩으로 인한 소송 건수 증가를 논하기에 앞서 제3자 펀딩업자의 이해관계와 잠재적 원고의 이해관계가 일치하기 어려워 제3자 펀딩이 이루어질 가능성 자체가 매우 낮을 것이다. 다만, 개별 사건 단위로는 승소금액이 낮더라도 집단소송 등의 형식으로 비슷한 청구원인을 가진 개별 사건을 집합화함으로써 개별 사건 당 단위 소송비용을 낮출 수 있다면 규모의 경제를 통해 제3자 펀딩업자가 추구하는 수익성을 만족시킬 수도 있을 것이다. 이렇게 되면 승소금액이 낮으나 승소가능성이 높은 사건에 대한 제3자 펀딩이 가능해지고 그 결과 승소가능성이 충분함에도 승소금액이 낮아 집행되지 않고 있던 청구권을 실현하는 소송이 증가하는 시나리오를 예상해 볼 수 있다. 그러나 이러한 소송의 증가는 소송비용의 장벽이 없었다면 사회적으로 마땅히 실현되었어야 할 청구권의 집행을 도운 결과로서 사회적으로도 긍정적으로 평가해야 할 것이다.

네 번째 유형으로서, 승소가능성은 낮으나 승소금액이 높아 절대적인 수익 기댓값이 높은 소송 유형을 들 수 있다. 제3자 펀딩업자의 입장에서는 승소가능성이 낮더라도 승소금액이 높을 경우에는 소를 제기했을 때 적정한 수준 이상의 수익을 기대해 볼 수 있어 이러한 유형의 소송에 펀딩을 할 인센티브가 충분할 수 있다. 특히 포트폴리오 투자를 통해 투자 대상을 분산시키는 전략을 사용하는 제3자 펀딩업자의 경우 승소가능성이 낮더라도 승소했을 때 엄청난 수익을 기대할 수 있는 이 네 번째 소송 유형에 펀딩을 할 동기가 클 수 있다. 한편 잠재적 원고 입장에서 자기 스스로 소송비용을 부담해야 하는 조건이라면 높은 패소의 위험으로 인하여 위와 같은 유형의 소 제기를 주저하거나 포기하는 것이 보통일 것이다. 그러나 패소의 위험이 높더라도 제3자 펀딩업자가 소송비용을 제공하고 패소의 위험을 인수해 준다면 잠재적 원고로서는 소를 제기하더라도 잃을 게 없기 때문에 제3자 펀딩업자의 포트폴리오 투자에 편승하여 승소가능성이 낮은 유형의 소를 과감히 제기할 인센티브가 충분히 있다. 따라서 이 네 번째 소송 유형에서는 승소가능성이 낮음에도 제3자 펀딩으로 인하여 소송 건수가 증가할 개연성이 충분히 있다.

그러나 이 네 번째 유형의 소송이 증가할 경우에는 사회적 비용 측면에서 논란의 여지가 크다. 이 네 번째 소송 유형의 경우 승소금액이 높기 때문에 그 소송에 투입되어야 할 소송비용도 상당히 높은 수준일 텐데, 제3자 펀딩업자가 아무리 포트폴리오 투자자로서 애초부터 승소가능성이 낮다는 점을 인식했더라도 과연 높은 소송비용을 투입한 소송절차의 결과가 불리해지는 것을 방관만 하고 지켜볼지는 의문이다. 주식투자와 소송펀딩을 비교해 볼 때 주식투자의 경우에는 투자자가 기대할 수 있는 결과가 'all or nothing'이 아니기 때문에 투자가 다소 실패한 경우에도 투자원금의 상당 부분(예를 들어 투자가 실패하여 20%의 손실을 보더라도 80%의 원금은 회수할 수 있을 것이다)을 회수하는 것이 보통이다. 이에 반해 제3자 펀딩의 경우 투자손익을 좌우하는 소송의 결과가 'all(승소) or nothing(패소)'일 경우가 대부분이라,[197] 소송비용을 투입하며 펀딩을 결정한 제3자 펀딩업자로서는 투자자로서의 속성상 ('nothing', 즉 완전한 패소를 기대하지 않을 것이라는 점이 명백한 이상) 애초에 승소가능성을 낮다고 평가했음에도, 투자의 목표로는 'all', 즉 완전한 승소를 지향할 수밖에 없다. 이와 같은 모순적인 인식 구조로 인하여 승소가능성이 낮은 소송 유형에 펀딩을 한 제3자 펀딩업자는 자기 스스로의 객관적인 승소가능성 평가와 완전히 괴리된 완전 승소라는 실현불가능한 목표(청구금액 대비 인용률 목표가 예상 승소확률을 훨씬 상회하는 상태)를 달성하기 위해 소송절차를 왜곡·타락시키는 무리한 소송전략을 실행하려 할 개연성이 매우 높다고 할 것이다. 따라서 제3자 펀딩으로 인하여 위 네 번째 유형의 소송이 증가한다면 제3자 펀딩업자의 무리한 소송절차 개입과 그로 인한 소송절차의 혼란과 왜곡 그리고 소송절차 전반에 대한 신뢰 하락 및 상대방 당사자가 불필요하게 부담해야 하는 비용과 같은 각종 사회적 폐단과 손실을 충분히 예견할 수 있을 것이다. 또한 승소가능성이 낮음에도 승소금액이 높은 소송 유형에 대한 제3자 펀딩의 경우, ('all' or 'nothing'의 투자구조로 말미암아) 승소가능성이 낮은 청구를 대상으로 하여 실현가능성이 거의 없는 완전 승소라는 횡재(청구금액 대비 인용률 목표가 예상 승소확률을 훨씬 상회하는 상태)를 추구하게 된다는 점에서, 원고와 제3자 펀딩업자의 동기라는 관점에서도 소송을 매개로 한 투기 내지 도박으로 볼 여지가 충분하다. 이러한 점을 종합해 보면, 제3자 펀딩으로 인하여 위 네 번째 유형의 소송이 증가할 수 있는 부분은 사회적으로 바람직하지 않다고 평가할 수 있다.

요컨대, 제3자 펀딩으로 소송이 증가할 것이라는 점은 이론상으로나 직관적으로 충분히 예견할 수 있는데, 그 총량이 증가한 것만으로 사회적 효용과 비용을 판단하기는 어렵다. 다만, 그 대안으로서, 경제적인 관점에서 소 제기 여부와 펀딩 여부의 결정에 영향을 미치는 주요 변수를 기준으로 잠재적인 소송의 유형을 분류하여 그 중 제3자 펀딩으로 인하여 소 제기가 늘어날 수 있는 유형을 예상하고 그러한 유형의 소송 건수가 왜 늘어나는지를 분석한 후 결과적으로 그러한 유형의 소송 건수가 증가하는 것이 사회적으로 바람직한지를 평가해 볼 수는 있을 것이다. 이러한 방법론에 따를 때, 승소금액과 승소가능성이 모두 높은 소송 유형과 승소가능성은 낮지만 승소금액이 높은 소송 유형에서 제3자 펀딩으로 인하여 소송 건수가 증가할 개연성이 높다. 그 중 승소금액과 승소가능성이 모두 높은 소송 유형에 대한 제3자 펀딩은 승소가능성이 높은 청구권을 보유하고도 소송비용의 부담으로 소 제기를 포기하거나 망설이던 잠재적 원고로 하여금 분쟁해결절차에 대한 접근을 용이하게 하였을 개연성이 높기 때문에 제3자 펀딩으로 인하여 그러한 유형의 소송이 증가한 부분은 사회적으로 바람직하다고 평가해야 할 것이다. 반면 승소금액이 높지만 승소가능성이 낮은 소송 유형에 대한 제3자 펀딩은 구조적으로 소송을 매개로 한 투기 내지 도박으로 변질될 가능성이 높기 때문에, 제3자 펀딩으로 인하여 그러한 유형의 소송이 증가할 수 있는 부분은 사회적으로 바람직하지 않을 것이다.

(3) 이론적 분석결과의 의의와 향후 과제

이론적으로 제3자 펀딩으로 인하여 승소가능성이 낮으나 승소금액이 높은 유형의 소송이 증가할 수 있고 그러한 유형의 소송 건수 증가가 사회적인 비용을 초래할 수 있다고 하여 그것만으로 곧바로 제3자 펀딩을 도입하거나 활용해서는 안 된다는 주장을 정당화할 수는 없다.

어떤 사회제도든 문제점과 부작용이 없을 수는 없으므로 어떤 사회제도를 설계하고 그 도입 여부를 정책적으로 논의함에 있어서는 문제점과 부작용을 발견하거나 확인하는 것 그 자체보다는 그러한 문제점과 부작용의 정도가 그 제도의 정당성과 효용성을 상쇄할 만큼 상당한 정도에 이르는지를 검증하는 것이 더 중요하고, 설령 그 문제점과 부작용의 정도가 상당한 정도에 이르더라도 그러한 문제점과 부작용을 입법과 규제의 방법으로 통제할 수는 없는지를 검증하는 절차도 반드시 거쳐야 하기 때문이다.

우선 현실 세계에서 제3자 펀딩으로 인하여 승소가능성이 낮으나 승소금액이 높은 유형의 소송 건수가 사회적으로 부담이 될 정도까지 상당한 수준으로 증가할 것인지를 살펴보면, 제3자 펀딩의 실무관행 등에 비추어 그러한 유형의 소송이 상당한 정도로 증가하지는 않을 것으로 예상된다. 실제 주요 제3자 펀딩업자가 펀딩을 한 소송의 결과를 보면, 승소율이 상당히 높다고 알려져 있다. 물론 사전 예측 수치인 승소가능성과 사후 실제 결과인 승소율이 같은 개념은 아니어서, 사후의 승소율이 높다고 하여 사전의 승소가능성 예측 수치도 높았다고 단정할 수는 없겠지만, 실제 제3자 펀딩업자의 승소율이 상당히 높다면 제3자 펀딩업자가 사전에 펀딩 대상을 결정하기 위한 기준으로 삼는 승소가능성 수치 역시 상당한 정도로 높다고 추단하는 것이 합리적일 것이다(실제 주요 제3자 펀딩업자의 펀딩 정책상으로도 펀딩 여부를 결정하는 기준인 승소가능성 수치가 상당히 높다는 점은 앞에서 확인한 바 있다). 그리고 제3자 펀딩업자가 고려해야 하는 여러 제약조건으로 인하여, 현실적으로 제3자 펀딩업자가 승소가능성이 낮은 청구에 펀딩을 결정하기는 상당히 어렵다. 더욱이 주요 제3자 펀딩업자들의 한정적인 투자재원과 투자능력을 고려할 때 사회 전체적인 분쟁 건수에서 제3자 펀딩으로 인하여 증가하는 소송 건수가 차지하는 비중은 미미할 것으로 예상된다. 이러한 사정을 종합해 보면 제3자 펀딩으로 인하여 소송 건수가 증가하고 특히 승소가능성이 낮은 유형의 소송이 증가함으로써 발생할 수 있는 사회적 부작용의 정도는 그리 심각하지 않을 것으로 보인다.

2 제3자 펀딩이 승소가능성이 낮은 청구를 조장하거나 부추긴다는 주장

가. 반대론자의 주장

제3자 펀딩에 대한 반대론자가 제기하는 가장 대표적인 주장은 제3자 펀딩으로 인하여 청구원인이 의문스럽고 승소가능성이 낮은 소송이 늘어난다는 것이다.[198] 반대론자에 따르면, 제3자 펀딩이 없었다면 변호사들이 소 제기 전에 승소가능성이 낮다고 판단할 경우 그러한 법률적 조언을 의뢰인에게 제공할 의무가 있으므로 승소가능성이 낮은 소송이 억제될 수 있고, 제3자 펀딩 없이 변호사들이 성공보수 약정을 기초로 소송대리를 맡을 경우에는 승소가능성이 낮은 사건보다는 승소가능성이 높은 사건에 사신의 한정된 시간을 투입하려 할 것이기 때문에 실제 제기된 소송은 승소가능성이 높은 사건 위주였을 것이라는 것이다.[199]

반대론자는 찬성론자의 다음과 같은 주장, 즉 제3자 펀딩은 결과가 성공적일 경우에만 투하자본 대비 수익을 얻을 수 있는 비소구성(non-recourse) 펀딩이므로 그 구조상 제3자 펀딩업자가 승소가능성이 낮은 소송을 부추길 인센티브가 없다는 주장에 대해서도, 다음과 같이 반박한다.[200] 즉, 소송에 대한 투자 결정은 단순히 소송상 청구의 승소확률만 고려하는 것이 아니라 최종 승소금액도 함께 고려하여 이루어지는데, 승소했을 때 받을 수 있는 판결금액이 매우 높은 사건의 경우 승소확률이 매우 낮더라도 그 소송으로 인한 예상 수익 자체는 높을 수 있으므로, 제3자 펀딩업자로서는 어떤 청구의 승소금액이 높을 경우에는 승소확률이 낮더라도 그러한 청구에 펀딩을 할 위험성이 충분하다는 것이다.[201] 그리고 고위험의 정크본드 시장이 금융 시장에서 존재할 수 있는 것처럼 제3자 펀딩업자들도 승소가능성이 낮은 사건에 대하여는 그 위험을 고려하여 최종 승소 판결금에 대한 자신의 지분율을 높게 설정함으로써 승소확률이 낮은 위험을 상쇄할 수 있으므로 제3자 펀딩업자들이 위험성이 낮은 사건, 즉 승소가능성이 높은 사건만 선택할 것이라는 것은 잘못된 가정이라는 것이다.[202]

또한, 금융전문가로서 제3자 펀딩업자들은 자신이 투자하는 여러 소송 사건을 집합화한 포트폴리오 투자방식에 의해 위험을 분산하고 하방위험을 관리할 수 있으므로 승소가능성이 높아 위험성이 낮은 사건뿐만 아니라 승소가능성이 낮아 위험성이 높다고 평가되는 사건에 대하여도 충분히 투자할 유인이 있어 제3자 펀딩에 의해 승소가능성이 낮은 소송이 부추겨지는 부작용은 충분히 예상할 수 있다고 한다.[203]

나. 반대론에 대한 분석

(1) 개요

우선 반대론자의 위 주장, 즉 제3자 펀딩이 승소가능성이 낮은 청구를 부추긴다는 주장이 이론적으로나 현실적으로 타당한지를 먼저 검토한다. 그러한 검토과정에서 실제 사회적으로 문제가 될 만한 부작용이 예상되거나 실제 발생하였다면, 그러한 문제를 예방하거나 시정할 만한 규제대책은 없을지 살펴본다.

(2) 제3자 펀딩이 승소가능성이 낮은 소 제기를 조장할지에 대한 이론적 관점

제3자 펀딩을 받는 원고의 경제적 인센티브 측면에서 제3자 펀딩으로 인하여 승소가능성이 낮은 소송이 증가할 수 있다는 직관 내지 주장을 최대한 간단한 수식으로 검증해 본다. 그 과정에서 소송에 관련된 변수는 최소화하고 단순화하기로 한다. 우선, 승소했을 때 원고가 받을 수 있는 판결금액을 R이라 하고, 승소확률을 P라 하며, 원고가 수령하는 승소금액 중 제3자 펀딩업자가 차지할 몫의 비율을 σ라 하자. 이때 제3자 펀딩을 받는 원고로서는 제3자 펀딩을 받아 소송을 수행하여 얻는 예상 수익이 그 과정에서의 예상 비용보다 크다면 경제적인 관점에서는 소를 제기할 유인이 생긴다. 이를 증명하기 위해 위 변수를 토대로 계산해 보면, 제3자 펀딩을 받아 소를 제기하는 원고의 예상 수익은 $R \times P \times (1-\sigma)$인 반면, 소송에 관련된 비용을 모두 제3자 펀딩업자가 부담할 경우 원고 자신의 예상 비용은 0일 것이다. 따라서 승소확률인 σ가 0이 아닌 이상, 한 자리 숫자의 매우 낮은 승소확률이 예상되더라도 제3자 펀딩을 받는 원고로서는 자신의 예상 수익이 예상 비용인 0보다는 항상 크기 때문에 이론적으로는 제3자 펀딩을 받는 원고가 승소가능성이 낮은 소를 제기할 인센티브가 충분하다고 할 것이다.

위와 같은 간단한 수식에서 추론할 수 있는 것처럼 이론적으로는 제3자 펀딩으로 인하여 승소가능성이 낮은 소 제기가 증가할 개연성을 인정할 여지도 있다.

(3) 제3자 펀딩이 승소가능성이 낮은 소를 조장할지에 대한 현실적 관점

(가) 제3자 펀딩업자의 투자관행과 정책

앞서도 살펴본 바와 같이 제3자 펀딩업자는 펀딩 여부를 결정하기 전에 승소가능성에 대한 엄격한 실사를 거친다. 실무적으로는 승소가능성에 대한 실사에 보통 60~90일 정도가 소요되고 실사를 위한 비용으로 평균 75,000 달러에서 10만 달러 정도를 지출한다고 한다.[204] 이와 같은 실사과정에서 승소가능성에 대한 평가는 이중으로 철저히 이루어진다. 주요 제3자 펀딩업자는 내부에 통상적인 회사지배기구 이외에 투자위원회와 같은 별도 내부 통제기구를 설치해 투자에 관한 의사결정을 매우 신중하게 내리는데,205) 1 차적으로 외부의 법무법인이나 변호사로부터 승소가능성에 대한 평가를 받은 후에, 투자위원회를 통해 승소가능성을 다시 한번 평가한다.

제3자 펀딩의 반대론자는 제3자 펀딩업자들이 예상 승소금액이 높을 경우에는 승소가능성이 거의 없는 고위험의 소송 사건에도 투자할 수 있다고 주장하는데, 이는 대부분의 제3자 펀딩업자들이 승소가능성을 객관적으로 평가하여 승소가능성이 높은 사건에만 투자한다는 확고한 정책을 수립하여 시행하고 있는 현실에도 맞지 않다.206) 실무를 보면 펀딩 신청 건수 대비 펀딩 심사를 최종 통과하는 사건의 비율은 매우 낮은데 이러한 점 역시 제3 자 펀딩업자들이 승소가능성에 대하여 매우 엄격한 심사를 한다는 것을 단적으로 보여준다.207) 세계 최대 제3자 펀딩업자인 Burford Capital은 2018년 한 해 1,470건의 펀딩 신청을 받아 그 중 87건에 대하여만 펀딩을 결정하였다고 한다.208)

위와 같은 제3자 펀딩업자의 투자관행과 지배구조 등을 종합해 보면, 제3자 펀딩을 받게 될 원고가 승소가능성이 낮은 청구를 제기할 이론적 유인이 있다고 하더라도 현실적으로 제3자 펀딩업자가 승소가능성이 낮은 청구에 펀딩을 할 가능성은 낮다고 평가된다.

(나) 제3자 펀딩업자의 상위투자자에 대한 의무

제3자 펀딩업자는 자신의 자금으로 투자를 하는 경우는 거의 없고 상위투자자들로부터 자금을 모아 그 자금의 운용방법으로 소송 또는 중재에 투자를 하는 경우가 대부분인데, 이때 제3자 펀딩업자는 투자자산의 선택에 있어 그 상위투자자들에 대하여 선관의무 또는 충실의무에 상당한 의무를 부담한다고 보아야 할 것이다.209) 그럼에도 만약 제3자 펀딩업자가 어떤 청구의 승소가능성이 낮다는 점을 인식하고도 그러한 청구에 대한 투자를 감행한다면 이는 상위투자자의 이익을 보호하기 위한 주의의무에 위반된다고 볼 여지가 충분하다.

이렇듯 상위투자자에 대한 의무를 위반할 소지를 감수하고서까지 제3자 펀딩업자가 승소가능성이 낮은 청구에 투자할 유인은 크지 않을 것이다.

(다) 명성 시장에 의한 제약

제3자 펀딩업자를 선택하려는 당사자로서는 아무래도 승소율 또는 수익률 등의 측면에서 명성이 있는 제3자 펀딩업자를 선택하려 할 텐데, 승소가능성이 낮은 소송에 투자하는 제3자 펀딩업자는 아무래도 명성(reputation)의 기초가 되는 승소율 또는 수익률 지표가 낮아질 수밖에 없어 시장에서 제대로 된 명성을 인정받기가 어려울 것이다.[210] 따라서 합리적인 제3자 펀딩업자라면 자신의 명성을 높일 수 있도록 승소가능성이 높은 사건에 집중하고 승소가능성이 낮은 사건에 대한 투자는 자제하려 할 것이다.[211] 이와 같은 제3자 펀딩업자에 대한 명성 시장이 효율적으로 작동하기 위해서는 개별 제3자 펀딩업자뿐만 아니라 제3자 펀딩업계 전반의 주요 실적 지표가 시장에 공개될 수 있어야 할 것이다. 특히 일정 기간 단위의 합산 수익금과 전체 사건 수 대비 승소 사건의 비율은 물론 각 사건별 청구금액과 승소율 등의 정보 또한 익명화 처리를 전제로 시장에 정확하게 공개되어야 명성 시장의 작동에 의해 승소율이 높은 제3자 펀딩업자를 효과적으로 선택할 수 있을 것이다.

(라) 소결

위에서 본 바와 같은 요인을 감안할 때 현실적으로 제3자 펀딩업자가 승소가능성이 낮은 청구에 펀딩을 할 가능성은 거의 없다고 볼 수 있고, 제3자 펀딩을 상당기간 활용해 오고 있는 영국과 호주 등에서 제3자 펀딩업자가 승소가능성이 낮은 청구에 펀딩을 한다는 증거는 아직 발견된 바 없다. 그러나 앞서 본 바와 같이 이론적으로 제3자 펀딩으로 인하여 승소가능성이 낮은 소송이 증가할 위험을 부인할 수는 없으므로 그러한 위험이 현실화될 경우를 대비해 제3자 펀딩이 승소가능성이 낮은 소 제기로 연결될 수 있는 여지를 최소화할 수 있는 규제장치를 미리 점검할 필요는 있을 것이다.

(4) 제3자 펀딩이 승소가능성이 낮은 청구를 조장할 위험을 억제할 대책

(가) 제3자 펀딩업자의 수익률 제한

통상적으로 남소의 폐해를 지적할 때 흔히 승소가능성이 낮은 소를 언급하는데, 여기서 승소가능성이 낮다는 용어의 개념은 매우 모호하다. 승소가능성이 낮다고 할 때 그 기준이 되는 승소확률을 과연 몇 % 이하로 설정해야 하는지에 대한 이론적인 해답이 명확하게 있는 것은 아니기 때문이다.[212] 예를 들어 만약 50%를 승소가능성이 낮은 소의 기준이라 한다면 그보다 더 낮은 20%, 30% 또는 40%의 승소확률을 가진 소는 과연 가치가 없는지에 대하여 설득력 있는 설명을 하기는 쉽지 않을 것이다.[213] 그러나 승소가능성이 낮은 소에 대한 이론적 분석을 위해서는 일단 승소가능성이 낮은 소의 기준을 단순하게라도 설정해야 하는데, 의사결정 주체의 인식을 기준으로 어떤 소의 승소가능성이 패소가능성보다 상대적으로 높지 않다고 인식함에도 불구하고 소를 제기한 경우, 그러한 소를 근거가 약하거나 무모하다는 취지에서 승소가능성이 낮은 소로 분류하는 것은 직관적 관념에 크게 벗어나지 않을 것이다. 이러한 취지에 따라 이하에서는 의사결정 주체의 인식을 기준으로 대략 50% 내외의 승소확률을 승소가능성이 낮은 청구의 대략적인 기준으로 삼기로 한다.[214]

앞서 제3자 펀딩을 받은 원고의 관점에서 제3자 펀딩으로 인하여 승소가능성이 낮은 소를 제기할 수 있는 유인을 살펴보았다. 그런데 제3자 펀딩역시 계약으로 성립할 수 있는 것이므로 계약당사자인 제3자 펀딩업자와 원고 사이의 의사가 합치하고 그들 사이의 경제적 인센티브도 일치할 때에만 비로소 실행될 수 있는 것이다.[215] 즉 원고뿐만 아니라 제3자 펀딩업자도 승소가능성이 낮은 소에 투자할 때 이익을 기대할 수 있어야 비로소 승소가능성이 낮은 소에 대한 제3자 펀딩이 이루어질 수 있는 것이다. 그러나 아래에서 보는 바와 같이 제3자 펀딩업자의 경제적 인센티브와 관련하여 관련 변수를 단순화시킨 간단한 수식으로 분석해 보면, 제3자 펀딩업자가 승소가능성이 낮은 소에 대한 펀딩을 결정하기가 쉽지 않다는 점을 알 수 있다.[216]

제3자 펀딩업자 입장에서는 제3자 펀딩으로 인한 예상 수익이 제3자 펀딩으로 인한 예상 손실보다 클 경우, 즉 제3자 펀딩으로 인하여 순익이 발생할 것이 기대될 경우에만 소송에 대한 펀딩을 결정할 것이다. 제3자 펀딩업자가 제3자 펀딩을 위해 투하하는 자본, 즉 소송비용(투자원금)을 E라 하고, 승소 시 제3자 펀딩업자가 받을 펀딩보수(승소금액 중 제3자 펀딩업자의 몫)를 M이라 하며, 승소확률을 P라 하고, 제3자 펀딩업자의 투하자본 대비 수익률을 R[217]이라 하자.[218] 이때 제3자 펀딩으로 인하여 제3자 펀딩업자의 예상 수익은 M(승소 시 펀딩보수)×P(승소확률)인데, M(승소 시 펀딩보수)=E(투자원금)×R(투자원금 대비 펀딩보수의 수익률)이라는 점을 고려하면, 제3자 펀딩업자의 예상 수익을 E(투자원금)×R(수익률)×P(승소확률)로도 볼 수 있다. 한편 제3자 펀딩으로 인하여 제3자 펀딩업자가 입을 수 있는 예상 손실(투자원금×패소확률)은 E×(1-P)일 것이다. 따라서 제3자 펀딩업자의 예상 수익이 예상 손실보다 클 경우, 즉 E×R×P 〉 E×(1-P)일 경우에만 제3자 펀딩업자가 해당 청구에 대한 펀딩을 결정할 것이다.[219]

위와 같은 부등식을 구체적인 수치로 설명하자면, 예를 들어 제3자 펀딩업자가 200달러의 소송비용(투자원금)을 투자하고, 승소할 경우 제3자 펀딩업자가 받게 될 펀딩보수(M)를 400달러라 하며, 승소확률(P)을 60%라 하면, 이때 (투자원금 대비 펀딩보수의 비율인) 수익률(R)은 200%=2가 되고, 제3자 펀딩업자의 예상 수익은 [승소 시 펀딩보수(400)×승소확률(60%)]=240달러가 된다. 그런데 이때 예상 수익은 앞서 본 것처럼 [M(400)×P(0.6)]로 계산할 수도 있지만, [M(400)=E(200)×R(2.0)]이라는 점에서, 예상 수익을 [E(200)×R(2.0)×P(0.6)]으로도 계산할 수 있는 것이다. 따라서, 위 부등식에서 좌변의 예상 수익은 [투자원금(200)×수익률(2.0)×승소확률(0.6)=240달러]가 되고, 우변의 예상 손실은 [투자원금(200)×패소확률(1-0.6)=80달러]가 된다. 이 경우 예상 수익이 예상 손실보다 크기 때문에 제3자 펀딩업자는 펀딩을 결정하게 된다.

위와 같은 부등식[E×P×R 〉 E×(1-P)]을 제3자 펀딩업자의 수익률, 즉 R을 기준으로 정리하면, R 〉 1-P/P일 경우에만 제3자 펀딩업자가 펀딩을 결정할 텐데, 예를 들어 R이 100%, 즉 1로 제한되면 승소확률을 나타내는 P가 50%, 즉 0.5 이하일 경우에는 위 부등식을 충족시킬 수 없어 제3자 펀딩업자가 펀딩을 하지 않게 된다.

위 부등식은 관련 변수를 단순화시킨 것이기에 적정 승소확률과 수익률에 대하여 확정적 수치에 의한 구체적인 결론을 도출하는 데에는 한계를 가지겠지만, 적어도 제3자 펀딩업자가 인식하는 승소확률과 제3자 펀딩업자가 추구할 목표 수익률 사이에 일정한 상관관계(수익률을 제한하면 승소확률의 하한에 변화가 생기는 점)가 있다는 점 정도는 제한적이나마 확인시켜 줄 수 있다. 즉, 제3자 펀딩업자가 제3자 펀딩으로 인하여 얻게 될 수익률의 상한을 낮게 제한할수록 제3자 펀딩업자가 펀딩의 목적으로 삼을 청구의 승소확률은 높아져야 한다는 것을 알 수 있는 것이다. 또한 제3자 펀딩업자가 자신이 평가한 승소확률이 거의 0에 가까운 무모한 청구에 펀딩을 할 수 있기 위해서는 당해 계약으로 제3자 펀딩업자가 얻을 수 있는 수익률이 수천 %에 이르는 수준으로 높아져야 한다는 점도 충분히 추론할 수 있다.

이와 관련하여 앞서 비교법 연구에서 호주나 독일 등의 예에서 살펴본 바와 같이 제3자 펀딩이 본격 이용되고 있는 국가의 법원은 제3자 펀딩계약의 유효성 내지 적법성을 판단함에 있어 제3자 펀딩업자의 수익률이 지나치게 높은지 여부를 심사하고 있다. 이러한 법원의 심사를 통해 제3자 펀딩업자가 추구할 수 있는 수익률에 일정한 제한이 가해진다면, 제3자 펀딩업자로서는 펀딩 여부에 관한 의사결정을 함에 있어 자신이 추구할 투자원금(소송비용) 대비 수익률을 일정 수준 이하로 제한할 수 밖에 없고 그렇게 되면 위 부등식에서 승소가능성을 높여야 하므로 승소가능성이 낮은 청구에 대한 펀딩은 자제할 수 있게 될 것이다.

만약 위와 같은 사법심사로 인한 수익률 제한이 미흡하여 제3자 펀딩업자가 펀딩 여부의 기준으로 삼는 승소확률이 지나치게 낮아지고 승소가능성이 낮은 청구에 대한 제3자 펀딩이 성행하는 부작용이 발생할 경우에는, 규제당국이 보다 일관되고 엄격한 수익률 상한을 설정하여 집행하는 방안도 검토할 수 있을 것이다.[220]

다만 앞서도 언급한 바와 같이, 위 부등식을 통한 논증은 수익률과 승소가능성 사이에 상관관계가 있을 수 있다는 직관을 확인하고 수익률 통제를 통해 승소가능성도 일정 부분 간접적으로 통제할 수 있을 것이라는 가능성을 제시하는 데 의의가 있을 뿐, 그것만으로 제3자 펀딩업자가 승소가능성이 낮은 소송에 펀딩을 할 위험을 효과적으로 대비하는 데에는 한계가 있을 것이다. 특히 위와 같은 수식에 대하여 예상되는 반론, 즉 위 수식에는 100% 승소를 통해 받을 수 있는 판결금액(승소금액)의 변수가 포함되어 있지 않으니, 여전히 승소가능성이 낮더라도 승소금액이 아주 높은 사건에 대한 펀딩을 통해 고수익을 추구할 수 있다는 주장에 대해 취약할 수 있다. 이러한 주장에서 제기하는 문제는 결국 아래에서 보는 바와 같이 승소가능성이 낮은 소송을 억제시킬 절차법적 제도 및 그러한 소송에 대한 펀딩을 억제시킬 규제법적 제도를 통해 예방할 수밖에 없을 것이다.

(나) 승소가능성이 낮은 소 제기를 억제할 수 있는 절차법적 제도의 정비

직관적으로나 이론적으로 제3자 펀딩으로 인하여 원고가 승소가능성이 낮은 소를 제기할 수 있는 유인이 커진 측면은 분명 있지만, 승소가능성이 낮은 소가 제기될 수 있는 유인은 다른 제도에 의해 유발될 수 있는 여지도 있고 민사절차법상의 제도를 어떻게 설계하느냐에 따라 좌우되는 측면이 크다.221) 따라서 승소가능성이 낮은 소의 문제는 제3자 펀딩에 국한된 현상으로 치부하여 해결할 수는 없으며 민사절차법상 무모하거나 악의적인 소 제기를 억제하고 제재하기 위한 각종 제도를 정비함으로써만 그 문제를 제대로 다룰 수 있다.222)

무모하고 악의적인 소 제기를 억제하고 제재하기 위한 절차법상의 제도로서 가장 먼저 생각할 수 있는 부분은 소송비용부담의 원칙을 재정비하는 것이다.223) 즉, 제3자 펀딩을 받은 당사자가 패소한 경우 제3자 펀딩업자가 승소한 상대방 당사자의 소송비용도 부담하도록 하고, 특히 패소한 당사자의 소가 무모하고 악의적인 소라고 인정될 경우 소송비용부담의 상한 규정에 관계 없이 상대방 당사자가 지출한 소송비용 전액을 제3자 펀딩업자가 상환하도록 할 필요가 있는 것이다. 물론 우리나라와 같이 패소한 당사자가 승소한 당사자의 소송비용을 상환하도록 하는 영국식 원칙을 이미 채택한 국가에서는 위와 같은 방법이 새로울 것이 없겠지만, 각 당사자가 자기 소송비용을 부담하는 미국식 원칙을 따르는 국가의 경우 위와 같은 소송비용 부담의 전환을 통해 제3자 펀딩업자가 펀딩에 따른 손익 계산을 보수적으로 하도록 유도함으로써 승소가능성이 낮은 청구에 펀딩을 하는 유인을 대폭 낮출 수 있을 것이다.224) 영국식 원칙을 따르더라도 패소 시 부담하는 상대방 소송비용액의 상한에 제한이 있는 경우에는, 승소가능성이 낮은 청구를 억제하기 위한 방법으로 충분하지 않을 수 있기 때문에 재판부의 판단에 따라 승소가능성이 낮다는 점을 인식하고도 제소를 강행하여 패소한 당사자에 대하여는 상대방 소송비용의 전액을 상환하도록 명할 수 있는 재량을 인정하는 것이 영국식 소송비용 부담 원칙의 실효성을 높일 수 있는 방안이 될 것이다.225)

한편 재판부의 판단에 의해 제3자 펀딩을 받아 진행되는 사건의 승소가능성이 명백히 낮아 보일 경우에는 소송절차 초기부터 제3자 펀딩업자로 하여금 상대방 소송비용의 담보를 제공하도록 강제하는 방안도 승소가능성이 낮은 청구에 대한 펀딩을 억제하는 데 효과적인 수단 중 하나가 될 것이다.226)

그리고 국내의 경우에는, 원고의 소가 남용적이거나 무모하다는 점이 비교적 명확해 보여도 그 소를 조기에 각하하거나 기각할 수 있는 수단이 마땅치 않은 게 현실이다. 물론 신의칙 위반 내지 소권 남용을 적용할 가능성을 생각해 볼 수 있지만 국내법상 신의칙 위반 내지 소권 남용의 적용기준은 매우 엄격하고 그 법리를 실제 적용한 사례도 거의 없어, 제3자 펀딩업자로부터 펀딩을 받아 승소가능성이 낮은 소를 제기한 사례에 그 법리를 적용하기는 어려울 수 있다. 이를 보완하기 위해서는 무모하거나 악의적인 소 제기를 억제하고 제재하기 위한 영미 절차법상의 각종 제도, 즉 절차 남용 (abuse of process) 법리, 약식판결(summary judgment), 미국 연방민사절차규칙 제11조 제b항, 제c항에 의한 제재227) 등을 적극 도입하거나 활용해 볼 수 있을 것이다.228) 예를 들어 제3자 펀딩업자가 금융적 계산에만 사로잡혀 고위험·고수익을 추구하기 위해 승소가능성이 낮음이 명백한 청구를 종용하여 소가 제기된 경우에는, 해당 소송절차가 본연의 목적이 아닌 다른 목적 즉, 제3자 펀딩업자의 상업적 목적을 위해 남용되었다고 볼 수 있으므로, 이 경우 영미식 절차 남용 법리를 적용할 수 있다면 법원이 소를 각하하거나 소송절차를 중단시킬 수 있을 것이다.

(다) 제3자 펀딩에 대한 규제법적 제도의 정비

위에서 확인한 것처럼, 제3자 펀딩업자의 수익률을 일정 수준 이하로 제한할 경우 제3자 펀딩업자가 어떤 사건에 대한 펀딩 여부를 결정하기 위한 승소가능성 기준을 일정 수준 이상으로 담보할 수 있다. 앞서 비교법 연구에서 확인한 것처럼 제3자 펀딩이 활용되는 국가의 법원은 챔퍼티 법리나 공서양속을 기준으로 제3자 펀딩업자의 수익률이 과다한지 여부를 심사할 수 있는데, 그것만으로 승소가능성이 낮은 소에 펀딩을 할 유인을 막기에 역부족일 경우 금융규제 당국이 제3자 펀딩업자의 펀딩보수 내지 수익률을 일정 수준 이하로 전면 규제하는 방안도 고려해 볼 수 있을 것이다.229)

그에 발맞추어 제3자 펀딩업자의 승소율과 펀딩보수 등을 기준으로 제3자 펀딩업자에 대한 건전한 명성 시장이 작동할 수 있도록 제3자 펀딩업자의 주요 실적 정보가 시장에 신속하고 정확히 공개될 수 있도록 하는 공시제도를 정비할 필요도 있다.230) 특히 승소가능성이 낮은 청구에 대한 제3자 펀딩이 현실화될 경우에는 제3자 펀딩업자의 정보공시 대상을 확대하여 개별 투자 건당 승소율 정보까지도 의무적으로 공개하도록 하는 방안을 시행할 수도 있을 것이다.

그리고 제3자 펀딩이 승소가능성이 낮은 소 제기를 부추길 가능성과 관련하여 위와 같은 제도로도 충분하지 않다고 판단된다면, 추가적인 규제로서 이미 소가 제기된 사건만을 제3자 펀딩의 대상으로 제한하거나 의뢰인이 이미 청구원인을 구성한 이후에 비로소 제3자 펀딩계약 체결이 가능하도록 규제함으로써 제3자 펀딩업자가 주도적으로 승소가능성이 낮은 소송을 기획하는 것을 사전에 차단할 수도 있을 것이다.231)

(5) 검토

이론적으로나 직관적으로는 제3자 펀딩이 승소가능성이 낮은 소송을 조장할 수 있다는 위험을 부정할 수는 없다.

그러나 현실 세계에서 과연 제3자 펀딩이 승소가능성이 낮은 소를 촉진할 것인지를 보면, 원고가 승소가능성이 낮은 소를 제기하고자 해도, 실무적으로 제3자 펀딩업자는 자신의 상위투자자에 대한 의무로 인하여 투자자산이나 운용방법을 선택함에 있어 주의해야 할 의무가 있을 뿐만 아니라 내부적인 투자정책과 지배구조상으로 승소가능성에 대한 엄격한 실사를 통해 펀딩 여부를 결정해야 하기 때문에, 제3자 펀딩업자가 승소가능성이 낮은 사건에 대하여 투자 결정을 한다는 것은 실현되기 어렵다. 그리고 이미 상당 기간 제3자 펀딩을 활용하고 있는 국가들을 보더라도 제3자 펀딩업자가 승소가능성이 낮은 청구에 펀딩을 한다는 증거는 전혀 찾을 수 없다. 이러한 사정을 종합해 보면, 현실적으로 제3자 펀딩이 승소가능성이 낮은 청구를 조장할 가능성은 커 보이지 않는다.

그럼에도 제3자 펀딩으로 인하여 승소가능성이 낮은 소송이 촉진될 위험에 대비할 필요가 있다고 본다면, 무모하거나 남용적인 소 제기를 억제하고 제재하기 위한 민사절차법상 제도를 정비하고, 제3자 펀딩업자의 수익률을 규제하며 제3자 펀딩업자의 주요 실적 정보를 공시하도록 하는 등의 규제방안을 시행할 수 있을 것이다.

3 제3자 펀딩이 화해로 조기에 분쟁을 해결하는 것을 억제하고 소송을 지연시킨다는 주장

가. 반대론자의 주장

반대론자는 제3자 펀딩계약에서 상대방 당사자가 사건의 객관적인 인용가능금액에 비추어 적정한 화해 제안을 하더라도 의뢰인으로서는 상대방으로부터 수령하는 금액으로부터 상당 부분을 제3자 펀딩업자에게 펀딩의 보수로 지급해야 하므로, 이를 감안하여 일정 수준의 금액 이하에서는 화해를 거부할 것이라고 예상한다.232) 이뿐만 아니라 제3자 펀딩업자로서도, 자신이 해당 소송을 위해 투입한 비용을 회수할 수 있고, 의뢰인과 제3자 펀딩업자 모두 일정 수준 이상의 수익을 확보할 수 있는 금액 이상에서만 화해가 성립되도록 의뢰인과 그 소송대리인에게 압력을 가할 것이기 때문에, 제3자 펀딩은 분쟁을 조기에 종결시킬 수 있는 화해를 억제시키고 소송을 필요 이상으로 지연시키는 부작용이 있다고 한다.233)

나. 반대론에 대한 분석

위 반대론자의 주장에 따르면 제3자 펀딩이 화해를 좌절시킨다고 하는데, 연구결과에 따라서는 오히려 제3자 펀딩이 화해를 촉진한다는 증거도 있고,234) 일부 제3자 펀딩업자는 명시적으로 화해를 선호한다는 투자정책을 밝힌 바도 있기 때문에, 위 주장의 설득력은 떨어진다고 할 것이다

한편 제3자 펀딩 상황에서 이해당사자들이 화해를 할 인센티브 구조를 살펴보더라도, 제3자 펀딩이 화해를 방해한다는 주장을 일반적으로 받아들이기는 어렵다. 즉 제3자 펀딩의 대상이 되는 소송은 대부분 제3자 펀딩업자의 엄격한 실사를 통해 그 승소가능성이 검증되었다고 볼 수 있다는 측면에서, 제3자 펀딩을 받은 원고를 상대하게 되는 피고 입장에서는 원고가 제3자 펀딩을 받았다는 사실을 알게 된 후에는 협상력과 승소가능성 측면에서 원고가 더 유리할 것이라는 인식을 가지게 될 것이므로, 판결보다는 적정한 수준에서 화해로 분쟁을 종결하려 할 유인이 커질 수 있다.235) 제3자 펀딩업자로서도 소송이 오래 진행될수록 소송비용 부담이 커지고, 패소할 경우에는 상대방 소송비용까지 상환해야 하는 위험을 안고 있으므로, 불확실한 판결 결과를 기다리며 소송비용을 계속 부담하기보다는 적정한 수준에서 상대방 당사자가 제안하는 화해를 수용함으로써 소송비용 부담을 줄이려 할 유인이 크다. 더욱이 금융투자자로서의 속성상으로도 제3자 펀딩업자는 확실한 투자회수가 가능하다면 가능한 한 조기에 투자를 회수하려 할 인센티브가 있는데 제3자 펀딩거래에서 화해는 가장 확실한 조기 투자회수의 기회라 할 수 있다. 이러한 상황에서 원고 당사자만이 본인이 소송비용을 부담

하지 않는다고 하여 적정한 수준의 화해 제안을 거절하며 무조건 판결까지 갈 것을 고집하기는 어려울 것이다.236)

위와 같은 사정에도 불구하고 의뢰인이나 제3자 펀딩업자가 상대방 당사자의 화해 제안을 거절한다면, 이는 상대방이 제안한 화해금액이 합리적이고 적정함에도 소송펀딩의 속성 내지 구조 때문에 부당하게 거절한 것이라고 보기보다는 상대방 당사자가 제안한 화해금액이 의뢰인과 제3자 펀딩업자가 당초 객관적으로 평가한 청구의 가치보다 낮아서 합리적으로 거절한 것이라고 볼 여지도 충분히 있다.237) 즉, 통상적으로 자력이 부족한 원고와 자력이 풍부한 피고 사이의 소송 역학관계상 그 동안 피고는 원고의 자력 부족을 악용하여 소송을 지연시키는 전략의 일환으로 원고가 받아들이지 않을 낮은 금액의 화해 제안을 반복하고, 그와 같은 제안을 처음에는 거절하던 원고로서도 소송이 길어질수록 소송비용을 감당하기 어려워 결국은 낮은 금액의 화해 제안이라도 받아들이는 경향이 있었다. 그러나 제3자 펀딩으로 충분한 자력과 협상력을 확보한 덕분에 원고는 피고로부터의 낮은 금액의 불합리한 화해 제안을 거부하고 버틸 수 있는 지렛대를 확보할 수 있게 되었다. 따라서 외형상으로는 제3자 펀딩을 받은 원고가 자력이 풍부한 피고로부터의 화해 제안을 거부하는 사례가 외형상 늘어난다고 가정하더라도 그 중 상당수는 위와 같은 역학관계의 변화로 과거에는 자력 부족으로 어쩔 수 없이 받아들일 수밖에 없었던 피고로부터의 염가(廉價)의 화해 제안을 거부할 수 있게 된 것이기에 이를 부정적으로 봐서는 안 될 것이다.

요컨대 반대론자의 주장과 달리 제3자 펀딩이 화해 성립을 부당하게 저해한다는 객관적인 자료나 근거는 확실치 않으며, 오히려 이해당사자들의 인센티브를 분석해 보면 제3자 펀딩이 화해 성립을 촉진시킬 수 있는 측면이 있으므로, 위 반대론을 그대로 받아들이기는 어렵다. 또한 반대론자는 마치 화해가 절대적인 미덕이고 화해가 성립하지 않을 경우 그 화해 제안을 거부한 당사자가 비난받아야 하는 것처럼 주장하는데, 각 사건의 개별적인 사정은 고려하지 않은 채 화해를 민사사법절차의 절대적인 지향점으로 전제하는 것은 바람직하지 않다.238) 모든 사건에서 화해가 성립할 수도 없으며 양 당사자의 협상력과 자금력에 차이가 있는 상황에서 역학관계의 불리함으로 인해 일방에 유리한 화해가 성립하는 경우 이는 화해가 결렬되는 것보다도 바람직하지 않을 수 있기 때문이다. 어느 모로 보더라도 제3자 펀딩이 화해 성립을 방해한다는 주장을 근거로 제3자 펀딩의 정당성을 비판하는 반대론자의 주장은 설득력이 떨어진다.

4 제3자 펀딩이 증거법상 특권의 포기를 유발한다는 주장

가. 반대론자의 주장

반대론자에 따르면, 제3자 펀딩업자가 펀딩 여부를 결정하기 위해서는 의뢰인이 제기하려는 청구의 근거와 승소가능성을 평가하는 과정에서 의뢰인에게 관련 자료와 정보를 제공해 줄 것을 요청하게 되는데, 그때 의뢰인이 제3자 펀딩업자에게 관련 자료와 정보를 제공하게 되면 의뢰인에게 소송절차상 보장된 변호사-의뢰인 특권을 포기한 것으로 간주될 부작용이 생긴다고 한다.239)

나. 반대론에 대한 분석

(1) 변호사-의뢰인 특권

제3자 펀딩에서는 제3자 펀딩업자가 펀딩을 할 것인지 여부를 결정하기 위하여 사건 및 당사자에 대한 실사를 해야 하고 그 과정에서 변호사의 법률의견서, 변호사와의 연락내용 등을 포함한 은밀한 소송자료를 제3자 펀딩업자에게 공개해야 할 경우가 생긴다.240) 그와 같은 은밀한 소송자료는 원래는 전면적인 증거개시가 이루어지는 영미법계의 소송절차에서 변호사-의뢰인 특권(attorney-client privilege) 등 증거법상 특권에 의해 보호되어 증거개시의 대상으로부터 면제될 수 있었을 텐데, 은밀한 소송자료를 제3자 펀딩업자와 공유하게 되면 증거법상 특권을 포기한 것으로 간주되어 기밀성이 보호되어야 할 자료마저 증거개시의 대상에 포함될 위험성이 있다.241) 그러나 의뢰인과 제3자 펀딩업자 사이의 은밀한 자료와 정보의 공유는 변호사-

의뢰인 특권 포기의 예외에 해당한다고 보거나 또 다른 증거법상 특권인 소송준비자료에 대한 보호특권(work product doctrine)을 적용함으로써 보호할 수도 있어, 위 반대론자가 지적하는 문제점을 해결할 여지는 충분해 보인다.

전면적인 증거개시를 특징으로 하는 미국의 일반적인 민사소송절차에서는 변호사-의뢰인 특권 그리고 뒤에서 볼 소송준비자료에 대한 보호특권과 같은 증거법상 특권의 적용대상이 아닌 자료나 정보는 전면적인 증거개시의 대상이 되어 상대방 당사자에게도 공개되는 것이 원칙적인 모습일 것이다.242) 이와 관련하여 제3자 펀딩을 받은 당사자가 제3자 펀딩업자에게 소송당사자와 변호사 사이에 비밀리에 교환된 자료나 정보 등을 제공하였을 때 그러한 제공이 변호사-의뢰인 특권의 포기로 간주되어 그와 같이 제공된 자료나 정보가 전면적인 증거개시의 대상이 된다면, 당사자로서는 제3자 펀딩업자와 중요한 자료를 공유하는 것을 주저하게 될 것이고, 당사자로부터 중요한 자료를 공유받지 못하는 제3자 펀딩업자는 소송에 대한 실사를 하지 못해 펀딩을 포기할 수밖에 없을 것이다.

그러나 그와 같은 우려를 불식시킬 방법으로서, 아래와 같이 의뢰인과 제3자 펀딩업자 사이에 교환된 자료나 정보가 변호사-의뢰인 특권의 보호를 받아 전면적인 증거개시의 대상에서 제외될 수 있는 가능성은 충분히 존재한다.

첫째, 앞에서 본 바와 같이 책임보험자와 제3자 펀딩업자는 자신과 계약을 체결한 타인의 소송절차에 이해관계를 가진다는 점에서 서로 유사성을 가진다. 책임보험자는 변호사-의뢰인 특권의 적용에 있어 의뢰인과 유사한 지위를 가진다는 점을 기초로 변호사-의뢰인 특권의 적용을 받는 자(privileged person)에 해당한다고 보는 입장이 있는데, 그러한 입장을 제3자 펀딩업자에게 유추할 수 있다면 제3자 펀딩업자도 변호사-의뢰인 특권의 적용을 받는 자에 해당한다고 볼 여지도 있을 것이다.243)

둘째, 변호사-의뢰인 특권의 보호대상이 되는 자료나 정보라 할지라도 그것을 제3자에 자발적으로 공개하면 그 특권을 포기한 것으로 간주되지만, 그러한 공개의 상대방이 되는 제3자가 해당 분쟁에 대하여 의뢰인과 공동의 이해관계(common interest)를 가졌다고 인정될 경우에는 특권 포기의 예외가 인정될 수 있다.244) 이러한 특권 포기의 예외사유로서 공동의 이해관계의 개념과 관련하여 법적인 이해관계와 상업적인 이해관계를 상정할 수 있는데, 미국 법원은 법적인 이해관계의 공동성이 인정되어야 특권 포기의 예외를 인정할 수 있다고 보고 있다.245) 제3자 펀딩이 이루어진 소송절차에서 제3자 펀딩업자가 위와 같은 공동의 이해관계를 가진 제3자로 인정되어 제3자 펀딩업자에게 공개된 자료나 정보가 특권 포기의 예외를 적용받을 수 있을지에 대하여는 이를 부정한 판례246)도 있지만 특권 포기의 예외사유로서 공동의 이해관계를 인정한 판례247)도 다수 존재한다.248)

셋째, 변호사-의뢰인 특권 포기와 관련하여 제3자 펀딩업자와 의뢰인 사이에 그 포기의 예외사유로서 공동의 이해관계가 인정될지 여부에 불확실성이 존재한다는 점을 부정할 수는 없다. 그럼에도 제3자 펀딩업자의 실사를 위한 정보제공 전에 제3자 펀딩업자와 의뢰인 사이에 엄격한 비밀유지약정을 체결하고, 제3자 펀딩계약 내에 제3자 펀딩업자와 의뢰인 사이의 정보교환이 서로 간의 공동의 법적인 이해관계에 따른 것이라는 내용의 조항이 명시적으로 포함된다면, 특권 포기의 예외를 인정받을 가능성을 조금 더 높일 수 있을 것이다.249)

(2) 소송준비자료에 대한 보호특권

제3자 펀딩업자와 의뢰인 사이에 공유된 자료와 정보가 변호사-의뢰인 특권의 보호를 받을 수 있는지 여부의 문제에는 일부 불확실성이 존재한다고 볼 수 있다. 그러나 제3자 펀딩업자와 의뢰인 사이에 공유된 자료와 정보는 또 다른 증거법상의 특권인 소송준비자료에 대한 보호특권에 의해 보다 넓게 보호를 받을 수 있다고 한다.250) 소송준비자료에 대한 보호특권에서는, 변호사-의뢰인 특권과 달리, 증거법상 특권의 포기사유로서의 자료 공개의 의미를 보다 엄격히 해석함으로써, 제3자 펀딩업자에게 자료를 공개하였더라도 그 자료를 소송의 상대방 당사자가 직접 획득할 가능성이 상당히 높아졌다고 볼 수 있는 경우가 아니라면 특권의 포기를 인정하지 않는 것이다.251) 따라서 제3자 펀딩업자와 의뢰인이 자료를 공유하기 전에 비밀유지약정을 체결하였다면, 의뢰인이 그 자료를 제3자 펀딩업자에게 공개하였더라도 그 자료가 제3자 펀딩업자로부터 소송의 상대방 당사자에게 다시 전달될 가능성은 거의 없다고 보아야 하므로, 제3자 펀딩업자와의 자료 공유로 인해 소송준비자료에 대한 보호특권이 영향을 받을 여지는 없다고 볼 수 있다.252)

다. 검토

제3자 펀딩을 위해 의뢰인이 제3자 펀딩업자에게 소송에 관련된 자료와 정보를 공개하더라도 증거법상 특권을 포기한 것으로 간주되어 증거법상 보호받아야 할 자료와 정보가 전면적으로 상대방 당사자에게 개시될 위험성은 크지 않다고 보아야 할 것이다. 만약 증거법상 특권의 포기 예외사유에 해당하는지에 대한 약간의 불확실성마저 우려된다면 미국의 일부 주처럼 증거법상 특권이 제3자 펀딩업자와의 자료교환 및 의사연락에도 확장된다는 명시적인 입법을 고려해 볼 수 있을 것이다.253)

5 제3자 펀딩이 챔퍼티 및 변호사윤리규칙 위반 등을 초래한다는 주장

가. 반대론자의 주장

반대론자는 제3자 펀딩으로 인하여 제3자가 소송절차를 통제하고 소송당사자 본인의 소송상 청구에 대한 통제권이 약화되면 메인터넌스 및 챔퍼티 금지 법리의 영향으로 공서양속에 위반할 수 있는 문제가 발생한다고 한다.254) 뿐만 아니라 제3자 펀딩업자가 소송대리인인 변호사의 소송상 결정을 지시하고 통제하여 변호사의 전문가적 판단의 독립성을 훼손하면 변호사윤리기준 위반을 야기할 수도 있으며, 변호사가 제3자 펀딩업자와 직접 계약을 체결하면 원래 소송대리인으로서 소송당사자에 대하여 부담하는 충실의무와 제3자 펀딩업자에 대한 계약상 의무 사이의 충돌이 발생한다고 주장한다.255)

나. 반대론에 대한 분석

위 반대론자들이 주장하는 제3자 펀딩업자의 소송절차에 대한 통제, 변호사윤리기준 위반 또는 이해당사자들 사이의 이해상충 문제 등은, 주요 이해당사자들 사이의 적정한 계약설계 또는 법원에 의한 절차법적 감독에 의해 충분히 해결될 수 있는 문제라 할 수 있다. 이에 대하여는 제5장과 제6장에서 자세하게 설명할 것이므로 여기서는 구체적인 설명을 생략하기로 한다.

IV. 검토

제3자 펀딩에 대한 반대론자들이 제기하는 주장은, 소송비용을 위한 자금조달 메커니즘으로서 제3자 펀딩 이외의 다른 제도, 즉 책임보험이나 성공보수 등에도 관련될 여지가 있다. 즉 제3자 펀딩업자가 소송비용을 제공하여 소송에 관여함으로써 이해상충이 발생하고 소송이 남발하는 부작용이 발생하므로 이를 막기 위해 제3자 펀딩을 금지해야 한다면, 비슷한 논리로 보험자가 피보험자의 소송비용을 제공하는 책임보험 내지 법률비용보험이나 변호사가 소송비용을 부담하는 성공보수약정도 같은 비난을 받아야 하고 그 활용 자체를 금지해야 한다고 주장해야 할 것이다.[256] 그러나 제3자 펀딩에 대한 반대론자들이 책임보험이나 변호사 성공보수에 대하여 같은 문제를 제기하는 것 같지는 않다. 여기서 보험계약이나 변호사 성공보수약정을 언급하는 이유는, 제3자 펀딩에 대한 반대론이 논리적이고 실증적이라기보다는 새로운 거래 내지 현상에 대한 막연한 거부감 내지 반발로 볼 수 있는 측면을 강조하기 위함이다.

어떠한 제도든 장점과 단점이 혼재할 수 밖에 없고, 그 제도를 어떻게 설계하느냐에 따라 부작용이 많을 수도 있고 거의 없을 수도 있다. 그런데 제3자 펀딩에 대하여 그 부작용을 최소화할 수 있는 제도적 장치는 전혀 상정하지 않은 채 제3자 펀딩으로 인해 부작용이 발생할 수 있는 최악의 시나리오만 가정하여 제3자 펀딩의 장단점을 논의하는 것은 합리적이지도 않고 공정하지도 않다. 이러한 점에서 위 미국 법개혁 연구원의 보고서를 토대로 한 제3자 펀딩에 대한 반대론은 설득력이 떨어진다.

제3자 펀딩은 실무적으로나 관념적으로 제3자 펀딩업자가 소송당사자에게 소송비용을 조달해 주는 금융방법일 뿐 제3자 펀딩업자가 소송절차에 간섭하거나 사법판단에 개입하는 것이 아니다. 이러한 점에서 제3자로부터 소송비용이 조달되는 책임보험이나 성공보수 또는 소송구조 등과 비교하여 제3자 펀딩에 대하여만 지나치게 엄격한 정책적 잣대를 적용하는 것은 부당한 측면이 있다. 만약 제3자 펀딩을 금지한다면 소송당사자 입장에서 소송비용을 조달하면서도 소송으로 인한 위험을 관리할 수 있는 획기적인 제도적 수단을 가질 수 있는 기회를 박탈당하는 것인데, 규제를 통해 충분히 방지할 수 있는 잠재적인 부작용을 이유로 소송당사자가 새로운 제도적 수단을 향유할 수 있는 기회를 박탈당하는 것이 합리적일지는 의문이다.

제3자 펀딩에 내재된 위험이나 문제점이 없는 것은 아니지만, 그러한 위험이나 문제점은 뒤에서 차례로 보는 바와 같이, 이해당사자 사이의 적정한 계약구조 설계, 소송절차에 대한 법원의 적절한 지휘와 감독 그리고 금융당국에 의한 합목적적 규제 등으로 충분히 해결할 수 있을 것이다.

SECTION

05

제3자 펀딩의 국내 활용
가능성과 필요성

I. 문제의 소재

제3자 펀딩의 국내 활용가능성을 모색함에 있어 국내의 법체계상 제3자 펀딩을 활용함에 있어 결정적으로 장애가 될 만한 요인은 없는지를 먼저 살펴본다. 국내에는 아직 소송이나 국제중재를 위한 제3자 펀딩을 명시적으로 허용하거나 금지하는 규정이 없는 상황이다.257) 그러나 기존의 민사소송법이나 신탁법에서 소송신탁을 원칙적으로 금지하고 있는 규정을 두고 있는데, 제3자 펀딩이 그러한 금지되는 관행에 해당하지는 않는지 살펴볼 필요가 있다. 그리고 변호사와 비변호사 사이의 보수분배를 금지하는 변호사법 제34조 제5항258)이 국내에서 제3자 펀딩을 제한할 수 있는 근거가 될 수 있는지에 대한 논의를 살펴볼 필요도 있다.

법제도적으로 제3자 펀딩에 장애가 될 만한 요인을 검토한 후에는, 정책적으로 현재의 국내외 소송 및 국제중재를 둘러싼 제반 환경에 비추어 국내에서 제3자 펀딩을 활용할 필요성이 있을지, (있다면) 어느 범위에서 먼저 활용할 수 있을 것인지를 논의한다.

II. 제3자 펀딩의 국내 활용 가능성

1 소송신탁에 해당하는지 여부

가. 소송신탁의 개념과 소송신탁을 금지하는 목적

소송신탁은 "수탁자로 하여금 소송행위를 하게 하는 것을 주된 목적으로 하는 신탁"으로서 신탁법 제6조에 의해 금지된다. 이와 같이 소송신탁을 금지하게 된 이유에 대해 학설은 갈리는데, 비변호사가 소송을 부추겨 남소의 폐단이 생기는 것을 방지하고 변호사 대리 원칙이 잠탈되는 것을 방지하기 위한 것이라는 설이 일본의 종래 통설 및 판례의 입장이었다.[259]

또 다른 학설로는 "본래 소송행위를 할 수 없는 타인의 권리에 관하여 신탁의 형식을 이용하여 소송을 행하여 부당한 이익을 얻는다는 탈법행위로서의 신탁을 금하는 것"으로서 "신탁법 제7조에 정한 신탁에 의한 탈법행위 금지의 원칙을 광의의 소송 전반에 관하여 논급한 것"이라는 설도 있다.[260]

이외에 소송신탁이 사회질서에 반하는 행위로서 금지되어야 한다는 설이 다음에서 보는 바와 같이 유력한 견해로서 호응을 얻고 있다.[261] 이 설에 따르면 소송신탁은 신탁제도라는 외형상 합법적인 권리행사절차를 빙자하여 타인의 분쟁에 부당하게 개입하여 실질적으로 타인에게 손해를 주고 자신은 국가의 사법적 기능을 이용하여 사회통념상 부당한 이익을 얻는 것으로서 "신탁 형식 속에 숨어 있는 실질상 반사회성" 때문에 금지되어야 한다는 것이다.[262]

검토컨대, 변호사 대리 원칙에 대한 잠탈은 기존 변호사법에 의한 규제와 제재로 충분히 방지할 수 있고 수탁자가 변호사인 경우라도 금지되는 소송신탁에 해당할 수 있으므로 위 첫 번째 학설은 타당해 보이지 않는다.[263]

그리고 국내 판례[264]나 일본 판례[265]상 나타나는 소송신탁금지의 실제 사례를 기초로 그 목적을 추론해 보면, 실제 사례에서는 신탁법 제6조를 직접 적용한 사례는 많지 않고 소송행위를 하게 하는 것을 주목적으로 하는 채권양도, 즉 신탁적 채권양도에 신탁법 제6조를 유추적용한 사례가 대다수로 보인다. 그런데 그와 같이 폭넓게 소송 목적의 채권양도까지 무효로 보는 이유는 신탁이라는 제도를 실질적으로 이용하면서 그 형식을 회피하여 신탁법상 금지를 잠탈하는 것을 방지하는 데 초점이 있다기보다는, 소송 목적의 채권양도행위가 소송제도를 부당하게 이용하려는 반사회적 행위 및 신의칙에 반하는 행위에 해당한다고 보고 그러한 반사회적 무효의 행위를 방지하는 데 초점이 있다고 보는 것이 타당할 것이다.[266] 따라서 위 두 번째 학설도 실제 사례를 토대로 검증해 보면 그 설득력이 떨어진다고 할 것이다.

한편, 위 세 번째 학설은 소송신탁의 금지 목적을 반사회성에서 찾는다는 점에서는 실제 사례에 부합한다고 볼 여지가 있으나, 반사회성의 요소 중 하나로서 수탁자인 제3자가 소송제도를 이용하여 부당하게 이익을 취한다는 점을 지적한 부분은 실제 사례에 부합한다고 보기 어렵다. 왜냐하면 실제 사례에서는 제3자가 실질적인 권리자를 이용하여 이익을 취하는 경우도 있지만 실질적인 권리자가 제3자를 이용하여 제3자가 아닌 실질적 권리자 자기 스스로 이익을 취하는 경우에도 신탁적 채권양도로 인정하는 경우가 많기 때문이다.

이러한 점을 종합적으로 고려하면, 소송신탁 내지 신탁적 채권양도를 금지하는 이유는, 실질적인 법률관계상 권리귀속주체와 그 법률관계상 아무런 이해관계 없는 제3자가 서로 신탁이나 채권양도의 형식을 통해 공모하여 실질적인 권리가 없는 제3자가 실질적인 권리자인 양 소송을 수행하게 하는 경우, 이는 국가의 소송제도를 남용함으로써 권리귀속주체 본인 또는 타인인 제3가 부당한 이익을 취하고 의무자에게는 부당하게 손해를 가하는 행위로서 반사회적 행위 또는 신의칙에 반하는 행위에 해당하므로 이를 금지하기 위한 것이라고 보는 것이 타당하다.

나. 적용요건 및 판단기준

신탁법 제6조를 직접 적용할 경우 그 적용대상이 되는 소송신탁은, ① 수탁자의 소송행위, ② 신탁자와 수탁자 사이의 소송을 주목적으로 하는 신탁의 설정을 요건으로 한다.[267] 그런데 신탁법 제6조는 외형상 신탁행위에 직접 적용하기보다는 소송을 주목적으로 하는 채권양도에 유추적용하는 데 그 주된 유용성이 있는데, 그와 같은 신탁적 채권양도의 경우에 그 성립 여부는 채권양도 당사자 사이의 주된 의도나 목적이 소송을 주목적으로 한 것이지 여부에 달려있다고 할 것이다.

따라서 소송행위를 하게 하는 것이 주목적인지의 여부의 판단기준을 살펴보면, "채권양도계약이 체결된 경위와 방식, 양도계약이 이루어진 후 제소에 이르기까지의 시간적 간격, 양도인과 양수인간의 신분관계 등 제반 상황"을 종합적으로 판단하여 결정해야 할 것이다.268) 구체적으로는, 채권양도인과 양수인 사이에 특별한 관계도 없고 아무런 대가 없이 채권양도가 이루어진 경우, 양자 사이에 관계가 있어도 별다른 취득원인 없이 권리를 양수한 경우, 수탁자 또는 양수인이 직업적으로 추심소송을 하는 경우, 신탁 또는 양도가 있은 때로부터 소 제기까지의 시간적 간격이 짧은 경우, 채무자의 양도인에 대한 항변을 회피하거나 양수인의 채권자에 대한 항변을 행사하기 위한 경우 등에 신탁적 채권양도를 인정할 수 있을 것이다.269)

다. 제3자 펀딩이 소송신탁 내지 신탁적 채권양도로서 금지될지 여부

신탁법 제6조는 형식적으로 신탁의 설정을 요건으로 하지만, 외형상 신탁의 형식을 취하지 않은 소송신탁 목적의 채권양도에도 신탁법 제6조가 유추적용되어 소송신탁 목적의 채권양도는 무효로 된다. 이때 판례상 소송신탁금지의 유추적용의 범위를 아무리 넓게 보더라도, 양도인과 양수인 사이, 즉 실질적인 권리자와 소송을 수행할 제3자 사이에는 어떻든 간에 소송의 대상이 되는 권리관계의 이전이라는 법률행위가 전제되어야 한다. 그리고 신탁적 채권양도의 중요한 개념적 징표 중 하나가 수탁자 내지 양수인으로 하여금 소송행위를 하게 하는 것을 주된 목적으로 한다는 점이므로, 무효가 되는 신탁적 채권양도에 해당하기 위해서는 수탁자 내지 양수인, 즉 제3자가 소송의 당사자로서 소송을 수행하는 것을 전제로 한다고 볼 수 있다.

그러나 제3자 펀딩의 경우에는, 일부 사업모델에서는 소송의 목적이 된 실체법상의 청구권을 담보 목적으로 양수하기로 하는 이면계약을 체결하거나 외형상으로도 직접 그 청구권을 양수하기도 하지만, 대부분의 사업모델에서는 제3자 펀딩업자가 소송의 목적이 된 청구권을 양수하지도 않고 그 소송절차에서 소송수행권을 행사하지도 않는 거래구조를 취하고 있다. 따라서 제3자 펀딩업자가 신탁은커녕 채권양수도 하지 않고 소송물인 권리관계의 주체를 대신하여 당사자로서 소송수행권을 행사하지도 않는 제3자 펀딩계약이 소송신탁 내지 신탁적 채권양도에 해당하여 무효라는 판단을 받을 여지는 거의 없어 보인다.

물론 궁극적인 경제적 효과면에서 제3자 펀딩업자가 소송의 결과이자 과실인 판결금액에 대하여 일정 몫을 가지므로 이를 두고 의뢰인인 당사자가 제3자 펀딩업자에게 소송의 목적인 실체법상 청구권의 일부를 사실상 소송신탁 목적으로 양도한 것이나 다름없다는 주장의 가능성도 배제할 수 없다. 그러나 제3자 펀딩업자가 소송의 결과로부터 이익을 얻는 것은 의뢰인인 당사자가 판결 후에 상대방 당사자로부터 수령하는 승소 판결금을 처분한 결과이므로 이를 두고 소송의 목적인 실체법상 청구권의 일부를 양수한 것으로 간주하는 것은 지나친 비약이다. 같은 논리대로라면 비유컨대 소송당사자가 소송비용을 조달하기 위해 자신의 지인 내지 가족으로부터 돈을 차용하면서 그 대주와의 소비대차계약을 통해 '승소하여 상대방으로부터 판결금액을 추심하면 그것으로 대주로부터 차용한 원금 및 그에 대한 이자를 우선적으로 변제한다'는 취지의 약정을 할 경우 이 또한 소송신탁 목적의 채권양도로 볼 여지가 있다는 것인데, 이와 같은 논리는 소송의 목적인 실체법상의 청구권 양도와 판결 후 수령한 판결금의 처분결과를 서로 혼동한 것으로서 타당하지 않다.

또한 제3자 펀딩 거래의 목적과 거래의 실질상으로도 제3자 펀딩업자는 금융거래의 대가, 즉 당사자로부터 위험을 인수한 대가 내지 소송비용 투자의 대가로서 의뢰인인 당사자로부터 판결금액의 일부를 지급받는 것임에도, 이러한 거래를 소송의 목적인 청구권을 사실상 양수한 거래로 보는 것은 금융거래로서의 제3자 펀딩의 독자적 가치와 의의를 완전히 무시하는 인식으로밖에 볼 수 없다.

요컨대 신탁이나 채권양도의 형식을 취하지 않는 일반적인 제3자 펀딩거래구조가 소송신탁 또는 소송신탁 목적의 채권양도로 인정될 여지는 거의 없어 보인다. 그럼에도 불구하고 소송신탁금지원칙 자체가 법형식보다는 실질과 裏面에 초점을 맞춘 법리이므로 제3자 펀딩의 경제적 효과에 주목하여 제3자 펀딩이 소송신탁금지원칙에 저촉될 수 있다는 우려가 계속 제기된다면 그러한 불확실성을 제거하기 위해 뒤에서 볼 홍콩이나 싱가포르의 예처럼 입법에 의해 제3자 펀딩의 적법성을 명문화하는 것을 검토할 필요도 있을 것이다.

2 변호사법 위반 여부

가. 변호사법 제26조

변호사법 제26조는 변호사 또는 변호사이었던 자는 그 직무상 알게 된 비밀을 누설하여서는 아니 된다고 규정하고 있다. 이와 관련하여 변호사가 소송이나 중재 사건 대리 중 사건에 관한 내용을 제3자 펀딩업자와 공유할 경우 위 규정을 위반할 수 있다는 주장이 있을 수 있다.

그러나 당사자와 제3자 펀딩업자 사이의 계약에서 당사자가 직접 사건에 관한 내용이나 자료를 제3자 펀딩업자에게 제공하도록 하거나 소송 또는 중재 대리인이 제3자 펀딩업자에게 사건에 관한 내용이나 자료를 제공하는 데 당사자가 동의한다고 규정할 경우 위 규정을 위반할 소지는 없다고 본다. 더 나아가 변호사법 제26조 단서는 "다만, 법률에 특별한 규정이 있는 경우에는 그러하지 아니하다"고 규정하고 있는데 제3자 펀딩이 국내법에 수용되어 중재법이나 민사소송법 또는 금융 관련 법률에 근거규정이 신설될 경우 위 단서에 의해 그 본문이 정하는 비밀유지의무 위반의 문제는 불식될 수 있다고 본다.

나. 변호사법 제34조 제1항

변호사법 제34조 제1항 및 그 각호는 누구든 유상으로 변호사에게 사건 당사자 등을 소개·알선 또는 유인하는 행위를 해서는 안 된다고 규정하고 있다. 제3자 펀딩과 관련하여, 제3자 펀딩업자가 사건 당사자를 변호사 또는 법무법인에 소개·알선하고 그 대가를 받을 경우 위 변호사법 규정을 위반할 수 있다는 주장이 있을 수 있다.

그러나 소송이나 중재 사건과 관련하여, 변호사 이외에도 통·번역 전문가, 포렌식 전문가, 경제분석·손해액 산정 등을 위한 전문가 등 다양한 분야의 전문가가 관여할 수 있는데, 제3자 펀딩업자도 그러한 전문가 중 하나로서 소송 및 중재 비용 조달과 관리에 특화된 금융전문가라 할 수 있다. 위에서 나열한 다양한 전문가들이 소송 및 중재의 특정 부문에 관여한다 하여 변호사법 위반 문제가 반드시 수반되지 않듯이 제3자 펀딩업자가 소송 및 중재 비용 융통과 관리에 관여한다 하여 변호사법 위반 문제가 반드시 수반된다고 볼 수는 없다. 특히 제3자 펀딩의 관행상 제3자 펀딩업자가 제3자 펀딩과 관련하여 지급받는 수수료 내지 투자수익(판결금 중 일부)은 변호사가 아닌 당사자로부터 지급받는 것이고 그것은 소송 및 중재 비용 융통 내지 투자의 대가라는 점에서 위 변호사법 제34조 제1항을 위반할 여지는 없다고 볼 수 있다.

다. 변호사법 제34조 제5항

변호사와 비변호사 사이의 보수분배를 금지하는 변호사법 제34조 제5항[270]이 국내에서 제3자 펀딩을 제한할 수 있는 근거가 될 수 있는지에 대한 논의도 있다.[271] 그런데 변호사법 제34조 제5항은 원래 입법 배경상 외국법률사무소의 탈법적 국내진출을 막기 위한 것으로서 제3자 펀딩은 그와 관련이 없다.[272] 그리고 무엇보다 위 규정의 문언에 따른 금지내용과 일반적인 제3자 펀딩 거래형태를 서로 대조해 보더라도, 제3자 펀딩업자가 소송대리인인 변호사가 아닌 원고 당사자와의 직접 계약에 따라 원고 당사자에게 자금을 제공하고 추후 원고 당사자로부터 소정의 비율에 따라 판결수익

금을 분배받는다면 위 규정의 문언과 취지에 위반된다고 보기는 어려울 것이다.273)

다만, 위 규정에 관련한 헌법재판소 결정을 보면 위 규정의 목적이 변호사의 "법률사무에 대한 전문성, 공정성 및 신뢰성"을 보장하기 위한 것으로 볼 수 있고, 뒤에서 보는 바와 같이 위 변호사법 규정과 유사한 미국변호사협회의 관련 규정에 대한 해석에 따르면 위 규정은 변호사의 전문가적 판단의 독립성을 보호하기 위한 것으로 볼 수 있다.274) 따라서 만약 제3자 펀딩업자가 당사자의 소송대리인인 변호사의 직무상 판단에 적극 개입하여 영향력을 행사하고 추후 판결수익금을 분배받는다면 (형식적으로 변호사가 아닌 당사자로부터 직접 판결수익금을 분배받더라도) 그 수익금 중 일부는 변호사 아닌 자가 법률사무의 대가로 수령한 것으로 간주될 위험성을 완전히 배제하기는 어려울 것이다.275)

그러나 제3자 펀딩업자들은 비변호사와의 보수 분배 금지 내지 변호사의 직무상 독립성 침해 금지 등의 각종 변호사윤리규칙을 진지하게 인식하고 있고, 실무상 그 윤리규칙을 위반하지 않기 위한 계약적 장치를 포함하여 계약을 설계하고 있으므로, 위와 같은 변호사법 규정 자체가 제3자 펀딩 활용에 장애가 된다고 보기는 어렵다.276)

3 검토

현재 제3자 펀딩을 직접 금지하거나 제한하는 법이나 규제가 없는 상황에서 제3자 펀딩과 관련성이 있을 만한 국내법상 규제로서 소송신탁 내지 신탁적 채권양도 금지 원칙과 변호사법상 규제를 살펴보았는데, 제3자 펀딩의 일반적인 실무관행에 비추어볼 때 제3자 펀딩이 국내에서 활용되더라도 위와 같은 국내법상 규제에 저촉될 가능성은 그리 커 보이지 않는다.

III. 국내에서 제3자 펀딩을 활용해야 할 정책적 필요성

1 논의의 배경

위에서 본 바와 같이 국내에서 제3자 펀딩에 대한 특별한 법적 장애 요소가 없음에도 제3자 펀딩은 아직 활용되지 않고 있는데, 그 이유는 추론컨대 상업적으로 아직 국내 법률시장이 세계적인 제3자 펀딩업자들에게 그리 매력적이지 않기 때문일 것이다. 즉, 아직 국내 기업들은 영미권 기업들만큼 잦은 소송이나 막대한 금액의 배상판결로 기업의 재무상태가 위협받을 정도의 상황은 아닌 것으로 보이고, 따라서 제3자 펀딩에 의존하지 않고 자체적인 현금흐름을 가지고도 충분히 법률비용을 조달할 수 있다고 느낄 수 있을 것이다. 또한 각종 손해배상소송 등에서의 국내 법원의 판결금액 자체가 영미권 법원의 판결금액과 비교해 상대적으로 크지 않아 제3자 펀딩업자로서도 국내 법원의 소송에 투자할 동기를 느끼지 못할 수도 있을 것이다.

국내에 초점을 맞추고 분석한 것은 아니지만 독일, 오스트리아, 스위스를 제외한 대륙법 국가들에서 제3자 펀딩에 대한 특별한 규제가 없음에도 제3자 펀딩이 별로 활용되지 않고 있는 전반적인 실태를 지적하며 그 원인을 분석한 견해가 있다.277) 그 견해에 따르면 ① 보통법 국가들에서의 소송이 훨씬 비싸고 대륙법 국가들에서는 대체로 징벌적 배상제도가 채택되어 있지 않다는 점, ② 보통법 국가들과 비교하여 대륙법 국가들의 법률문화를 보면 그 구성원들이 소송을 덜 제기하는 경향이 있는 점, ③ 보통법 국가들과 비교하여 대륙법 국가들의 법률서비스 시장은 아직 시장경제논리의 영향을 덜 받고 있는 점 등이 아직 대륙법 국가들에서 제3자 펀딩이 적극 활용되지 않는 현상에 영향을 미쳤다고 보고 있다.278) 대륙법 전통에 따르는 우리나라도 위와 같은 분석에 부합하는 측면이 있을 것이다.

그러나 이하에서 분석하는 바와 같이 현재 우리나라 민사소송 및 국제중재 실무를 둘러싼 환경을 검토해 보면 제3자 펀딩을 활용해야 할 정책적 필요성에 공감하는 것이 그리 어렵지 않을 것이다.

이하에서는 국제중재와 소송을 분리하여 현재 우리나라 분쟁해결절차를 둘러싼 환경을 검토하여 제3자 펀딩을 필요로 하는 사유를 분석하기로 한다.

2 국제중재와 관련하여 제3자 펀딩을 활용할 필요성

우리나라 입장에서 국제중재를 발전시킨다는 것은 여러 가지 의미가 있 겠지만 가장 우선적으로는 서울을 비롯한 대한민국 주요 도시를 법적 의미 의 중재지로 하거나 대한민국 주요 도시에서 실제 국제중재 심리기일을 개 최하는 국제중재 사건을 늘린다는 것을 의미할 것이다. 그런데 뒤에서도 자 세히 검토하겠지만 국제중재절차를 수행함에는 막대한 법률비용이 소요되기 때문에 국제중재절차를 수행해야 하는 당사자나 중재대리인 입장에서는 그 자금을 어떻게 안정적으로 조달할지가 중요한 과제 중 하나라 할 수 있다. 이러한 상황에서 앞에서도 본 바와 같이 점차 제3자 펀딩에 대한 관심이 늘 어나면서 막대한 법률비용을 필요로 하는 주요 국제중재 사건을 수행함에 있어서는 제3자 펀딩의 가능 여부를 검토하는 경우가 늘어나고 있다. 그런 데 제3자 펀딩은 중재절차에 필요한 자금을 조달하는 방법으로서 중재절차 에 관한 사항이라 볼 수 있으므로 중재지의 법에 따라 그 적법성이 결정된 다. 이러한 측면에서 중재지의 법이 제3자 펀딩에 우호적이거나 제3자 펀딩 을 명시적으로 합법화한 경우 제3자 펀딩을 이용한 대형 국제중재사건에서 중재지로 선택될 가능성을 높일 수 있는 한 가지 방법이 될 것이다. 이러한 점을 주목하여 세계적인 중재지로 유명한 홍콩과 싱가포르도 일단 중재절차 에 한정적으로나마 제3자 펀딩을 명시적으로 합법화하였다. 그리고 세계적 으로 국제중재의 중심지로 인정받는 영국 런던이나 스위스 제네바 등에서도 제3자 펀딩은 이미 폭넓게 활용되고 있다.

우리나라도 현재 정부 차원에서 대한민국을 국제중재의 중심지로 성장시 키기 위한 정책목표를 추진하는 상황에서,[279] 대한민국 주요 도시가 인기 있는 국제중재의 중재지로 인정받도록 하기 위해서는 그 제도적 선결과제 중 하나로서 국제중재를 위한 주요 금융방법인 제3자 펀딩을 명시적으로 합 법화하고 관련 제도를 정비할 필요도 있을 것이다. 물론 국제중재에 관하여 제3자 펀딩을 활용함에 있어서는 굳이 제3자 펀딩의 허용가능성 내지 합법성을 명문화하는 별도의 입법이나 제도 정비가 필요하지 않다는 견해도 있을 수 있다. 그러나 제3자 펀딩이 허용되는지 등에 대한 명시적인 국내 규범이나 제도가 없는 상황에서는 제3자 펀딩을 활용하여 서울을 중재지로 한 국제중재절차를 진행하려던 국내외 당사자 또는 대리인들도 제3자 펀딩에 대한 법적 불확실성이 존재하는 서울보다는 입법을 통해 중재절차에 대한 제3자 펀딩의 합법성을 명시적으로 인정한 싱가포르나 홍콩 등을 중재지로 택할 가능성이 높다고 할 것이다. 실제 국내 국제중재 실무가들도 해외에 제3자 펀딩에 관한 국내의 제도를 설명함에 있어 제3자 펀딩이 허용되는지 여부가 불확실하다는 설명을 하는 경우가 많은데, 이러한 불확실성은 다른 국제중재 중심 도시들과 비교하여 국내 주요 도시들의 중재지로서의 매력을 반감시키는 요인 중 하나가 될 것이다.

그리고 국내 기업의 수요 측면에서도 국제중재절차를 위한 제3자 펀딩을 본격적으로 활용할 필요성은 크다. 세계 주요 국제중재기관의 사건 집계에서 우리나라의 이용자 수는 비교적 상위에 위치해 있는데,[280] 이를 보더라도 우리나라 당사자들이 수행해야 하는 국제중재 건수는 세계적으로도 많은 편에 속한다고 할 수 있다.

이러한 상황에서 이미 국제중재의 이용빈도가 높은 다른 국가의 당사자들은 합법화된 제3자 펀딩을 활용하여 국제중재절차에 필요한 막대한 법률비용을 안정적으로 조달할 수 있음에 반해 제3자 펀딩에 관한 제도가 확립되어 있지 않은 탓에 국내 기업들이 제3자 펀딩을 제대로 활용하지 못한다면 막대한 자금을 필요로 하는 국제중재절차에서 국내 기업들은 상대적으로 불리한 입장에 처할 수밖에 없다. 이러한 국내 기업의 잠재적인 수요 및 국제중재절차에서의 재무적 경쟁력를 고려해서라도, 적어도 국제중재절차를 위한 제3자 펀딩은 조속히 제도적으로 정비할 필요가 있다. 이와 관련하여 국내 기업이 국제중재절차를 위하여 제3자 펀딩을 활용함에 있어서는 별도의 입법이나 제도가 필요하지 않다는 견해도 있을 수 있다. 그러나 해외의 세계적인 제3자 펀딩업자가 국내 기업을 상대로 제3자 펀딩 여부를 검토함에 있어서는 국내 기업이 제3자 펀딩계약을 이행하지 않을 경우에 국내 기업을 상대로 제3자 펀딩계약을 사법적으로 집행해야 할 상황도 고려해야 하는데, 제3자 펀딩계약의 허용 여부 내지 그 효력에 관한 국내 규범이나 제도가 불확실한 상황에서는 국내 기업과 제3자 펀딩계약을 체결하기를 주저할 수밖에 없을 것이다. 이러한 점을 감안하면 최소한 제3자 펀딩을 둘러싼 불확실성을 해결하는 차원에서라도 제3자 펀딩에 관한 제도를 마련하고 정비할 필요가 있을 수 있다.

3 소송과 관련하여 제3자 펀딩을 활용할 필요성

가. 소송비용의 금융적 해결을 통한 실질적 의미의 법원 접근권 실현 필요성

앞서 제3자 펀딩의 효용성과 문제점에 관한 정책적 논의에서 제시된 바와 같이, 제3자 펀딩이 사회적 효용 증대에 기여할 중요한 가치는 사법절차를 비롯한 분쟁해결절차에 대한 접근권을 향상시킨다는 것과 현대적 의미의 주요 소송에서 자력이 부족한 원고와 자력이 풍부한 피고 사이의 구조적 불균형을 완화시켜 준다는 것이다.

이러한 효용성이 국내 소송환경에도 적용될 수 있는지를 살펴보기 위해 먼저 국내에서 소송을 위한 제3자 펀딩이 본격 활용될 때 분쟁해결절차에 대한 접근권을 향상시킬지 여부의 문제를 검토한다. 무엇보다 승소가능성이 있는 청구권을 가지고 있는 잠재적 원고가 국내에서 소를 제기하려 할 때 과연 비용 문제로 소송을 제기하지 못하는 경우가 많은지를 생각해 보면, 국내에는 아직 변호사강제주의가 채택되지 않아 본인소송을 하는 경우도 많아 소송비용 문제로 소를 아예 제기하지 못하는 경우가 많을지는 의문이다. 더구나 전자소송의 편의성과 확대보급으로 인해 소송절차에 대한 물리적 접근 자체가 획기적으로 개선되어 국내에서 소를 제기하고 싶으나 제기하지 못하는 경우는 그리 많지 않을 것으로 예상해 볼 수 있다. 그러나 문제는 소장을 제출한 것만 가지고, 즉 사법절차를 일단 물리적으로 시작한 것만으로, 사법절차에 대한 접근권이 진정한 의미에서 제대로 실현된 것으로 볼 수 있느냐이다. 변론주의를 원칙으로 하는 민사소송의 특징상 승소가능성이 충분한 청구원인을 가지고 있었더라도 법률적으로나 사실적으로 제대로 된 주장과 입증을 하지 못하면 패소할 수밖에 없는데, 이러한 결과를 피하기 위해서는 소송절차에서 법률전문가인 변호사는 물론이고 회계전문가, 공학기술전문가, 경제전문가 등의 조력을 제대로 받을 수 있어야 한다.

그런데 2023년 발간 대법원 사법연감에 따르면, 2022년 기준으로 소액사건의 경우, 원고의 약 15.8%, 피고의 약 5.1% 정도만이, 단독 사건의 경우에는 원고의 약 49.1%, 피고의 약 25.8% 정도만이 변호사를 선임하고 나머지는 본인이 직접 소송을 수행하고 있음을 알 수 있다.281) 이처럼 변호사를 선임하지 않은 소송 건수가 적지 않다는 것은 변호사 보수 등 소송비용의 부담으로 인해 법률전문가의 도움을 포기하고 소를 제기하는 경우가 많다는 것이고, 이들 중 대부분은 제대로 된 변론을 하지 못한 채 소송을 수행할 것이므로 그 판결 결과 역시 청구원인의 객관적인 승소가능성에 훨씬 못 미칠 것이다. 이러한 현실에서 단순히 소장을 제출하고 변론기일에 출석함으로써 물리적으로 사법절차에 접근할 수 있었다고 하여 실질적인 의미의 법원 접근권이 실현된 것인지는 의문이다. 물론 제3자 펀딩의 주된 대상이 될 합의부 사건에서는 변호사 선임 비율이 단독 사건이나 소액 사건보다 높기는 하지만, 합의부 사건에서도 적지 않은 당사자가 변호사 선임 없이 소송을 수행하고 있고, 특히 피고의 변호사 선임 비율은 60% 정도에 불과하다는 점을 고려할 때, 합의부 사건에 대하여도 변호사 선임 비율 증가를 통한 사법 접근권 향상이라는 정책적 목표를 위해 피고 펀딩을 포함한 제3자 펀딩이 활용될 여지는 충분히 있어 보인다. 더욱이, 현대의 소송에서 변호사 선임 자체는 필요 최소한의 조건이고, 실질적인 무기대등을 위해서는 전문성을 갖춘 양질의 변호사를 선임하고 다른 분야 전문가의 도움을 받는 것도 필수인데, 이를 실현하기에 자력이 부족한 대부분의 원고들에 대하여 실질적인 의미의 사법 접근권을 실현시키기 위해서는 제3자 펀딩과 같은 외부적인 금융방법이 반드시 필요할 수 있다. 실질적인 무기대등의 관점에 대하여는 뒤에서 좀 더 자세히 검토한다.

그리고 보다 본질적인 문제로서, 앞서도 언급한 바와 같이, 소송이라는 것은 개인이나 기업 입장에서 통상적인 현금흐름으로 감당하기 어려울 정도로 많은 자금이 일시적으로 지출되는 활동 중 하나로서 그 자금을 조달할 만한 금융적 방법이 확립되어 있어야 하는데, 해외 주요 국가와 비교할 때 국내에는 소송비용을 조달하기 위한 금융적 메커니즘이 너무나 부족하다. 제3자 펀딩의 대안으로 소송비용을 외부에서 조달할 수 있는 전통적 방법으로는 미국식 성공보수와 유럽식 법률비용보험 그리고 법률복지 차원의 소송구조가 있을 수 있는데, 국내에는 변호사가 소송비용 전부를 부담하는 미국식 성공보수가 활용되고 있지도 않고, 독일과 같이 법률비용보험이 제대로 보급되어 있지도 않으며, 소송구조282) 역시 그 효용성이 크지 않다. 이러한 상황에서 제3자 펀딩조차 금지하거나 제대로 활용하지 않으면 이는 다른 나라와 비교했을 때 사회적으로 반드시 그 기능이 필요한 법률금융 영역을 완전히 포기하는 것이나 다름없다.283)

위와 같은 사정을 종합해 보면, 현재 국내의 여건은 소송비용에 대한 금융적 접근 방법에 관한 정책적 고려가 사실상 전무한 상황으로 볼 수 있고, 이러한 상황에서 소를 제기할 필요가 있는 다수의 잠재적 원고들이 소 제기를 포기하거나 소송비용의 부담으로 법률전문가의 조력을 제대로 받지 못한 채 부실하게 분쟁을 처리할 수 있는 위험에 처할 수 있다. 물리적인 의미의 법원 접근이 아니라 실질적인 의미에서 본인의 승소가능성 있는 청구권을 객관적인 승소확률에 부합하게 실현시킬 수 있도록 하기 위해서는 제3자 펀딩을 통하여 소송비용의 문제를 금융적 메커니즘에 의해 해결해 줄 수 있어야 한다.

나. 자력이 부족한 원고와 자력이 풍부한 피고 사이의 불균형 해소 필요성

앞서도 잠시 언급한 바와 같이, 현대적 의미의 소송의 경우 단순히 변호사로부터 법률적인 조력만 받는다고 하여 제대로 대응할 수 있는 것이 아니다. 내용이 전문적이고 복잡한 상당수의 현대적 의미의 소송에서는 변호사

이외에도, 회계전문가, 공학기술전문가, 경제분석전문가 등 다양한 영역의 전문가들의 도움을 받아야 제대로 대응할 수 있는 경우가 많은데, 그와 같은 전문가들의 보수는 변호사보수와 비슷한 수준이거나 어떤 경우에는 변호사보수를 상회하는 경우도 있어 위와 같은 종류의 소송을 제대로 수행함에 있어서는 막대한 규모의 소송비용을 조달할 수 있어야 한다.

그런데 위와 같은 현대적 의미의 소송에서 원고는 개인이나 영세 사업자 또는 신생 기업이고 피고는 대기업인 경우가 많아 원피고 양측이 같은 소송절차에 대응함에 있어 서로 간에 구조적 불균형이 존재하는 경우가 빈번하게 발생한다. 이러한 상황에서 피고는 위와 같은 다수의 전문가 동원에 필요한 소송비용을 충분히 조달하여 성공적으로 대응할 수 있는 반면, 원고는 그에 필요한 소송비용을 제대로 조달하기가 어려워 자신의 주장을 제대로 입증할 수 없는 경우가 많이 발생할 수밖에 없다. 더욱이 법무법인들이나 변호사들 사이에 실력의 차이가 존재하는 것이 엄연한 현실에서,[284] 충분한 자력을 바탕으로 전문성과 실력을 제대로 갖춘 법무법인이나 변호사를 선임할 가능성이 높은 피고와 대비하여 자력이 부족하여 그렇게 하지 못하는 원고가 승소할 가능성은 더 떨어질 수밖에 없다.

위와 같은 현실에서 원고 측에서 소송비용을 제대로 조달할 수 있는 금융적 방법을 활용할 수 없어 원고 측이 제대로 된 소송수행을 하지 못한다면 그 결과도 원고 측에 불리할 수밖에 없을 것이다. 이러한 패턴이 반복되면 불법행위 소송 상황에서 잠재적 불법행위자라 할 수 있는 피고 측이 원고 측의 소 제기를 두려워하지 않게 되어 피고 측은 잠재적 피해자인 원고 측에 대하여 사회적으로 필요한 정도의 주의의무를 다하지 않아 사회적 비용이 커지는 부작용이 발생할 것이다.

다. 집단소송과 징벌적 손해배상 도입 확대로 인한 손해액 확대 가능성

앞서 대륙법 국가들에서 제3자 펀딩이 적극 활용되지 않는 이유로서 집단소송이나 징벌적 손해배상 제도 등으로 인하여 손해액 내지 판결금액이 천문학적으로 높을 수 있는 영미법 국가들 법원에 비해 대륙법 국가에 속하는 법원의 손해배상 판결금액은 상대적으로 낮아 대륙법 국가의 소송이 제3자 펀딩업자에게 상업적으로 매력이 덜하다는 점을 들었다.

그러나 국내에서도 하도급 거래 공정화에 관한 법률, 신용정보의 이용 및 보호에 관한 법률, 개인정보 보호법, 대리점거래의 공정화에 관한 법률, 가맹사업거래의 공정화에 관한 법률, 제조물 책임법, 공익신고자 보호법, 환경보건법, 독점규제 및 공정거래에 관한 법률, 부정경쟁방지 및 영업비밀보호에 관한 법률, 대규모유통업에서의 거래 공정화에 관한 법률, 대·중소기업 상생협력 촉진에 관한 법률, 특허법, 축산계열화사업에 관한 법률 등 상당수의 법률에 이미 징벌적 손해배상 성격의 3배 또는 5배 배상 규정이 도입되어 있는 상황이다. 위와 같이 징벌적 손해배상 성격의 3배 또는 5배 배상 제도가 국내 법체계에 거의 전면적으로 도입된 것은 오래되지 않아서 당장은 그로 인한 파급효과를 실감하지 못할 수 있지만, 점차 국내의 소송환경에서도 청구금액 그리고 최종 판결금액이 대폭 올라가는 중요한 요인이 될 것으로 예상해 볼 수 있다.

집단소송의 경우에는 현재 증권 분야에 한해 증권관련 집단소송법만이 시행되고 있는 상황이지만, 다른 분야에서도 집단소송의 확대를 강력하게 요구하고 있어, 집단소송의 확대도 예견해 볼 수 있는 상황이다.

위와 같은 조건이라면 국내 법원의 손해배상 판결금액도 곧 상당한 수준으로 높아질 가능성이 높고 그와 같은 상황이 실현되면 피고 입장에서도 패소했을 때 부담해야 할 거액의 배상책임으로 인한 위험을 헤지할 금융적 방법이 필요할 수밖에 없다. 이러한 목적으로 사후보험적 성격의 피고 측 제3자 펀딩도 그 필요성이 커질 것이다. 한편 원고와 관련해서도 국내 법원의 손해배상 판결액이 높아지면 제3자 펀딩업자가 국내 소송 원고를 위한 펀딩 여부에 관심을 가질 유인이 커질 것이다.

라. 국내 기업의 법률비용 부담 관리 필요성

국내 기업의 경우에는 법률비용의 부담이 별로 없을 것이기 때문에 제3

자 펀딩을 필요로 하지 않을 것이라는 반론이 있을 수 있다. 그러나 실제 기업의 법률비용 지출을 책임지는 사내변호사들이 주요 법무법인에 대하여 가지는 가장 큰 불만은 언제나 법률비용이 과다하다는 것이다.285) 실무적 관점에서 국내 대형 법무법인의 시간당 보수 수준은 세계적으로 비교해봐도 거의 영미계 로펌 수준에 육박할 정도로 높은 수준이며, 주요 소송 사건이나 중재 사건에 대한 보수청구방식도 과거의 착수금 내지 고정보수 방식보다는 시간당 보수 방식을 선호하는 경향으로 바뀌고 있기 때문에 국내 주요 법무법인을 이용해야 하는 국내 기업들의 법률비용 부담은 커지고 있다고 볼 수 있다. 더욱이 이미 많은 수의 국내 기업은 세계적인 다국적 기업 못지않게 영미의 법률서비스에 대한 수요가 크고, 영미 로펌에 많은 법률비용을 지출하고 있는데,286) 이러한 점을 고려하면 영미의 법률비용이 과다하므로 제3자 펀딩이 필요할 수 있다는 명제는 국내 기업에도 적용될 수 있을 것이다.

요컨대 갈수록 법률비용 부담을 크게 느끼고 있는 국내 기업의 기업재무적 관점에서도 제3자 펀딩을 활용할 필요성은 커 보인다.

4 검토

소송이든 국제중재든 그 수행을 위해서는 많은 자금을 필요로 한다는 점에서 그 자금을 조달하는 영역에서는 금융적 방법을 필요로 한다. 분쟁해결비용의 조달을 위해 금융적 방법이 필요하다는 명제는 영미 보통법 체계와 대륙법 체계 사이의 소송문화 차이에도 불구하고 분쟁해결에 비용이 지출되는 사회라면 대륙법 체계에 속하는 국가라도 관심을 가져야 하는 영역이다. 물론 분쟁해결비용을 조달하는 방법에 본 연구의 주제인 제3자 펀딩계약만 존재하는 것은 아니다. 소송구조의 방법도 있고, 미국식 성공보수의 방식도 있으며, 법률비용보험을 활용할 수도 있다. 그러나 불행히도 국내에는 제3자 펀딩은 물론 위와 같은 대안적 방법도 제대로 보급되어 있지 않아서 잠재적 원고(중재신청인)들이 법률비용을 조달하기 위해 활용할 수 있는 금융적 방법이 매우 제한된 상황이다. 반면 국내의 소송이나 국제중재 환경을 보면 영미 국가들과 별반 다르지 않게 법률비용 조달을 위해 제3자 펀딩을 활용해야 하는 사회경제적 요인을 충분히 확인할 수 있었다. 따라서 국내에도 제3자 펀딩을 도입할 정책적 명분과 필요성은 충분히 인정된다고 할 것이다.

다만 제3자 펀딩을 활용하더라도 본격적인 도입의 시기와 활용의 범위는 신중하게 검토할 필요가 있다. 앞에서 제3자 펀딩과 관련한 이론에서 살펴보았고 뒤에서도 좀 더 자세하게 검토하겠지만, 제3자 펀딩 자체는 법률비용을 조달하고 소송의 위험을 관리하기 위한 금융적 방법으로 의도되었다고 하더라도 그 활용과정에서는 제3자 펀딩업자가 금융제공자로서의 역할에 그치지 않고 관련 기준을 위반하여 분쟁해결절차에 개입함으로써 분쟁해결절차에서 보호되고 유지되어야 할 절차적 정의 관념 내지 분쟁해결절차의 온전성을 훼손할 위험이 존재한다는 점을 인식해야 한다. 따라서 제3자 펀딩을 도입함에 있어서는 먼저 위와 같은 부작용을 대비하고 예방하기 위한 제도적 방안을 수립하는 것이 필요하다. 또한 제3자 펀딩의 부작용에 대한 우려가 사적인 분쟁해결절차로서의 국제중재보다는 공적인 분쟁해결절차로서의 소송에 대하여 더 클 수 있으므로, 뒤에서 살펴보는 싱가포르나 홍콩의 사례를 참고하여, 국제중재절차에 대하여 먼저 제3자 펀딩을 활용하면서 먼저 그 파급효과를 분석해 본 다음 점진적으로 소송절차에 대한 제3자 펀딩의 도입을 검토하는 것도 합리적인 방안이 될 수 있을 것이다.[287]

SECTION 06 국제중재와 관련한 제3자 펀딩에 있어서 추가로 고려해야 할 이론과 정책

I. 개관

　이 장의 앞부분에서 살펴본 제3자 펀딩을 둘러싼 이론적·정책적 논의 그리고 다음 장에서 살펴볼 비교법적 논의는 주로 소송절차의 당사자를 위하여 제3자 펀딩이 이용되는 상황을 주로 고려한 것이다. 이는 제3자 펀딩에 관한 이론과 정책이 연혁적으로 소송절차를 중심으로 전개되어 온 점에 기인한 측면이 크다. 그러나 최근의 제3자 펀딩 실무를 보면, 전통적으로 소송절차의 당사자를 위하여 펀딩을 해 오던 제3자 펀딩업자들이 상사중재와 투자중재를 포함한 국제중재절차에도 많은 관심을 가지고 있고, 소송절차의 당사자를 위해 제3자 펀딩을 이용할 수 있는지를 둘러싼 법적 불확실성이 아직 해결되지 않은 국가에서는 제한적으로 중재절차에 한정하여 제3자 펀딩을 도입·활용하고자 하는 움직임도 있다. 이와 같은 실무의 새로운 경향은 아무래도 국제중재절차가, 당사자의 사적 자치에 기반하여 이루어지는 사적인 분쟁해결절차로서, 국가의 공적인 분쟁해결절차인 소송절차에 제3자 펀딩을 활용함에 있어 고려해야 할 다양한 법적·이론적·정책적 고려사항의 구속을 덜 받거나 아예 그러한 구속으로부터 자유로울 것이라는 믿음의 영향을 받은 것으로 볼 수 있다(이하 이러한 관념을 "중재 사적 자치론"이라 약칭한다).288)

Section 6 국제중재와 관련한 제3자 펀딩에 있어서 추가로 고려해야 할 이론과 정책 121

그러나 위와 같은 일부의 관념과 달리, 분쟁해결절차로서 중재절차의 역할 및 기능이 소송절차의 역할 및 기능과 다르지 않다는 점에서 일부 근본적인 차이(국가적 작용 vs. 사적 분쟁해결절차)에도 불구하고, 소송절차와 관련하여 제3자 펀딩에 적용되는 법적·정책적 고려사항은 국제중재절차와 관련한 제3자 펀딩에도 적용된다는 주장이 점차 설득력을 얻고 있다(이하 이러한 관념을 "중재 소송 등가론"이라 약칭한다).289)

실제 국제중재절차와 관련한 제3자 펀딩의 실무와 제도를 보더라도, 중재 사적 자치론보다는 중재 소송 등가론이 힘을 얻는 상황으로 볼 수 있다. 국제중재절차와 관련한 제3자 펀딩이 소송절차와 관련한 제3자 펀딩에 적용되는 법적·이론적·정책적 제약으로부터 비교적 자유로울 것이라는 관념과 달리, 중재절차에 한정하여 제한적으로 제3자 펀딩을 합법화한 홍콩과 싱가포르에서 시행되는 관련 지침과 행위규약은, 영국과 호주 등에서 소송절차를 위한 제3자 펀딩에 적용하던 법적·윤리적 제약을 거의 그대로 반영하고 있다. 또한 소송절차와 관련한 제3자 펀딩에 적용되는 가장 중대한 법적 제약인 챔퍼티 금지 법리는 공서양속을 매개로 중재절차에도 그대로 적용되어야 한다는 영국 법원의 판례도 있는 상황이다.

이와 같은 형국에서, 이하에서는 국제중재절차의 정당성의 근거 그리고 국제중재절차와 개별 국가 법률 및 법원 사이의 관계 등을 중심으로 국제중재의 이론과 제도를 고찰하면서, 제3자 펀딩과 관련하여 중재 사적 자치론과 중재 소송 등가론 중 어느 주장이 더 타당한지를 이론적으로 검토한다. 그리고 이 장 앞부분에서 검토한 주요 법적·정책적 고려사항, 특히 챔퍼티 법리에 반영된 절차적 정의 관념과 제3자 펀딩을 둘러싼 정책적 찬반론이 국제중재절차를 위한 제3자 펀딩에 어떤 의미를 가질 수 있는지를 분석해 본다.

II. 국제중재에 대한 이론적 검토: 소송절차에서 비롯된 법적 제약을 국제중재 절차에 적용할 수 있는 근거와 한계를 중심으로

1 국제중재에서 중재지와 집행지의 법규범을 고려해야 할 필요성

가. 문제의 소재

이 절에서 논의하고자 하는 주제, 즉 소송절차를 위한 제3자 펀딩에 관련한 특정 국가의 법규범이 국제중재절차를 위한 제3자 펀딩에도 적용되는지의 문제를 검토하기 위해서는, 우선 국제중재절차와 개별 국가의 법률 및 법원 사이의 관계에 관한 이론적 논의를 참고해야 한다.

그와 같은 이론적 논의의 기초가 되는 문제의식을 간단히 살펴보면, 국제중재절차가 당사자 사이의 사적 자치를 최상의 가치로 삼는 사적 분쟁해결절차라는 점을 강조하는 입장이라면 국제중재절차는 당사자에 의해 선임된 중재인이 중재 고유의 법질서에 따라 진행하는 초국가적인 제도로서 어떤 특정 국가의 법률이나 법원의 규율도 받지 않아야 한다는 주장을 전개할수도 있을 것이다. 그러나 실제 국제중재절차를 운영하고 국제중재합의와 외국중재판정을 집행함에 있어서는 관련 국가 법원의 감독과 조력을 받을수밖에 없고 그 과정에서 관련 국가의 법과 규범의 영향을 받지 않을 수 없다. 이러한 국면에서 국제중재의 독자성과 사적 자치가 어디까지 미치는지, 반대로 국제중재합의와 외국중재판정을 집행함에 있어 개별 국가의 법률과 법원은 어디까지 개입할 수 있는지에 관한 논란이 있을 수밖에 없다. 이러한 문제를 검토하기 위해 이하에서는 먼저 국제중재절차와 개별 국가의 법률 및 법원 사이의 상호관계를 규명하고자 하는 이론적 모델을 살펴본다.

그다음으로는, 현재 국제중재 질서를 규율하는 가장 실효적이고 보편적인 국제규범으로서의 외국 중재판정의 승인과 집행에 관한 협약(Convention on the Recognition and Enforcement of Foreign Arbitral Awards, 이하 "뉴욕 협약"이라 한다)에 기반하여 개별 국가 법원에 인정되는 외국중재판정에 대한 심사

권한의 근거와 한계를 살펴보고, 그러한 법원의 심사권한을 염두에 두고 소송절차를 위한 제3자 펀딩에 관련된 법적·윤리적 제약을 국제중재절차에서도 적용해야 할 것인지를 살펴본다.

나. 국제중재와 개별 국가의 법률 및 법원 사이의 관계에 관한 이론적 모델

국제중재를 연구하는 학자들 사이의 가장 근본적인 이론적 논쟁 주제 중 하나는 과연 국제중재의 유효성과 정당성의 근원이 어디에 있는가라고 해도 과언이 아니다. 그리고 그러한 논쟁의 핵심적 쟁점은 국제중재라는 것이 특정 국가(특히 중재지에 해당하는 국가)의 법률 및 법원으로부터 자유로운 것인가, 만약 자유롭지 않다면 어느 정도로 구속되는 것인가로 귀결될 수 있을 것이다. 이하에서는 이러한 쟁점을 분석하기 위한 이론적 모델로서 많이 거론되는 프랑스의 에마누엘 가이야르(Emmanuel Gaillard) 교수의 세 가지 모델을 간단히 살펴본다.

첫째, 단일주권국가(monolocal) 모델에 대해 살펴보면, 이는 국제중재를 설명하는 비교적 초기 모델로서, 국제중재의 정당성과 유효성의 유일한 근거는 중재지(seat of arbitration)의 법에 있으며 모든 국제중재 사건과 그 결과물인 중재판정에는 중재지의 국적이 부여되어야 한다고 설명한다.[290] 이 이론에 따르면 중재인은 마치 중재지 법원의 판사로서 행위해야 하므로, 중재지의 절차법을 적용해야 하고, 준거법 결정을 위한 기준으로서도 중재지의 국제사법 규정과 이론을 적용해야 하며, 중재지 법원의 결정(중재금지 가처분 등)을 반드시 준수해야 한다.[291] 그리고 중재지의 법원은 당연히 자국을 중재지로 한 중재판정을 취소할 수 있고, 중재지 법원에 의해 중재판정이 취소된 경우 더 이상 해당 중재판정은 존재하지 않는 것이 되므로, 다른 국가의 법원은 그 중재판정을 집행할 수 없다.[292]

둘째, 베스트팔렌(Westphalian) 모델은, 그 명칭을 근세 유럽 역사의 변곡점인 베스트팔렌 조약에서 따 온 것인데, 외국중재판정이 결국은 어느 한 국가에 정착하는 것이 아니라 여러 국가들에서 승인이나 집행이 이루어질 수밖에 없다는 점에 착안하여, 중재지에 더 이상 중요한 의미를 두지 않고 중재판정을 집행할 수 있는 여러 집행지(place of enforcement) 국가들을 중시한다.293) 따라서 이 이론에서 국제중재절차의 정당성을 좌우하는 것은 어느 한 중재지 국가의 법질서가 아니라 일정한 조건을 충족하면 중재판정을 승인·집행하려는 복수의 집행지 국가들의 법질서(즉, 집행지 국가의 중재판정 집행기준 내지 조건)라 할 수 있다.294) 이 이론에서 중재인은 더 이상 중재지 법원에 속한 판사일 필요가 없고 자신이 준수해야 할 법정지 법(*lex fori*)도 없으며 자신이 적절하다고 판단되는 국제사법 규범과 이론을 적용하여 준거법을 결정할 수 있으며 중재지 법원을 포함하여 어떤 특정 국가 법원의 결정을 반드시 따라야 할 의무도 없는 등 광범위한 재량을 가진다.295) 베스트팔렌 모델에 따르면 중재지 법원이 중재판정을 취소한 경우에도 집행지 법원은 중재지 법원의 판단에 구속받지 않고 자신의 판단에 따라 해당 중재판정을 집행할 수도 있다.296)

셋째, 초국가(transnational) 모델은, 국제중재인들이 자신들은 특정 국가의 법질서를 대변하여 그 국가의 사법절차를 관리하는 것이 아니라 국가들의 집합체로서의 국제 커뮤니티의 이익을 위한 분쟁해결자로서의 역할을 수행하고 있다는 인식을 반영한 것으로서, 국제중재의 정당성을 국가들의 개별적인 주권적 법질서보다는 국가들 사이에 존재하는 집합적 합의에서 찾는다.297) 여기서 국가들 사이의 집합적 합의의 대표적인 예로는 뉴욕협약을 들 수 있을 것이다.298) 이 모델에 따르면 중재인은 마치 국제재판소의 판사로서 개별 국가의 법보다는 초국가적 규범 및 국제적 공서양속을 중시해야 한다.299) 초국가 모델에서 중재인은 특정 국가 법원의 결정을 수용하지 않아도 되며, 특정 국가 법원에 의해 취소된 중재판정도 다른 국가의 법원은 집행할 수 있다.300)

위 세 가지 이론적 모델이 국제중재를 바라보는 다양한 세계관을 모두 반영했다고 보기는 어렵고, 위 모델 중 어느 하나의 이론만으로 현재 국제중재의 규범과 현실을 설명할 수 없다는 한계가 있지만, 위 모델들은 국제중재절차가 개별 국가의 법률 및 사법시스템과 어떤 연관성을 가지고 작동하는지에 대하여 많은 시사점을 주고 있고 현재의 국제중재 규범과 실무를 설명함에 있어 유용한 이론적 기초를 제공하고 있다.

위 세 가지 모델이 현재 국제중재의 규범과 실무, 특히 중재지 법원과 집행지 법원의 중재판정 심사권한을 설명하는 데에 있어 어떤 이론적 기초를 제공하는지는 이하에서 뉴욕 협약에 대해 설명하면서 살펴보기로 한다.

다. 뉴욕 협약상 인정되는 중재지와 집행지 법원의 심사권한과 그 한계

(1) 중재지 법원

국제중재 규범의 역사는 국제중재의 정당성과 유효성이 특정 국가의 법률과 사법시스템에 의해 좌우되지 않도록 하기 위해 중재지 법원의 역할을 줄여나가는 과정이라고 해도 과언이 아닐 만큼 국제중재 규범의 제정과 개정 과정에서는 중재지 법원의 권한과 역할이 항상 주요 화두였다.[301]

뉴욕협약 이전에 외국 중재판정 집행을 규율하던 주요 국제규범은 외국 중재판정 집행에 관한 제네바 협약(Geneva Convention on the Execution of Foreign Arbitral Award, 이하 "제네바 협약"이라 한다)이었는데, 제네바 협약에서는 외국 중재판정에 대한 승인 또는 집행재판을 위해서는 해당 중재판정이 중재지에서 최종적(final)이어야 한다는 조건을 충족하도록 요구했다.[302] 따라서 중재지에서 해당 중재판정이 최종적이라는 것을 확인하는 "exequatur"를 받는 절차를 거친 다음에야 중재판정 집행재판에 나아갈 수 있었다(이러한 제네바 협약상의 요건을 "double exequatur"라 부른다).[303] 이러한 제네바 협약의 요건은 앞에서 본 이론 중 단일주권국가 이론에서 강조하는 대로 중재지라는 특정 국가의 법 시스템을 중시한 것이라 할 수 있다.[304] 이렇듯 제네바 협약이 국제중재절차에 대한 중재지 국가의 사법적 통제를 정당화하고 있는 부분에 대하여는 많은 연구자와 실무가들이 비판을 하였고, 이러한 점을 감안하여 뉴욕 협약 제정과정에서 가장 중요하게 추진된 과제 중 하나가 위 "double exequatur" 요건을 폐지하고 국제중재의 정당성과 유효성을 중재지라는 특정 국가의 사법시스템으로부터 분리시키는 것이었다.[305] 그러나 이러한 노력은 절반의 성공을 거두었다고 평가할 수밖에 없는데, 뉴욕 협약 제정을 통해 "double exequatur" 요건은 폐기되었지만, 뉴욕 협약은 여전히 중재지 법원이 중재절차와 중재판정을 심사하여 중재판정을 취소할 수 있는 여지를 남겨두었기 때문이다.306)

물론 뉴욕 협약의 전체적인 취지는, 위에서 본 모델 중 베스트팔렌 모델과 유사하게, 중재판정에 대한 주된 심사를 집행지 법원에만 허용함으로써 중재지 법원의 역할을 대폭 축소하고 그 무게중심을 집행지로 이전하는 것이지만, 중재지 법원에 의한 중재판정 취소권한 및 취소 사유를 개별 국가의 입법과 정책에 맡김으로써 뉴욕 협약 제정 후에도 중재지 법원은 여전히 국제중재절차에서 일정한 역할을 유지할 수 있게 된 것이다.307) 중재판정 취소권한 이외에도 뉴욕 협약은 중재절차에 관하여 달리 당사자의 합의가 없을 경우에는 중재지법에 따르도록 하고 중재합의의 유효성 여부도 당사자의 합의가 없는 한 중재지법을 준거법으로 정하고 있어, 뉴욕 협약 제정 후에도 중재지의 법체계는 중요한 의미를 가진다고 볼 수 있다.308)

요컨대 뉴욕 협약 체제하에서도 중재지 법원에 의한 중재판정 심사절차와 취소권한 및 취소사유는 중재지 국가의 개별법에 의해 정해지게 되어 중재지의 의미와 중요성이 여전히 남아 있다고 볼 수 있다.309) 그러나 상당수의 국가는 자국의 중재법을 UNCITRAL 모델법이라는 국제표준을 추종하면서, 중재판정 취소사유를 뉴욕협약상 제한적으로 열거된 외국중재판정 집행 거부사유와 유사하게 제한적으로 규정하고 있어, 일부의 우려와는 달리 중재지의 법원이 권한을 남용하여 자의적으로 외국중재판정을 취소할 가능성은 상당히 불식되었다고 할 수 있다.310) 실제 상당수의 중재 선진국들 법원이 자국을 중재지로 한 중재판정의 취소 여부를 판단하는 관행을 보더라도, 자국 중재법상 중재판정 취소사유를 적용함에 있어 집행법원이 뉴욕 협약상 중재판정 집행거부사유를 매우 제한적으로 해석·적용하는 것과 같은 차원으로 접근하고 있음을 알 수 있다.311)

(2) 집행지 법원

뉴욕 협약은 국제중재절차의 중재판정에 대한 승인과 집행을 촉진하기 위한 목적으로 제정된 국제중재에 관한 가장 기본적이고 중요한 국제규범으로서, 중재친화적 입장에서 중재판정 집행거부사유를 매우 제한적으로 열거하면서 주로 중대한 절차적 하자를 집행거부사유로 규정하고 집행법원이 사건과 판단의 실체에 관한 심사를 하는 것을 원칙적으로 경계하고 있다.312) 이러한 뉴욕 협약의 체계와 규정을 얼핏 보면 다수 국가들의 합의인 국제조약이 외국중재판정 집행절차 및 집행거부사유를 규정하고 있으므로 위에서 본 가이야르 교수의 모델 중 초국가적 모델, 즉 중재절차가 개별 국가의 법체계에 구속받지 않아야 한다는 관념이 반영된 것으로 볼 여지도 있을 것이다. 그러나 자세히 보면 뉴욕 협약이 규정한 집행거부사유(특히 논란의 여지가 많은 'public policy' 같은 사유)는 추상적이고 그 내용이 모호하여 결국은 집행지 국가의 법원이 최종적으로 집행거부사유의 구체적인 내용을 결정하고 적용할 수밖에 없다.313) 이러한 측면에서 뉴욕 협약은 집행지 국가의 법원에 중재절차와 중재판정의 유효성을 심사할 주된 권한과 재량을 부여하고 있다고 볼 수 있으므로, 앞서 본 가이야르 교수의 모델 중 베스트팔렌 모델이 실현된 것으로 볼 수 있고, 중재절차와 관련한 체약국 국가의 사법적 주권에 대한 존중을 반영하고 있다고 볼 수 있다.314)

따라서 외국중재판정의 집행은 최종적으로는 집행지 국가 법원의 태도에 달려 있다고 볼 수 있다.315) 특히 뉴욕 협약의 집행거부사유 중 제5(2)조의 '공서양속(public policy) 위반'이 가장 논란의 여지가 많은 부분인데, 그 사유를 각 국가의 법원이 어떻게 해석·적용하는지를 보면 그 국가가 국제중재절차에 대해 어떤 인식을 가지고 있는지를 알 수 있는 경우가 많다.316) 집행거부사유로서의 공서양속 위반에 대해 뉴욕 협약은 구체적인 추가설명을 하지 않고 있고, 뉴욕 협약 체결 과정에서 국제중재절차가 개별 국가의 법체계 및 사법주권과 완전히 단절되는 것을 염려한 국가들의 반감을 누그러뜨려 최대한 많은 체약국을 확보하기 위해 개별 국가의 주권 관념을 집행거부사유로서의 공서양속 위반에 투영한 측면도 있으므로, 집행지 법원이 자국의 통상적인 국내 공서양속 관념을 기준으로 중재판정에 대한 집행 여부를 결정하더라도 이를 뉴욕 협약에 반한다고 하기는 어려울 것이다.317) 그러나 상당수의 뉴욕 협약 체약국 법원들은 외국중재판정 집행거부사유로서 공서양속 위반을 판단함에 있어 공서양속의 내용과 범위를 매우 좁게 해석하며, 집행지 국가의 국내적 공서양속 관점이 아닌 집행지 국가의 국제적 공서양속(international public policy) 관점이 기준이 되어야 한다는 입장을 취하고 있다.318)

그러나 법원에 따라서는 자국의 절차 관념에 비추어 중재절차가 오염되었거나 사기적이라 판단하는 경우 또는 중재판정의 내용과 대상이 자국의 법, 규제 및 정책 등에 맞지 않는다고 판단할 경우, 분쟁해결절차로서의 중재절차의 적법성과 온전성을 보호함과 동시에 자국의 기본적인 법원칙과 정의를 보호하기 위한 자국의 이해관계를 지키기 위해 공서양속 위반을 이유로 외국중재판정의 집행을 거부하기도 한다.319) 따라서 집행지 법원이 특정 국가에 한정된 국지적인 절차 관념 내지 정의 관념을 공서양속 위반의 근거로 삼아 외국중재판정에 대한 집행을 거부하는 것도 충분히 대비해야 한다.

라. 제3자 펀딩에 관련된 중재지와 집행지의 규범을 고려할 필요성

사적 분쟁해결절차로서의 국제중재절차가 개별 국가의 법규범이나 사법기관에 의한 통제를 전혀 받지 않고 독자적인 중재 고유의 질서만으로 작동될 수 있다면, 국제중재절차를 위하여 제3자 펀딩이 사용되더라도 제3자 펀딩에 관련된 특정 국가의 규범을 의식할 필요는 없을 것이다. 그러나 앞서 본 것처럼 국제중재절차와 외국중재판정의 유효성과 정당성은 중재지 법원이나 집행지 법원의 심사를 받아야 할 수 있고 그 기준으로는 공서양속을 매개로 중재지와 집행지 고유의 절차 관념이나 정의 관념이 적용될 수도 있다. 그런데 앞서 본 것처럼 영미법 국가들을 중심으로 제3자 펀딩으로 상징되는 관행은 소송절차를 부패시키고 그 결과를 왜곡시킬 가능성으로 인하여 오랫동안 범죄 내지 불법행위로 간주되어 왔고, 그 관행에 대한 금지가 완화된 이후에도, 제3자 펀딩업자가 소송절차에 간섭하여 당사자와 소송절차에 대하여 통제권을 행사하려 할 경우에는 공서양속 위반의 제재를 받게 된다. 그런데 제3자 펀딩업자가 소송절차에 간섭함으로써 발생할 수 있는 해악과 그에 대한 사회의 부정적 인식은 국제중재절차와 관련하여 제3자 펀딩이 사용된 경우라 하여 달리 보기 어려울 것이다. 특히 중재지나 집행지가 속한 국가의 법원이 공서양속 법리나 절차 남용 법리를 통해 제3자 펀딩업자가 소송절차에 부당하게 간섭하는 위법한 관행을 억제하고 있다면, 제3자 펀딩이 이용된 국제중재절차에 대하여도 같은 기준을 적용하여 제3자 펀딩업자가 중재절차에 개입하여 받아낸 중재판정에 대하여는 공서양속 위반을 이유로 해당 중재판정을 취소하거나 그 중재판정에 대한 집행을 거부할 가능성도 있다고 할 것이다.

따라서 국제중재절차에 자금을 제공하는 제3자 펀딩업자도 중재지와 집행지 법원의 심사가능성을 고려하여 소송절차에 관련된 제3자 펀딩을 규제하는 규범(특히 챔퍼티 금지 법리 및 그에 관련된 공서양속)을 준수하는 것이 바람직할 것이다.

2 국제중재에서의 절차 보장 필요성의 증대

가. 중재절차와 소송절차의 기능적 유사성

중재절차는 기본적으로 사인 간의 계약적 합의를 기초로 사인인 중재인이 판단을 하는 사적 분쟁해결절차로서 국가기관에 의해 주관되는 소송절차와는 분명한 차이가 있다.[320] 그러나 중재절차의 실질을 보면, 대부분 소송절차에서 적용되는 특정 국가의 실체법을 준거법으로 하여 판단하고,[321] 중재판정을 통해 재판과 마찬가지로 기판력이 인정되는 실체적 판단을 하며,[322] 중재적격 내지 중재가능성이 인정될 수 있는 분쟁 역시 강행법규나 공서양속에 관련된 청구권까지 점차 확대되어 일반 민사소송절차에서 다룰 수 있는 분쟁은 중재절차에서도 대부분 해결할 수 있게 되었다. 이러한 면에서 중재절차와 소송절차는 그 기능과 역할에서 별반 다르지 않다고 볼 수 있다.[323]

위와 같이 중재절차를 통해 사실상 '재판'의 기능 내지 '재판활동'이 이루어지는 점을 감안하면, 중재절차에서도 소송절차에서와 대등한 정도의 절차적 권리 보호가 이루어져야 한다고 봐야 할 것이다.[324] 즉 원래라면 법원이해야 할 '재판'이라는 중요한 임무를 수행한다고 볼 수 있는 만큼 중재판정부도 적법 절차를 준수하고 당사자의 절차적 권리를 충실히 보장해야 한다는 의무를 이행해야 할 막중한 책임을 부담해야 하는 것이다.325) 이와 같은 중재절차에서의 절차적 권리 보호의 필요성은, 국제중재에 관한 한, 뉴욕 협약상 외국중재판정 집행거부사유 및 각국의 중재법상 중재판정 취소사유에 어느 정도 반영되어 있다고 볼 수 있다.326) 그런데 뒤에서 보는 바와 같이 국제중재절차에서 다루는 분쟁의 대상이 점차 강행법규에 관련된 공적인 성격의 청구권으로까지 확대되면서 위와 같은 중재절차에서의 절차보장의 필요성은 훨씬 커진 상황이다.

나. 국제중재의 공적(公的) 성격 강화

뉴욕 협약이나 개별 국가 중재법의 표준이 되는 UNCITRAL 모델법은 어떤 분쟁이 중재의 대상이 될 수 있는지 여부에 관한 문제인 중재가능성(arbitrability)과 관련하여 중재가능성이 없는 분쟁을 대상으로 한 중재판정의 집행을 거부할 수 있다고 규정하면서도 그 기준과 내용은 "개별 국가의 법 및 법원의 판단"에 맡기고 있다.327) 국내의 경우에는 중재의 대상과 관련하여 과거 "당사자가 처분할 수 없는 법률관계'에 관하여 중재합의를 할 수 없는 것"으로 규정하였으나, 1999년 개정 중재법에서는 "당사자의 처분가능성을 삭제한 결과 사법상의 분쟁에 해당하면 중재합의가 가능한 것"으로 규정하였고 2016년 개정 중재법에서는 "'재산권에 관한 청구 또는 비재산권상의 청구 가운데서 화해가능성이 있는 분쟁'이면 중재가 가능한 것"으로 규정함으로써 점차 중재가능성을 확대해 갔다.328) 이처럼 중재의 대상이 되는 분쟁이 확대되면서, 이제 국내 중재법에 따르더라도, 불공정거래행위(독점금지법 위반)에 관한 분쟁, 특허권 등 지적소유권의 효력에 관한 분쟁 등 공적 질서에 관련된 분쟁도 중재로 해결할 수 있게 되었다.329)

국제적으로는 1985년 미국 연방대법원의 *Mitsubishi* 판결330)을 중재가능성 법리의 변곡점으로 평가하고 있다. *Mitsubishi* 판결 이전에는 주로 순수하게 사적인 계약상 분쟁들만 국제중재로 해결할 수 있고, 반독점법, 소비자보호법 등 국가의 공적 질서에 관련된 분쟁은 법원에서만 해결해야 한다는 주장이 제기되기도 하였다.331) 그러나 위 *Mitsubishi* 판결을 필두로 한 1970년대부터 1990년대에 이르기까지의 일련의 중요 판결을 계기로, 미국뿐만 아니라 전세계적으로 중재가능성의 범위는 상당히 넓어졌으며, 그 결과 증권거래법, 반독점법 등 전통적으로 법원 재판의 영역에 속한다고 여겨지던 상당수의 공적인 분쟁들도 국제중재의 대상으로 편입되었다.332) 이처럼 국제중재의 판단대상으로서 강행법규 내지 공서양속에 관련된 공적인 분쟁이 늘어나는 상황에서, 국가의 심판권한을 일부 위임받은 측면에서의 중재판정부의 공적 책임은 강해져야 하고, 그러한 공적 책임은 절차의 공정성과 신뢰성 강화로 이어져야 한다.333) 이러한 맥락에서 국제중재의 대상적격이 공적인 영역으로 확대되는 데 보조를 맞추어 국제중재의 절차가 보다 공정하고 투명하게 운영되어야 한다는 개혁의 목소리가 늘어나고 있다.334)

한편 공적인 분쟁에 대한 중재가능성이 폭넓게 인정됨으로써 국가의 중대한 공익에 관련된 분쟁이라도 법원이 그 중재절차 자체에 개입할 수는 없지만, 중재판정 집행단계에서는 법원이 공서양속 등의 집행거부사유를 매개로 해당 중재절차와 중재판정의 적법성과 유효성을 심사할 수 있는데, 이를 "second look doctrine"이라 한다.335) 그런데 어떤 중재판정이 해당 국가의 강행규정이나 공서양속에 관련된 사안을 포함하고 있다면, 법원으로서는 중재판정 집행단계에서 한층 주의를 기울여 심사를 할 수밖에 없을 텐데, 중재판정 집행거부사유는 주로 절차적 위법사유에 집중되어 있다는 점에서, 공적인 성격을 내포한 분쟁을 대상으로 한 중재판정에 대하여는 그 절차가 적정하게 관리되었는지, 당사자에게 절차적 권리가 제대로 보장이 되었는지 등을 중심으로 절차적 정의 관점에서 보다 엄격한 심사를 할 가능성이 높을 것이다. 따라서 공적인 성격의 분쟁을 대상으로 한 국제중재절차가 늘어남에 따라 실무적인 관점에서도 국제중재절차에서 절차의 적법성과 적정성을 담보할 필요성은 늘어나고 있다.

3 검토

중재라는 것 자체가 당사자들 사이의 계약적 합의를 최상의 지도원리로 여기는 사적 분쟁해결절차로서 당사자 사이의 자율적 운영을 특징으로 하는 데다가, 특히 국제중재는 그 배경에 특정 국가가 자리잡고 있지 않고 어떻게 보면 무정부 상태의 공간에서 이루어진다고도 볼 수 있으므로, 특정 국가의 법적·윤리적 제약으로부터 자유로워야 한다고 생각할 수 있다. 이러한 관념에 의할 때에는 소송절차를 염두에 둔 각종 법규, 원칙 및 정책 등은 국제중재절차와는 별 상관이 없는 문제로 생각할 수도 있겠다.

그러나 앞서 본 것처럼 국제중재절차가 소송절차와 기능적으로 유사한 역할을 수행할 뿐만 아니라 갈수록 분쟁의 대상 측면에서도 소송절차와의 차별성이 줄고 있어 소송절차의 공정성과 신뢰성을 보호하기 위한 기본적인 절차보장의 원리와 규범은 국제중재절차에도 마땅히 적용되어야 한다. 특히 사적 자치에 따라 진행되는 국제중재도 그 중재절차와 중재판정의 유효성과 정당성을 중재지의 법원 또는 집행지의 법원에 의해 심사받게 되는데, 그 심사기준으로는 중재지 또는 집행지 국가의 소송절차를 전제로 한 기본적인 절차적 정의 관념 내지 절차보장의 기본 법원칙이 적용될 수 있다. 이때 제3자의 부당한 절차개입으로 절차가 부패하거나 왜곡되는 것을 방지하기 위한 챔퍼티 금지 법리나 그에 관련된 공서양속 규범은 중재지 법원이나 집행지 법원이 심사기준으로 삼는 기본적인 절차적 정의 관념 내지 절차보장의 기본 법원칙에 해당할 가능성이 클 것이다.

이러한 측면에서 이 장의 앞 절에서 본 제3자 펀딩에 관련된 법리적 제약사항 내지 정책적 고려사항(특히 챔퍼티 금지 법리와 그에 관련된 공서양속)은, 비록 연혁적으로는 소송절차를 배경으로 생겨난 것이지만, 국제중재절차를 위하여 제3자 펀딩을 활용하는 경우에도 그 시사점이 있을 수 있다. 구체적인 관련성은 이하에서 더 구체적으로 살펴본다.

III. 소송을 위한 제3자 펀딩에 관련된 주요 이론과 정책이 국제중재에도 적용될지 여부

1 개관

연혁적으로 제3자 펀딩은 소송절차와 관련하여 그 이론적 논의가 진행되어 왔기 때문에 이 장의 앞 절에서 살펴본 이론적·정책적 검토내용은 대부분 소송절차를 염두에 둔 것이다. 그러나 그러한 논의내용 중 상당 부분은 중재절차와 구분되는 소송절차 고유의 특성을 기초로 한 것이라기보다는 소송절차와 중재절차를 포괄하는 분쟁해결절차의 일반적인 특성을 기초로 한 것이라 그 자체로 국재중재절차와 관련한 제3자 펀딩에도 그대로 적용할 수 있는 내용이다.

예를 들어, 제3자 펀딩의 효용성으로서, ① 분쟁해결절차에 대한 접근을 용이하게 해 준다는 점, ② 법률위험을 금융적 방법에 의해 관리할 수 있다는 점, ③ 상대적으로 자력과 경험이 부족한 신청인(원고)과 상대적으로 자력과 경험이 풍부한 피신청인(피고) 사이에 기울어진 운동장을 바로잡을 수 있는 점, ④ 기업들이 법률비용을 기업재무 관점에서 효율적으로 관리할 수 있게 한다는 점, 그리고 제3자 펀딩의 문제점으로서, ① 분쟁 건수를 늘릴 수 있다는 점, ② 승소가능성이 낮은 청구를 늘릴 수 있다는 점, ③ 화해를 저해할 수 있다는 점, ④ 의뢰인과 제3자 펀딩업자 사이의 이해상충이 발생하고 변호사윤리규칙을 위반할 가능성이 생긴다는 점 등에 관한 논의내용은 국재중재절차와 관련한 제3자 펀딩에도 거의 그대로 적용될 수 있을 것이다.[336]

다만, 국재중재절차의 경우 일반적으로 소송절차보다 더 큰 법률비용이 소요된다는 점에서 소송절차와 관련하여 논의된 '분쟁해결절차에 대한 접근권 증대'의 문제는 더 긴요하게 검토할 부분이 있다. 그리고 소송절차는 공적 자산인 국가의 사법자원을 사용하는 것임에 반해 국제중재절차는 사적 자원을 사용한다는 차이가 있으므로, 이러한 차이점을 고려할 때 국제중재절차에서의 '분쟁 건수 증가'가 가지는 사회적 의미에 대해서는 별도의 논의가 필요할 수 있다.

그리고 소송절차를 위한 제3자 펀딩에서의 이론적·정책적 논의내용을 국제중재절차를 위한 제3자 펀딩과 관련하여 재검토함에 있어 가장 핵심적인 문제는, 소송결과에 경제적 이해관계를 가진 제3자의 부당한 개입으로부터 소송절차와 법원 및 상대방 당사자를 보호하기 위한 챔퍼티 금지 법리가 국제중재절차를 위한 제3자 펀딩에도 적용될 것인가의 문제라 할 수 있다. 앞서 국제중재의 이론과 체계를 통해 살펴본 것처럼, 챔퍼티 금지 법리는 중재지와 집행지 국가의 기본적 절차보장의 원리 또는 공서양속의 법리를 매개로 국제중재절차에도 적용될 가능성이 높을 것인데, 이하에서는 해외의 판례 등을 중심으로 이에 대하여 좀 더 구체적으로 검토한다.

2 챔퍼티 금지 법리의 취지가 국제중재에도 적용되는지 여부

가. 해외의 판례

챔퍼티 금지 법리가 중재절차에도 적용되는지에 관하여, 영국, 싱가포르, 홍콩의 법원이 판단을 내린 바 있다.

우선, 영국 법원은 챔퍼티 금지 법리는 공서양속과 관련된 것이고 중재와 소송은 다르지 않다는 점에서 소송에서 챔퍼티가 금지된다면 중재에서도 챔퍼티는 금지되어야 한다고 판시한 바 있다.[337]

싱가포르 법원도, 싱가포르 정부가 중재절차에 한해 제3자 펀딩을 공식적으로 합법화하기 전 중재절차와 챔퍼티 금지 법리와의 관계에 대해 판결을 내린 바 있는데, 그 판결을 통해 중재절차를 소송절차와 달리 취급할 이유가 없다고 하면서 소송절차에서 챔퍼티 금지 법리에 위반하는 관행이라면 중재절차에서도 챔퍼티 금지 법리에 위반한다고 판시하였다.[338]

그런데 위 두 판결과 달리 홍콩 법원은 중재를 이용하는 당사자는 고도의 세련된 지적능력과 판단력을 가진 경우가 보통이므로 그들을 공서양속에 의해 보호할 필요성은 적다고 하며 중재절차에 챔퍼티 법리를 적용할 필요가 없다는 취지로 판단하였다.[339]

나. 검토

역사적으로 챔퍼티 금지 법리는 법원 소송절차로부터 생겨난 법리이지만, 법원 소송절차의 온전성 내지 적법성만을 보호하기 위한 것이 아니라, (그 절차가 소송절차든 중재절차든) 당사자 사이의 분쟁해결절차를 제3자의 부당한 영향이나 간섭으로부터 보호하여 그 절차로부터 나온 결론의 절차적 정당성을 확보하기 위한 것으로 봄이 타당하다. 역사적으로 챔퍼티 금지 법리가 경계했던 제3자 펀딩의 절차적 부작용 내지 해악은 재판의 결과에 경제적 이해관계를 가질 수 있는 제3자가 소송절차에 부당하게 개입하여 당사자가 아님에도 소송절차를 직접 통제하면서 당사자의 이익을 착취하고 소송과정을 왜곡시키며, 심한 경우에는 판사와 법원 공무원 또는 상대방 당사자를 매수·협박하거나, 증거를 위조·변조하는 등의 방법으로 소송절차를 부패시키고 타락시키는 것이었는데, 위와 같은 위험성을 가진 제3자의 행위가 소송절차가 아닌 중재절차에서 이루어졌다는 이유만으로 위와 같은 행위가 용인될 수 있는지는 의문이다. 위와 같은 행위는 챔퍼티 금지 법리에 해당하는지 여부에 상관없이 그 자체로도 중대한 절차위반의 행위 또는 사기(fraud), 강박(coercion), 부패(corruption), 비양심적 폭리(unconscionability) 등의 공서양속 위반행위에 준하는 행위로서 중재판정 집행거부사유 또는 중재판정 취소사유에 해당하기에 충분하기 때문이다.

앞서 본 홍콩의 판례를 보면, 중재 이용자들의 지적 수준이 비교적 높다는 점에서 그들을 공서양속에 의해 보호할 필요가 없기 때문에 중재절차에 챔퍼티 금지 법리를 적용할 필요가 없다는 것인데, 이는 챔퍼티 법리의 목적과 취지를 지나치게 좁게 해석한 결과이다. 즉, 앞서 본 것처럼 챔퍼티 금지 법리는 단순히 제3자 펀딩을 의뢰한 당사자 또는 상대방 당사자만 보호하기 위한 것이 아니라 분쟁해결절차 자체의 적법성과 신뢰성을 보호하기 위한 목적이 크기 때문에, 당사자들이 챔퍼티 금지 법리의 보호를 받을 필요가 없다고 하여도 해당 분쟁해결절차의 온전성과 적법성을 보호하기 위해 챔퍼티 금지 법리를 적용할 필요성은 여전히 남기 때문이다.

그리고 중재절차라 하여 제3자인 펀딩업자가 챔퍼티 금지 법리 또는 그에 관련된 공서양속의 구애를 받지 않고 자유롭게 그 분쟁해결절차에 개입하는 것이 일반화된다면 그 판정결과에 대한 신뢰 또한 훼손될 수밖에 없어서 중재제도 전반의 신뢰성과 정당성에도 악영향을 초래할 수 있을 것이다.

여러모로 국제중재절차라 하여 챔퍼티 금지 법리 및 그에 관련된 공서양속 규범이 보호하려는 절차적 정의 관념으로부터 벗어날 수는 없다고 보아야 한다. 따라서 국제중재절차를 위하여 제3자 펀딩을 활용하려는 당사자와 제3자 펀딩업자는 챔퍼티 금지 법리 및 그에 관련된 공서양속 규범을 고려하여, 제3자 펀딩업자가 중재절차에 직접 간섭하거나 제3자 펀딩업자가 지나치게 많은 이익을 받는 것은 피해야 할 것이다. 특히 해당 국제중재절차의 중재지나 집행지 국가의 법원이 챔퍼티 금지 법리를 유지하고 있거나 챔퍼티에 해당하는 행위를 공서양속 위반으로 판단하는 경우에는 제3자 펀딩업자와 당사자 사이의 계약에 챔퍼티에 해당할 요소는 없는지를 더욱 신중하게 점검해야 할 것이다.

3 국제중재절차에 대한 경제적 접근성을 향상시킬 필요성

전통적으로 소송절차와 관련하여 제3자 펀딩이 제공할 수 있는 가장 중요한 효용성은 승소가능성이 충분한 청구권을 가지고 있음에도 소송비용을 조달하지 못하거나 패소의 위험으로 소송비용을 선뜻 투입하는 결정을 하지 못하는 잠재적 원고에게 소송비용을 제공함으로써 그 원고가 자신의 청구권을 실현할 수 있도록 해 준다는 것이다. 즉 사법에 대한 접근권(access to justice)을 향상시킨다는 것이다. 여기서 '사법(justice)'이 '소송절차'를 전제로 한 것이라면 국제중재절차에서 사법에 대한 접근권을 향상시킨다는 표현을 그대로 시용할 수는 없겠지만 사법에 대한 접근권을 '분쟁해결절차에 대한 접근권(access to dispute resolution mechanism)'으로 선해 내지 확대해 보면 국제중재절차를 위한 제3자 펀딩도 소송절차를 위한 제3자 펀딩과 같은 목적을 달성할 수 있다.

그런데 여기서 주목할 부분은 국제중재절차의 법률비용 장벽이 일반적으로 훨씬 높다는 점에서 분쟁해결절차에 대한 접근권 차원에서는 국제중재절차를 위한 제3자 펀딩이 소송절차를 위한 제3자 펀딩보다 훨씬 더 큰 역할을 할 수 있다는 것이다.340) 과거 통계이기는 하지만, 영국 공인중재인협회의 자료에 따르면, 국제상사중재에서 중재신청인 측은 1건당 평균 약 1,580,304파운드를 총 중재비용으로 지출하였다고 한다.341) 국제투자중재의 경우에는 그 비용이 훨씬 더 커지는데, OECD 자료에 따르면 국제투자중재 1건당 양 당사자의 중재비용 합계가 평균 800만 달러를 초과하는 정도의 수준이라고 한다.342) 이처럼 국제중재절차를 수행하기 위해서는 자금이 많이 필요할 뿐만 아니라, 국제중재절차는 소송절차보다 생소하여 그 결과에 대한 불확실성을 더 크게 느낄 수밖에 없어서, 잠재적인 중재신청인으로서는 소송절차의 잠재적 원고보다 자금조달 문제와 패소의 위험을 더 심각하게 고민할 수밖에 없다.343)

또한 소송절차의 경우에는 국가에 의한 소송구조 등 소송비용을 조달할 수 있는 대체적인 방법도 존재하지만, 국재중재절차의 경우에는 그와 같은 대체적인 자금조달방법도 거의 없다고 볼 수 있다.

특히 국제중재 중 투자중재의 경우에는 중재신청 자체가 피신청인 국가의 재산권 수용 등을 원인으로 하기 때문에, 잠재적 신청인이 중재신청을 고려할 때에는 이미 자신의 투자재산을 수용당해서 무자력인 경우도 많을 수 있다.344) 이러한 경우 외국 투자자가 투자중재를 신청하기 위해서는 제3자 펀딩업자의 금융지원이 필수적일 수 있다.

위와 같은 점들을 고려하면 국제중재절차는 소송절차보다 법률비용으로 인한 진입장벽이 더 높다고 볼 수 있어, 금융적으로 분쟁해결절차에 대한 접근권을 향상시키기 위한 제3자 펀딩의 효용성이 훨씬 더 크다고 할 것이다.

④ 국제중재 건수의 증가가 사회적으로 문제가 되는지 여부

제3자 펀딩으로 인하여 소송 건수가 증가하는 것은 국가의 공적 자원인 사법 자원을 소모시켜 사회적 비용을 발생시키는 문제가 있지만, 국제중재는 사적인 자원을 사용하는 사적 분쟁해결절차에 불과하므로, 제3자 펀딩으로 인하여 국제중재 건수가 증가하더라도 사회적으로 문제가 될 여지는 크

게 없다는 견해도 있다.345)

　　그러나 국제투자중재에서는 피신청인이 국가, 즉 정부이므로, 투자중재 사건이 늘어난다는 것은 국가가 지출해야 할 방어비용이 증가한다는 것인데, 그 방어비용이라는 것은 결국 사회의 공공재이므로, 제3자 펀딩으로 인하여 투자중재 건수가 증가하는 것은 사회적으로 바람직하지 않을 수 있다.346)

　　한편 국제상사중재의 경우에도, 실무적 관점에서 전세계적으로 법적 전문성과 외국어 능력 그리고 장기간의 평판을 바탕으로 중재절차를 효율적으로 진행하면서 양질의 중재판정을 내릴 수 있는 국제중재인 풀이 아주 크지는 않다. 이러한 이유로 국제중재절차를 시작함에 있어 중재인 후보자의 일정을 확인해 보면, 1~2년 뒤에야 일정을 예약할 수 있을 정도로 세계적인 중재인들의 일정이 빡빡한 경우가 많다. 이러한 상황에서 제3자 펀딩으로 인하여 상사중재 건수가 많이 늘어날 경우 국제중재를 통해 권리를 구제받아야 하는 잠재적 중재신청인이 신속하게 권리구제를 받을 기회를 침해받을 수 있다.

　　따라서 국제중재절차를 위한 제3자 펀딩으로 인하여 국제중재 건수가 지나치게 증가하는 것도 경계해야 할 것이다. 다만 앞서 본 대로 국제중재의 경우에 법률비용이 소송절차보다 훨씬 많이 소요된다는 점은 당사자뿐만 아니라 제3자 펀딩업자에게도 진입(중재신청)을 신중하게 하는 요소로 작용할 것이기 때문에,347) 이 점은 제3자 펀딩으로 인하여 국제중재 건수가 많이 증가하는 것을 억제하는 요인이 될 수 있을 것이다.

IV. 검토

　　국제중재절차가 제3자 펀딩을 활용함에 있어 중요한 비중을 차지함에도, 연혁적으로 제3자 펀딩의 이론과 실무는 소송절차를 중심으로 전개되어 온 관계로, 이 장의 앞 절에서 논의한 제3자 펀딩과 관련한 이론과 정책은 주로 소송절차를 위한 제3자 펀딩을 염두에 둔 것이었다. 그러나 중재절차와 소송절차가 분쟁해결절차라는 기능과 역할 측면에서 별반 다르지 않다는 점에서는 소송절차를 위한 제3자 펀딩과 관련하여 논의된 이론과 정책을 국제중재절차를 위한 제3자 펀딩에 거의 그대로 적용한다 해도 큰 무리는 없을 수 있다.348) 실제 중재절차에 한정하여 제3자 펀딩을 공식적으로 합법화한 싱가포르와 홍콩의 제3자 펀딩 관련 제도는 소송절차를 전제로 한 영국과 호주의 제3자 펀딩 제도를 상당 부분 그대로 반영하기도 하였다.349)

그리고 앞 절에서 살펴본 이론과 정책 중 상당 부분은 제3자 펀딩업자와 의뢰인 사이의 금융계약상 이해상충 문제, 금융규제적 방법을 통해 해결해야 할 문제, 변호사와 의뢰인 사이의 변호사윤리기준상 이해상충 문제, 소송절차에 특유한 문제가 아닌 일반적인 분쟁해결절차에서 공통적으로 문제가 될 수 있는 문제 등이라 소송절차를 위한 제3자 펀딩에서 논의된 내용을 국제중재절차를 위한 제3자 펀딩에 참고하여도 별 문제가 없다. 다만 소송절차와 관련한 정책적 논의 중 분쟁해결절차에 대한 접근권 향상 및 분쟁 건수 증가의 사회적 문제에 대하여는, 국제중재절차의 특수성을 감안한 추가 논의가 필요할 수 있다.

한편 앞에서 중점적으로 살펴본 챔퍼티 금지 법리와 같이 제3자 펀딩이 절차법적으로 해악을 초래할 수 있는 부분을 규제하는 법리는 태생적으로 소송절차를 염두에 두고 생겨난 이론이므로, 이를 국제중재절차를 위한 제3자 펀딩에도 적용해야 하는지의 문제를 검토하기 위해서는, 국제중재에 관한 이론과 체계의 특수성을 고려한 이론적 검토가 병행되어야 한다. 그런데 챔퍼티 금지 법리를 통해 규제하려는 소송상 관행은 국제중재절차에서도 중재지와 집행지의 법원에 의해 중재판정 취소사유 또는 중재판정 집행거부사유로 검토할 만한 중대한 절차적 위법사유에 해당한다. 그리고 챔퍼티 금지 법리을 통해 보호하려는 절차적 가치, 즉 소송절차의 적법한 관리 및 소송절차의 온전성과 정직성 보존은 소송절차에서만 지켜져야 하는 것이 아니라 공적인 성격이 강화되고 있는 국제중재절차에서도 지향해야 하는 것이다. 따라서 국제중재절차에서도 제3자 펀딩업자의 부당한 절차개입은 챔퍼티 금지 법리 또는 공서양속 규범에 의해 규제되어야 할 것이다.

제3자 펀딩에 대한 비교법적 연구

서언

　이 장에서는 제3자 펀딩에 관한 비교법적 연구를 위해, 미국, 영국,[1] 호주, 싱가포르, 홍콩, 독일의 예를 살펴본다. 영국과 호주를 연구의 대상으로 선정한 이유는 제3자 펀딩을 금지하던 메인터넌스 및 챔퍼티 금지 법리가 영국에서 비롯되어 영연방국가인 호주에도 적용되었으나 현재는 위 두 국가에서 제3자 펀딩이 실무적으로 가장 활발하게 이용되고 있다는 점에서 제3자 펀딩의 이론과 제도를 분석할 목적으로 이들 두 국가가 가장 적합할 수 있기 때문이다.

　또 다른 비교법 연구대상 국가로 미국을 선정한 이유는 미국은 주마다 다른 판례나 법령을 통해 제3자 펀딩의 적법성과 유효요건에 관한 논쟁이 활발히 계속되고 있다. 이와 같은 논쟁으로 인하여 아직도 미국의 판례나 논문에서는 제3자 펀딩의 유효요건 내지 적법요건에 관한 다양한 법리가 전개되고 있어 그와 같은 다양한 법리를 이론적으로 연구하기 위해서는 미국을 비교법 연구의 대상에 포함시킬 필요가 있다.

　국제중재절차를 위해 제3자 펀딩을 활용한다고 할 때 세계적으로 인기있는 중재지의 제3자 펀딩에 관한 법을 잘 숙지할 필요도 있다. 그런데 국제중재의 중재지로 유명한 싱가포르와 홍콩이 최근 중재절차에 한정하여 제3자 펀딩의 합법성을 공인하는 법을 통과시킨 바 있다. 따라서 국제중재에서의 제3자 펀딩의 활용과 관련하여 싱가포르와 홍콩의 최근 입법과 그에 따른 각종 실무지침을 살펴보는 것도 의의가 있다.

제3자 펀딩이 도입되고 적극 활용되고 있는 국가들의 대부분이 영미의 보통법 전통을 계수한 국가인 상황에서, 대륙법 전통을 따르는 국가에서는 제3자 펀딩이 어떻게 인식되고 활용되고 있는지를 살펴보는 것도 중요할 것이다. 따라서 연구의 다양성과 충실성을 위해 대륙법 전통의 국가로서 제3자 펀딩을 활용하는 독일의 예를 살펴본다.

한편, 비교법 연구의 구체적인 주제와 관련하여, 이 장에서는 주요 국가들의 제3자 펀딩의 적법성과 유효요건에 관한 법령과 판례, 그리고 각 국가의 주요 기관들이 발표한 제3자 펀딩에 관한 유용한 실무지침이나 설명자료를 소개하는 것을 주요 목적으로 한다. 그 이외 금융규제 관점에서의 쟁점에 관한 주요 국가의 정책이나 소송(중재)절차 관점에서의 쟁점에 관한 주요 국가의 판례 등은 뒤의 각 해당 장에서 관련 쟁점을 설명할 때 소개하기로 한다.

I. 개요

제3자 펀딩을 이론적으로나 실무적으로 억제하던 메인터넌스와 챔퍼티 법리의 원류인 영국은 1967년 형법[2]에 의해 불법행위와 범죄로서의 메인터넌스와 챔퍼티를 폐지한 데 이어, 오늘날에는 제3자 펀딩을 정책적으로 장려하기도 하면서, 국제중재와 소송의 중심지인 런던을 중심으로 제3자 펀딩 계약의 활용이 늘어나고 있다.[3]

영국에서 제3자 펀딩의 활용이 늘고 있는 이유를 분석해 보면, 우선 높은 변호사 보수 등으로 인하여 소송비용이 많이 드는 영국 법률시장의 특징과 패소한 당사자가 상대방 소송비용까지 부담해야 하는 영국식 소송비용부담원칙을 들 수 있다.[4] 즉, 영국에서 능력 있는 왕립 법정변호사를 선임하여 대규모 상업적 소송을 제기하려는 원고 측은 스스로 막대한 소송비용을 조달해야 할 뿐만 아니라, 패소할 경우 상대방 소송비용에 대하여까지 책임을 져야 하는 위험을 감수해야 하는데, 이러한 위험을 제거하거나 완화시킬 수 있는 금융방법으로 제3자 펀딩이 관심을 끌게 된 측면이 있다.[5] 영국에서 활동하는 상업적 소송 영역에서의 주요 제3자 펀딩업자로는 Burford Capital, Augusta Ventures, Balance Legal Capital, Calunius Capital, Harbour Litigation Funding, Redress Solutions, Therium Capital, Vannin Capital 그리고 Woodsford Litigation Funding 등을 들 수 있다.[6]

위와 같은 대규모 상업적 소송 영역뿐만 아니라 인신손해 소송의 영역에서도 제3자 펀딩의 역할이 커질 것으로 예상되는데, 이는 법률구조에 대한 영국 정부의 정책 변화로 인한 측면이 있다.[7] 즉 영국에서 과거에는 공적인 법률구조를 통해 자력이 부족한 개인의 소송비용을 지원하였는데, 그러한 법률구조비용이 계속 증가하자 1990년대 후반에 이르러 공적인 법률구조를 줄이거나 폐지하는 대신 제3자 펀딩 등 시장 기반의 사적인 금융방법을 장려하는 방향으로 정책을 전환하게 된 것이다.[8] 이와 같이 공적인 법률구조가 폐지되거나 축소된 개인소송의 영역에서는 법률구조의 대체수단으로 제3자 펀딩과 법률비용보험의 활용이 늘어나게 될 것이다.

II. 제3자 펀딩의 적법성과 유효성에 관한 기본적인 법체계

영국에서는 1967년 메인터넌스 및 챔퍼티와 관련한 범죄와 불법행위를 폐지하는 형법 개정 이후, 1990년대부터 2000년대 초반 사이에 영국 상급법원이 제3자 펀딩의 허용가능성을 공식적으로 인정할 뿐만 아니라 사법에 대한 접근권을 확대하는 수단으로 제3자 펀딩을 장려할 필요성까지 인정하는 일련의 판결(이하 "영국 주요 판결")[9]을 선고하면서 제3자 펀딩의 허용가능성은 사법적으로도 승인되었다고 볼 수 있다.[10]

그러나 제3자 펀딩계약의 유효성 내지 집행가능성과 관련하여 메인터넌스 및 챔퍼티 금지 법리의 의의가 완전히 사라진 것은 아니다.[11] 불법행위와 범죄로서의 메인터넌스와 챔퍼티를 폐지했음에도 불구하고 1967년 형법 제14(2)조는 제3자 펀딩계약이 메인터넌스와 챔퍼티적인 요소로 인하여 공서양속(public policy)에 반한다고 인정할 경우 그 계약을 집행할 수 없다고 판단할 여지를 남겨두었기 때문이다.[12] 이러한 점에서 개별적인 계약마다 공서양속에 반하는 정도의 챔퍼티적 요소가 있는지 여부에 대한 사법심사는 가능하기 때문에, 그동안 영국 판례상 인정되어 온 챔퍼티적 요소는 확인해

볼 필요가 있다.13)

III. 영국 주요 판결 및 잭슨 판사의 최종보고서에 나타난 제3자 펀딩에 대한 평가

앞서 언급한 잭슨 판사의 최종보고서는 종합적으로 제3자 펀딩이 사법에 대한 접근권을 촉진시키는 긍정적인 기능을 수행한다고 결론내리고 있다.14) 그리고 그 이유로는 "① 제3자 펀딩이 소송에 자금을 제공하는 추가적인 수단(어떤 당사자에게는 소송에 자금을 제공하는 유일한 수단)을 제공한다는 점에서 사법에 대한 접근권을 촉진시킨다는 점, ② 제3자 펀딩을 받은 원고가 승소한 경우 그 배상금액의 일부를 가지지 못하겠지만, 전혀 전보받지 못하는 경우보다는 상당 부분이라도 전보받는 것이 더 나은 점, ③ 제3자 펀딩업자들은 승소가능성이 없는 사건들의 위험을 떠안으려 하지는 않을 것이기 때문에 제3자 펀딩제도는 승소가능성이 없는 사건들을 걸러낼 수도 있는 점 등"을 들었다.15)

그리고 1990년대부터 2000년대 초반 사이에 선고된 제3자 펀딩에 관한 영국 주요 판결 역시 제3자 펀딩은 사법에 대한 접근권을 촉진시킨다는 점에서 공공의 목적에도 부합하므로 이를 허용하는 데서 더 나아가 장려해야 한다는 입장을 취하였다. 대표적으로 *Arkin* 판결에서 법원은 "사법에 대한 접근을 촉진시키고 그 밖에 반대할 만한 이유가 없는 방식으로 소송비용의 일부를 제공하는 상업적 펀딩업자를 지지할 것"이라고 하였고,16) 그 원심 판결에서는 선례를 인용하며 "소송에 대한 지원은 사법에 대한 접근을 촉진시킨다는 공공의 목적을 진전시키므로 그러한 지원이 챔퍼티 금지를 위반하는 전형적인 특징을 수반하지 않는 한 장려되어야 한다"고 판시한 바 있다.17)

Ⅳ. 제3자 펀딩계약의 공서양속 위반 가능성

1 판례에 나타난 주요 판단기준

가. 개요

영국의 주요 판례를 종합해 보면, 제3자 펀딩의 기본적인 거래구조, 즉 판결수익금에 대한 일정 비율의 지분을 대가로 소송을 지원한다는 것 자체만으로 공서양속에 반한다거나 집행불가능하다고 할 수는 없을 것이다.18) 그러나 제3자 펀딩으로 인하여 사법절차의 적법한 관리(due administration of justice) 또는 소송절차의 온전성(integrity of the litigation process)에 문제가 생기거나19) 제3자 펀딩업자의 부당하고 주제넘는 간섭이 있는 경우20)에는 제3자 펀딩계약이 공서양속에 반한다는 판단을 받을 가능성이 있다.21)

그와 같이 제3자 펀딩계약을 공서양속에 반한다고 판단할 만한 세부요소를 주요 판례를 통해 좀 더 구체적으로 살펴보면, 대략 아래와 같이 구분해 볼 수 있다.

나. 제3자 펀딩업자의 소송절차에 대한 통제권 행사

제3자 펀딩업자는 소송절차에 대해 통제권을 행사하거나 과도하게 개입하려 해서는 안 된다.22) 소송절차에서 펀딩을 받는 당사자가 실제 당사자로서 소송을 수행해야 하며 제3자 펀딩업자에게 소송절차에 대한 통제권을 양보함으로써 제3자 펀딩업자를 위한 형식상의 허울뿐인 당사자로 전락해서는 안 되는 것이다.23) 이러한 점에서 소송행위에 관한 결정은 제3자 펀딩업자를 위한 것이 아니라, 소송대리인과 당사자를 위한 것이어야 하고, 소송대리인은 제3자 펀딩업자를 통해서가 아니라 당사자와 직접 의사소통을 해야 한다.24) 그러나, 제3자 펀딩업자가 소송대리인인 변호사를 선임할 수 있도록 한 규정 또는 화해 결정을 위해 제3자 펀딩업자의 동의를 받도록 한 규정만으로 그 계약이 제3자 펀딩업자에게 소송절차에 대한 과도한 통제권을 부여한 것으로 판단하지는 않을 것이다.25) 또한, 제3자 펀딩업자가 소송진행경과에 대해 보고를 받을 수 있도록 한 규정 또는 당사자가 소송대리인의 합리적인 자문을 수용하도록 한 규정 역시 제3자 펀딩업자에게 과도한 통제권을 부여한 증거가 될 수는 없을 것이다.26)

다. 제3자 펀딩업자의 부적절한 소송 유발

제3자 펀딩업자는 부적절하게 소송을 부추기거나 다른 사람의 소송에 주제넘게 개입해서는 안 된다.27) 예를 들어 제3자 펀딩업자가 자극적인 언어를 사용하여 소송을 부추기기 위한 전단이나 이메일 등을 배포하며 소송개시를 위한 행위에 착수할 경우 이는 공서양속에 반하는 챔퍼티적 요소로 인정받을 가능성이 높다고 할 것이다.28) 그러나 제3자 펀딩업자가 소송을 유도한 측면이 있다고 하더라도 당사자가 소를 제기하기 위해 변호사와 회계사를 선임하는 등으로 상대방 당사자로부터 소송을 통해 실제 배상을 받고자 하는 진정한 의도를 보여주는 한 제3자 펀딩계약이 챔퍼티적 요소로 공서양속에 반한다는 판단을 받기는 어려울 것이다.29)

라. 제3자 펀딩업자의 과도한 수익

승소했을 때 제3자 펀딩업자가 얻을 수익 비율이 지나치게 높아서는 안 된다.30) *Factortame* 판결에서도 법원은 승소 판결금액에 대한 지분비율이 커질수록 적정한 선에서 이탈할 유혹은 더 커진다는 점을 지적한 바 있다.31) 그러나 어느 정도의 비율이 적정하다는 절대적인 기준이 있는 것은 아니어서, 제3자 펀딩업자가 분쟁해결금액 중 25%의 수익을 얻기로 한 사례,32) 55%의 수익을 얻기로 한 사례33)는 물론 75%의 수익을 얻기로 한 사례34) 등에 대해서도 법원은 그 수익비율이 사법절차의 적법한 관리를 훼손할 정도로 과도하지는 않다고 판단한 사례가 있다.35)

마. 제3자 펀딩업자의 증거 조작

제3자 펀딩업자는 소송에서 얻을 수익을 늘리기 위해 소송절차에서 증거를 조작하거나 손해액을 과장하려 해서는 안 된다.36) *Factortame* 판결에 따르면, 손해액을 과장하거나, 증거를 은닉하거나, 증인을 매수하는 행위 등이 사법의 목적을 훼손하는 챔퍼티적 요소에 해당할 수 있다.[37] 그러나 소가 제기되기 전 제3자 펀딩업자가 잠재적인 증인과 인터뷰를 한 정도로는 공서양속에 반하는 챔퍼티적 요소라 할 수 없다.[38]

2 챔퍼티적인 요소로 인하여 공서양속에 위반할 경우의 법적 효과

위와 같은 챔퍼티적인 요소로 인하여 공서양속에 반한다고 인정될 경우에는 우선 그 제3자 펀딩계약은 집행할 수 없게 되고(unenforceable), 무효이다.[39] 이렇게 집행할 수 없는 제3자 펀딩계약하에서는 제3자 펀딩업자가 당사자를 상대로 제3자 펀딩에 따른 보수 내지 수익을 지급해 줄 것을 청구하더라도 그러한 청구는 받아들여질 수 없다.[40]

그리고 절차적으로도 챔퍼티적 요소를 가진 제3자 펀딩이 이루어진 소송절차의 피고가 절차의 남용을 주장하고 그러한 주장이 받아들여질 경우에는 소송절차가 중단될 수 있다.[41] 그러나 챔퍼티적 요소가 있다는 이유만으로 해당 소송절차가 중단될 수 없다는 의견도 있다.[42]

한편 제3자 펀딩이 공서양속에 반한다는 판단을 받을 경우 제3자 펀딩업자가 해당 소송절차에 대한 비용을 부담해야 할 수도 있다.[43]

V. 영국 소송펀딩업자 행위규약의 주요 행위기준

1 의의

영국에서 민사사법시스템의 현대화를 감독하고 조정하는 공적 자문기구인 민사사법위원회(Civil Justice Council)[44]가 초안을 마련한 영국 행위규약은 2011년 11월 민사사법위원회 이사회에 의해 채택되어 공표되었고 영국

소송펀딩업자협회가 그 집행을 담당하고 있다.[45]

영국 행위규약은 영국 소송펀딩업자들의 자율규범으로서 제3자 펀딩업자들이 따라야 할 행위기준과 업계의 모범관행이 규정되어 있고 제3자 펀딩업자들과 소송펀딩계약을 체결한 의뢰인이 이용할 수 있는 독립적인 불복절차도 갖추고 있다.[46]

영국 행위규약에 규정된 내용의 상당 부분은 앞서 살펴본 영국 판례상 제3자 펀딩계약을 집행불가능하게 하는 챔퍼티적 요소를 참고하였다.[47] 따라서 제3자 펀딩업자가 영국 행위규약상의 기준을 준수할 경우 공서양속에 반한다는 판단을 받을 가능성이 줄어든다.[48]

이하에서는 영국 행위규약의 내용 중 챔퍼티적 요소와 관련된 제3자 펀딩업자의 행위기준을 주로 살펴보고, 행위규약의 나머지 내용은 금융규제 등의 주제와 관련하여 뒤의 해당 부분에서 다시 다루기로 한다.

2 주요 내용

가. 계약체결과 관련한 주의사항

제3자 펀딩업자가 의뢰인을 상대로 홍보를 할 경우 그 홍보문구는 분명해야 하고 오인하게 해서는 안 된다.[49] 그리고 의뢰인으로 하여금 제3자 펀딩계약 체결 전에 그 계약조건에 대해 독립적인 자문을 받도록 해야 한다.[50] 이러한 독립적인 자문 요건은 의뢰인이 변호사로부터 자문을 받았다는 점을 서면으로 제3자 펀딩업자에게 확인할 때 충족될 것이다.[51]

나. 소송절차에 대한 통제권

제3자 펀딩업자는 의뢰인의 소송대리인이 소송절차에 대한 통제권을 제3자 펀딩업자 자신에게 양보하도록 영향력을 행사해서는 안 된다.[52]

다. 소송대리인과의 이해상충 방지

제3자 펀딩업자는 의뢰인의 소송대리인이 변호사로서의 직업적 윤리의무를 위반하도록 해서는 안 된다.53) 이는 소송대리인이 의뢰인에 대한 신인의무와 충실의무를 준수하도록 하고 의뢰인과 제3자 펀딩업자의 이익이 충돌할 경우 의뢰인의 이익을 위해 행위하도록 해야 함을 의미한다.

라. 화해와 관련한 주의사항

화해와 관련하여 제3자 펀딩업자는 의뢰인의 결정에 대해 의견을 제시할 수는 있다.54) 다만 이와 같은 제3자 펀딩업자의 권한은 화해와 관련한 최종적인 결정권이 의뢰인에게 있음을 전제로 한다.

마. 계약의 해지

제3자 펀딩업자가 계약을 해지할 수 있는 사유는, ① 제3자 펀딩업자가 합리적인 관점에서 더 이상 본안의 승소가능성에 대해 만족하지 않을 때, ② 해당 사건에 대해 합리적인 관점에서 더 이상 상업적인 투자수익을 기대할 수 없을 때, ③ 의뢰인의 중대한 계약위반이 있다고 합리적으로 믿을 때로 한정된다.55) 위와 같은 사유 이외에 제3자 펀딩업자에게 임의로 계약을 해지할 수 있는 권한을 부여해서는 안 된다.56)

제3자 펀딩업자가 계약을 해지하더라도, 의뢰인의 중대한 계약위반이 없는 한, 그 해지시점까지 이미 발생한 자금제공의무에 대해서는 제3자 펀딩업자가 책임을 져야 한다.57)

바. 제3자 펀딩업자와 의뢰인 사이의 분쟁해결

화해 및 계약해지에 관하여 제3자 펀딩업자와 의뢰인 사이의 다툼이 있을 경우 변호사협회장에 의해 임명된 왕립 법정변호사의 결정으로 해결하고 그 결정은 제3자 펀딩업자와 의뢰인 모두에게 구속력을 가진다.58)

미국

I. 개요

미국의 제3자 펀딩시장은 원래 인신손해 소송을 중심으로 한 소비자 소송펀딩을 위주로 형성되어 발전되어 온 반면, 기업을 상대로 한 상업적 소송펀딩시장은 앞서 본 영국이나 뒤에서 볼 호주와 비교하여 상대적으로 덜 발달된 측면이 있다.[59] 그 원인으로는 제3자 펀딩의 적법성과 정당성이 어느 정도 공인된 영국이나 호주와 비교하여 미국에서는 아직 제3자 펀딩의 적법성 내지 정당성과 밀접하게 관련된 메인터넌스 및 챔퍼티 금지 법리의 적용가능성이 주마다 달라 제3자 펀딩과 관련한 규범의 불확실성이 존재한다는 점을 들 수 있다.[60] 또한 유럽이나 호주와 달리 미국에서는 제3자 펀딩의 기능을 수행하는 대체수단으로서 성공보수약정이 예전부터 널리 활용되고 있었기 때문에 소송투자를 전문으로 하는 제3자 펀딩에 대한 수요가 덜했다고 볼 수도 있다.[61]

이하에서는 미국에서 제3자 펀딩계약의 적법성 내지 유효성을 판단하기 위해 적용되는 다양한 사법심사기준 또는 법리를 주로 살펴본다. 여기에 더하여 미국변호사협회가 채택한 '제3자 소송펀딩을 위한 모범실무지침'[62](이하에서 인용할 때에는 "미국변호사협회 모범실무지침"이라 칭한다)의 대략적인 내용도 소개한다.

II. 제3자 펀딩계약의 적법성과 유효성에 관한 기본적인 법체계

미국에서는 아직 공식적으로 제3자 펀딩의 적법성을 인정하지도 않았고 메인터넌스 및 챔퍼티 금지 법리를 전면적으로 폐기하지도 않은 상태에서, 제3자 펀딩이 주마다 다른 법과 규제의 적용을 받고 있다.[63] 미국에서 제3자 펀딩의 유효성과 적법성을 결정하는 가장 중요한 기준은 주마다 다른 챔퍼티 금지 법리인데, 그 외에도 고리대금(usury) 규제 법리나 일반 계약법상의 법리[64] 또는 일반 절차법상의 법리[65]에 근거하여 제3자 펀딩계약의 유효성과 적법성을 판단하기도 한다.[66] 이하에서는 챔퍼티 금지 법리를 비롯하여 미국에서 제3자 펀딩의 유효성과 적법성에 영향을 미치는 여러 법리와 제도를 차례로 살펴본다.

III. 챔퍼티 금지 법리

1 주마다 다른 챔퍼티에 대한 입장

전체적으로는 미국에서도 챔퍼티 금지 법리는 점차 쇠퇴하는 추세에 있다고 할 수 있다.[67] 이는 미국 제9 연방 항소법원이 "국가 전체적으로 일관된 추세는 챔퍼티의 적용범위를 확대하지 않고 제한하려는 방향으로 나아가고 있다"고 평가한 데서도 확인할 수 있다.[68] 그러나 주마다 챔퍼티에 대한 입장은 서로 다르고 아직 상당수의 주에서는 챔퍼티 금지 법리가 여러 형태로 그 규범력을 유지하고 있어 미국에서 제3자 펀딩을 활용하기 위해서는 주마다 다른 챔퍼티에 대한 입장을 확인할 필요가 있다.[69]

챔퍼티에 대한 미국 각 주의 입장을 분류해 보면 크게 ① 원칙적으로 챔퍼티 금지 법리를 제3자 펀딩계약에 전면적으로 집행하는 주, ② 판례상 일정한 기준에 따라 제3자 펀딩계약 중 일부만을 챔퍼티로 분류하여 금지하고 나머지는 금지하지 않는 주, ③ 제3자 펀딩을 원칙적으로 허용하되 그에 대

한 규제법령을 입법한 주, ④ 챔퍼티 금지 법리가 폐지된 주로 나누어 볼 수 있다.[70)]

먼저 챔퍼티 금지 법리를 원칙적으로 집행하는 주로는 조지아주, 미네소타주, 미시시피주 등을 들 수 있다.[71)] 조지아주의 경우 법으로 챔퍼티 계약을 공서양속에 반하는 계약의 한 유형으로 선언하고 있고, 미네소타주의 항소법원 역시 챔퍼티 계약이 공서양속에 반하여 무효라고 판단하였다.[72)] 미시시피주의 경우 주대법원이 챔퍼티 계약을 불법이라 판단하였고, 챔퍼티 계약을 체결하는 행위를 형사상 범죄로 처벌하는 규정도 두고 있다.[73)] 그러나 위와 같이 챔퍼티 금지 법리를 유지하고 있는 주들에서도 실제 그러한 법리를 적용하여 제3자 펀딩계약을 무효라 판시한 사례는 거의 없다고 한다.[74)]

사건별로 판단하여 일정한 기준에 따라 일부 제3자 펀딩계약만을 챔퍼티로 금지하는 주로는 오레곤주, 텍사스주 등을 들 수 있다.[75)] 오레곤주의 대법원은 사건별로 소송에 자금을 제공하는 제3자의 의도를 기준으로 챔퍼티인지 여부를 판단해야 한다고 하며, 선의의 목적을 가지고 정당하다고 믿는 소송상 청구를 지원하기 위해 당사자에게 자금을 제공하고 수익을 얻기로 하는 계약은 유효하다고 판시하였다.[76)] 한편 오레곤주 대법원은 제3자가 정당하지 않은 소송을 지원함으로써 상대방에 피해를 주거나 상대방을 억압할 목적을 가졌거나 또는 소송을 가지고 도박을 할 목적으로 소송당사자에게 자금을 제공하고 수익을 얻기로 하는 계약은 집행할 수 없다고 판시하였다.[77)] 텍사스주 항소법원은 제3자 펀딩계약이 텍사스주의 공서양속에 위반하지 않기 위한 기준을 구체적으로 제시하였는데, 그 기준에 따를 때 ① 제3자 펀딩계약은 재무적으로 궁박한 상태에 있는 소송당사자를 부당하게 착취하여 체결된 것이 아니어야 하고, ② 제3자 펀딩업자에게 약정된 투자수익은 소송당사자와 협상한 것이어야 하며, ③ 제3자 펀딩업자로부터의 자금 제공이 없을 경우 소송당사자가 소를 제기할 수 없었어야 하고, ④ 제3자 펀딩업자가 소송절차에 대한 통제권을 행사하지 않았어야 하며, ⑤ 제3자 펀딩으로 인해 소송기간이 늘어나지 않았어야 한다.[78)]

챔퍼티 금지 법리에 관계없이 제3자 펀딩을 규제하는 별도 법령을 입법함으로써 제3자 펀딩을 허용하는 주로는 메인주, 네브래스카주, 오하이오주 등을 들 수 있다.[79] 이 중 오하이오주를 보면, 오하이오주 대법원이 당사자가 주장하지도 않은 메인터넌스와 챔퍼티 금지 법리를 근거로 문제가 된 소비자 소송펀딩계약을 무효로 판시하며, 메인터넌스와 챔퍼티 금지 법리의 유효성을 확인하자,[80] 그 판결 후 오하이오주 의회가 소비자 소송펀딩을 허용하는 대신 이를 규제하는 법안을 통과시키면서, 소비자 소송펀딩의 합법성을 공인하였다.[81]

챔퍼티 금지 법리가 폐기됨으로써 제3자 펀딩이 허용된다고 볼 수 있는 주는 뉴저지주, 메사추세츠주, 사우스캐롤라이나주, 애리조나주 등을 들 수 있다.[82] 위 각 주의 대법원 또는 항소법원은 챔퍼티 금지 법리의 필요성과 유효성을 부정하면서 챔퍼티 금지 법리를 폐기하거나 그러한 법리가 해당 주에 존재하지 않는다고 판시하였다.[83]

② 미국 판례상 제3자 펀딩계약이 챔퍼티로서 무효인지 여부를 판단하기 위한 기준

일부 주는 챔퍼티 금지 법리를 폐기하기도 하였지만, 아직 미국의 많은 주에서는 챔퍼티 금지 법리를 유지하고 있다. 그와 같이 챔퍼티 금지 법리를 유지하는 주의 법원은 기존의 전통적인 챔퍼티의 개념요소에서 일부 요소를 강조하거나, 현대적인 관점에서 어떤 계약이 챔퍼티라는 점을 입증하기 위해 요구되는 챔퍼티적 요소를 추가하기도 하였는데, 제3자 펀딩계약이 챔퍼티로서 무효가 되지 않기 위해서는 그와 같은 판례상의 챔퍼티적 요소를 확인하여 이를 피할 필요가 있다. 참고로 이하에서 살펴볼 주들은 대체로 앞에서 본 유형 중 두 번째 유형 즉, 일정한 기준에 따라 일부 제3자 펀딩계약을 챔퍼티로서 금지하는 주라고 할 수 있다.[84] 다만, 델라웨어주의 경우 아래에서 소개할 판례에 따르면 다른 주와 마찬가지로 일정한 기준에 따라 일부 제3자 펀딩계약을 챔퍼티로서 금지하는 주로 분류할 수 있겠지만, 다른 판례에 따르면 앞의 유형 중 첫 번째 유형 즉, 챔퍼티 금지 법리를

원칙적으로 집행하는 주로 볼 여지도 있다.[85]

우선 플로리다 주법원은 챔퍼티적 요소로서 '주제넘는 간섭(officious interm-eddling)'을 제시하며, 그 의미에 대해 "불필요하고 당사자가 원하지도 않은 조언 또는 서비스를 제공하거나 고압적이고 우월적인 방식으로 간섭하는 것"이라 설명한다.[86] 이러한 플로리다주에서의 챔퍼티적 요소는 챔퍼티를 증명함에 있어 제3자 펀딩업자의 고의적인 행위요소를 더 많이 요구함으로써 제3자 펀딩계약에 챔퍼티 금지 법리를 적용하는 것을 더 어렵게 하는 역할을 한다고 볼 수 있다.[87] 구체적으로 제3자 펀딩계약 이전에 당사자가 이미 소를 제기한 경우, 제3자 펀딩업자가 소송행위에 관여하지 않을 경우, 제3자 펀딩계약의 조건이 공정한 경우 등에는 위 챔퍼티적 요소가 인정될 수 없어 챔퍼티 금지 법리가 적용되지 않는다.[88]

또한 델라웨어 주법원은 문제가 된 제3자 펀딩계약에서 원고가 진정한 의미에서 소송상 청구의 주체로서의 권리를 계속 보유하고 있고("bona fide owner of the claims in this litigation"), 제3자 펀딩업자가 소송에 관여할 권한("no right to maintain this action")을 보유하지 않았다는 점을 근거로 그 제3자 펀딩계약이 챔퍼티가 아니라고 판단하였다.[89] 이러한 기준에 의할 때 제3자 펀딩계약상 소송절차에 대한 완전한 통제권이 소송당사자에게 부여된다면 그 제3자 펀딩계약이 챔퍼티로 인정될 가능성은 많이 낮아질 것이다.

한편 오클라호마 주법원은 챔퍼티가 인정되기 위해서는 ① 제3자가 해당 소송에 주제넘게 간섭한다는 점(officious intermeddling), ② 챔퍼티 여부가 문제되는 계약관계를 제외할 때 제3자가 해당 소송에 대하여 아무런 이해관계를 가지지 못한다는 점을 증명해야 한다고 판시하였다.[90] 이 중 해당 소송에 대한 제3자의 이해관계 유무와 관련하여서는 어떠한 이해관계라도 일단 주장만 되면 그 주장 자체만으로도 제3자의 이해관계 요건이 충족되어 챔퍼티 항변을 배척할 수 있다고 한다.[91]

그리고 뉴욕주의 항소법원은 뉴욕주 챔퍼티법의 목적이 제3자가 청구권을 매입함으로써 생길 수 있는 "분쟁(strife), 불화(discord) 및 괴롭힘(harass-ment)"과 같은 해악을 예방하기 위한 것이라는 점을 확인하면서 제3자가 관여하기 전에 이미 소송이 시작된 것이라면 챔퍼티법이 막으려는 해악이 존재하지 않기 때문에 챔퍼티법 위반의 문제는 발생하지 않는다고 판시하여, 챔퍼티 금지 법리의 적용기준으로서 "분쟁, 불화 및 괴롭힘" 기준을 제시하였다.[92]

IV. 고리대금 규제의 법리

1 고리대금 규제의 의의와 연혁

고리대금(usury)은 과도하거나 불법적으로 높은 이율로 금전을 빌려주는 관행을 의미한다.[93] 고리대금업은 고대 메소포타미아 문명에서부터 로마, 중세 잉글랜드를 거쳐 현대의 미국에 이르기까지 종교적·도덕적 신념에 기반한 비난의 대상이 되어 왔다.[94] 19세기 중후반 고리대금 규제법이 경제적 성장을 방해하고 효율성을 해친다는 이유로 미국의 일부 주에서 고리대금 규제법을 폐지하기도 했지만 20세기가 되면 미국 대부분의 주는 다시 소비자 보호의 관점에서 고리대금 규제법을 부활시킨다.[95] 고리대금 규제법이 정하는 대출이율의 상한은 각 주마다 다르지만 대체로 6~20% 사이에 있다고 볼 수 있다.[96]

2 고리대금의 개념요소

미국에서 고리대금 규제의 대상은 '투자'가 아닌 '대출'로서, 그 개념적 요소로는 ① "금전을 대출하기로 하는 합의", ② "대출금 상환을 어떤 사건이나 상황에 결부시키지 않는 차주의 절대적인 상환의무", ③ "대출에 대한 보상으로서 고리대금 규제법이 허용하는 것보다 더 큰 보상", ④ "법이 허용하는 것보다 더 많은 보상을 얻으려는 의도"를 들 수 있다.[97] 이 중 주로 문제가 되는 요소는 대출금 상환의무의 절대성인데, 이 요소에 의하면 차주의 대출금 상환 여부가 어떤 사건이나 상황을 조건으로 하여 우연적이거나 불확실할 때, 즉 대주가 원금을 완전히 회수하지 못할 수도 있는 위험성이 있는 경우에는, 차주의 상환의무가 절대적이지 않기 때문에 대주가 고리대금 규제법이 허용하는 상한보다 높은 이자를 받더라도 고리대금 규제법의 적용을 받지 않는다.[98]

3 고리대금 규제와 제3자 펀딩 사이의 관계

미국에서는 제3자 펀딩을 상업적 소송펀딩과 소비자 소송펀딩으로 나누어 볼 수 있는데, 그 중 개인당사자를 상대로 하여 자금을 제공하는 소비자 소송펀딩이 고리대금 규제의 대상이 될 가능성이 있다.[99] 그러나 소비자 소송펀딩계약은 당사자가 승소한 경우에만 제3자 펀딩업자로부터 받은 원금에 소정의 수수료를 더하여 상환하는 구조의 비소구성 대출로 설계되기 때문에, 일반적으로는 고리대금 규제대상 행위의 개념요소인 상환의무의 절대성을 충족시키기가 어려울 것으로 기대되었고, 실제 대다수의 법원은 소비자 소송펀딩을 대출이라기보다는 투자로 해석했다.[100]

그러나 고리대금의 개념요소인 상환의무의 절대성과 그에 대비되는 개념인 상환의무의 우연성 내지 불확실성 사이의 경계는 사안에 따라 모호할 수 있어서 대주가 원금을 회수하지 못할 위험성이 상당하지 않으면 원금 회수 여부에 일부 우연성이나 불확실성이 있더라도 고리대금 규제의 대상이 될 수 있다.[101] 따라서 제3자 펀딩에서도 소송당사자의 패소가능성이 거의 없어 제3자 펀딩업자가 원금과 이자를 회수하지 못할 위험성이 매우 낮다고 평가될 경우에는 제3자 펀딩의 법적 성질을 고리대금 규제의 적용대상인 대출로 판단할 가능성도 충분히 있다.[102]

4 소비자 소송펀딩에 고리대금 규제를 적용한 미국의 판례

소비자 소송펀딩은 그 성질상 원금의 상환가능성에 우연성 내지 불확실성이 존재한다고 보아 고리대금 규제의 적용을 받지 않는다는 견해가 법원에 의해서도 일반적으로 받아들여졌는데, 미국 오하이오주의 항소법원이 처음으로 소비자 소송펀딩계약의 법적 성질을 대출로 간주하는 판결(이하 "랭크먼 판결")을 선고하자 소비자 소송펀딩에 고리대금 규제를 적용할 가능성이 현실화되었다.103)

위 랭크먼 판결의 주요 사실관계를 보면, 음주운전 교통사고로 인하여 상해를 입은 원고 랭크먼(Rancman)은 자신의 보험회사를 상대로 소송을 제기하면서 두 개의 제3자 펀딩업자와 소비자 소송펀딩계약을 체결하였는데, 그 계약에 따라 원고는 화해가 성립하면 화해금액 중 일정 금액을 제3자 펀딩업자들에게 지급하기로 하였다.104) 그 소송과정에서 피고 보험회사는 원고 랭크먼에게 화해를 제안하였고 결국 10만 달러에 화해가 성립하였는데 그 후 원고 랭크먼은 제3자 펀딩업자를 상대로 위 소비자 소송펀딩계약이 고리대금에 해당하므로 무효라는 주장을 하며 그 계약의 무효 확인을 구하는 소를 제기하였다.105) 이에 대하여 제3자 펀딩업자들은 자신들이 원고 랭크먼에게 제공한 자금은 그에 대한 상환의무가 우연적인 결과를 조건으로 한다는 점에서 자신들의 자금제공이 대출이 아니라고 반박하였다.106) 그러나 오하이오주 항소법원은 위 교통사고로 인한 소송과 관련하여 제3자 펀딩업자들이 원고 랭크먼에게 제공한 자금을 회수하지 못할 위험이 거의 없었다는 이유로 위 소비자 소송펀딩계약에 의한 자금제공은 대출이라고 판시하였다.107) 이와 같이 오하이오주 항소법원이 소비자 소송펀딩계약을 고리대금 규제의 적용대상인 대출계약으로 판단한 것은 제3자 펀딩업자들이 승소 가능성을 매우 엄격하게 평가하는 과정을 거쳐 의뢰인에게 자금을 제공할지 여부를 결정하므로, 제3자 펀딩업자들이 자금을 제공하기로 결정한 사건의 경우 패소로 인하여 자금을 회수하지 못할 위험성이 현실적으로 거의 없다는 점을 주목했기 때문으로 해석된다.108)

위 랭크먼 판결 이외에도 뉴욕주 법원이 소비자 소송펀딩의 성질을 대출로 본 판결을 선고하였는데, 그 사건에서 법원은 책임이 인정될 가능성이 높은 노동 사건과 관련하여 자금을 제공한 소송펀딩업자가 자금을 회수하지 못할 위험이 매우 낮았다는 점을 이유로 그러한 소송펀딩은 대출이라고 판단하였다.109) 한편 노스캐롤라이나주 항소법원은 소송펀딩이 투자라는 점은

인정하면서도 그에 의한 자금제공에 고리대금 규제를 적용할 수 있다는 결론을 내리기도 하였다.[110]

위와 같이 소비자 소송펀딩에 고리대금 규제를 적용하는 판결이 나오자, 소송은 본질적으로 그 결과를 예측할 수가 없고 패소의 위험은 항상 내재한다고 보아야 하므로, 그 소송의 결과를 상환 조건으로 하여 자금을 제공하는 경우는 대출의 개념요소인 상환의무의 절대성 요건을 충족시킬 수 없고, 따라서 제3자 펀딩에는 고리대금 규제를 적용해서는 안 된다는 비판이 강하게 제기되었다.[111]

5 향후 고리대금 규제가 제3자 펀딩에 적용될 가능성

위 랭크먼 판결 등으로 인하여 제3자 펀딩이 고리대금 규제의 적용을 받게 되는 게 아닌가 하는 염려가 제기되었으나, 고리대금 규제를 잘 적용하지 않으려는 경향이 있는 미국 법원의 전반적인 경향을 고려할 때 위 랭크먼 판결 등은 다소 이례적인 판결로 받아들여지고 있다.[112] 오늘날 제3자 펀딩을 투자로 인식해야 한다는 점에는 별다른 이견이 없으므로 소송펀딩을 대출로 간주하는 일부 이례적인 판결이 있다고 하여 고리대금 규제를 제3자 펀딩에 일반적으로 적용할 가능성은 거의 없다고 보아도 될 것이다.[113]

다만, 위 랭크먼 판결에서 법원이 문제된 제3자 펀딩계약을 무효로 한 배경에는 원금 대비 280%, 180%에 이르는 제3자 펀딩업자들의 수익률을 주목하면서 개별 사건에서 제3자 펀딩업자들의 수익률이 지나치게 높다고 판단할 경우 의뢰인 보호를 위하여 법원이 개입할 수 있어야 한다는 법원의 후견적 관점이 자리잡고 있는 것으로 볼 수 있다. 이와 같이 법원이 개별 사건에서 제3자 펀딩업자가 차지하는 수익률의 적정성을 심사하고자 할 때 제3자 펀딩의 속성상 고리대금 규제를 일반적으로 적용하기는 어려울 것으로 보이지만, 계약내용의 불공정성을 문제삼는 일반 계약법상의 항변사유를 적용할 여지는 충분히 있을 것이다.

V. 일반 계약법 및 절차법상의 항변사유

1 챔퍼티 항변의 대체수단으로서의 일반 계약법 및 절차법상의 항변사유

전통적으로 챔퍼티 금지 법리를 통해 방지하고자 했던 제3자 펀딩의 해악은 무모한 소송이 증가한다는 점, 무모하거나 악의적인 소송으로 상대방을 괴롭힐 수 있다는 점, 소송에 개입하는 제3자가 당사자를 착취하여 폭리를 취할 수 있다는 점 등을 들 수 있다. 그런데 사회적 변화에 따라 챔퍼티 금지 법리가 시대에 뒤떨어진 것으로 간주되며 점차 퇴조하자, 미국에서는 챔퍼티 금지 법리를 통해 방지하고자 했던 제3자 펀딩의 해악을 일반 계약법 및 절차법상의 방어방법 내지 항변사유를 통해 해결하려는 경향이 생겨났다.114)

이러한 목적의 일반 계약법상의 항변사유로는 강박(duress), 비양심성(unconscionability), 신의성실(good faith) 등이 있을 수 있고, 일반 절차법상의 항변사유로는 절차 남용(abuse of process), 악의적 제소(malicious prosecution) 등이 있을 수 있는데, 이하에서는 실제 사례에서 제3자 펀딩계약의 효력 내지 정당성과 관련하여 활용될 가능성이 상대적으로 높은 비양심성 법리와 절차 남용 법리에 대하여 살펴본다.

2 비양심성 법리

가. 비양심성의 개념과 의의

비양심성 법리는 계약당사자 간의 교섭력이 불균등한 상황에서 부당하게 체결된 계약의 효력을 부인하기 위하여 생겨난 법리로서 미국 계약법상 법원이 계약내용에 실체적으로 개입하는 대표적인 수단이라 할 수 있다.115)

미국 판례상 비양심성은 "일방 당사자에게 비합리적으로 유리한 계약조건을 수반한 타방 당사자의 의미 있는 선택의 흠결"로 정의된다.116) 이와 같은 정의상 비양심성의 개념은 실체적 비양심성과 절차적 비양심성으로 구성되어 있다고 볼 수 있는데, "의미 있는 선택의 흠결"로 대변되는 절차적 비양심성은 주로 계약당사자 간의 협상력 차이, 특정 계약당사자의 교육과 지적 수준 등을 고려하여 판단하게 되고 "비합리적으로 일방에 유리한 계약조건"으로 대변되는 실체적 비양심성은 계약조건이 상업적으로 합리적인지 여부에 따라 결정하게 된다.117)

　　미국 대부분의 주에서는 어떤 계약이나 계약조건이 비양심적일 경우 법원이 그 계약의 효력을 부인하거나 그 계약조건의 적용을 제한할 수 있다.118)

나. 제3자 펀딩과 관련한 비양심성 법리의 적용

　　챔퍼티 금지 법리를 통해 방지하고자 했던 해악 중 하나가 제3자 펀딩업자가 당사자를 착취하여 폭리를 취할 수 있다는 점이라면 비양심성 법리를 통해 그러한 문제를 일정 부분 해결할 수 있다. 그러나 제3자 펀딩계약에서는 계약을 체결하기 전에 의뢰인으로 하여금 계약조건에 대해 변호사로부터 독립적인 자문을 받도록 하기 때문에 위에서 본 절차적 비양심성이 인정되기는 어려울 수 있다.119)

　　실제 사례를 보면, 제3자 펀딩업자가 얻을 수수료의 연환산 이율이 45.625%에 이르는 제3자 펀딩계약에 대해 실체적 비양심성의 측면에서 제3자 펀딩업자가 부과한 수수료가 비합리적이고 과도하다고 하며 그 계약을 무효로 판단한 사례가 있다.120) 그러나 이와 비슷한 계약에 대하여 오하이오주 항소법원이 비양심성 법리의 적용을 거부한 사례도 있다.121)

　　한편, 앞서 본 대로 메사추세츠주 대법원과 사우스캐롤라이나주 대법원은 *Saladini* 판결과 *Osprey* 판결을 통해 챔퍼티 금지 법리를 폐기하였다. 그와 동시에 위 두 판결 모두 소송펀딩계약의 효력이 다투어지는 경우 법원이 공정성과 합리성의 관점에서 제3자 펀딩업자의 이익이 과도한 것은 아닌지 그리고 제3자 펀딩업자의 도를 넘는 행위로 인하여 당사자가 받을 판결금액이 지나치게 적어지는 것은 아닌지를 심사하여야 한다고 판시하였다.122) 그런데 흥미로운 부분은 메사추세츠주 대법원과 사우스캐롤라이나주 대법원이 제3자 펀딩계약의 효력과 관련하여 법원이 심사해야 할 요소로 판단한 부분은 앞서 살펴본 절차적 비양심성 및 실체적 비양심성의 판단대상과 개념적으로 상당 부분 겹친다는 점이다.123) 이를 감안하면 앞으로 미국에서도 챔퍼티 금지 법리가 퇴조할 것이 명백히 예상되는 상황에서 비양심성 법리가 챔퍼티 금지 법리를 대신하여 제3자 펀딩계약의 효력을 다투기 위한 유력한 방어방법으로 사용될 것이라는 점을 충분히 예견해 볼 수 있다.

3 절차 남용 법리

절차 남용의 법리에 따르면, "다른 사람을 상대로 민사든 형사든 어떤 법적 절차를 취하는 자가 그 법적 절차의 본래적 목적이 아닌 다른 목적을 달성하기 위하여 그 법적 절차를 이용하는 경우 그러한 절차남용에 의해 발생한 다른 사람의 손해에 대하여 책임을 져야 한다."124)

이러한 절차 남용의 법리 등을 활용하면 챔퍼티 금지 법리를 필요로 하던 사회적 해악, 즉 무모한 소송 또는 상대방을 괴롭히기 위한 악의적인 소송을 상당 부분 억제하거나 제재할 수 있다.125) 이러한 이유로 미국에서 챔퍼티 금지 법리를 인정하지 않는 법원이나 챔퍼티 금지 법리가 더 이상 필요하지 않다고 주장하는 학자들은 절차 남용의 법리 등 일반 절차법상의 방어방법으로 챔퍼티 금지 법리의 목적을 달성할 수 있다는 점을 강조하였다.126)

따라서 향후에는 제3자 펀딩을 활용한 소송절차의 의도나 목적에 의문이 있을 경우 법원이 기존의 챔퍼티 법리보다는 절차 남용의 법리에 따라 판단할 가능성이 높기 때문에 제3자 펀딩을 활용하려는 당사자나 변호사는 절차 남용의 법리에 위반하지 않도록 주의해야 할 것이다.

VI. 미국변호사협회(ABA)의 모범실무지침 (Best Practices)

미국변호사협회는 2020. 8. 제3자 소송펀딩에 관한 모범실무지침을 채택한 바 있다. 이는 법적 강제력은 없겠으나, 미국에서 제3자 펀딩을 활용하는 사건의 대리를 맡은 변호사뿐만 아니라 제3자 펀딩업자 및 의뢰인에게도 유용한 참고자료가 될 것이다. 미국변호사협회 모범실무지침은 의뢰인과 제3자 펀딩업자 사이의 계약으로 이루어지는 제3자 펀딩뿐만 아니라 변호사와 제3자 펀딩업자 사이의 (직접적인) 계약으로 이루어지는 제3자 펀딩도 언급하고 있고, 어떤 로펌이 수행 중인 복수의 다양한 사건을 대상으로 하여 포트폴리오 방식으로 이루어지는 제3자 펀딩(이른바 포트폴리오 펀딩)에 대하여도 설명하고 있는데, 이하에서는 앞서 살펴본 제3자 펀딩의 일반적인 개념에 대체로 부합하고 변호사윤리규정에 위반할 소지도 적다고 볼 수 있는 의뢰인과 제3자 펀딩업자 사이의 계약에 의한 (개별 사건에 대한) 제3자 펀딩을 중심으로 ABA 모범실무지침의 주요 내용을 발췌하여 간략히 소개한다.

① 모든 유형의 제3자 펀딩에 공통적으로 적용될 수 있는 모범실무관행은 다음과 같다: ⓐ 소송펀딩계약은 서면으로 작성되어야 함, ⓑ 의뢰인이 소송절차에 대한 통제권을 보유해야 함(in control of the case), ⓒ 소송펀딩계약에는 의뢰인과 소송펀딩업자가 소송전략이나 목표에 대한 의견이 서로 다를 경우 어떻게 결정할지에 대한 내용이 포함되어야 함, ⓓ 변호사-의뢰인 특권이나 증거개시의 문제 등과 관련하여 소송펀딩계약을 협상하는 변호사는 해당 계약서류가 제3자에 공개될 수 있는 가능성을 염두에 두고 사건 관련한 보고를 하거나 예측을 함에 있어 신중해야 함.

② 변호사는 의뢰인이 제3자 펀딩계약에 대하여 정보를 갖춘 결정 (informed decisions about the funding)을 할 수 있도록 의뢰인에게 다음과 같은 사항을 설명하여야 한다: ⓐ 해당 변호사와 제3자 펀딩업자 또는 중개업자 사이의 관계, ⓑ 변호사 보수가 누구에 의해 어떻게 지급될 것인지, ⓒ 해당 제3자 펀딩거래로 인한 의뢰인의 비용과 편익, ⓓ 제3자 펀딩업자 또는 중개업자와 의뢰인 사이의 제3자 펀딩계약 조건, ⓔ 의뢰인에게 제3자 펀딩과 동일하거나 우월한 가치

나 위험을 가진 다른 금융조달방법, ⓕ 제3자 펀딩업자가 변호사가 아닌 의뢰인에게 자금을 지급할 때 변호사가 부과하고자 하는 지급조건, ⓖ 제3자 펀딩을 통한 소송비용조달을 이유로 변호사가 의뢰인에게 더 높은 금액의 보수를 책정하였는지 여부 등.127)

③ 변호사는 제3자 펀딩을 활용하는 의뢰인에게 제3자 펀딩에도 불구하고 의뢰인이 소송절차를 통제해야 하고, 제3자 펀딩업자가 변호사의 판단을 지시하려 해서도 안 된다는 점을 자문해야 한다.

④ 변호사가 제3자 펀딩업자에 대한 지분 또는 경제적 이해관계를 보유하고 있다면, 해당 변호사는 그에 관한 사항을 의뢰인에게 고지하고, 의뢰인이 해당 제3자 펀딩업자와 제3자 펀딩계약을 체결할 것인지에 대하여 별도의 법률자문을 구할 수 있도록 자문해야 한다.

⑤ 제3자 펀딩업자가 판결금액에 대하여 50%를 초과하는 이해관계를 가질 경우에는 제3자 펀딩업자가 해당 소송절차에 대한 통제권을 가진다는 주장을 야기할 수 있으므로 제3자 펀딩업자에게 판결금액에 대하여 50%를 초과하는 이해관계를 부여하는 제3자 펀딩계약은 신중할 필요가 있다.

⑥ 제3자 펀딩계약은 의뢰인에게 제공되는 펀딩금액, 제3자 펀딩업자에게 지급될 수익을 계산하는 방법과 그 금액, 의뢰인의 판결회수금액이 언제 제3자 펀딩업자 등에게 지급될 것인지 등에 관한 내용이 명확히 포함해야 한다. 또한 제3자 펀딩계약은 공정하고, 투명하며 독립적인 분쟁해결절차를 포함해야 한다.

⑦ 제3자 펀딩계약은 중도해지(termination of the agreement) 또는 자금회수(withdrawal)에 관한 내용도 포함해야 한다.

⑧ 제3자 펀딩계약은 (제3자 펀딩업자가 아닌) 의뢰인만이 변호사와의 소송위임계약을 해지할 수 있다는 점을 명시해야 한다.

⑨ 소송은 당사자인 의뢰인과 소송대리인인 변호사에 의해 관리되고 통제되어야 한다. 제3자 펀딩업자의 관여 부분과 그 한계는 제3자 펀딩계약에서 명확하게 다루어져야 한다. 예를 들어, 제3자 펀딩계약은 제

3자 펀딩업자가 화해와 관련된 제안, 협상 및 합의 등에 관하여 어떠한 통지를 받고 어떻게 관여할 수 있는지를 정할 것인데, 통지와 관련하여서는 제3자 펀딩업자가 아무런 사항도 통지받지 못하도록 정할 수도 있을 것이고 화해와 관련된 모든 사항을 통지받도록 정할 수도 있을 것이다.

⑩ 제3자 펀딩계약은 소송 관리와 소송 전략에 대하여 다툼이 있을 경우 적용되는 절차 및 이해당사자의 권리·의무를 규정해야 하는데, 어떠한 경우에도 (제3자 펀딩업자가 아니라) 당사자인 의뢰인과 소송대리인인 변호사가 최종 결정권을 가져야 한다.

⑪ 변호사는 제3자 펀딩으로 인하여 변호사윤리기준 또는 변호사윤리규칙을 위반할 소지가 있는지를 면밀히 검토해야 한다. 특히 미국변호사협회의 모범 변호사직무행위규칙 중 이해상충 방지 및 변호사의 전문가적 판단의 독립성(independent professional judgment)과 관련된 규정에 위반할 소지가 있는지를 잘 살펴야 하는데, 그에 관하여는 뒤에서 좀 더 자세히 검토한다.

호주

I. 개요

호주는 현재 제3자 펀딩이 가장 활발히 활용되는 국가 중 하나이고, 그에 따라 제3자 펀딩에 관한 이론과 사례가 가장 많이 집적되고 그 규제에 관한 논의 역시 가장 진전된 국가 중 하나라고 할 수 있다.

호주에서 제3자 펀딩이 도입되고 적극 활용되고 있는 배경을 살펴보면, 우선 호주에서의 소송비용 부담 원칙을 들 수 있는데, 호주에서는 패소한 당사자가 승소한 당사자의 소송비용을 부담해야 한다는 원칙을 따르고 있기 때문에, 제3자 펀딩계약 등을 이용해 상대방의 소송비용까지 부담할 수 있는 위험이 적절히 이전되거나 관리되지 않으면 소송을 제기하는 것을 주저할 수밖에 없었다.[128] 또한, 호주에서는 미국과 달리 변호사 보수를 최종 판결금액이나 화해금액에 연동시키는 성공보수 방식이 허용되지 않았는데 이를 보완하는 차원에서 제3자 펀딩이 활용될 필요성도 있었다.[129]

II. 제3자 펀딩계약의 적법성과 유효성에 관한 기본적인 법체계

호주는 영연방 국가라는 특징으로 인하여 큰 틀에서는 앞서 살펴본 영국에서의 제3자 펀딩 발전과정과 비슷한 과정을 겪었다고 볼 수 있으나, 현재는 메인터넌스와 챔퍼티로 인한 영향이 완전히 사라졌다고 평가할 수 있을 정도로 제3자 펀딩에 대한 입장에 있어 영국보다도 더 관용적이고 진보적인 입장을 취하고 있다.

우선 유사성을 살펴보면, 영국과 마찬가지로 호주에서도 연혁적으로 메인터넌스와 챔퍼티를 금지하는 법리로 인하여 제3자 펀딩이 억제되다가, 뉴사우스웨일즈주,130) 빅토리아주,131) 오스트레일리아수도준주132) 등 주요 주에서 입법으로 메인터넌스 및 챔퍼티와 관련한 범죄와 불법행위가 폐지됨으로써, 제3자 펀딩이 그 정당성과 합법성을 인정받을 토대가 마련되었다. 그리고 영국과 유사하게 위와 같은 범죄와 불법행위로서의 메인터넌스와 챔퍼티 폐지에도 불구하고 제3자 펀딩계약이 챔퍼티적인 요소로 인하여 공서양속133)에 반한다고 판단될 여지는 여전히 남아 있었다.134)

그러나 제3자 펀딩계약을 집행불가능하게 하는 공서양속 위반 사유로서의 챔퍼티의 의의가 아직도 일부나마 남아 있는 영국과 달리 호주에서는 2005년과 2006년의 기념비적인 판결들,135) 특히 *Fostif* 판결로 인해 챔퍼티가 더 이상 제3자 펀딩계약을 공서양속에 반하여 집행불가능하거나 위법하다고 판단할 근거로 사용될 여지는 사실상 없어졌다고 평가할 수 있다.136) 이러한 차이점은 특히 제3자 펀딩업자가 소송절차에 대한 통제권을 행사할 수 있는지 여부의 문제에서 극명하게 나타나는데, 여전히 제3자 펀딩업자에게 소송절차에 대한 통제권을 인정하지 않는 영국과 달리 호주에서는 제3자 펀딩업자가 소송절차에 대하여 통제권을 행사하는 것이나 그 행사의 정도에 대하여 별로 개의치 않는다.137) 즉 영국에서는 제3자 펀딩업자에게 소송절차에 대한 완전한 통제권을 부여하는지 여부가 제3자 펀딩계약이 챔퍼티로 인하여 공서양속에 위반되는지 여부를 판단하는 데 있어 결정적이지만, 호주에서는 제3자 펀딩업자가 소송절차에 대하여 완전하고 절대적인 통제권을 행사한다고 하여 공서양속에 위반되거나 절차를 남용한 것으로 보지 않는다.

따라서 호주에서는 *Fostif* 판결 전과 후로 제3자 펀딩계약 및 제3자 펀딩이 이용된 소송절차의 적법성에 대한 판단기준이 달라졌다고 할 수 있는데, 이에 대하여는 이하에서 항을 달리하여 좀 더 구체적으로 살펴본다.

III. *Fostif* 판결 이전의 제3자 펀딩의 적법성 판단기준

범죄 및 불법행위와 관련된 메인터넌스와 챔퍼티가 폐지된 이후에도 챔퍼티적인 요소로 인하여 공서양속 위반이 인정될 경우 제3자 펀딩계약에 대한 집행이 불가능해지거나 제3자 펀딩을 이용한 소송절차가 중단될 수 있는 불확실성이 존재하였다.138)

구체적으로 *Fostif* 판결 이전까지의 호주 판례를 분석해 보면, 대략 다음과 같은 요소 등을 기준으로 제3자 펀딩계약의 공서양속 위반 여부를 판단하였음을 알 수 있다.139) "① 원고 의뢰인과 소송대리인 사이에 직접적인 소송위임계약이 있는지 여부,140) ② 소송대리인이 원고 의뢰인에 의해 선정되었는지 여부,141) ③ 원고 의뢰인의 지적(知的) 수준,142) ④ 제3자 펀딩업자의 적절한 공시(adequate disclosure)가 있었는지 여부,143) ⑤ 원고 의뢰인이 소송행위에 대해 설명을 들은 상태에서 결정할 입장에 있는지 여부,144) ⑥ 원고 의뢰인을 위한 독립적인 법적 자문이 합리적으로 이용가능한지 여부,145) ⑦ 제3자 펀딩업자가 소송절차에 대해 과도한 통제권을 가지고 있는지 여부,146) ⑧ 펀딩을 받은 당사자의 상대방 당사자가 승소했을 때 그 상대방 당사자의 비용에 대해 제3자 펀딩업자가 책임을 부담하는지 여부147) 등."

IV. *Fostif* 판결 이후의 제3자 펀딩 및 관련 소송절차의 적법성 판단기준

1 제3자 펀딩이 이용된 소송절차에서의 피고 측 방어방법

제3자 펀딩이 이용된 소송절차에서 피고 측이 보통 제기하는 주장은 공서양속 위반 주장과 절차 남용 주장이다.[148] 그러나 그 두 가지 주장을 서로 별개 사유로 주장하기보다는 서로 혼동하여 주장하는 것이 일반적이다. 보통은 제3자 펀딩계약의 챔퍼티적 요소로 인하여 제3자 펀딩계약이 공서양속에 반한다는 것을 전제로 그와 같이 공서양속에 반하는 제3자 펀딩에 의존한 소 제기가 절차 남용에 해당한다고 주장하며 궁극적으로 소송절차가 중단되거나 각하되어야 한다고 주장하는 것이 대부분인 것이다. 따라서 여기서의 공서양속 위반 주장은 결국 절차 남용의 한 범주 내지 사유로 주장되는 것이다.[149]

2 챔퍼티적 요소를 이유로 한 제3자 펀딩의 공서양속 위반 주장에 대한 판단기준

과거부터 메인터넌스와 챔퍼티를 이유로 한 공서양속 위반 여부를 판단하는 과정에서 무엇이 메인터넌스와 챔퍼티인지 그 본질과 내용을 적극적으로 규명하기보다는 메인터넌스 및 챔퍼티 금지의 예외가 무엇인지를 개별적으로 검토하는 것에 초점이 맞춰져 있었을 뿐이었다.[150] 따라서 "부당하고 주제넘는 간섭"과 같은 비난적이고 부정적인 수사적 표현 이상으로 공서양속 위반 사유로서의 메인터넌스와 챔퍼티의 내용을 정확히 정의하고 특정하는 것은 어려웠다.[151]

과거 메인터넌스와 챔퍼티를 공서양속 위반 사유로 고려한 이유로는 그러한 관행이 소송절차에 미치는 역효과에 대한 염려 그리고 제3자 펀딩업자와 원고 당사자 사이 협상의 불공정성에 대한 염려를 들 수 있다.[152] 그러나 소송절차에 미치는 역효과, 즉 사법절차의 적법한 관리에 미칠 수 있는 악영향은, 오늘날에는 절차 남용의 법리나 다른 최신의 절차적·실체적 법리들에 의해 충분히 해결할 수 있다.153) 또한 변호사인 소송대리인이 선임되어 있을 경우 변호사의 의뢰인 및 법원에 대한 윤리적 의무와 책임으로 인하여 소송절차를 타락시키거나 변질시킬 가능성은 상당 부분 방지할 수도 있다.154) 한편 제3자 펀딩업자와 당사자 사이 협상의 불공정성에 대한 염려의 경우 그러한 염려가 실질적으로 의미가 있으려면 공정성을 측정할 수 있는 객관적인 기준이 있어야 하는데 그러한 기준이라는 것은 있을 수 없다.155) 따라서 위와 같은 염려가 공서양속 위반을 이유로, 제3자 펀딩계약의 집행가능성을 부정하고 제3자 펀딩업자의 소송절차에 대한 통제권이나 제3자 펀딩업자가 소송의 결과로 얻을 수익의 정도를 제한해야 할 근거가 될 수는 없다.156)

더욱이 범죄와 불법행위로서의 메인터넌스와 챔퍼티를 폐지한 이상 메인터넌스와 챔퍼티가 공서양속 위반과 관련될 여지도 거의 없어졌다고 보는 것이 타당하다.157)

위와 같은 점을 종합적으로 고려했을 때, 소송을 지원함으로써 이익을 얻으려는 제3자가 잠재적 원고를 모집하여 소송을 부추김으로써 주제넘게 소송에 간섭하였거나, 제3자가 소송절차에 대하여 과도한 통제권을 행사하였거나, 제3자가 원고의 소송대리인을 선임하고 그에게 지시하였다고 하여 그러한 관행을 위법하게 볼 이유는 없다.158) 그러한 관행이 공서양속에 반한다고 인정하기 위해서는 메인터넌스와 챔퍼티에 대한 일반적인 금지 원칙이 받아들여져야 하는데, 그러한 일반적인 금지 원칙은 이미 오래전에 폐기되었다.159) 따라서 제3자 펀딩계약이 챔퍼티적 요소를 가졌더라도 그 계약이 이제 더 이상 챔퍼티로서 범죄도 아니고 불법행위도 아닌 상황이라면, 제3자 펀딩계약이 공서양속에 반한다고 볼 여지는 없다.160)

3 제3자 펀딩을 이유로 한 절차 남용 주장에 대한 판단기준

제3자 펀딩이 이용된 소송절차에서 절차 남용을 이유로 소송절차의 중단을 구하는 피고 측 주장이 받아들여지기 위해서는 단순히 메인터넌스와 챔퍼티와 관련된 공서양속 위반 주장만으로는 부족하다.161) 절차 남용 주장이 받아들여지기 위해서는 소송절차 중단이라는 예외적인 권한을 발동할 정도로 제3자 펀딩이 소송절차를 타락시키거나 변질시켰다는 점이 인정되어야 한다.162) 이러한 점에서 통상적으로 공서양속 위반의 사유로 받아들여졌던 챔퍼티적 요소, 즉 제3자 펀딩업자의 주제넘는 간섭, 제3자 펀딩업자의 소송절차에 대한 통제권 행사, 제3자 펀딩업자의 상당한 수익, 제3자 펀딩업자의 소송대리인 선임 등은 소송절차를 중단해야 할 절차 남용의 사유가 되지 않는다.163)

V. 제3자 펀딩계약의 내용과 조건에 대한 법원의 심사

호주 법원은 제3자 펀딩의 적법성과 정당성에 대하여는 이를 적극 지지하는 입장이지만, 그 구체적인 운용과정에서는 사법절차의 신뢰성과 공공성을 보존하고 제3자 펀딩을 받는 당사자의 권익을 보호하는 차원에서 사법심사 내지 법원의 감시가 필요하다는 입장도 동시에 취하고 있다.

그 일환으로, 제3자 펀딩을 받는 당사자가 재정적으로 열악한 지위에 있을 수 있는 점을 이용해 계약상 제3자 펀딩업자가 자신이 가져갈 펀딩 보수 내지 수수료를 지나치게 높게 설정할 수 있는 점을 경계하여, 집단소송의 상황에서 양 당사자가 화해를 할 경우 그 화해조건을 승인할 수 있는 권한에 터잡아 제3자 펀딩업자에게 지급될 펀딩 수수료가 과다하다고 판단할 경우 법원이 그 수수료를 검토하여 변경할 수 있다고 판시한 사례도 있다.164) 물론 법원이 제3자 펀딩계약에 개입하여 그 내용과 조건을 변경할 권한이 없다고 판시한 사례도 있어, 호주에서 법원이 제3자 펀딩업자를 위한 펀딩 보수를 변경할 권한이 있는지에 대하여는 아직 논란의 여지가 있다고 볼 수 있다.165)

싱가포르

I. 개요

싱가포르는 뒤에서 볼 홍콩과 함께 국제중재 합의에서 중재지(seat of arbitration)로 가장 선호되는 5곳 중 하나로 손꼽히고 있다.[166] 국제중재절차에서 중재지는 중재절차에 관한 준거법을 결정하는 기준이 되는데, 중재절차 당사자를 위한 제3자 펀딩의 허용 여부의 문제 역시 실체법의 문제라기보다는 중재절차에 관한 문제로서, 결국 국제중재절차에서 제3자 펀딩이 허용되는지 여부를 판단하기 위해서는 해당 중재지에서의 제3자 펀딩에 관한 입법과 규제를 살펴보는 것이 중요하다. 따라서 국제중재에서 중재지로 선호되는 싱가포르와 홍콩 등에서의 제3자 펀딩에 대한 입법과 규제를 살펴보는 것이 의미가 있는데, 우선 싱가포르의 상황을 살펴보면 아래와 같다.

II. 제3자 펀딩을 부분적으로 허용하는 입법 내용

싱가포르의 경우에도 영국이나 호주와 마찬가지로 불법행위로서의 메인터넌스와 챔퍼티는 폐지하였다.[167] 제3자 펀딩의 적법성과 관련해서는 당초 국제중재절차 및 그에 관련된 일부 소송절차 등에 대해서만 제한적으로 그 적법성을 인정하고 일반적인 소송절차에 대하여는 제3자 펀딩을 허용하지 않았다.[168] 그리고 2021년 관련 규정 개정으로 제3자 펀딩의 허용범위가 확대되어 국내중재절차와 그에 관련된 일부 소송절차, 싱가포르 국제상사법원(Singapore International Commercial Court)의 일부 소송절차, 위에서 허용된 절차와 관련된 조정절차에 대한 제3자 펀딩도 허용된다.[169]

한편, 싱가포르 민법은 펀딩의 주체가 되는 제3자 펀딩업자에게 일정한 자격요건을 요구하고 있는데 제3자 펀딩업자가 그 요건을 갖추지 못하면 제3자 펀딩계약에 따른 제3자 펀딩업자의 권리를 집행할 수 없게 된다.[170] 그러한 자격요건으로는 제3자 펀딩업자가 분쟁해결절차의 비용을 제공하는 것을 주된 사업으로 영위하여야 하고, 최소 500만 싱가포르 달러 이상의 자본금과 500만 싱가포르 달러 이상의 운용자산(managed assets)을 갖추고 있어야 한다는 것이다.[171]

위에서 본 민법에 의하여 제3자 펀딩에 관한 규율이 새로이 확립되자, 변호사윤리를 다루는 법조직역법(Legal Profession Act)과 그 시행규칙[172]도 개정되어 제3자 펀딩에 관한 일부 규정을 도입하였다. 그에 따르면, 국제중재절차에서 제3자 펀딩이 이루어지는 경우 변호사는 중재판정부와 상대방 당사자에게 제3자 펀딩계약의 존재와 제3자 펀딩업자의 동일성(신원) 정보를 공개해야 한다.[173] 그리고 변호사는 자신의 의뢰인과 제3자 펀딩계약을 체결한 제3자 펀딩업자에 대하여 직간접적으로 지분을 보유해서는 안 되고 제3자 펀딩업자로부터 보수 또는 수익을 받아서도 안 된다.[174]

위와 같이 국제중재절차에서의 제3자 펀딩과 관련한 기본원칙을 담은 법령이 시행되자, 싱가포르 법률협회(The Law Society of Singapore), 싱가포르 국제중재센터(Singapore International Arbitration Center) 및 싱가포르 중재인협회(Singapore Institute of Arbitrators) 등은 제3자 펀딩에서의 주요 쟁점에 관한 실무상 가이드라인[175]을 발표하였는데, 그 주요 내용은 아래에서 항을 달리하여 살펴본다.

III. 싱가포르에서 준수해야 할 실무 가이드라인

1 의뢰인의 비밀유지특권 포기 방지를 위한 노력

제3자 펀딩업자는 어떤 소송 내지 중재에 대하여 펀딩을 할지 여부를 결정하기 위해서는 사전에 당사자로부터 관련 정보와 문서를 제공받아 승소가능성에 대한 실사를 할 필요가 있는데, 그러한 실사를 위한 자료의 공유과정에서 의뢰인의 비밀유지특권이 포기된 것으로 간주되거나 변호사가 의뢰인에 대한 비밀유지의무를 위반하게 될 위험성이 있다. 이를 막기 위해, 변호사는 자신의 의뢰인이 제3자 펀딩업자와 협상을 하는 초기부터 의뢰인와 제3자 펀딩업자 사이에 소정의 조건이 포함된 비밀유지합의를 체결할 수 있도록 자문해야 한다.176)

그러한 비밀유지합의에 포함될 내용으로는, ① 비밀유지합의에 의해 공유되는 모든 문서에 대하여 양 당사자가 비밀을 유지할 것이라는 점, ② 비밀유지특권 포기의 예외사유로서 '공동의 이해관계' 요건이 최대한 적용될 수 있도록 양 당사자가 정보를 공유하는 데 공동의 이해관계가 있다는 점, ③ 제3자 펀딩업자와 공유되는 문서는 의뢰인의 동의를 받아 공유된다는 점, ④ 제3자 펀딩업자와 문서 및 의사연락을 공유하는 것은 변호사의 비밀유지의무를 침해하거나 의뢰인의 비밀유지특권을 포기하는 것도 아니라는 점, ⑤ 제3자 펀딩계약이 체결되지 않거나 중간에 해지되는 경우 제3자 펀딩업자는 자신이 받은 모든 문서를 반환해야 한다는 점 등이다.177)

한편 제3자 펀딩업자는 의뢰인의 동의가 없는 한 의뢰인의 비밀유지특권이나 변호사의 비밀유지의무를 위반할 수 있는 정보의 공개를 요구해서는 안 될 것이다.178)

2 펀딩의 범위 내지 제3자 펀딩업자의 책임범위

제3자 펀딩계약에는 의뢰인이 제3자 펀딩업자로부터 제공받게 될 자금의 최대한도 등이 명시되어야 하고, 제3자 펀딩업자가 ① 패소 시 상대방의 비용에 대한 책임, ② 소송(중재)비용 담보제공명령에 대한 책임, ③ 비용을 보험으로 충당할 경우 그 보험에 대한 보험료를 지급할 책임 등을 부담하는지 여부도 규정되어야 한다.[179)]

그리고 승소했을 경우 판결회수금액의 지급순위도 명시해야 하는데, 통상적으로는 제3자 펀딩업자가 자신이 투입한 비용을 우선 지급받고, 그다음으로는 제3자 펀딩업자의 약정된 투자수익금이 지급되며, 이를 제외한 나머지 금액을 당사자가 차지한다.[180)] 한편 제3자 펀딩업자에 대한 투자수익금 지급조건으로서 수익금을 어떻게 정의내릴지 그리고 언제 수익금이 지급될 수 있는 것인지 등을 규정하는 것도 중요한데, 보통은 승소 판결금이 실제로 상대방 당사자로부터 회수된 후에 그 회수된 금액을 기준으로 제3자 펀딩업자에 투자수익금이 지급될 수 있도록 규정한다.[181)]

3 이해상충 관리

제3자 펀딩의 상황에서 의뢰인(당사자), 제3자 펀딩업자 및 변호사 사이에는 이해상충의 위험이 존재하는데, 이를 최소한으로 관리하기 위해 제3자 펀딩계약 체결 전에 의뢰인이 그 계약조건에 대하여 제3의 독립적인 변호사로부터 자문을 받을 수 있도록 하는 것이 중요하다.[182)]

그리고 변호사는 제3자 펀딩계약 조항에 이해당사자 사이의 이해상충을 최소화할 수 있는 다음과 같은 내용이 포함될 수 있도록 자문해야 한다. 첫째, 제3자 펀딩업자는 대리인인 변호사가 의뢰인에 대하여 직접 신인의무를 부담한다는 점을 인정하여야 한다.[183)] 둘째, 제3자 펀딩업자와 의뢰인 사이에 이해상충이 있을 경우 변호사는 오로지 의뢰인을 위해 행위하여야 한다는 점을 제3자 펀딩업자가 인정해야 한다.[184)] 셋째, 제3자 펀딩업자는 변호사가 자신의 직업적 의무를 위반하도록 유도해서는 안 된다.[185)] 넷째, 제3자 펀딩업자는 변호사가 분쟁해결절차에 대한 통제권을 제3자 펀딩업자 자신에게 양보하도록 영향력을 행사하려 해서는 안 된다.[186)]

4 제3자 펀딩업자의 관여 정도

제3자 펀딩계약에는 제3자 펀딩업자의 역할과 가담 정도를 명시하는 것이 권고된다. 제3자 펀딩업자에 허용될 수 있는 역할로는, ① 변호사 선택을 지원하는 것, ② 중재인 선택을 지원하는 것, ③ 전략적 결정을 지원하는 것, ④ 변호사에게 적절한 조언을 제공하는 것, ⑤ 법률비용 지출을 관리하는 것, ⑥ 화해할지 여부 및 그 화해조건에 대한 결정에 조언을 제공하는 것 등이 있을 수 있다.187)

한편, 제3자 펀딩업자와 의뢰인 사이에 의견이 일치하지 않을 경우 이를 해결할 수 있는 조항도 필요한데, 독립적인 중재인에게 결성을 맡겨서 해결하거나, 의뢰인이 악의로 행위한다는 것이 입증되지 않는 한 의뢰인의 의견이 우선한다는 규정을 포함시킬 수 있을 것이다.188)

5 제3자 펀딩계약의 해지

제3자 펀딩업자가 임의로 제3자 펀딩계약을 해지할 수 있는 권한을 가져서는 안 되며, 제3자 펀딩업자가 계약을 해지할 수 있는 사유 등을 계약에 명시하는 것이 바람직하다.189) 그리고 계약해지 후에도 그때까지 발생한 제3자 펀딩업자의 비용지급책임은 계약해지에도 불구하고 존속한다는 점을 명시해야 할 것이다.190)

6 제3자 펀딩에 관한 정보공개의무

중재절차에서 당사자, 대리인, 중재인 사이의 이해상충 여부 확인을 위한 관련 정보의 공개는 통상적으로 이루어지는 절차인데, 제3자 펀딩이 이루어진 경우에는 기존 관여자들과 제3자 펀딩업자 사이의 이해상충 여부에 대하여도 추가적인 검토가 이루어져야 한다.191) 이를 위해 싱가포르 법조직역법과 그 시행규칙은 변호사로 하여금 중재판정부와 상대방 당사자에게 제3자 펀딩에 관한 일정한 정보를 공개하도록 요구하고 있는데, 싱가포르 국제중재센터 등의 실무 가이드라인들은 그러한 정보공개의무를 좀 더 구체화하고 있다.

그에 따르면, 중재판정부는 당사자들에게 제3자 펀딩계약의 존재 여부와 제3자 펀딩업자의 동일성 정보 및 제3자 펀딩업자가 해당 절차의 결과에 대해 보유하고 있는 이해관계 등을 공개하도록 요구할 수 있는 권한을 가진다.192) 그리고 중재판정부를 구성하는 각 중재인도 당사자, 중재기관 사무국 및 다른 중재인들에게 자신과 제3자 펀딩업자 사이의 관계를 공개해야 한다.193) 한편 중재절차 중간에 비로소 제3자 펀딩이 이루어지거나 기존의 제3자 펀딩계약이 해지되는 경우에는 당사자들로 하여금 이를 중재판정부와 중재기관 사무국에 고지하도록 할 의무를 부과할 수도 있다.194) 이러한 정보공개와 관련하여 제3자 펀딩업자도 당사자와 변호사의 공개의무 이행에 적극 협력하여야 한다.195)

SECTION 06 홍콩

I. 제3자 펀딩을 부분적으로 허용하는 입법 내용

홍콩은 연혁적으로 영국 잉글랜드법을 계수하였다고 볼 수 있지만 영국과 달리 보통법상 메인터넌스와 챔퍼티 법리를 폐지하지는 않았다.196) 그러나 중재와 조정 분야에 한정하여 제3자 펀딩의 도입 여부를 결정하기 위하여 홍콩 법개혁위원회(The Law Reform Commission of Hong Kong)는 2013년부터 관련 전문가들로부터 자문 의견을 받기 시작하였고 2016년 그 보고서(이하 "홍콩 보고서")197)를 발표한 바 있다.198) 홍콩 보고서는 중재 및 그에 관련된 일부 법원절차에 대하여는 제3자 펀딩이 허용되어야 한다는 최종 권고안을 담고 있다.199)

위와 같은 홍콩 보고서의 권고에 따라 홍콩 입법회(Legislative Council)는 2017. 6. 14. 기존 중재법과 조정법에 대한 개정법(이하 "개정법")200)을 통과시켜 중재를 위한 제3자 펀딩계약의 적법성을 명시적으로 인정하였는데, 개정법의 주요 내용을 살펴보면 다음과 같다.

첫째, 불법행위 내지 범죄로서의 메인터넌스와 챔퍼티는 중재를 위한 제3자 펀딩에는 적용되지 않는다.201)

둘째, 기존 중재법에 따르면 당사자의 비밀유지의무에 따라 당사자가 중재절차 및 중재판정에 대한 정보를 공개하는 것이 금지되는데, 개정법은 제3자 펀딩계약 체결을 위한 당사자와 제3자 펀딩업자 사이의 정보공유의 필요성

을 감안하여 당사자의 제3자 펀딩에 관한 정보의 공개는 허용하고 있다.202)

셋째, 제3자 펀딩을 받은 당사자는 제3자 펀딩계약의 존재와 제3자 펀딩업자의 동일성 정보를 중재판정부와 상대방 당사자에게 공개해야 한다.203)

II. 홍콩에서 준수해야 할 실무규약

위 개정법은 제3자 펀딩업자들이 자율적으로 준수해야 할 실무기준을 정하는 실무규약의 제정을 예정하고 있었는데,204) 홍콩 법무부장관이 그 권한을 위임받아 2018. 12. 7. 중재를 위한 제3자 펀딩에 관한 실무규약을 발표한 바 있다(이하 "홍콩 실무규약").205) 따라서 홍콩을 중재지로 한 중재절차를 위해 제3자 펀딩이 이용될 경우 해당 내용을 준수하는 것이 바람직할 것이다.

다만 홍콩 실무규약의 구체적인 내용은 앞서 살펴본 영국 행위규약과 거의 동일하므로 이하에서 별도로 설명하지는 않는다.

I. 제3자 펀딩시장의 형성과 전개

소송비용을 제공하는 메커니즘 측면에서 법률비용보험, 변호사 성공보수 및 소송구조 사이에는 일정한 상관관계가 있을 수 있는데, 독일에서는 상대적으로 소송구조에 대한 예산이 많지 않고, 변호사 성공보수[206]도 2006년 이전에는 전면 금지되어 있었던 탓에, 법률비용보험이 발달한 것으로 알려져 있다.[207] 독일에서 법률비용보험이 발달할 수 있었던 또 다른 이유는 법으로 변호사의 보수액 및 패소한 당사자가 부담해야 할 상대방 소송비용액을 제한하고 있기 때문에 승소했을 경우뿐만 아니라 패소했을 경우에도 소송비용 부담액을 예측하는 것이 용이했고 이로 인해 보험에 인수되는 위험이 동질적이어야 한다는 명제에 상당 부분 부합할 수 있었던 측면도 있다.[208]

이와 같이 법률비용보험이 발달한 독일에서 제3자 펀딩의 수요가 있을지에 대한 의문이 있을 수 있는데, 법률비용보험 역시 본질적으로 보험이기 때문에 보험사고가 있기 전에만 가입할 수 있는 것이 원칙이고 법률비용을 제공받기 위해서는 보험료를 납입해야 하며 위험의 동질성 요건으로 인해 법률비용보험이 담보할 수 있는 위험 내지 사고가 제한되어 있다는 한계를 가지고 있다.[209] 이에 비해 제3자 펀딩은 법률비용보험보다 다양한 소송을 대상으로 할 수 있고 의뢰인이 법률비용을 제공받기 위해 보험료 등의 반대급부를 제공할 필요가 없으며 소송의 원인이 된 사고가 발생한 이후에도 이용할 수 있기 때문에 법률비용보험과는 구분되는 시장수요가 분명히 있다.210) 이에 더하여 법률비용보험이 담보하는 소송은 보통 소가가 낮은 개인소송이 많은 반면 제3자 펀딩은 소가가 큰 기업소송을 주된 대상으로 한다는 측면에서도 법률비용보험과 제3자 펀딩은 서로 구분되는 시장을 가지고 있다고 볼 수 있다.211) 그리고 법률비용보험이 발달하게 된 배경인 변호사 보수와 패소 시 부담할 상대방 소송비용에 대한 확실한 예측가능성은, 제3자 펀딩업자로 하여금 자신이 인수하는 위험을 용이하게 통제할 수 있게 한다는 점에서, 제3자 펀딩에도 우호적인 사업환경을 조성할 수 있는 요인으로 작용할 수 있다.212)

위와 같이 제3자 펀딩은 법률비용보험과 구별이 될 수 있지만, 기본적으로 제3자 펀딩과 법률비용보험은 서로 유사한 기능을 수행하는 측면이 있어서 법률비용보험이 세계적으로 발달해 있는 독일 시장에서는 법률비용보험을 제공하던 대형 보험회사들이 제3자 펀딩을 위한 별도 계열회사 내지 자회사를 설립하여 제3자 펀딩시장도 주도한다는 특징을 보여주고 있다.213) 독일에서는 1998년 Foris AG가 처음 제3자 펀딩을 제공하기 시작한 것으로 알려져 있고, 그 외 Allianz ProzessFinanze, D.A.S ProzessFinanzierung, Roland ProzessFinanz AG 등이 전문적인 제3자 펀딩사업을 영위하고 있다.214) 특히 Foris AG는 독일 증권거래소에 상장되어 있기도 하고, 오스트리아, 스위스, 미국 등에서도 사업을 영위한다.215)

II. 제3자 펀딩에 관련된 법제도

영국 등 보통법 국가에서 제3자 펀딩을 금지하거나 억제했던 메인터넌스 및 챔퍼티 금지 법리가 독일에는 존재하지 않는다.216) 그 외에 달리 독일에서 제3자 펀딩 자체를 직접 또는 전면적으로 금지하거나 규제하는 제도가 있지는 않기 때문에 독일법상 제3자 펀딩은 허용되는 것으로 이해되고 있다.217) 그러나 다른 나라와 마찬가지로 독일에서도 제3자 펀딩업자가 법

원과 당사자 사이의 소송절차에 실질적으로 관여하는 것은 제한된다.[218)]

독일에서는 제3자 펀딩계약을 대출계약 또는 보험계약으로 볼 수 있는지에 대한 논의가 일부 있었으나, 이에 대하여는 부정적으로 보는 견해가 지배적이다.[219)] 특히 제3자 펀딩이 보험상품이 될 수 있는지에 대하여는 과거 독일 보험감독청(현 금융감독청의 일부)이 부정적인 입장을 공식적으로 내놓은 바도 있다.[220)]

한편 독일에서는 성공보수를 전면 금지한 연방변호사법 규정에 대한 연방헌법재판소의 위헌 결정 이후에도 일부 예외적인 경우를 제외하고는 변호사를 위한 성공보수약정이 대부분 금지되는데,[221)] 제3자 펀딩과 변호사의 성공보수가 사실상 유사한 기능을 수행한다는 점에서, 변호사 성공보수금지 규정이 제3자 펀딩에도 유추적용되어 제3자 펀딩이 무효가 되는 것은 아닌지 여부가 문제될 수 있다.[222)] 그러나 원칙적으로 제3자 펀딩계약은 의뢰인과 제3자 펀딩업자 사이의 계약으로서 변호사가 그 계약당사자가 되거나 그 계약상 의무를 부담하는 것은 아니므로 변호사 성공보수금지규정이 제3자 펀딩계약이나 제3자 펀딩업자에 적용되는 것은 아니다.[223)] 다만 독일에서 제3자 펀딩이 이용된 소송절차에서 소송대리인으로 선임된 변호사의 보수를 성공보수 내지 조건부 보수로 약정하거나, 그 변호사가 제3자 펀딩회사의 주주 또는 지분보유자인 경우에는 위와 같은 변호사 성공보수금지규정에 위반될 수 있다.[224)]

독일에서 2007년 제정된 법률서비스법(Rechtsdienstleistungsgesetz, 이하 "RDG법"이라 한다)도 제3자 펀딩과 관련하여 의미가 있다. RDG법은 법률서비스를 제공할 수 있는 자격 내지 요건을 규정하고 있어서, 제3자 펀딩업자의 소송과 관련한 역할 내지 행위가 법률서비스라고 본다면 제3자 펀딩업자가 RDG법의 적용대상인지 여부도 문제되는 것이다.[225)] 그러나 제3자 펀딩업자가 소송절차에 개입하지 않는 일반적인 관행에 따른다면 제3자 펀딩업자가 RDG법의 적용을 받는 법률서비스를 제공한다고 볼 수는 없을 것이다.[226)]

또한 독일 법원은 의뢰인이 승소했을 때 제3자 펀딩업자가 얻게 되는 수익비율이 지나치게 높다고 판단할 경우 독일 민법 제138조에 따라 그 제3

자 펀딩계약에 대해 공서양속에 반하여 무효라고 인정할 수 있다.[227] 구체적으로는 승소 판결금액 중 50%의 수익비율에 대하여는 공서양속 위반이 아니라고 판단한 사례가 있는가 하면, 66% 이상의 수익비율에 대하여는 공서양속 위반이 될 수 있다고 판단한 사례도 있다.[228]

최근에는 독일 연방법원이 소비자단체가 제3자 펀딩을 이용하여 부당이득환수청구의 소를 제기한 사건에서 그러한 소 제기가 독일 민법상 권리남용[229]에 해당하여 그러한 소는 받아들여져서는 안 된다는 판결을 선고하기도 하였다.[230] 그와 같이 권리남용으로 본 이유는 불공정한 경쟁 금지법(UWG) 제10조 제1항[231]에 따라 소비자단체가 제기한 부당이득환수청구의 소에서 승소하면 원래는 그 환수된 부당이득이 전액 연방 예산으로 편입되어야 하는데, 제3자 펀딩업자가 그 중 일부를 이익으로 받는 것은 불공정한 경쟁 금지법 제10조의 목적과 입법의도에 반한다는 것이다.[232] 위와 같은 성격의 소송은 경쟁제한 금지법(GWB) 제34(a)조에도 규정되어 있는데, 위 판결로 인하여 경쟁제한 금지법상 부당이득환수청구의 소를 제기할 때에도 제3자 펀딩은 이용될 수 없을 것이다.

검토

 위 비교법 연구의 대상이 된 국가(또는 도시) 중 제3자 펀딩의 활용이 가장 활발하고 그에 대한 제약이 가장 적은 국가는 단연 호주라고 할 것이다. 호주는 제3자 펀딩과 관련하여 영국과 비슷한 역사적 경로를 따랐으나 현재 제3자 펀딩에 대한 법원과 규제당국의 입장은 영국보다 더 우호적이고 관대하여 제3자 펀딩의 유효성과 적법성에 별다른 제약이 없다. 따라서 제3자 펀딩업자가 소송당사자인 의뢰인의 소송절차에 상당한 정도의 영향력을 행사하는 것도 용인한다. 영국의 경우에는 제3자 펀딩을 금지한 메인터넌스 및 챔퍼티 금지 법리의 역사적 발원지였으나 영미권 국가 중 가장 먼저 범죄와 불법행위로서의 메인터넌스 및 챔퍼티를 폐지함으로써 제3자 펀딩이 합법화될 수 있는 토대를 마련하였다. 그러나 호주와 비교하여 소송절차에서의 제3자 펀딩업자의 역할은 극히 제한적인 범위에서만 허용하고 제3자 펀딩업자가 소송절차를 통제하는 것은 허용하지 않음으로써 제3자 펀딩을 허용하되 그 부작용은 경계하고 있다고 볼 수 있다. 호주나 영국과 비교하여 미국의 경우에는 아직 제3자 펀딩의 유효성과 적법성이 전면적으로 인정되었다고 볼 수 없으며 주마다 다른 제도와 법리로 인하여 제3자 펀딩을 둘러싼 불확실성이 여전히 존재하고 있는 상황이다.

 싱가포르와 홍콩의 경우 자신들이 국제중재 사건에서 중재지로 많이 선택된다는 점을 고려하여 중재절차 및 그에 관련된 일부 소송절차에 한하여 제한적으로 제3자 펀딩을 합법화하였다. 만약 앞으로 국내에서 제3자 펀딩에 대한 논의가 본격화되었을 때 법원 소송절차와 관련한 제3자 펀딩의 전면적인 합법화를 우려하는 의견이 유력하게 제기된다면, 위 싱가포르와 홍콩의 부분적인 합법화 사례를 참조하여 우선 중재절차에 한해 제한적으로 제3자 펀딩을 활용하는 것도 고려해 볼 수 있을 것이다.

앞서 본 영미법 국가들과 달리 대부분의 대륙법 국가들에서는 아직 제3자 펀딩에 대한 관심이 상대적으로 덜한 상황에서 독일을 중심으로 한 유럽의 독일어권 국가들에서는 다른 대륙법 국가들과 달리 제3자 펀딩이 비교적 적극적으로 활용되고 있음을 알 수 있었다. 독일의 사례를 보면 향후 다른 대륙법 국가들에도 제3자 펀딩이 확산될 수 있는 가능성을 엿볼 수 있다.

제3자 펀딩의 이해당사자 간 계약관계의 문제와 그 해결방안

제3자 펀딩거래는 그 거래구조의 특징으로 인하여 이해당사자 사이의 이익이 서로 충돌하고 이해당사자 각자가 기회주의적 행동을 할 본질적인 위험을 내재하고 있다. 그러한 상황에서 상대방의 기회주의적인 행동의 위험을 해결하지 않으면 제3자 펀딩을 둘러싼 이해당사자들이 서로를 신뢰하지 못함으로써 제3자 펀딩거래에 참여하려 하지 않을 것이다. 따라서 제3자 펀딩의 실효성을 유지하기 위해서는 제3자 펀딩을 둘러싼 이해당사자 사이의 이해상충의 원인과 문제점을 분석하고 이해상충의 상황에서 각자의 이해관계를 적정하게 조정할 수 있는 계약적 통제수단을 사용함으로써 거래로 인한 위험과 비용을 최소화할 수 있는 계약구조를 설계하는 것이 필요할 것이다.

　그러한 계약구조를 설계하기 위해 우선은 제3자 펀딩을 둘러싼 이해당사자들 사이에서 각자가 직면하는 위험 내지 문제점과 그 원인을 분석하고, 그 분석을 토대로 상대방의 기회주의적 행동으로부터 각자의 이익을 보호할 수 있는 계약적 해결방법을 모색할 필요가 있다. 이 과정에서는 계약적 해결방법의 규범적 한계로서 앞서 살펴본 챔퍼티 금지 법리 등의 법적 제약요소와 뒤에서 분석할 변호사윤리기준과 같은 윤리적 제약요소도 함께 고려해야 한다.

　그리고 상대적으로 새로운 금융거래라 할 수 있는 제3자 펀딩을 둘러싼 이해당사자 사이의 문제를 해결하고 그들 사이의 이해관계를 적절하게 조정하는 계약관계를 설계하기 위해서는, 이해상충의 원인과 양상 등의 측면에서 제3자 펀딩계약과 유사한 특징을 보이는 기존의 다른 금융계약에서 사용된 계약적 수단을 차용할 수 있을 것이다. 이러한 점에서 살펴보면, 벤처캐피탈리스트와 벤처기업 사이의 관계 그리고 책임보험의 보험자와 피보험자 사이의 관계가 제3자 펀딩업자 및 소송당사자 사이의 관계와 매우 유사하다고 할 수 있어, 벤처캐피탈계약 및 책임보험계약에서 기존에 사용된 계약적 수단은 제3자 펀딩계약에 대하여도 유용한 의미를 가질 수 있을 것이다.

위와 같은 분석내용을 토대로, 이 장의 마지막 부분에서는 제3자 펀딩을 둘러싼 이해당사자 사이의 이해관계를 적정하게 조정하기 위한 주요 계약조항 내용을 구체적으로 설계해 본다.

I. 이해당사자들 사이의 이해상충으로 발생하는 위험

1 개요

제3자 펀딩의 이해당사자인 의뢰인, 제3자 펀딩업자, 소송대리인의 이해관계는 이하에서 자세히 분석하는 바와 같이 서로 다를 수 있다.[1] 그와 같은 이해관계의 분화로 인해 제3자 펀딩에서는 다양한 국면에서 이해상충이 발생하는데, 주된 양상은 ① 제3자 펀딩업자가 자신의 투자를 보호하고 감시한다는 명목으로 소송절차에 대한 통제권[2]을 행사하려 할 때, ② 화해로 조기에 분쟁을 종결할지 아니면 소송을 계속하여 판결을 받을지 여부에 관하여 서로 간의 이익이 충돌할 때, ③ 변호사 선임에 관하여 의뢰인과 제3자 펀딩업자의 의견이 충돌할 때, ④ 변호사가 제3자 펀딩업자와 의뢰인으로부터 서로 다른 지시를 받을 때 등에 나타난다.[3]

이하에서는 제3자 펀딩의 이해당사자들이 직면하는 이해상충의 원인과 양상을 분석함으로써 제3자 펀딩계약을 둘러싼 이해당사자들 사이의 이해관계를 합리적으로 조정하기 위한 계약적 해법의 이론적 기초를 제공할 것이다.

2 제3자 펀딩업자가 직면하는 위험

가. 대리문제

대리문제는 "'본인'으로 불리는 한 당사자의 복지가 대리인으로 불리는 다른 당사자의 행위에 달려 있는 경우"에 발생하는데, 그 문제의 본질은 어떻게 하면 "대리인으로 하여금 자신의 이익보다 본인의 이익을 위해 행동하도록 동기를 부여"함으로써 대리비용을 최소화할 수 있을지에 관한 문제라고 할 수 있다.[4] 여기서 대리문제는 "통상 대리인이 본인보다 관련 사실에 대해 우월한 정보를 갖기 때문에 본인이 대리인의 업무 수행이 약속과 일치하는지 여부를 쉽게 확인할 수 없다는 점"에서 기인한다고 할 수 있는데, 그러한 정보불균형의 상황에서 "대리인은 업무 수행의 질을 떨어뜨리거나 본인에게 약속한 것의 일부를 자신이 차지하는 등의 기회주의적으로 행동할 인센티브"가 발생한다고 할 수 있다.[5]

그런데 제3자 펀딩에서 발생하는 이해상충도 위와 같은 대리문제의 개념으로 설명할 수 있다. 제3자 펀딩에서의 대리문제는 앞서 살펴본 챔퍼티 금지로 대변되는 제3자 펀딩에 대한 법적·윤리적 제한으로 인하여 투자를 하는 제3자 펀딩업자가 아니라 투자를 받는 의뢰인이 투자의 성과를 좌우하는 소송행위에 대한 통제권을 행사할 수밖에 없기 때문에 발생한다고 볼 수 있다.[6] 즉 개념적으로 제3자 펀딩업자는 소송의 결과로 발생하는 수익에 대한 일정 지분을 구매하고 거기에 대한 대가로 소송비용을 지급했다고 볼 수 있으므로 (엄밀한 법적인 의미에서는 청구의 대상이 된 권리를 양수한 것은 아니라고 할지라도) 경제적인 의미 내지 효과로서는 청구의 대상이 된 권리를 일정 비율 취득하여 그에 대한 일종의 소유지분을 보유했다고 볼 수 있는 측면이 있다. 그런데 챔퍼티 금지와 같은 법적·윤리적 제약으로 인하여 제3자 펀딩업자가 자신의 소유지분에 상응하는 소송절차에 대한 지배권 내지 통제권을 이전받지 못하고, 그 지배권 내지 통제권이 해당 소유지분을 처분한 의뢰인에게 남게 되어 제3자 펀딩업자와 의뢰인 사이에 대리문제가 발생하는 것이다.[7]

구체적으로 소송수행과정이나 화해단계에서 제3자 펀딩업자는 다음과 같은 이익충돌로 인한 대리문제에 직면할 수 있다.

우선 소송수행과정을 보면, 의뢰인은 제3자 펀딩계약을 체결함으로써 소송비용에 대하여 책임을 부담하지 않으므로 제3자 펀딩업자와 비교하여 소송비용을 효율적으로 적정하게 소비할 인센티브가 작다. 또한 제3자 펀딩계약으로 인하여 패소의 위험을 제3자 펀딩업자에 이전하였기 때문에 소송수행을 함에 있어 지나치게 낙관적이거나 무모한 전략으로 임할 개연성이 크다.

의뢰인을 대리인으로 한 대리문제는 화해단계에서 극명하게 나타날 텐데, 패소의 위험을 이전하였고 소송비용에 대한 부담도 없는 의뢰인은 화해를 통해 분쟁을 해결할 수 있음에도 높은 금액으로 승소할 가능성을 염두에 두고 판결을 고집하거나, 자신이 원하는 높은 금액이 아니면 상대방의 화해조건에 응하지 않을 인센티브가 클 수 있다. 이럴 경우 상대방 당사자가 적정한 금액에 화해를 제안하였고 그 제안을 수용함으로써 일정 정도의 수익을 얻을 수 있었을 뿐만 아니라 추가적인 소송비용을 절감할 수도 있었던 제3자 펀딩업자의 이익은 훼손될 수 있다. 또한 의뢰인이 상대방 당사자와의 관계를 고려하여 비금전적 방법에 의한 화해를 선택할 경우에도 금전에 의한 투자회수를 필요로 하는 제3자 펀딩업자의 이익은 침해될 수 있다.[8]

나. 정보비대칭

제3자 펀딩업자와 의뢰인 사이의 관계에서 발생하는 대리문제는 그들 사이의 정보비대칭 관계로 인하여 더 심각해진다. 우선 그들 사이의 정보비대칭 양상을 살펴보면, 제3자 펀딩에서 제3자 펀딩업자의 수익을 결정하는 소송의 결과에 영향을 미치는 많은 정보, 즉 사실관계, 증인의 유불리, 증거자료의 유불리 등의 정보가 모두 의뢰인에게 있는 반면 제3자 펀딩업자는 그 정보에 접근할 수가 없어 제3자 펀딩업자와 의뢰인 사이의 정보불균형은 심각하다.[9] 그런데 그와 같은 정보비대칭을 더 악화시키는 것은, 의뢰인 또는 변호사가 소송 사건에 대한 정보를 제3자 펀딩업자에 공개하면 변호사-의뢰인 특권을 포기하는 것으로 인정되거나 변호사가 윤리기준상 비밀유지의무를 위반한 것으로 인정될 위험이 있기 때문에 의뢰인과 변호사 모두 제3자 펀딩업자에게 소송 사건에 대한 정보를 제공하는 것을 주저할 수 있다는 것

이다.10)

　이와 같은 정보비대칭 상황에서 의뢰인은 제3자 펀딩업자의 승소가능성 판단을 위해 필요한 정보와 자료 중 유리한 것만 제3자 펀딩업자에게 공개하고 불리한 것은 숨기거나 허위로 제공함으로써 제3자 펀딩업자로 하여금 펀딩 여부 내지 펀딩 보수 수준에 관하여 잘못된 의사결정을 유도할 수 있고, 이는 제3자 펀딩업자의 손실로 이어질 수 있다.

　한편 제3자 펀딩업자와 의뢰인 사이의 정보비대칭은 제3자 펀딩업자로 하여금 사전적으로는(*ex ante*) 정보 부족으로 인한 위험성으로 인하여 잠재적인 의뢰인을 위한 소송펀딩을 주저하게 할 것이고, 사후적으로는(ex post) 소송수행과정을 제대로 감시하거나 검증하지 못할 위험성으로 인하여 소송 종결 시까지 투자를 계속하기보다는 조기에 투자를 회수하도록 함으로써 제3자 펀딩의 기능과 존재의의도 위협할 수 있다.11)

　이와 같은 부작용을 막고 본인인 제3자 펀딩업자를 대리인인 의뢰인의 사기나 침묵을 통한 도덕적 해이로부터 보호하기 위해서는 의뢰인으로 하여금 소송상 청구에 대한 정확한 정보와 자료를 공개하도록 하고 그렇지 않을 경우 의뢰인에게 불이익을 줄 수 있는 계약구조를 설계하는 것이 필요하다.

다. 불확실성

　금융은 본래 그 자체로 불확실성을 내재하고 있는데, 제3자 펀딩 역시 그 대상이 되는 소송의 결과가 통계적이거나 객관적이지 않고 사실관계와 법적 주장의 전개에 따라 수시로 변할 수 있어 극단적인 불확실성을 특징으로 한다.12) 더구나 소송은 판사, 당사자, 변호사, 배심원 그리고 증인 등 다양한 이해관계자들의 상호작용에 의해 작동하는데, 그 상호작용은 상당 부분 다양한 이해관계자들의 평가, 감정 내지 편견과 같은 주관적이고 추상적인 요인들에 기반하고 있어, 소송의 결과는 더욱 예측하기 어려워진다.13) 그리고 제3자 펀딩업자 입장에서는 소송절차에 대한 통제권을 가진 의뢰인의 소송수행의 질이 결국 소송의 성과를 좌우할 것인데, 그와 같이 수익을 좌우할 의뢰인의 소송수행능력과 판단능력을 제3자 펀딩업자가 평가하기는

어려울 수 있다.14)

위와 같은 불확실성을 고려할 때, 소송의 초기에 아직 주장이나 증거도 제대로 개시되지 않은 상황에서 제3자 펀딩업자가 펀딩을 결정하는 것은 매우 위험할 수 있다.15) 따라서 제3자 펀딩업자로서는 그와 같은 위험을 관리하기 위해, 다각화된 포트폴리오 투자를 하고, 승소가능성에 대한 실사를 전제로 제3자 펀딩 여부를 결정하며, 펀딩 자금을 일시에 투자하기보다는 불확실성의 제거 정도를 봐가며 단계적으로 투자하는 방법 등을 사용할 필요가 있다.16)

3 의뢰인이 직면하는 위험

의뢰인과 제3자 펀딩업자 사이에서 대리인이라 할 수 있는 의뢰인의 행위로 제3자 펀딩업자의 이익이 침해될 여지가 있는 반면, 제3자 펀딩업자와 의뢰인 사이의 이익이 충돌하는 상황에서 제3자 펀딩업자의 기회주의적 행동으로 인하여 의뢰인의 이익이 침해될 여지도 있다. 특히 제3자 펀딩계약에 따라서는 제3자 펀딩업자에게 소송당사자에 준하는 정도로 소송절차에 대한 통제권을 부여하기도 하는데,17) 그럴 경우에는 제3자 펀딩업자의 기회주의적 행동으로 인하여 의뢰인이 이익이 침해될 가능성이 더 커질 것이다.

구체적인 경우를 살펴보면, 제3자 펀딩업자는 자신의 상위 투자자에 대한 의무로 인하여 그 투자자의 수익을 극대화하는 방향으로 자신의 투자를 관리하는데, 이 과정에서 투자자의 이익과 의뢰인의 이익이 충돌할 경우 투자자의 이익을 우선시할 수 있다.18) 예를 들어 소송의 성격과 내용에 따라 의뢰인은 비금전적인 구제방법을 선호할 수도 있는데, 제3자 펀딩업자는 투자수익을 최대화하기 위해 금전적인 구제방법을 강하게 권할 수 있다.19) 그리고 제3자 펀딩업자는 보통은 다수의 소송에 포트폴리오 투자를 하는 투자자인데, 그럴 경우 전체 포트폴리오의 수익률 관리를 위해 특정 의뢰인의 사건에 대하여는 그 의뢰인의 기대에 반하여 과소투자를 하거나 조기에 투자를 회수할 인센티브가 있을 수 있다.20)

한편 제3자 펀딩업자의 유형에 따를 때, 반복적 행위자로서의 제3자 펀딩업자의 경우 자신에게 우호적인 방향으로 시스템과 규칙을 변경하기 위해 특정 사건에 대하여는 승소금액에 따른 투자수익보다는 의미 있는 선례를 받아낼 목적으로 소송전략을 수립할 수도 있다.21) 다른 한편 신규 제3자 펀딩업자는 초기에 시장에서 확실한 명성을 구축하고자 자신이 투자한 사건에서 의미 있는 승소 판결을 끌어내기 위한 소송 전략을 수립하려 할 수 있는데 이는 의뢰인의 이해관계보다는 제3자 펀딩업자 자신의 이해관계를 좇은 기회주의적인 행위라 할 것이다.22)

또한 제3자 펀딩업자가 행사할 수 있는 영향력이 클 경우 화해단계에서 의뢰인과의 이해상충 여지가 커지는데, 우선 제3자 펀딩업자에게 투자자금 회수와 수익 실현이 중요하다는 관점에서 경우에 따라서는 제3자 펀딩업자가 조기에 투자수익을 확정하기 위해 의뢰인의 이익이나 의사에 반하여 화해를 택할 수도 있다.23) 이에 더하여 판결회수금액의 배분 순위에서 제3자 펀딩업자의 비용과 수익이 의뢰인의 몫보다 우선 배분된다는 점을 악용하여 화해금액이 제3자 펀딩업자 자신의 비용과 수익은 충당할 수 있지만 의뢰인의 몫은 충당할 수 없을 경우에도 제3자 펀딩업자가 화해를 고집할 경우 의뢰인은 화해로 받을 몫이 전혀 없을 수도 있다.24) 한편 제3자 펀딩업자의 보수조건상 소송기간이 길어질수록 제3자 펀딩업자의 보수가 높아질 경우 의뢰인은 화해를 원함에도 불구하고 제3자 펀딩업자는 소송기간을 늘리기 위해 판결을 고수할 수도 있다.25)

제3자 펀딩업자가 단계적 파이낸싱 방식으로 자금을 제공할 경우 중간단계에서 제3자 펀딩업자가 약속된 펀딩을 중단하거나 추가적인 펀딩을 하지 않음으로써 의뢰인의 소송수행에 심각한 차질을 빚을 수도 있다.26) 이러한 의뢰인의 피해는 제3자 펀딩업자가 임의로 제3자 펀딩계약을 해지할 경우에도 발생할 수 있다.27)

한편 제3자 펀딩업자가 소송의 결과에 투자를 하여 얻은 수익권을 유동화하여 이를 처분할 수 있는 2차적 시장이 형성되면, 제3자 펀딩업자는 자신이 인수한 소송 결과에 따른 위험 역시 외부에 전가할 수 있어, 제3자 펀딩업자의 기회주의적 행동의 위험은 더 커진다고 할 것이다.28)

4 소송대리인과 관련한 위험

일반적으로 소송대리인은 소송당사자인 의뢰인에 의해 선임되고 그로부터 보수를 받기로 하면서 독립적인 전문가적 판단에 의해 의뢰인을 위한 주의의무와 충실의무를 다하여 소송대리 업무를 수행해야 한다. 그런데 그 소송당사자가 제3자 펀딩업자로부터 제3자 펀딩을 받게 되면 소송대리인과 의뢰인/제3자 펀딩업자 삼자(三者) 관계에 이해상충이 발생하여 변호사의 전문가적 판단의 독립성 내지 변호사의 의뢰인에 대한 의무와 책임에 영향을 줄수 있다.[29]

소송대리인과 관련한 이해상충은 의뢰인과 소송대리인 사이의 관계에서 그들의 이익이 서로 충돌하는 상황으로 발생할 수도 있고(이하 "의뢰인과의 관점에서의 이해상충"), 소송대리인이 의뢰인과 제3자 펀딩업자 중 누구를 추종해야 하는지를 선택해야 하는 상황으로 발생할 수 있다(이하 "소송대리인 관점에서의 이해상충").

의뢰인과의 관점에서의 이해상충은 소송대리인이 의뢰인의 이익보다 소송대리인 자신의 이익을 우선시할 인센티브가 있을 때 발생할 수 있다. 반복적 행위자인 소송대리인으로서는 일회적 이용자인 의뢰인과의 관계에서는 장기적으로 얻을 이익이 특별히 없는 반면 같은 반복적 행위자인 제3자 펀딩업자로부터는 반복적으로 소송 사건을 소개받을 수 있는 이익을 기대할 수 있다. 이러한 자신의 이익을 추구하기 위해 소송대리인이 의뢰인의 이익을 희생시킬 인센티브는 충분히 있다. 이와 같은 소송대리인의 재무적 이해상충은 소송대리인이 제3자 펀딩업자의 회사지분을 소유한다든지 제3자 펀딩업자로부터 직접 수익을 분배받을 수 있는 가능성이 있을 경우에도 발생할 수 있다.[30]

한편, 소송대리인 관점에서의 이해상충은, 소송대리인과의 소송위임계약 주체를 의뢰인과 제3자 펀딩업자 중 누구로 할 것인가의 문제 또는 소송대리인이 제3자 펀딩업자와 의뢰인의 지시 중 누구의 지시를 우선해야 하는지의 문제와 관련이 있다. 제3자 펀딩 상황에서 일반적으로는 소송당사자가 직접 소송대리인을 결정하고 소송위임계약 역시 소송당사자와 소송대리인 사이에 직접 체결될 것인데, 경우에 따라서는 제3자 펀딩업자가 소송대리인을 결정하고 더 나아가 자신도 소송당사자와 함께 공동의뢰인의 지위에서 소송대리인과의 소송위임계약을 체결할 수도 있다.31) 그러나 실무에서는 후자의 경우뿐만 아니라 전자의 경우에도, 즉 형식적으로 소송당사자만이 소송대리인에 대하여 의뢰인의 지위를 가지는 경우에도, 제3자 펀딩업자가 소송절차에 영향력을 행사하면서 소송대리인에게 직접 지시를 하는 사례가 있는데, 제3자 펀딩업자의 지시가 의뢰인의 이익과 충돌하는 경우 소송대리인으로서는 누구를 위하여 변호사로서의 윤리적 의무와 책임을 부담해야 하는지가 문제될 수 있다.32)

궁극적으로 소송대리인과 관련한 이해상충 문제는 뒤에서 살펴볼 변호사 윤리기준과도 관련이 있고, 의뢰인의 소송절차에 대한 통제권 내지 제3자 펀딩업자의 권한과 역할 문제와도 연결이 된다고 할 것이다.

II. 제3자 펀딩계약이 고려해야 할 규범적 한계

1 제3자 펀딩계약의 유효성과 적법성에 관련된 법적 제한

앞서 제3자 펀딩에 관한 이론과 비교법 연구에서도 확인한 바와 같이, 영미 보통법 국가의 경우, 챔퍼티 금지 법리가 존속하는 국가에서는 챔퍼티 금지 법리에 의해, 챔퍼티 금지 법리가 폐기된 국가에서는 공서양속 법리에 의해, 챔퍼티적 요소를 포함한 제3자 펀딩계약은 무효로 될 수 있다. 이처럼 제3자 펀딩계약을 무효로 하는 챔퍼티 기준은 판례마다 조금씩 다르기는 하지만, 제3자 펀딩업자에게 소송절차에 대한 통제권을 부여하였는지 여부가 가장 중요한 기준이 된다.33) 그 외의 요인으로는 제3자 펀딩업자의 펀딩보수가 지나치게 높거나 제3자 펀딩업자가 부적절한 동기로 무모하거나 근거없는 소송을 부추기는 경우에도 제3자 펀딩계약을 무효로 할 만한 챔퍼티적 요소로 인정될 수 있다.34) 그러나 제3자 펀딩업자가 소송대리인을 선택할 수 있는 권한을 가지는 점, 제3자 펀딩업자가 의뢰인이나 소송대리인으로부터 소송의 진행경과를 보고받을 수 있는 권한을 가지는 점, 의뢰인이 소송대리인의 합리적인 조언에 따라 소송행위를 하여야 한다는 의무를 부담하는 점 등의 사정만으로는 제3자 펀딩계약을 무효로 하지 못한다.[35]

미국의 경우에는 챔퍼티 금지 법리 이외에도 제3자 펀딩업자의 펀딩보수가 지나치게 높은 경우 고리대금 법리 또는 비양심성 법리에 의해 제3자 펀딩계약이 무효로 될 여지도 있다.

한편 국내의 경우에는 영미의 챔퍼티 금지 법리, 공서양속 법리, 고리대금 법리 또는 비양심성 법리에 대응할 만한 법리로서 민법 제103조의 반사회적 법률행위 법리를 생각해 볼 수 있다. 아직 국내에서 제3자 펀딩이 활용된 바가 없고 제3자 펀딩에 민법 제103조를 적용한 사례도 없으므로 민법 제103조 적용에 관한 확정적인 기준을 제시할 수는 없을 것이다. 그러나 영미권에서 챔퍼티 금지 법리 등을 통해 보호하고자 한 공적인 가치, 즉 소송절차의 온전성과 공정성은 국내법 질서에서도 당연히 보호되어야 하는 법익이고, 제3자 펀딩업자의 소송행위 간섭으로 인해 소송절차를 왜곡시키거나 타락시킬 위험은 국내의 사회질서에서도 용인할 수 없을 것이다. 그렇다면 국내에서 제3자 펀딩업자가 당사자를 대신하여 소송절차를 통제하도록 하는 제3자 펀딩계약이 문제될 경우에는 민법 제103조에 의해 그 계약을 무효로 볼 가능성도 없다고는 할 수 없을 것이다.

2 변호사윤리기준

가. 문제의 소재

소송대리인과 의뢰인/제3자 펀딩업자 사이의 이해상충 가능성은 변호사의 전문가적 판단의 독립성 유지의무와 이해상충 방지의무와 같이 의뢰인에 대한 윤리적 의무와 책임을 규정한 변호사윤리기준 위반으로 이어질 개연성이 높다. 따라서 이하에서는 제3자 펀딩과 관련한 문헌에서 주로 인용되는 미국변호사협회의 모범 변호사직무행위규칙(이하 "미국 변호사윤리규칙")[36]을 중심으로 제3자 펀딩 상황에서 소송대리인이 위반할 여지가 있는 변호사의 윤리적 의무와 책임을 살펴보고, 그 위반을 막기 위해 소송대리인과 의뢰인/

제3자 펀딩업자 사이의 계약관계에서 주의해야 할 사항을 검토한다. 그 과정에서 국내의 변호사윤리기준으로서 변호사법이나 대한변호사협회 변호사윤리장전에서 참고할 만한 조항이 있을 경우, 그 내용도 언급한다.

나. 이해상충 방지 관련 규정

(1) 변호사의 의뢰인에 대한 의무와 제3자에 대한 이해관계의 경합

미국 변호사윤리규칙 제1.7(a)(2)조[37)]에 따를 때, 변호사가 제3자 펀딩업자와 직접적인 직무상 관계를 가지거나 제3자 펀딩업자와 재무적 이해관계를 가지면 이해상충이 발생하는데, 그 예로는 변호사가 제3자 펀딩업자에 투자하거나 제3자 펀딩업자와 사업관계를 맺는 경우를 들 수 있다.[38)]

이러한 재무적 이해관계와 관련하여, 앞서도 언급한 바와 같이, 변호사와 제3자 펀딩업자는 반복적 행위자로서 서로 계속적 관계를 유지하면서 변호사가 제3자 펀딩업자에게 펀딩을 필요로 하는 소송 사건을 소개하는 일이 빈번할 수 있고,[39)] 경우에 따라서는 변호사가 제3자 펀딩업자로부터 소정의 소개료를 받으려 할 수도 있다.[40)] 이 경우 변호사는 제3자 펀딩업자와 의뢰인 사이의 이해관계가 일치하지 않을 때 의뢰인보다 제3자 펀딩업자의 이해관계를 우선시할 인센티브를 가질 수밖에 없을 것이고, 이는 의뢰인의 이익에 심각한 손해를 끼칠 수 있다. 이러한 이유로 변호사는 원칙적으로 제3자 펀딩업자로부터 소개료를 받을 수 없다고 보아야 할 것이다.[41)]

위와 같은 재무적 이해상충을 방지하기 위해서는 제3자 펀딩업자로 하여금 제3자 펀딩계약서를 통해 소송대리인인 변호사와 사이에 가지는 재무적 이해관계를 모두 공개하였다는 점과 소송대리인인 변호사에게 소개료를 지급하지 않았다는 점 등을 미리 진술하고 보장하도록 하는 것이 중요할 것이다.[42)]

한편 변호사가 중립적으로 승소금액을 보관하다가 제3자 펀딩계약이 정한 바에 따라 단순히 제3자 펀딩업자에게 승소금액 중 그의 몫에 해당하는 금액을 지급하는 것만으로는 재무적 이해상충이 발생하지 않는다고 보아야 할 것이다.[43)]

(2) 변호사와 의뢰인 사이의 직접적인 사업거래

미국 변호사윤리규칙 제1.8(a)조에 따르면, 변호사는 원칙적으로 일정한 조건을 충족하지 않으면 의뢰인과 직접 사업거래를 해서는 안 된다. 이와 관련하여 제3자 펀딩에서 성공보수 약정을 한 변호사와 의뢰인 사이의 관계가 위 조항에서 언급하는 변호사와 의뢰인 간의 사업거래에 해당할 수 있다고 주장하는 견해도 있다.44) 그러나 변호사의 보수조건으로서 성공보수약정은 미국 변호사윤리규칙상으로도 허용되는 것이고, 성공보수약정을 하였다고 하여 변호사와 의뢰인 사이에 직접적인 사업관계가 있다고 간주할 수는 없으므로, 위 견해는 설득력이 떨어진다.

(3) 변호사의 의뢰인에 대한 금융적 지원

미국 변호사윤리규칙 제1.8(e)조는 "변호사가 계속 중이거나 예정된 소송과 관련하여 의뢰인에게 금융적 지원을 제공해서는 안 된다"고 규정하고, 제1.8(i)조는 "변호사가 [...] 소송의 청구원인이나 대상에 대하여 재산상 이해관계를 취득하여서는 안 된다"고 규정하면서, 소위 성공보수약정 등은 예외로 규정하고 있다.45) 그런데 일반적인 제3자 펀딩 거래구조에서는 제3자 펀딩업자가 의뢰인에게 소송비용 등에 대한 금융적 지원을 제공하고 변호사는 제3자 펀딩을 받은 의뢰인으로부터 변호사 보수를 지급받을 것이므로, 위 규정들은 통상적인 제3자 펀딩 거래유형에는 적용되지 않을 것이다.46)

(4) 변호사의 보수

미국 변호사윤리규칙 제1.5조는 변호사 보수가 비합리적이어서는 안 된다고 규정하는데, 제3자 펀딩 상황에서도 변호사의 보수가 비합리적일 정도로 과다하게 책정되어서는 안 될 것이다.47) 승소 시 판결회수금액을 배분할 때 변호사 보수를 포함하여 제3자 펀딩업자가 제공한 소송비용이 의뢰인의 몫보다 먼저 배분되므로 변호사의 보수가 지나치게 과다할 경우 의뢰인의 몫이 줄어들 수 있기 때문이다.

(5) 변호사 해임과 교체

미국 변호사윤리규칙 제1.16(a)(3)조[48]와 제1.16(c)조[49]에 의할 때, 의뢰인이 변호사를 해임할 권리를 제한할 수는 없다고 할 것이다.[50] 그런데 위 규정은 의뢰인과 소송대리인인 변호사 사이의 관계에 적용되는 것이므로, 변호사를 당사자로 포함하지 않은 제3자 펀딩계약에서 제3자 펀딩업자와 의뢰인 사이의 계약관계로서 의뢰인이 변호사를 해임할 수 있는 권리를 제한하거나 제3자 펀딩업자에게 변호사를 교체할 수 있는 권리를 부여하더라도 위 규정에 직접 위반한 것으로 보기는 어려울 것이다.[51] 다만, 법원에 따라서는 제3자 펀딩계약에서 의뢰인의 위와 같은 권리를 제한하는 조항의 유효성이 부정될 가능성도 있다고 한다.[52] 요컨대 의뢰인과 소송대리인인 변호사 사이의 관계에서가 아니라, 의뢰인과 제3자 펀딩업자 사이에 관계에서 제3자 펀딩업자가 의뢰인의 소송대리인에 대한 권리를 제한하는 문제는 변호사윤리기준의 문제라기보다는 제3자 펀딩업자의 소송절차 개입 문제로서 앞에서 본 챔퍼티 금지 법리 등의 기준에 따라 판단해야 할 것이다.

다. 변호사의 전문가적 판단의 독립성 관련 규정

(1) 제3자 펀딩업자의 소송절차에 대한 지나친 개입

변호사의 윤리적 의무로서 가장 중요하다고 할 수 있는 전문가적 판단의 독립성과 관련하여 미국 변호사윤리규칙 제2.1조는 "변호사가 독립적으로 전문가적 판단을 내리고 솔직한 자문을 제공해야 한다"고 규정하고, 제5.4(c)조는 제3자가 변호사의 전문가적 판단을 지시하거나 통제하도록 해서는 안된다고 규정하고 있다. 국내 변호사법 제2조 역시 비슷한 취지로 "변호사는 공공성을 지닌 법률 전문직으로서 독립하여 자유롭게 그 직무를 수행한다"고 규정하고, 변호사윤리장전 제2조 제1항도 "변호사는 공정하고 성실하게 독립하여 직무를 수행한다"고 규정한다. 따라서 제3자 펀딩업자가 소송행위에 대한 결정 권한을 가지려 하거나 소송절차에 대한 통제권을 행사하면서 소송대리인으로 하여금 자신의 지시에 따르도록 하는 것은 위와 같은 규정에 위반한 것으로 인정될 것이다.[53]

구체적으로 제3자 펀딩에서 위 규정이 구체적으로 문제될 수 있는 상황으로는, ① 소송대리인이 제3자 펀딩업자의 지시와 결정에 따라 증거신청, 청구취지 변경신청 등의 주요한 소송행위를 대리하였으나 의뢰인도 그 취지에 묵시적으로나 사후적으로 동의한 경우, ② 의뢰인이 소송대리인으로 하여금 제3자 펀딩업자의 지시와 결정에 따르도록 사전에 허락한 경우, ③ 제3자 펀딩업자의 지시와 결정이 있었음에도 불구하고 소송대리인이 자신의 독립적인 판단에 따라 소송행위를 대리하였으나 결과적으로 그 내용이 제3자 펀딩업자의 지시와 결정에 부합하는 경우 등을 들 수 있다. 위 상황 중 ③의 경우에는 소송대리인의 직무수행과정 자체가 독립적이었으므로, 위 변호사윤리규칙에 위반될 여지가 없을 것이다. 문제는 위 ①과 ②의 경우인데, 위 변호사윤리규칙과 관련하여 미국변호사협회 윤리보고서는 의뢰인의 동의가 있는 경우 소송대리인의 위와 같은 직무상 독립성 의무의 범위가 제한될 수 있다고 하면서도 그 제한의 정도는 합리적이어야 한다는 단서를 붙이고 있어 이에 대한 입장이 분명하지 않다.54) 다만 미국변호사협회 윤리보고서는 위 변호사윤리규칙과는 별도로 위와 같이 소송대리인이 제3자 펀딩업자의 지시와 결정에 따르도록 하는 것은 의뢰인의 동의가 있었더라도 챔퍼티 금지 법리에는 위반할 수 있다는 점을 덧붙이고 있다.55)

검토컨대, 의뢰인의 동의로 변호사윤리규칙에 규정된 독립성 의무를 포기하거나 완화할 수 있다면, 의뢰인에 대하여 경제적으로나 사회적으로 우월한 지위를 가진 제3자가 소송대리인을 통해 분쟁에 개입하고자 의뢰인의 동의를 강요하는 부작용이 발생할 수 있고, 변호사 직무의 공공성과 신뢰성이 훼손될 위험도 커질 것이다. 따라서 변호사윤리규칙에 규정된 변호사의 전문가적 판단의 독립성 의무는 공적인 의무로서 의뢰인의 동의로 포기하거나 완화할 수 없다고 보아야 한다. 설령 소송대리인이 제3자 펀딩업자의 지시와 결정을 따르더라도 의뢰인의 동의가 있으면 변호사윤리규칙에 위반되지 않는다고 보더라도, 그럴 경우 챔퍼티 금지 법리나 공서양속에 의해 제3자 펀딩계약이 무효가 될 수 있으므로, 의뢰인과 제3자 펀딩업자 및 소송대리인의 합의로도 소송대리인이 제3자 펀딩업자의 지시와 결정에 따르도록 할 수는 없다고 보아야 한다.

(2) 제3자 펀딩업자의 화해 결정에 대한 지나친 개입

화해 단계에서 미국 변호사윤리규칙 제1.2(a)조에 따르면 변호사는 화해를 할지 여부의 결정에 있어 의뢰인과 상의를 해야 하고 의뢰인의 결정을 따라야 한다. 앞에서도 살펴본 바와 같이 화해와 관련하여 제3자 펀딩업자와 의뢰인 사이의 이해관계가 충돌할 여지는 크다. 이러한 상황에서 의뢰인에게 화해를 할지 여부에 관하여 자문을 하는 변호사로서는 제3자 펀딩업자나 자신의 이해관계보다는 의뢰인의 이해관계에 기초한 자문을 해야 하며, 제3자 펀딩계약상 규정된 자신의 보수조건에 의해서도 영향을 받아서는 안 된다.56)

한편, 제3자 펀딩업자와 의뢰인 사이의 계약에서 화해 결정을 하기 전에 의뢰인으로 하여금 제3자 펀딩업자와 상의를 하도록 요구하거나 화해 결정을 승인할 권리를 제3자 펀딩업자에게 부여하도록 합의하더라도 위 변호사윤리규칙만으로 그 합의의 효력을 무효로 하지는 못할 것이다.57) 그러나 의뢰인을 대리하는 변호사의 관점에서는, 위와 같은 내용의 합의에 의해 변호사가 제3자 펀딩업자로부터 화해 결정에 대한 승인을 받도록 요구하는 것은 변호사의 전문가적 판단의 독립성을 훼손하는 것이라 볼 수 있다.58)

(3) 변호사와 비변호사 사이의 보수 분배 금지

미국 변호사윤리규칙 제5.4(a)조는 일부 예외를 제외하고는 변호사와 비변호사가 보수를 분배하는 것을 금지시키는데, 그 목적은 제3자의 지시나 간섭으로부터 변호사의 전문가적 판단의 독립성을 보호하기 위한 것이다.59) 한편 국내 변호사법 제34조 제5항도 "변호사가 아닌 자는 변호사가 아니면 할 수 없는 업무를 통하여 보수나 그 밖의 이익을 분배받아서는 아니 된다"고 규정하고 변호사윤리장전 제34조 제1항 본문도 같은 취지를 규정하고 있다.

그런데 제3자 펀딩에서 변호사가 상대방으로부터 추심하여 에스크로계좌에 입금한 승소금액으로부터 제3자 펀딩업자가 자신의 펀딩 보수를 분배받는

다면 이는 변호사가 비변호사에게 보수를 분배한 것으로 간주되어 위 규정을 위반하는 것이 아닌지가 문제될 수 있다. 그러나, 일반적인 제3자 펀딩계약 관행에 따라 제3자 펀딩업자가 변호사와 계약을 체결하지 않고 소송당사자인 의뢰인과 사이에 직접 제3자 펀딩계약을 체결한다면, 제3자 펀딩업자는 그 계약상 상대방인 의뢰인으로부터 자신의 펀딩 보수 명목의 금원을 지급받은 것이 되기 때문에 위 금지규정을 위반한 것으로 간주되지는 않는다.[60]

(4) 제3자로부터의 소송대리에 대한 보상 수령 금지

미국 변호사윤리규칙 제1.8(f)조[61] 및 제5.4(c)조[62]는 소정의 요건을 갖추지 않으면 변호사가 소송을 대리하는 것에 대한 보상을 제3자로부터 받는 것을 금지시키고 있는데, 제3자 펀딩 상황에서 변호사 보수가 제3자 펀딩업자로부터 지급되면 위 규정을 위반할 여지가 있을 수 있다.[63] 다만, 의뢰인이 동의를 할 경우에는 위 금지의무가 적용되지 않는데, 만약 제3자 펀딩업자가 변호사에게 직접 보수를 지급할 경우라면 그러한 보수지급조건은 이미 의뢰인과 제3자 펀딩업자 사이의 계약 또는 의뢰인과 변호사 사이의 계약에 반영되어 있을 것이다. 이와 같이 변호사의 보수를 제3자가 지급하는 조건을 반영한 계약서에 의뢰인이 서명하였다면 의뢰인은 위와 같은 제3자에 의한 보수 지급에 동의한 것으로 볼 수 있으므로, 변호사 보수를 제3자 펀딩업자가 지급하였더라도 위 금지의무를 위반한 것으로 볼 수는 없을 것이다.[64] 그러나 계약 형식적으로 제3자 펀딩업자가 직접 변호사에게 보수를 지급하는 방식보다는 통상적인 관행에 따라 의뢰인이 제3자 펀딩업자로부터 소송비용에 충당할 자금을 받아 그 자금으로 의뢰인 자신이 직접 변호사에게 보수를 지급하도록 하는 것이 위 금지의무 규정 준수와 관련하여 더 안전한 방법이 될 수 있을 것이다.[65]

③ 제3자 펀딩업자가 준수해야 할 자율규범

앞서 비교법 연구에서 살펴본 바와 같이, 영국의 경우 영국 소송펀딩업자협회가 소송펀딩업자들의 자율규범으로 공표한 영국 행위규약이 있고, 싱가포르의 경우 싱가포르 법률협회와 싱가포르 중재인협회 등이 업계의 모범관행으로 발표한 실무준칙이 있으며, 홍콩의 경우 법무부장관이 공표한 실무규약이 있다. 이 중 영국 행위규약과 싱가포르 실무준칙의 경우에는 그 성격이 사적인 자율규범이라는 점에 별 의문이 없으나, 홍콩의 실무규약은 법무부장관이 홍콩 개정법의 위임을 받아 제정·공표한 규정이라는 점에서 강제력을 가진 공적 규제법이 아닌가 하는 의문이 생길 수 있지만, 그 내용과 체계 및 집행원리를 보면 영국 행위규약과 같은 연성규범의 범주에 속한다고 보는 것이 타당하다.

위 자율규범의 구체적인 내용은 이미 앞의 비교법 연구에서 다루었기 때문에, 여기서 반복하지는 않겠지만, 그 주요 내용만 간략히 요약하자면, 위 자율규범은 제3자 펀딩업자가 소송절차에 대한 통제권을 행사해서는 안 되고, 제3자 펀딩업자가 소송대리인으로 하여금 변호사윤리기준을 위반하도록 해서는 안 되며, 제3자 펀딩업자가 제한된 사유로만 계약을 해지할 수 있다는 내용 등을 규정하고 있다. 이와 같은 자율적인 행위준칙은 기본적으로 영미의 법원이 제3자 펀딩을 무효로 판단함에 있어 근거로 삼은 챔퍼티적 요소를 반영한 것으로서 그 기준을 준수할 경우 제3자 펀딩계약이 무효로 판단될 가능성을 많이 줄일 수 있을 것이다. 따라서 제3자 펀딩계약을 설계함에 있어서는 위 자율규범 역시 중요한 기준으로 참고해야 할 것이다.

다른 금융계약으로부터의 차용가능성과 그 한계

I. 문제의 소재

제3자 펀딩은 비교적 새로이 등장하고 있는 금융거래라 할 수 있고, 실무상 계약당사자 사이의 비밀유지약정으로 인해 계약서가 공개되지 않는다. 이러한 이유로 제3자 펀딩계약의 구체적인 계약관계를 이론적으로나 실무적으로 검토하고 설계하는 데에는 일부 어려운 점이 있을 수 있다. 그러나 기존의 다른 금융 영역의 계약을 보면, 제3자 펀딩의 거래구조에 내재된 위험 내지 제3자 펀딩을 둘러싼 이해당사자들이 직면해야 하는 위험과 유사한 것을 다루고 해결해야 했던 금융계약 유형을 발견할 수 있다. 그 대표적인 예가 벤처캐피탈리스트와 벤처기업 사이의 계약 그리고 책임보험의 보험자와 피보험자 사이의 계약이라 할 수 있다.

위와 같은 점에 착안하여, 이하에서는 제3자 펀딩을 둘러싼 이해당사자 사이의 계약관계를 적정하게 설계하기 위한 방법으로 벤처캐피탈계약 및 책임보험계약에서 기존에 사용된 계약적 수단을 차용할 수 있을지 그리고 그 한계는 무엇일지에 관하여 검토한다.

II. 벤처캐피탈계약으로부터의 차용가능성

1 벤처캐피탈과 제3자 펀딩 사이의 유사성

가. 벤처캐피탈의 특징과 고유의 위험

우선 개념을 살펴보자면, "벤처캐피탈리스트는 자기의 자본을 이용하거나 펀드를 형성하여 벤처기업에 주식 또는 주식연계 투자를 하는 데 주도적인 역할을 하는 자로서 벤처캐피탈 펀드운영과 투자의사 결정의 주체가 되는 자"를 말하며, "벤처캐피탈 또는 벤처캐피탈 펀드는 벤처기업에 주식 또는 주식연계 투자를 하여 벤처기업의 위험을 공유하는 동시에 자본이득을 얻을 목적으로 조성되어 관리되는 자금"을 말한다.[66] 벤처캐피탈리스트는 불확실성이 크고 고도의 위험을 수반한 벤처사업에 대한 투자를 전문으로 하는 투자자로서 이해관계자들의 기회주의적인 행동 및 사업운영상 위험을 관리할 수 있는 전문적인 노하우 및 계약수단을 사용하여 해당 벤처기업에 필요한 금전적 조력뿐만 아니라 경영상의 지원과 조언 등의 비금전적 조력도 제공하는 역할을 수행한다.[67]

보통 금융계약은 불확실성, 정보비대칭, 대리비용에 따른 문제를 해결하기 위해 설계된다.[68]

벤처캐피탈의 경우도, 금융대상인 벤처기업의 사업이 초기 단계에 있고 벤처기업 경영진의 능력도 검증되지 않았으며, 사업의 기초가 되는 기술의 시장성에 대해서도 확신을 할 수 없으므로, 그러한 기업에 대한 투자는 고도의 불확실성과 실패위험을 특징으로 한다고 할 수 있고, 통계적으로도 벤처캐피탈 투자가 성공할 확률은 낮은 것으로 알려져 있다.[69]

정보의 편재(偏在) 측면에서도, 벤처캐피탈은 심각한 문제를 안고 있다. 보통 벤처기업이 가진 첨단과학을 수반한 고도의 기술에 대하여 벤처기업가는 충분한 지식을 가질 수 있는 반면 비전문가인 제3자는 그러한 기술에 대해 잘 알기 어려운 점이 있기 때문이다.[70] 특히 벤처기업 사업의 성공은 벤처기업가의 능력, 비전 그리고 의지 등에 달려 있는 측면이 큰데, 투자 여부를 결정하는 시점에 벤처캐피탈리스트가 벤처기업가의 그와 같은 주관적이고 추상적인 특징을 제대로 파악하기는 어려운 부분 역시 양자 간의 정보비대칭을 악화시키는 요인이라 할 것이다.[71]

그리고 벤처캐피탈에서는 벤처기업가가 벤처캐피탈펀드로부터 타인의 자금을 공급받아 회사를 운영하고, 그 사업의 성공이 벤처기업가의 노력에 달려 있다는 점에서 대리문제가 발생하고, 벤처기업가는 더 많은 위험을 감수하며 오랫동안 투자를 받으려 하는 반면 벤처캐피탈리스트는 가능한 한 조기에 투자를 청산할 인센티브를 가질 수 있다는 점에서 양자 간의 이해관계가 서로 충돌한다.[72]

나. 벤처캐피탈과 제3자 펀딩에 내재된 위험의 유사성

앞서 여러 측면에서 검토한 제3자 펀딩의 위험과 특징을 다시 상기해 보면, 위에서 본 벤처캐피탈의 주요 위험과 상당히 흡사하다는 점을 알 수 있다.

우선 불확실성 측면에서 사법절차의 결과를 통계적으로나 객관적으로 예측하기는 어렵다는 점을 고려하면 제3자 펀딩업자가 소송상 청구에 투자하는 것은 벤처기업에 대한 투자 못지않게 불확실성을 특징으로 하는 투자라 할 수 있다.

정보비대칭의 면에서도 소송의 결과에 영향을 미치는 주요 사실관계, 불리한 자료 및 증인 등에 대한 정보를 의뢰인만이 가지고 있다는 점을 고려할 때 제3자 펀딩업자는 벤처캐피탈리스트와 마찬가지로 정보의 구조적 편재를 염려해야 하는 상황에 처해 있다.

그리고 제3자 펀딩에서 투자의 대상인 소송의 성공은 소송수행에 있어 의뢰인과 소송대리인의 노력과 협력에 달려 있기 때문에 제3자 펀딩업자 역시 대리문제에 노출되어 있다.[73]

이와 같이 벤처캐피탈에 내재된 위험과 제3자 펀딩에 내재된 위험 사이에 유사성이 있으므로, 기존 벤처캐피탈 계약에서 자기의 고유 위험을 해결하기 위해 사용한 계약적 수단은 제3자 펀딩계약에 내재된 위험을 해결하는데에도 큰 시사점을 줄 수 있다. 이에 이하에서는 항을 달리하여 벤처캐피탈 계약에서 이해당사자들 사이의 정보비대칭, 불확실성, 대리문제를 해결하기 위해 사용한 계약적 수단을 살펴보고 이를 제3자 펀딩계약을 위해 응용하거나 차용할 수 있을지를 검토한다.

② 벤처캐피탈계약에 내재된 위험을 해결하고 당사자들의 이해관계를 조정하기 위해 사용하는 주요 장치

가. 벤처캐피탈리스트를 보호하기 위한 수단

벤처캐피탈리스트의 이익을 보호하기 위해서는, 벤처기업의 경영에 대한 벤처캐피탈리스트의 유효한 통제와 감시권을 인정하고, 벤처기업가의 경영상 보수를 벤처기업의 성공과 연계시키며, 벤처기업가가 계약에서 약속한 중간 목표를 달성하여 벤처캐피탈리스트의 사업성과에 대한 기대를 충족시켜야 추가펀딩이 가능하도록 하는 펀딩방식을 설정하는 것이 중요하다.[74] 이를 위해 벤처캐피탈계약에는 벤처캐피탈리스트의 정보요구권, 벤처캐피탈리스트가 이사회 구성에 참여할 권리, 단계적 파이낸싱(staged financing), 주식매수선택권 방식의 벤처기업가 보수체계 등의 내용이 포함된다.[75] 이 중 단계적 파이낸싱이 "불확실성 및 정보의 불균형과 대리인 문제를 모두 해결하기 위한 매우 강력한 통제수단"이라 할 수 있는데, 이에 대하여는 뒤에서 별도의 항으로 좀 더 자세히 검토하기로 한다.

나. 벤처기업가를 보호하기 위한 수단

벤처캐피탈리스트도 벤처기업가에 대하여 기회주의적 행동을 할 수 있는데, 예를 들어 사업전략을 자문하고 유용한 사업정보를 제공하며 유능한 임직원의 채용을 돕는 등의 비금전적 경영지원을 하기로 당초 약속하고도 이를 이행하지 않거나, 단계적 파이낸싱 방식에서 추가 펀딩을 거절할 수도 있고, 벤처기업가의 이익에 반해 조기 투자자금 회수 전략에 따라 벤처기업가의 의사와 이익에 반하여 투자자금 회수 시점을 결정할 수 있는 것이다.[76] 이러한 벤처캐피탈리스트의 기회주의적 행동으로부터 벤처기업가의 이익을 보호하기 위한 방법으로는 명성(reputation) 시장 작동에 의한 명성 손실의 위협으로 벤처캐피탈리스트로 하여금 기회주의적 행동을 억제하도록 하는 방법과 벤처기업가가 신디케이션 방식에 의해 다수의 투자자로부터 투자를 받는 방법 등이 유용할 수 있다고 한다.[77]

3 벤처캐피탈과 제3자 펀딩의 차이점 및 그로 인한 차용의 한계

벤처캐피탈계약에서 대리문제 등으로 인한 이해당사자들 사이의 이해충돌을 해결하기 위해 사용하는 계약적 수단은 비슷한 문제에 직면하는 제3자 펀딩계약에도 큰 시사점을 주는 게 사실이다. 그러나 투자대상으로서의 벤처기업(엄밀히 말하자면 벤처기업의 주식일 것이다)과 소송(엄밀히 말하자면 원고가 받는 승소 판결금액에 대한 일정 지분일 것이다) 사이에는 그 성격상 큰 차이가 있어 벤처캐피탈계약에서 사용하는 계약조항을 그대로 차용하기에는 일정한 한계가 있을 수 있다.

사적인 영역의 벤처기업과 달리 소송은 그 존재와 유효성을 위해 국가기관과 국가의 법체계에 의존해야 하는 일종의 공공재이고, 벤처기업의 사업은 기본적으로 경영진을 비롯하여 내부자들이 주로 관계된 반면 소송은 펀딩을 받는 의뢰인 이외에도 판사, 상대방 당사자, 변호사, 배심원 등 많은 외부자들이 관계되어 있어, 소송에 대한 투자의 경우에는 고려해야 할 요인이 훨씬 많을 수 있다.[78] 그리고 제3자 펀딩은 기능과 목적 측면에서도 고위험을 가진 사기업을 위한 자금조달 목적의 벤처캐피탈과 달리 헌법과 민사절차법상의 국민의 재판청구권 및 사법에 대한 접근권을 증진시킨다는 지극히 공익적인 목적을 추구하고 있어서 제3자 펀딩업자에게 아무런 제한 없이 펀딩을 중단하거나 투자자금을 언제든 회수할 수 있는 권리를 인정하는 것은 공익적인 관점에서 문제가 있을 수 있다.[79]

위와 같은 제3자 펀딩이 다뤄야 하는 소송의 공적인 성격으로 인하여 앞서 살펴본 것처럼 제3자 펀딩에는 메인터넌스 및 챔퍼티 금지 법리, 고리대금 규제, 변호사윤리기준 등에 따른 법적·윤리적 제약이 따른다. 이로 인하여, 대리문제를 해결하기 위해 벤처캐피탈리스트에 상당한 정도로 벤처기업 경영을 감시하고 통제할 수 있는 권한을 부여할 수 있는 벤처캐피탈계약과 달리, 제3자 펀딩에서는 제3자 펀딩업자에게 소송상 청구에 대한 통제권을 부여하지 못한다. 그리고 제3자 펀딩업자가 투자자로서 투자자금을 조기에 회수할 수 있는 유일한 수단인 화해결정과 관련하여서도 제3자 펀딩업자는 그 최종적인 결정권을 가지지 못한다. 이러한 제약으로 인하여 세계적인 제3자 펀딩업자들은 보통 소송수행이나 화해결정에 대한 자신의 통제권을 부정하고 이를 의뢰인과 소송대리인에게 부여하는 경향이 있다.[80]

4 단계적 파이낸싱 방식의 차용

가. 단계적 파이낸싱에 대한 개관

원래 벤처캐피탈에서 널리 사용되는 단계적 파이낸싱 방식은 "투자대상 벤처기업의 사업계획상 필요한 모든 자금을 일시에 전부 투자하지 않고 투자를 여러 단계로 구분하여 각 단계별로 벤처캐피탈리스트가 주기적으로 투자대상 회사에 대한 재평가를 실시하여 다음 단계에 추가적인 자금지원을 계속할지 여부를 결정하는 방식에 의한 자금지원 방식"을 말한다.[81] 이와 같은 단계적 파이낸싱 방식에서 추가 자금의 투자 여부는 소위 마일스톤이라 불리는 중간 목표의 달성 여부에 따라 결정되는데,[82] 여기서 마일스톤은 벤처기업의 여러 발전단계를 나타내고 그 각 단계에서 투자 재평가의 기초가 되는 중요한 정보가 새로 드러나게 된다.[83] 그러한 중요한 정보에는 "기초자산의 성과(performance of the underlying asset)", "그 자산을 발전시키는 대리인들의 효율성(effectiveness of the agents developing the asset)", "자산의 가치를 궁극적으로 좌우하는 더 큰 맥락(the larger context from which the asset's value ultimately derives)"과 같은 정보가 있다고 한다.[84] 다시 말하자면, 각 마일스톤이 나타내는 단계마다 투자대상 벤처기업의 발전단계상 중요한 정보가 공개될 수 있고 그러한 새로운 정보를 기초로 벤처캐피탈리스트는 자신의 투자 약속 및 자신이 초기에 평가한 투자가치의 정확성을 재평가할 기회를 가지면서 추가적인 투자를 거절하거나 추가적인 투자를 하더라도 그 조건을 변경할 수 있는 것이다.[85]

나. 제3자 펀딩을 위한 단계적 파이낸싱 방식의 적용

벤처캐피탈계약에서의 마일스톤 개념을 제3자 펀딩에 적용함에 있어서는 우선 제3자 펀딩의 대상인 소송이나 중재절차의 진행단계를 고려한 적절한 마일스톤을 설정하는 것이 중요하다. 제3자 펀딩에서 마일스톤으로 설정하기에 가장 적합한 소송단계로는 (영미 절차법을 기준으로 할 때) 디스커버리가 이루어지는 증거개시 단계가 손꼽히는데, 그 이유는 증거개시를 통해 소송이나 중재절차의 불확실성을 감소시킬 수 있는 중요한 정보가 많이 공개되기 때문이다.86) 그 외에도 소송이나 중재절차상 중요한 정보가 공개되어 불확실성이 줄어들 수 있는 단계들, 즉 관할 내지 재판권(jurisdiction) 등에 관한 본안전 항변 단계, 본안에 관한 첫 번째 라운드 준비서면 제출 단계, 증인진술서 또는 전문가보고서 제출 단계 등이 마일스톤으로 고려될 수 있을 것이다.87) 국내 민사소송법을 기준으로 의미 있는 마일스톤으로 고려해 볼 수 있는 소송단계는 양 당사자가 제1회 변론기일 이후 본안에 관한 준비서면을 처음으로 제출한 후 또는 첫 번째 증인신문이 이루어진 후 정도일 것이다. 국내의 소송 실무를 보면 소장이나 답변서에는 의미 있는 주장이나 증거가 제출되지 않고 제1회 변론기일에서 정리된 쟁점을 기초로 처음 제출하는 준비서면을 통해 본격적인 주장이 전개되고 의미 있는 증거가 제출되는 경향이 있기 때문이다.

한편 각 마일스톤에서 추가 펀딩 여부 및 그 조건을 협상하는 메커니즘을 제3자 펀딩에 적용할 때에는 제3자 펀딩의 특수성을 고려하여 주의할 점이 있다. 우선, 각 마일스톤 단계별로 중요한 정보가 공개되어 제3자 펀딩의 대상이 되는 소송의 가치와 위험에 대한 평가가 달라지면, 제3자 펀딩업자는 매몰비용을 감수하며 투자를 포기할 수도 있고, 원래 합의했던 대로 추가적인 펀딩을 계속할 수도 있으며, 추가적인 펀딩을 하되 새로 공개된 정보에 기초하여 투자를 재평가하고 그 결과에 따라 투자조건을 자신에게 유리하게 변경하려 할 수도 있을 것이다. 이때 투자조건 변경의 예로는, 판결회수금액에 대한 제3자 펀딩업자의 지분비율을 증가시키는 방법이 있을 것이다.

그런데 마일스톤을 기화로 자금제공자가 중간에 투자를 포기하거나 투자조건을 자신에게 유리하게 변경하려 할 경우, 어느 정도 성숙된 벤처캐피탈 시장에서는 복수의 벤처캐피탈리스트 사이의 경쟁을 유도할 수 있는 신디케이션(syndication) 투자방식에 의해 기존 자금제공자를 대체할 수 있는 자금제공자를 확보하거나 또는 기존 자금제공자와의 추가 투자조건에 관하여도 벤처기업가에게 불리하지 않게 협상하는 것이 가능할 수 있을 것이다.88) 그러나 제3자 펀딩의 경우에는 그 시장이 아직 벤처캐피탈 시장만큼 성숙하지 못해, 제3자 펀딩업자가 추가 투자 여부를 결정할 수 있는 권한을 가지고 기회주의적으로 행동할 수 있는 위험성을 막을 만한 시장의 힘이 부족한 상태라 할 수 있다.89) 따라서 제3자 펀딩업자가 단계적 파이낸싱 방식에 의해 법률비용을 지급할 경우에는 각 마일스톤에서 제3자 펀딩업자가 추가적인 펀딩을 중단하거나 거부할 수 있는 사유를 엄격히 제한할 필요가 있을 것이다(예를 들어 증거개시 결과 의뢰인이 당초 진술한 내용이 허위인 것으로 판명된 경우 등).

　　그리고 마일스톤을 기화로 제3자 펀딩업자가 소송(정확히는 소송수익에 대한 지분권)의 가격과 위험을 재평가한 결과 예상보다 소송의 투자가치가 낮아 추가 투자에 대한 새로운 가격결정(re-pricing)이 필요하다고 판단할 경우 추가적인 펀딩의 조건으로서 소송수익에 대한 자신의 지분을 증가시키려 할 경우를 대비할 필요도 있다.90) 이러한 경우 제3자 펀딩업자의 새로운 가격결정이 챔퍼티 또는 비양심적(unconscionable) 거래로서 무효가 될 위험을 피하기 위해서는, 의뢰인에게 지급될 최소한의 승소금액은 보장이 되어야 하고, 이러한 점으로 인하여 제3자 펀딩업자가 추가적인 펀딩의 조건으로서 자신의 지분비율을 인상하는 데에는 일정한 제약이 있다고 할 것이다.91)

III. 책임보험계약으로부터의 차용가능성

1 책임보험계약과 제3자 펀딩계약 사이의 유사성

가. 책임보험의 특징과 고유의 위험

책임보험이란 "피보험자가 보험사고로 인하여 제3자에게 손해배상책임을 질 경우에 보험자가 그 손해를 보상할 것을 목적으로 하는 손해보험"이다.[92] 책임보험의 법률관계에 따르면, 보험자는 피보험자에 대한 손해배상청구소송에 대하여 그 소송비용을 지급할 뿐만 아니라 그 판결이나 화해로 확정되는 손해배상책임액에 대하여도 책임을 부담함으로써 그 소송으로 인한 위험을 인수한다.[93] 이로써 보험자는 제3자와 피보험자 사이 소송의 당사자는 아니지만 그 소송의 결과와 비용에 중요한 재무적 이해관계를 가지게 된다.[94] 한편 그 소송의 당사자인 피보험자는 보험의 담보범위 내에서는 이미 소송으로 인한 위험을 제거하였기 때문에 자신이 직접 모든 위험을 보유했을 때보다 최선을 다해 소송을 수행할 인센티브가 작고 이 때문에 피보험자 측의 도덕적 해이가 발생할 수 있다.[95] 이러한 상황에서 보험자가 소송절차에 대한 통제권을 가지지 못하고 피보험자에게만 소송절차에 대한 통제권이 부여된다면 소송비용과 책임비용을 합한 총비용 측면에서 비효율적인 결과로 이어질 가능성이 높을 것이다.[96]

또한 보험계약 체결단계에서 보험자와 보험계약자 사이에는 보험사고의 위험에 대한 정보의 비대칭이 존재하여 이를 이용한 보험계약자의 역선택과 도덕적 해이가 발생할 수 있으므로 이를 방지하기 위해서는 보험계약자의 적절한 고지의무가 인정되어야 한다.[97]

그리고 제3자로부터 책임보험 피보험자를 상대로 한 손해배상소송이 제기된 경우 그에 관한 증거나 증인은 피보험자 측에 편재되어 있을 가능성이 높아 소송과정에서 피보험자 측의 적절한 협조 없이는 승소의 결과로 이어질 가능성이 낮아질 수밖에 없다.

나. 책임보험과 제3자 펀딩에 내재된 위험의 유사성

책임보험은 소송에서 피고 당사자와 관련되지만, 소송에서 원고 당사자와 주로 관련되는 제3자 펀딩의 경우에도 위험의 인수라는 기능의 유사성으로 인하여 책임보험에서의 문제의식은 유사하게 적용될 수 있다.[98] 제3자 펀딩업자도 소송당사자는 아니지만 소송비용을 제공할 뿐만 아니라 승소 시 소송의 결과에 대하여 일정한 지분을 가지고 있으므로 소송의 진행과정이나 소송의 결과에 재무적 이해관계를 가진다. 이러한 상황에서 제3자 펀딩업자가 소송절차에 관여할 수 없다면 제3자 펀딩업자와 서로 이해관계가 충돌하는 상황에서의 원고의 기회주의적 행위로 인해 제3자 펀딩업자의 소송비용 부담이 커지고 소송 결과에 대한 수익이 줄어들 개연성이 있다.[99] 또한 제3자 펀딩업자가 청구의 승소가능성을 평가한 후 펀딩 여부를 결정하더라도 그 승소가능성에 관한 정보가 원고에게만 비대칭적으로 존재하므로 그 정보의 비대칭을 악용한 원고의 도덕적 해이의 가능성은 충분히 존재한다.[100] 그리고 소송진행과정에서도 사실상 모든 증거와 사실관계를 지배하는 소송당사자인 원고의 충분한 협조가 담보되지 않으면 최선의 결과로 이어지기 어려울 것이다.

이러한 유사성으로 인하여 제3자 펀딩에서 당사자-제3자 펀딩업자-소송대리인 사이의 이해관계를 조화롭게 조정하기 위해서는, 제3자 펀딩업자가 인수한 소송의 위험에 상응하여 소송절차에 대한 통제권을 어느 정도로 인정하는 것이 합리적일 것인가의 문제와 관련하여, 책임보험에서 피보험자의 사기를 예방하기 위하여 피보험자에게 고지의무를 부과하고, 보험자에게 소송절차에 대한 통제권을 인정하면서 피보험자로 하여금 소송절차에 협조하도록 하는 방법 등을 참고할 수 있다는 주장이 유력하게 제기된다.[101]

② 책임보험에서 보험자 – 피보험자 – 소송대리인의 이해관계를 조정하기 위한 주요 장치

가. 보험자의 방어의무와 피보험자의 협조의무

책임보험은 피보험자의 제3자에 대한 손해배상책임을 보험자에게 전가시키는 것이므로 피보험자와 제3자 사이의 소송, 중재, 화해절차에 의해 피보험자의 손해배상책임이 확정되면 보험자가 그 재무적 책임을 부담한다.102) 따라서 보험자는 당사자가 아닐지라도 피보험자의 손해배상책임을 확정시키는 소송, 중재, 화해절차에 개입할 이해관계가 크다고 할 것이고, 그러한 절차에서 제3자의 손해배상청구를 효과적으로 방어하기 위해 피보험자로부터 협력을 얻어야 할 필요성도 크다고 할 것이다.103)

이러한 목적에서 보험법은 보험자가 피보험자와 피해자 사이의 책임확정을 위한 절차에 개입하여 피보험자를 방어할 의무를 규정하고,104) 피보험자가 자신의 손해배상책임에 중대한 영향을 미치는 변제, 승인, 화해를 하는 경우 보험자가 그에 대하여 관여할 수 있는 여지를 인정한다.105) 또한 피보험자에게는 "보험자의 요구가 있을 때에는 필요한 서류·증거의 제출, 증언 또는 증인의 출석에 협조"할 의무가 있음을 규정하고 있기도 하다.106) 상법 제724조 제4항의 피보험자의 협조의무는 문언상으로는 피해자가 보험자를 상대로 직접청구권을 행사한 경우에만 인정되는 것으로 해석할 여지도 있으나, 통설은 피보험자의 협조의무를 피해자가 직접청구권을 행사한 경우에만 한정하지 않고 "보험사고로 인한 분쟁의 해결 전 과정"에서 인정할 수 있다고 한다.107)

위와 같은 보험법의 취지를 반영하여, 배상책임보험 표준약관 역시 비슷한 취지의 조항을 두고 있다. 우선 배상책임보험 표준약관 제11조 제4항은 "손해배상책임의 전부 또는 일부에 관하여 지급(변제), 승인 또는 화해를 하거나 소송, 중재 또는 조정을 제기하거나 신청하고자 할 경우" 피보험자가 미리 보험자의 동의를 받도록 하였다.108) 그리고 같은 표준약관 제12조 제3항은 "피보험자가 피해자로부터 손해배상의 청구를 받았을 경우에 보험자가 필요하다고 인정할 때에는 피보험자를 대신하여 보험자의 비용으로 이를 해결할 수 있고 이 경우에 보험자의 요구가 있으면 계약자 또는 피보험자는 이에 협력하여야 한다"고 규정하고 있으며, 제13조 제1항은 보험자가 "피보험자의 법률상 손해배상책임을 확정하기 위하여 피보험자가 피해자와 행하는 합의·절충·중재 또는 소송에 대하여 협조하거나, 피보험자를 위하여 이러한 절차를 대행할 수 있다"고 규정하고 있다.[109)]

나. 보험자의 소송절차에 대한 통제권

국내법상으로도, 책임보험의 보험자가 제3지의 피보험자에 대한 소송에 상당 부분 개입할 수 있는 권한이 있음을 알 수 있는데, 이러한 권한이 소송상 청구의 주체에게 인정되는 소송수행권에 준하는 정도의 소송절차에 대한 통제권을 의미하는 것인지에 대하여는 아직 국내에서 구체적인 기준이나 논의가 없다.

그러나 해외에서의 논의를 참고하면, 전통적으로 책임보험관계에서는 피보험자를 위한 소송에서 보험자의 광범위한 통제권을 인정하는 경향이 있다.[110)] 이러한 통제권의 근거로는 책임보험에서 피보험자로부터 소송의 위험을 인수한 보험자는 소송비용뿐만 아니라 소송의 결과에 따라서는 막대한 책임액을 보상해야 할 입장에 있어 소송의 결과에 대하여 피보험자보다 훨씬 더 큰 이해관계를 가진다는 점이 지적되고 있다.[111)]

그러나 보험자가 그와 같은 소송절차에 대한 통제권을 이용하여 피보험자의 이해관계를 침해할 가능성도 충분히 있다.[112)] 특히 책임보험의 보험금 상한액을 초과하여 화해가 성립되거나 판결이 확정되면 그 상한액을 초과하는 금액에 대하여는 피보험자가 책임을 부담해야 하는데 보험자가 소송절차에 대한 통제권을 적절히 행사하지 않은 탓에 과다한 책임액이 확정되면 피보험자로서는 보험금의 상한액을 초과하여 책임보험으로 담보되지 않는 과다한 책임액을 부담할 위험이 생길 수도 있다. 이러한 위험을 방지하기 위하여 보험자에게 소송절차에 대한 통제권을 인정하는 경우에는 그와 함께 피보험자의 이익을 고려하여 신의성실에 따라 소송을 수행할 의무(duty of good faith)를 동시에 부과하고 있다.113) 그러나 이러한 의무는 피보험자의 모든 이해관계를 고려할 것을 요구하는 것까지는 아니고 보험금의 상한액을 초과하는 책임액이 확정될 가능성을 최소화할 의무 정도를 의미한다고 한다.114)

다. 보험자와 소송대리인인 변호사 사이의 관계

위와 같이 보험자에게 소송절차에 대한 통제권을 인정할 경우 피보험자의 소송대리인은 누구로부터 지시를 받고 누구를 위하여 소송을 수행할 것인지가 문제된다. 이에 대하여 미국에서도 주마다 결론이 다르기는 하지만 다수의 입장은 책임보험 소송에서 피보험자의 소송대리인인 변호사는 피보험자와 보험자 모두를 의뢰인으로 하여 그들 모두에 대하여 의뢰인을 위한 의무를 부담한다는 소위 공동의뢰인(co-clients) 이론을 찬성하고 있다.115) 이러한 이론에 따르면 보험자는 피보험자의 소송대리인을 스스로 선택하고 화해 결정을 포함하여 소송행위에 관한 의사결정을 통제할 수 있게 된다.

라. 보험계약자의 고지의무

보험계약 당사자 사이에서 위험에 관한 정보는 주로 보험계약자의 지배에 있는데 이러한 정보비대칭 상황을 방치할 경우 보험계약자의 역선택과 도덕적 해이 문제가 발생할 수 있으므로 이를 막기 위하여 보험계약자에게는 엄격한 고지의무가 인정된다.116) 이러한 고지의무에 의해 보험계약자는 보험계약 체결 여부나 그 조건에 영향을 미치는 위험에 관한 중요한 사항을 고지하여야 하고 이를 위반할 경우에는 보험자가 보험계약을 해지할 수 있다.117)

3 책임보험으로부터의 차용가능성과 그 한계

앞서 본 것처럼 책임보험에서 소송위험을 인수한 보험자에게 소송절차에 대한 통제권을 인정하지 않고 피보험자에게 소송절차에 협조할 의무를 부과하지 않으면 소송당사자인 피보험자의 도덕적 해이로 인하여 보험자의 이익이 침해될 우려가 있고 이러한 도덕적 해이 문제는 제3자 펀딩의 의뢰인과 제3자 펀딩업자 사이의 관계에서도 유사하게 발생할 수 있다.118) 따라서 그와 같은 제3자 펀딩의 문제를 해결하기 위해서는, 책임보험에서 피보험자의 도덕적 해이를 방지하고 보험자와 피보험자 사이의 이해관계를 조정하기 위하여 사용한 방법을 차용하여, 제3자 펀딩업자에게 소송절차에 대한 통제권을 인정하고 제3자 펀딩업자의 승소가능성 평가에 있어 중요한 사항에 대하여는 의뢰인으로 하여금 고지하도록 하며 소송절차에 관한 의뢰인의 협력의무를 인정하는 것이 필요하다고 할 수 있을 것이다.119)

그러나 챔퍼티 금지 법리 및 변호사윤리규칙 등의 제3자 펀딩에 적용되는 법적·윤리적 제약으로 인하여 제3자 펀딩업자가 소송절차에 대한 완전한 통제권을 행사하기는 어렵고, 소송대리인에 대한 관계에서 제3자 펀딩업자에게 의뢰인에 준하는 지위를 인정하기는 어렵다.

또한 보험자와 제3자 펀딩업자의 판결 결과에 대한 각각의 이해관계의 경중을 서로 비교하자면, 피고를 위한 책임보험에서는 보험자가 소송의 수행 결과에 따라 좌우되는 판결금액에 대하여 막대한 책임위험에 노출되어 있는 반면, 원고를 위한 제3자 펀딩에서는 소송의 수행 결과에 따라 좌우되는 판결금액에 대하여 제3자 펀딩업자가 지급책임을 질 위험은 없다.120) 따라서 소송의 결과에 대하여 가지는 이해관계 측면에서 제3자 펀딩업자의 이해관계와 보험자의 이해관계 사이의 경중을 따지면 보험자의 이해관계가 크다고 볼 여지가 있다.121)

한편 보험자와 피보험자 사이 그리고 제3자 펀딩업자와 의뢰인 사이에서 이해관계의 경중을 상대적으로 비교하자면, 보험자와 피보험자 사이의 관계에서 피보험자는 원칙적으로 소송의 결과에 대하여 이해관계가 없고, 보험자가 판결로 인한 책임액에 대하여 책임을 진다는 점에서 대체로 보험자만이 소송의 결과에 대하여 이해관계를 가진다고 할 수 있다.122) 이와 비교하여 제3자 펀딩업자와 의뢰인 사이의 관계에서는 소송으로 인한 수익을 둘 다에게 분배하게 되므로 제3자 펀딩업자와 의뢰인 모두가 소송의 결과에 대하여 이해관계를 가진다고 할 수 있다.123) 다만 판결금액에 대한 지분비율 측면에서 통상의 경우처럼 의뢰인의 지분비율이 제3자 펀딩업자의 지분비율보다 높은 경우 제3자 펀딩업자가 의뢰인보다 소송의 결과에 대하여 상대적으로 더 큰 이해관계를 가지고 있다고 말하기는 어려울 수 있다.[124)]

이렇듯 제3자와 소송당사자 사이의 상대적인 이해관계 경중 측면에서도 보험자는 소송당사자인 피보험자보다 더 큰 이해관계를 가지고 있음이 명백하지만 제3자 펀딩업자는 소송당사자인 의뢰인보다 더 큰 이해관계를 가지고 있다고 보기 어려운 측면이 있다.[125)] 이처럼 제3자 펀딩업자가 소송의 결과에 대하여 가지는 이해관계가 보험자의 이해관계와 비교하여 상대적으로 작다고 본다면 보험자가 소송결과에 대하여 가지는 이해관계의 정도와 중요성에 기반하여 보험자에게 인정되는 소송절차에 대한 완전한 통제권을 제3자 펀딩업자에게도 같은 정도로 적용하기는 어려울 것이다.[126)]

그러나 제3자 펀딩업자가 소송의 결과로 발생할 수익에 대하여 일정 지분을 얻은 상황에서 의뢰인만이 소송절차에 대한 통제권을 전적으로 행사하는 경우에는 이해상충으로 인하여 제3자 펀딩업자의 일정 지분 상당의 이익이 침해되는 문제가 발생한다. 이를 해결하기 위해서는 제3자 펀딩업자로 하여금 자신의 지분비율만큼은 투자에 대한 감시를 효율적으로 할 수 있도록 소송행위에 관하여 법적 자문 의견을 제공하고 중요한 소송전략을 의뢰인과 서로 협의하며 의뢰인과 그 소송대리인의 소송수행을 보고받는 정도로 소송절차에 관여하는 것 정도는 허용해야 할 것이다.

그리고 제3자 펀딩계약에서도 정보비대칭 상황을 이용한 의뢰인의 사기와 도덕적 해이로부터 제3자 펀딩업자를 보호하기 위하여 보험법상 고지의무에 준하여 의뢰인에게 중요한 사항에 대한 진술 및 보장의무를 인정하고, 보험계약상 피보험자의 협조의무에 대응하여 소송절차상 의뢰인의 협조의무 내지 협력의무를 인정하는 것이 반드시 필요할 것이다.

제3자 펀딩의 문제를 해결하기 위한 주요 계약적 방법

I. 서언

이 부분에서는 앞서 살펴본 제3자 펀딩계약에 내재된 이해상충의 위험 등을 해결하기 위한 주요 계약적 장치를 구상한다. 이를 위해서는 우선 제3자 펀딩의 이해당사자 각자가 직면하는 이해상충의 위험을 그들 사이에서 균형있게 고려해야 하며, 앞서 살펴본 제3자 펀딩에 대한 법적·윤리적 제약요인을 반영함은 물론, 자율규제기관이 제정한 행위규약127)이나 주요 제3자 펀딩업자들이 발표한 모범 관행 또는 투자정책128) 등도 참고하여야 한다. 그리고 제3자 펀딩과 유사한 측면이 있는 벤처캐피탈과 책임보험의 계약관계로부터도 유용한 시사점을 얻을 수 있다.

위와 같은 방법을 기초로 이하에서는 제3자 펀딩거래의 중요 진행국면을 계약체결단계, 소송대리인 선임단계, 자금펀딩단계, 소송수행단계, 화해단계 등으로 크게 분류하고, 각 단계마다 문제되는 이해당사자들의 이해관계를 조정하기 위한 주요 계약적 장치를 검토한다.129)

II. 계약성립단계에서 상대방에 대한 신뢰를 담보하기 위한 계약관계

1 개관

제3자 펀딩업자와 의뢰인 사이의 계약관계가 성립하기 위해서는 이해당사자들 사이의 다양한 기회주의적 행동을 방지하고 그들 사이의 이해상충으로 인한 위험을 적정하게 관리할 수 있는 계약조항이 필요하다. 이러한 목적의 계약적 수단에는 진술 및 보장 조항(representation and warranties), 확약 조항(covenants) 등이 있는데 이하에서 그 구체적인 내용을 살펴본다.

2 양 당사자의 진술 및 보장 조항

가. 의뢰인

의뢰인의 진술 및 보장은 기본적으로 양 당사자 간의 구조적인 정보비대칭과 제3자 펀딩에 내재된 고도의 불확실성을 완화하는 데 그 목적이 있다.

첫째, 의뢰인은 당해 소송상 청구에 관련된 모든 중요한 정보와 자료를 공개했다는 점을 진술하고 보장해야 할 것이다.130)

둘째, 의뢰인은 "자신이 소송상 청구에 중대하고 불리한 영향을 미칠 수 있는 어떠한 행위도 하지 않았고", "당해 제3자 펀딩업자 이외의 다른 자에게 승소금액 또는 소송수익에 대한 권리를 부여하지 않았다"는 점을 진술하고 보장해야 할 것이다.131)

셋째, 의뢰인 또는 그 소송대리인이 제3자 펀딩업자에 제공한 모든 중요한 정보 및 당해 계약에서 한 진술과 보장이 모두 진실하고 정확하다는 점을 진술하고 보장해야 할 것이다.132)

나. 제3자 펀딩업자

제3자 펀딩업자의 진술 및 보장은 주로 제3자 펀딩업자 또는 그 상위 투자자와 의뢰인 사이의 이해상충을 해결하고 제3자 펀딩업자의 의뢰인에 대한 기회주의적인 행동을 방지하는 데 그 목적이 있다고 할 수 있다.

첫째, 제3자 펀딩업자는 당해 계약상 펀딩의무를 이행할 만한 충분한 자본을 가지고 있다는 점을 진술하고 보장해야 할 것이다.133)

둘째, 제3자 펀딩업자가 당해 소송과 관련하여 의뢰인의 소송대리인에게 소개료를 지급하지 않았다는 점, 그 소송대리인이 당해 제3자 펀딩업자에 투자하거나 그 회사의 소유지분을 보유하고 있지 않다는 점, 당해 의뢰인 이외 당해 소송의 다른 당사자와는 계약 또는 교섭을 하지 않았다는 점을 진술하고 보장해야 할 것이다.134)

셋째, 어떤 특정기한 내에 당해 소송상 청구에 대한 권리를 현금화해야 하거나 기타 제3자 펀딩업자로 하여금 당해 소송상 청구에 대한 펀딩을 중단하도록 하는 다른 계약상 의무나 요건의 구속을 받지 않는다는 점, 당해 소송상 청구에 대한 자신의 권리를 타인에 팔지 않았고 팔기 위한 교섭도 하지 않았다는 점을 진술하고 보장해야 할 것이다.135)

3 양 당사자의 확약 조항

가. 의뢰인

의뢰인은 제3자 펀딩계약의 계약기간 동안 제3자 펀딩업자에 대하여 기회주의적 행동을 하지 않겠다는 취지의 확약(covenant)을 하게 되는데 구체적인 확약 사항은 아래와 같다.

첫째, 의뢰인은 당해 소송상 청구와 기본적 사실관계가 같은 다른 소송이나 중재절차를 개시하지 않을 것이라는 점, 당해 소송상 청구에 불리한 영향을 줄 만한 조치를 하지 않을 것이라는 점, 제3자 펀딩업자 이외 다른 자에게 당해 소송상 청구에 대한 권리를 부여하지 않을 것이라는 점을 확약한다.136)

둘째, 의뢰인의 모든 진술 및 보장 내용은 계약기간 동안 계속 진실할 것이라는 점을 확약한다.137)

셋째, 의뢰인은 소송수행과정에서 협조할 의무(duty to cooperate)와 소송의 진행경과를 제3자 펀딩업자에게 알려 줄 의무(duty to inform)를 이행할

것을 확약한다.138)

넷째, 의뢰인은 제3자 펀딩업자에 대한 통지 없이 소송대리인인 변호사를 교체하거나 추가하지 않을 것이라는 점, 상대방 당사자로부터 화해 제안을 받는 즉시 이를 제3자 펀딩업자에 통지하고, 제3자 펀딩업자에게 사전에 통지하지 않은 채 상대방 당사자에게 화해 제안을 하지 않을 것이라는 점을 확약한다.139)

나. 제3자 펀딩업자

제3자 펀딩업자도 계약기간 동안 의뢰인에 대하여 기회주의적 행동을 하지 않을 것이라는 취지의 확약을 하는데, 그 구체적인 내용은 아래와 같다.

첫째, 제3자 펀딩업자는 의뢰인에 대하여 신인의무를 부담할 것과 합리적으로 신의성실에 입각하여 행위할 것임을 확약한다.140)

둘째, 제3자 펀딩업자는 소송상 청구 또는 소송수익에 대한 자신의 권리를 유동화 내지 증권화하지 않을 것이라는 점 그리고 자신의 권리를 타인에게 양도하지 않을 것이라는 점을 확약한다.141)

III. 소송대리인과 관련한 계약관계

제3자 펀딩이 이루어지는 경우 소송대리인과 제3자 펀딩업자/의뢰인 사이의 관계는 다음과 같은 세 가지 유형이 있을 수 있다. 즉, 제3자 펀딩업자만이 소송대리인을 선임하여 소송대리인에게 직접 소송행위에 관한 지시를 하는 경우, 의뢰인이 직접 소송대리인과 소송위임계약을 체결하며 소송대리인을 선임하는 경우, 의뢰인과 제3자 펀딩업자가 공동으로 소송대리인을 선임하는 경우가 있는 것이다.142)

그러나 변호사윤리기준과 챔퍼티 금지 법리 등을 고려할 때 소송대리인과의 소송위임계약은 의뢰인만이 직접 당사자가 되어 체결하는 것이 바람직하다.143) 물론 이와 같이 의뢰인과 소송대리인 사이에 직접 소송위임계약이 체결된 경우에도, 제3자 펀딩업자가 소송대리인에게 지시를 내리려 할 수도 있다.144) 그러나 이러한 경우라도 소송대리인은 의뢰인에 대하여만 변호사로서의 충실의무와 윤리적 의무를 부담하고 소송대리인에 대한 제3자 펀딩업자의 지시와 의뢰인의 지시가 충돌할 경우 의뢰인의 지시를 우선해야 한다.145) 이러한 취지를 반영하여 변호사 선임에 관한 최종 결정권이 의뢰인에게 있다는 점, 그리고 변호사에 대한 의뢰인과 제3자 펀딩업자의 지시가 경합할 경우 의뢰인의 지시가 우선한다는 점 등을 계약에 명시할 필요가 있다.

한편 변호사 선임에 관한 최종 결정권을 의뢰인에게 부여하더라도, 제3자 펀딩업자가 자신의 투자수익에 직결되는 중요한 문제로서 소송수행의 질을 좌우하는 변호사 선임에 전혀 관여할 수 없게 한다면, 제3자 펀딩업자로서는 자신의 투자를 감시할 수 있는 중요한 수단을 상실하게 되므로 제3자 펀딩업자가 직면한 대리문제는 더욱 악화된다. 뿐만 아니라 제3자 펀딩을 이용해야 할 장점 중 하나가 금융자본뿐만 아니라 축적된 전문성, 규모의 경제, 폭넓은 전문가 네트워크 등 비금전적 무형 자산을 풍부하게 가진 제3자 펀딩업자와 연합함으로써 유리한 협상력과 소송상 입지를 확보할 수 있다는 것인데, 제3자 펀딩업자를 소송전략에서 가장 중요한 국면인 소송대리인 선임에서 배제하게 되면 제3자 펀딩업자의 비금전적 무형 자산을 활용할 수 있다는 제3자 펀딩의 장점을 몰각시키는 것이 된다.

위와 같은 사정을 종합적으로 고려해 보면, 제3자 펀딩업자의 개입을 최소화하고 변호사윤리기준을 위반하지 않는 것도 중요하지만, 그에 못지않게 제3자 펀딩의 장점으로서 제3자 펀딩업자의 폭넓은 법률전문가 네트워크를 활용하여 능력 있고 검증된 변호사를 선임하고, 제3자 펀딩업자가 자신의 투자를 감시할 수 있도록 제3자 펀딩업자로 하여금 소송대리인 선임과정에 어느 정도는 관여하도록 하는 것이 필요하다는 결론에 이를 수 있다. 따라서 소송위임계약은 의뢰인과 소송대리인 사이에 체결하고, 소송대리인으로 하여금 의뢰인에 대하여만 변호사로서의 주의의무와 충실의무를 부담하도록 규정하더라도, 제3자 펀딩업자에게 소송대리인 후보자를 추천하고 그 적격성에 대한 의견을 제시할 수 있는 권한 정도는 인정할 필요가 있다.

IV. 펀딩조건에 관련한 계약관계

우선 제3자 펀딩업자가 의뢰인에게 지급할 비용의 범위를 정해야 할 것인데, 그 범위에는 변호사 보수 등의 법률비용, 소송비용의 담보제공명령에 따른 담보비용 그리고 패소했을 때 소송비용부담재판에 따라 상환해야 할 수 있는 상대방 소송비용이 모두 포함된다.[146]

한편 투자자금이 제공되는 방식의 경우, 위에서 살펴본 것처럼 의뢰인과 제3자 펀딩업자 사이의 대리문제와 정보비대칭 등을 해결하기 위해 단계적 파이낸싱 방식에 의해 자금을 제공하는 것이 권장되는데, 단계적 파이낸싱 방식에 의할 경우 보통 제3자 펀딩업자는 각 마일스톤 단계별로 지급할 투자자금을 명시한다. 그리고 증거개시 종료 등의 소송절차상 주요 포인트를 재가격결정을 할 수 있는 마일스톤(re-pricing milestone)으로 설정하고 그 마일스톤이 달성되면 제3자 펀딩업자는 자신의 투자에 대한 재평가를 통해 소송수익에 대한 지분을 추가로 취득할 수 있겠으나 이때에도 의뢰인의 최소한의 수익비율은 보장해 주어야 한다.[147]

그리고, 각 마일스톤 단계별로 원래 할당된 자금이 예상보다 일찍 고갈되는 경우를 대비하여, 다음 마일스톤 단계를 위해 할당된 자금의 일부를 미리 앞당겨 투자를 받을 수 있는 '조기집행 투자(accelerated investment)' 조건 또는 해당 마일스톤 단계에 할당된 자금에 더하여 일부를 추가로 투자받을 수 있는 '추가 투자(supplemental investment)' 조건을 미리 규정할 수 있을 것이다.[148] 이러한 조건을 미리 설정함으로써 중간에 예기치 않게 자금이 고갈되었을 때 제3자 펀딩업자와의 관계에서 협상력이 약할 수 있는 의뢰인이 지나치게 불리한 조건으로 추가 투자를 협상해야 하는 상황(hold-out)을 막을 수 있다.[149]

한편 마일스톤을 설정한 취지상, 마일스톤에 도달하면 제3자 펀딩업자가 정당한 사유 없이도 소정의 통지를 거쳐 계약해지를 하고 펀딩을 중단할 권리를 가질 수 있는지에 대한 논란이 있을 수 있다. 그러나 영국 행위규약이 해지사유를 제한하고 있는 점,[150] 추가적인 펀딩 여부를 결정할 수 있는 권한을 악용한 제3자 펀딩업자의 기회주의적인 행위로부터 의뢰인을 보호할 필요가 있는 점 등을 고려하면, 제3자 펀딩업자가 의뢰인의 동의를 얻어 자신을 대체하는 자금제공자를 구해오지 않는 한, 단계적 파이낸싱 방식에 의해 설정된 마일스톤에 도달하였다고 하여도 사전에 정해진 제한된 해지사유 없이는 제3자 펀딩계약을 해지하거나 펀딩을 중단할 수 없다고 해야 한다.

V. 소송수행단계에서의 당사자의 권한과 역할에 대한 계약관계

1 의뢰인의 소송절차에 대한 통제권

챔퍼티 금지 법리 등의 법적·윤리적 제약에 위반하지 않기 위해서라도 제3자 펀딩업자가 아닌 의뢰인 본인에게 소송절차에 대한 통제권을 부여하는 것이 바람직하다.[151] 이와 같이 소송절차에 대한 통제권을 의뢰인 본인이 행사하는 경우 제3자 펀딩업자의 기회주의적 행동의 여지는 많이 줄어들 것인데, 의뢰인이 그러한 통제권을 실효적으로 행사할 수 있도록 하기 위해서는 소송전략 내지 소송행위에 대하여 제3자 펀딩업자의 판단과 의뢰인의 판단이 경합할 경우 의뢰인의 판단이 우선한다는 명시적인 계약조항을 포함하는 것이 필요하다.[152]

2 제3자 펀딩업자에 의한 자문과 감시의 허용한계

제3자 펀딩 상황에서 소송상 청구의 권리주체이자 소송수행권자가 의뢰인인 것은 분명하지만, 제3자 펀딩업자 역시 소송의 결과에 큰 이해관계를 가진 투자자로서 자신의 투자를 감시하고 보호하기 위해 일정 부분 당사자나 소송대리인에게 영향력을 행사하려는 인센티브를 가질 수밖에 없다.[153]

그러한 영향력의 행사 정도는 계약에 따라 달라질 수 있는데, 제3자 펀딩업자가 소송절차에 대하여 완전한 통제권을 보유하려는 경우가 있고, 의뢰인이 소송절차에 대한 통제권을 보유하되 제3자 펀딩업자도 일정한 범위 내에서만 영향력을 행사하는 경우도 있을 수 있다.154)

물론 개념적으로는 제3자 펀딩업자가 소송진행에 일체 관심을 가지지 않고 수동적인 투자자 내지 단순한 자금조달자로만 남는 경우도 생각해 볼 수 있을 것이다. 그러나 제3자 펀딩업자는 소송상 청구를 재무적으로나 행정적으로 관리하는 데 전문성을 가지고 있을 뿐만 아니라 각 분야의 다양한 변호사 및 전문가와의 폭넓은 네트워크를 보유하고 있기 때문에 이를 활용하여 제3자 펀딩업자와 의뢰인 모두의 이익을 위하여 소송 수익의 가치를 증대시킬 수 있는 장점이 있다.155) 의뢰인 역시 소송비용을 위한 금전적 지원에 더하여 제3자 펀딩업자의 위와 같은 장점에 기반한 비금전적 지원도 기대하며 제3자 펀딩계약을 체결하는 것이 일반적이다. 따라서 현실적으로 제3자 펀딩업자가 소송진행에 전혀 관여하지 않는 경우는 거의 있을 수 없고 제3자 펀딩업자가 어떤 방법으로, 어느 정도까지 소송진행에 관여하도록 허용할 것인지가 실무상 관건이라고 할 것이다.

구체적인 기준을 살펴보면 소송절차에 대한 통제권은 의뢰인에게 부여하되 제3자 펀딩업자에게도 자신의 투자를 효과적으로 감시하고 소송관리에 도움이 되는 자문을 제공하는 정도의 역할을 인정하는 것이 일반적이다.156) 제3자 펀딩업자는 통상적으로 제3자 펀딩계약에 근거하여 프로젝트관리서비스 또는 클레임관리서비스를 제공하는데 그 서비스를 통하여 제3자 펀딩업자가 자문의견을 제시하거나 소송전략을 협의하고 소송비용 지출을 감시하는 것이 가능할 수 있다.157) 그리고 그러한 감시를 효율적으로 하기 위해 제3자 펀딩업자는 의뢰인과 그 변호사로부터 소송진행경과에 대한 정기적인 보고를 받을 수 있고 미리 정해진 객관적인 기준에 따라 소송비용 지출에 대한 승인권을 보유할 수 있다.158) 이와 같이 제3자 펀딩업자들이 적정한 정도에서 의뢰인의 소송진행에 관여하는 한도에서는 의뢰인도 제3자 펀딩업자 및 소송대리인과 적절히 협력해야 하며 소송대리인의 합리적인 자문은 고려하고 수용해야 한다.159)

그러나 구체적인 소송행위와 관련하여 의뢰인의 판단과 제3자 펀딩업자의 판단이 서로 다를 경우에는 소송절차에 대한 통제권을 가진 의뢰인의 판단이 우선되어야 한다. 다만 의뢰인의 판단이 악의로 이루어졌다는 것을 소명할 경우에는 중립적인 분쟁해결절차에 의해 제3자 펀딩업자가 의뢰인의 판단에 대해 이의를 제기할 수 있도록 하는 조항도 필요하다.160)

VI. 화해와 관련한 계약관계

제3자 펀딩계약의 이행과정에서 의뢰인과 제3자 펀딩업자 사이의 이해상충이 가장 극명하게 나타날 수 있는 국면이 화해단계라 할 수 있다. 그와 같은 이해상충의 가능성을 감안하여, 이해당사자들은 화해 제안 내지 화해 결정과 관련하여 선의에 입각하여 서로 협의하여야 한다.161) 그러한 협의과정에서 제3자 펀딩업자는 의뢰인에게 화해 결정과 관련한 자문의견을 제공할 수 있어야 하며, 의뢰인 또는 소송대리인이 상대방에게 화해를 제안할 때에는 사전에 그 조건을 제3자 펀딩업자에게 고지하여야 한다.162)

일부 계약에 따라서는 화해의 중요성을 감안하여 의뢰인이 화해에 관한 의사결정을 하기 전에 제3자 펀딩업자의 동의를 받아야 한다고 요구하기도 하고 일부 판례는 그러한 동의 요건이 제3자 펀딩계약을 무효로 하지 않는다고 판시한 사례도 있다. 그러나 소송절차에 대한 통제권을 의뢰인이 가지는 이상 제3자 펀딩업자에게 의뢰인의 화해에 관한 의사결정을 통제할 수 있는 사전 동의 권한까지 부여하는 것은 타당하지 않다.

제3자 펀딩업자와 의뢰인 사이의 협의에도 불구하고 화해에 관한 제3자 펀딩업자와 의뢰인의 의사가 일치하지 않을 경우에는 의뢰인이 최종적인 의사결정권을 가진다고 보아야 한다.

VII. 기타 주요 계약관계

1 제3자 펀딩업자의 계약해지를 위한 조항

영국 행위규약과 홍콩 실무규약은 제3자 펀딩업자가 의뢰인과의 계약을 해지할 수 있는 사유를 다음과 같은 세 가지 즉, ① "합리적으로 분쟁의 승소가능성에 대해 더 이상 만족하지 않을 때", ② "합리적으로 그 분쟁이 더 이상 상업적으로 유효하지 않다고 믿을 때", ③ "합리적으로 의뢰인에 의한 중대한 계약위반이 있을 때"로 열거하고 있다.163) 이를 기준으로 제3자 펀딩업자가 임의로 계약을 해지하지 못하도록 계약해지사유를 제한적으로 규정해야 할 것이다.

2 비밀유지 및 변호사 - 의뢰인 특권 포기 방지를 위한 조항

제3자 펀딩계약의 당사자들은 그 계약의 존재 자체도 비밀로 유지하기로 하며 각자가 받은 비밀정보를 공개하지 않기로 합의하는 것이 보통이다.164)

정보비대칭을 해결하기 위해 제3자 펀딩업자로서는 의뢰인으로부터 모든 정보와 자료를 받기를 원하지만, 의뢰인으로서는 제3자 펀딩업자에 정보와 자료를 공개하면 증거법상 인정되는 변호사-의뢰인 특권을 포기하는 것으로 간주될 위험이 있으므로, 그 특권을 유지하기 위해 제3자 펀딩업자에 정보와 자료를 제공하기를 주저할 수 있다. 이러한 문제점을 해결하기 위해 변호사-의뢰인 특권 포기의 예외사유로서의 "공동의 이해관계(common interest)"가 쉽게 인정될 수 있도록, 제3자 펀딩계약에는 의뢰인과 제3자 펀딩업자가 서로 "공동의 법적 이해관계(common legal interest)"를 공유하고 그와 같은 공동의 이해관계에 부합하는 자료만을 공유한다는 점에 동의한다는 조항을 포함해야 한다.165)

제3자 펀딩과 관련한 절차법상의 문제와 그 해결방안

표준적인 계약관계와 자율적인 영업준칙 및 공서양속 법리 등에서 요구하는 것과 달리 제3자 펀딩업자가 금융제공자로서의 지위에 머무르지 않고 당사자의 절차적 행위에 간섭하거나 분쟁해결절차에 대한 통제권을 직접 행사하려 할 경우에는, 분쟁해결절차의 적법한 관리라는 공공의 이익이 훼손되고 상대방 당사자의 절차상 권리가 침해될 수 있다. 이와 같은 위험성으로 인해 제3자 펀딩을 제한하던 챔퍼티 금지 법리가 완화된 이후에도 제3자 펀딩업자가 단순히 금융을 제공하는 역할에 그치지 않고 분쟁해결절차에 대한 통제권을 직접 행사하려 할 경우에는, 제3자 펀딩계약을 무효로 하거나 당해 소송절차 또는 중재절차를 중단하는 방법 등으로 제3자 펀딩업자의 절차통제를 제한하고 있다. 그런데 절차법적으로 제3자 펀딩업자가 분쟁해결절차에 직접 간섭하는 위법사유를 다루기 위해서는 제3자 펀딩업자의 절차법적 지위를 먼저 명확히 할 필요가 있다. 만약 제3자 펀딩업자가 당사자에 준하는 지위를 인정받거나 또는 절차법상 명문화된 제3자로서의 특수한 지위를 부여받는 경우에는 제3자 펀딩업자를 직접 상대로 하여 제3자 펀딩업자의 위법행위를 제재할 수 있겠지만, 그렇지 않은 경우에는 원고(중재신청인) 본인을 대상으로 한 조치를 통해 제3자 펀딩업자를 간접적으로 압박할 수밖에 없을 것이기 때문이다. 따라서 이하에서는 우선 소송절차와 국제중재절차로 나누어 제3자 펀딩업자의 절차상 지위가 어떻게 되는지 그리고 제3자 펀딩업자의 절차적 위법행위를 어떻게 취급할 것인지를 살펴본다.

또 다른 절차상 문제로서, 제3자 펀딩을 받은 당사자가 패소한 경우 승소한 상대방 당사자의 법률비용을 누가 어떻게 부담할 것인지의 문제를 검토한다. 제3자 펀딩에서 상대방 법률비용에 대한 책임 문제는 다음과 같은 문제의식에서 비롯된다. 즉, 제3자 펀딩업자가 승소 시에는 소송(중재)의 결과로부터 이익을 얻을 수 있는 반면 패소 시에는 소송(중재)당사자가 아니라는 이유로 상대방 소송(중재)비용에 대한 책임을 부담하지 않아도 된다면, 이는 승소하였음에도 자신의 소송(중재)비용을 상환받지 못할 수도 있는 상대방 당사자의 입장과 비교할 때 공정하지 않다는 것이다.

그리고 상대방 소송(중재)비용에 대한 책임과 관련된 또 다른 쟁점으로서 소송(중재)비용에 대한 담보제공명령의 문제도 있다. 즉, 제3자 펀딩을 받은 당사자의 경우 제3자 펀딩을 받았다는 사실 자체만으로 패소 시 상대방 소송(중재)비용을 부담할 자력이 없다고 보아 소송(중재)절차 초기에 소송(중재)비용에 대한 담보를 제공해야 하는지가 문제되는 것이다.

한편 법원(중재판정부)이나 상대방이 위와 같은 상대방 소송(중재)비용 부담 그리고 소송(중재)비용의 담보제공명령 등 제3자 펀딩으로 인한 각종 절차상 문제에 대응하기 위해서는 먼저 제3자 펀딩의 존재와 그 내용을 알 수 있어야 한다. 이와 관련하여 제3자 펀딩을 받는 당사자에게 제3자 펀딩의 존재와 내용을 공개할 의무를 부담하게 하거나 법원(중재판정부)으로 하여금 제3자 펀딩을 받는 당사자에게 제3자 펀딩의 존재와 내용을 공개하도록 명할 수 있는 권한을 인정할 것인지를 검토할 필요가 있다.

이하에서는 위와 같은 절차상 문제에 대한 해결방안을 각 쟁점별로 소송절차와 국제중재절차를 구분하여 검토한다.

제3자 펀딩업자의 절차상 지위와 취급

I. 개요

앞 장에서 검토한 대로, 챔퍼티 금지 법리가 유효한 국가에서는 챔퍼티 금지 법리로 인해, 챔퍼티 금지 법리가 폐지된 국가에서도 공서양속 또는 절차 남용의 법리에 의해, 그리고 변호사가 자신의 의뢰인에게 충실의무를 부담해야 하고 이해상충을 피해야 한다는 변호사윤리기준에 의해, 표준적인 제3자 펀딩계약이나 제3자 펀딩업자를 위한 영업준칙은 제3자 펀딩업자가 금융제공자의 역할에서 벗어나 직접 분쟁해결절차에 간섭하는 것을 경계하고 제한한다. 이와 같은 제3자 펀딩업자의 지위와 역할에 관하여, 앞 장에서는 금융계약법적 관점과 변호사윤리법제의 관점에서 설계한 제3자 펀딩업자, 당사자 및 변호사 사이의 표준적인 계약관계 등을 중심으로 살펴보았는데, 이 절에서는 제3자 펀딩업자의 소송(중재)절차에서의 지위와 역할을 절차법적으로 어떻게 취급할지를 검토한다.

소송절차와 관련해서는, 제3자 펀딩업자가 원고를 대신하여 또는 원고와 함께 당사자의 지위를 가지는지, 그렇지 않다면 소송비용 재판 등의 한정된 목적으로 소송법상 명시적인 지위와 책임을 부여받는 특수한 제3자의 지위를 가질지 아니면 소송절차에서 정식으로 지위를 부여하지 않는 완전한 국외자, 즉 진정한 의미의 제3자로 취급할지를 논의한다.

국제중재절차와 관련해서는, 제3자 펀딩업자가 중재합의의 당사자가 아님에도 중재판정부가 제3자 펀딩업자에 대하여 중재관할(jurisdiction)을 가질 수 있는지의 문제를 중심으로 검토한다.

위와 같은 제3자 펀딩업자의 절차상 지위에 대한 검토 결과를 바탕으로 제3자 펀딩업자가 분쟁해결절차에 직접 간섭하여 분쟁해결절차의 온전성과 적법성을 훼손할 위험이 발생하는 경우, 그것을 어떻게 절차법적으로 제재할지의 문제에 대하여도 '절차 남용(abuse of process) 법리' 등을 중심으로 간단히 살펴본다.

II. 소송절차

1 제3자 펀딩업자가 당사자의 지위를 가지는지 여부

국내에서 제3자 펀딩이 활용될 경우 우리 민사소송법을 기준으로 제3자 펀딩업자가 당사자의 지위를 가지거나 승계할 수 있는지를 살펴보기 위해, 우선 제3자 펀딩업자가 당사자적격을 가진 자인지를 검토한다.

이행의 소를 기준으로 실체법상 권리의 귀속주체라고 주장하며 그 권리를 주장하는 자가 당사자적격을 가진다.[1] 그러나 앞에서 살펴본 대로 제3자 펀딩은, 청구권 양도와는 구별되는 거래로서, 제3자 펀딩업자는 소송물인 권리관계를 양수하지도 않았고 대외적으로 소송물인 권리관계의 주체라 주장하지도 않는다. 따라서 제3자 펀딩업자는 당사자적격을 인정받을 수 없고 소송상 당사자의 지위를 가질 수도 없다.

그 외에, 소 제기 후 제3자 펀딩업자가 당사자와 제3자 펀딩계약을 체결한 경우, 이를 소송물 양도로 보아 제3자 펀딩업자가 참가승계 또는 인수승계의 방법으로 당사자의 지위를 승계할 것인지도 검토해 보면, 제3자 펀딩계약에 의해 제3자 펀딩업자가 소송 목적인 권리를 승계하는 것이 아니고 제3자 펀딩업자는 판결 결과에 대해 (제3자 펀딩계약에 기한 원고에 대한 채권적 권리로서) 경제적 이해관계를 가지는 것뿐이다. 따라서 제3자 펀딩업자가 참가승계 또는 인수승계의 방법으로 당사자의 지위를 승계할 수도 없다고 보아야 한다.

요컨대, 표준적인 계약관계와 행위준칙에 따라 거래를 하는 통상적인 제 3자 펀딩업자는 국내 민사소송법을 기준으로 당사자 지위의 기초가 되는 당사자적격을 가질 수 없다.

2 소송절차상 제3자로서의 제3자 펀딩업자의 위법행위에 대한 제재

가. 문제의 소재

계약상 그리고 표준적인 사업모델로는 제3자 펀딩업자는 소송절차에 개입해서는 안 되고 절차법적으로 당사자의 지위를 가지지도 않는다. 그러나 경우에 따라 소송의 결과에 경제적 이해관계를 가진 제3자 펀딩업자가 소송절차에 어떤 식으로든 영향을 끼치려고 할 개연성은 충분히 있고, 소송절차를 적법하게 관리하고 지휘해야 하는 재판장으로서는 제3자 펀딩업자가 소송절차에 간섭함으로써 소송절차의 온전성과 공정성을 훼손시킬 위험이 생길 경우 그러한 행위를 제재하고 통제하기 위한 조치를 취할 수 있어야 한다.

그런데 여기서 주목할 부분은 소송절차상 제3자에 불과한 제3자 펀딩업자의 행위를 어떻게 통제하거나 제재할 수 있느냐의 문제이다. 이러한 상황에서 절차법이 취할 수 있는 방법은 두 가지가 있을 수 있다.

첫 번째로는, 제3자 펀딩업자가 절차상 아무런 지위를 가질 수 없는 완전한 국외자일 경우에는, 제3자 펀딩업자의 소송절차 간섭에 대하여 그 의뢰인인 원고 당사자 또는 원고의 소송상 청구에 대해 제재조치(예를 들어 패소 시 원고가 상대방 소송비용을 부담하도록 하거나 절차 남용 등의 이유로 소 각하 판결을 하는 등의 방법)를 취하면서 제3자 펀딩업자를 간접적으로 통제하는 방법이 있다. 두 번째로는 제한된 목적 범위 내에서(소송비용 부담 재판이나 소송비용의 담보제공 재판 등) 제3자 펀딩업자에게 절차법상 제3자로서의 특수한 지위를 부여하여 패소 시 제3자 펀딩업자로 하여금 직접 상대방 소송비용에 대한 책임을 부담하게 하는 등의 방법으로 제3자 펀딩업자를 직접적으로 통제하는 방법이 있다. 이하에서는 위 두 가지 방법을 차례로 검토한다.

나. 원고 당사자를 통한 간접적인 제재

(1) 제3자 펀딩업자의 소송절차상 제3자로서의 지위에 대한 검토

우리 민사소송법을 기준으로 제3자 펀딩업자는 당사자가 아닌 제3자로서도 소송법상 인정받을 수 있는 지위나 역할을 가질 수는 없다.

우선 민사소송법상의 제3자로서 보조참가인의 지위를 가질 수 있는지를 검토해 볼 수 있는데, 민사소송법은 보조참가의 요건으로 소송결과에 대한 이해관계를 요구하고 있다. 여기서 말하는 이해관계는 "판결주문에서 판단되는 소송물인 권리관계의 존부"에 대한 "법률상의 이해관계"를 말하고 "경제상의 이해관계"는 제외된다.[2] 그런데 제3자 펀딩업자는 승소판결이 선고되고 원고 당사자가 상대방 당사자로부터 판결금액을 회수한 후에 (제3자 펀딩계약에 기한) 원고 당사자에 대한 채권적 권리로서 원고 당사자로부터 일정 금액을 펀딩의 대가로 받는 것이어서 제3자 펀딩업자가 판결에 대하여 가지는 이해관계는 경제적 이해관계로 봄이 타당하다. 따라서 제3자 펀딩업자는 보조참가인의 요건도 충족할 수 없다고 보아야 한다. 그러나 만약 제3자 펀딩업자의 이해관계를 법률상의 이해관계로 보고 제3자 펀딩업자가 보조참가인의 요건을 충족한다고 가정하더라도, 표준계약상으로나 영업준칙상으로 소송절차에 간섭하지 말아야 하는 제3자 펀딩업자가 실무상 별다른 실익이 없는 보조참가 신청을 할 이유는 별로 없어 보인다.

그 외에 소송비용의 재판에서 당사자가 아닌 제3자 펀딩업자에게 소송비용을 부담시키는 재판을 할 수 있는지가 문제될 수 있는데,[3] 이에 관하여는 뒤에서 좀 더 자세히 검토하겠지만, 현재 우리 민사소송법 규정만으로 소송비용의 재판에서 제3자 펀딩업자를 직접 책임의 주체로 하여 상대방 소송비용에 대한 책임을 부담시킬 수 있는 여지는 없다.

(2) 원고에 대한 재판을 통한 간접 제재

앞에서 검토한 바와 같이 제3자 펀딩업자가 소송절차상 아무런 지위도 인정받지 못할 경우에는 제3자 펀딩업자가 위법하게 소송절차에 간섭하더라도 제3자 펀딩업자를 상대로 직접 제재할 방법은 없어 보인다. 대신 그러한 절차적 위법사유에 대한 제재가 필요할 경우 제3자 펀딩을 받은 원고 당사자를 상대로 제재하는 방법을 생각해 볼 수 있을 것이다.

앞서 비교법 연구 등에서 본 바와 같이, 영국, 호주, 미국 법원 등은 제3자 펀딩업자가 소송절차에 대하여 전면적으로 통제권을 행사할 경우 그러한 행위는 소송절차를 왜곡하고 부패시킬 위험이 매우 크다고 보고 사안의 정도에 따라 절차 남용(abuse of process)의 법리를 적용하여 제3자 펀딩을 이용한 원고의 소를 각하하거나(dismiss), 소송절차를 (영구히) 중단할 수도 있고, 그러한 절차 남용을 불법행위로 인정할 수도 있다.4)

우리 민사소송법 절차에서 위와 같은 영미법에서의 절차 남용의 법리를 동일하게 적용할 수는 없겠지만, 민사소송법 제1조에 반영된 민사소송에서의 신의칙과 소권 남용 금지의 원칙을 검토해 볼 수 있다. 그런데 민사소송에서의 신의칙의 유형으로 흔히 열거되는 "소송상태의 부당형성 배제", "선행행위와 모순되는 거동의 금지", "소송상 권능의 상실", "소권의 남용 금지"의 사례를 보더라도5) 제3자 펀딩업자의 소송절차 통제를 포섭할 만한 신의칙 유형을 찾기가 어렵다는 점, 국내 법원이 신의칙 위반으로 인정하여 소를 각하하는 사례는 거의 없고 그 기준도 매우 높다는 점6) 등을 고려하면, 제3자 펀딩업자의 소송절차 개입을 민사소송법상 신의칙 위반 또는 소권 남용으로 인정하여 제재하기는 어렵다고 본다.

다만 제3자 펀딩업자의 소송개입의 정도나 방법에 따라서는 민사소송 재판장의 소송지휘권 또는 법정경찰권에 의해 제3자 펀딩업자의 절차적 위법행위를 견제해 볼 가능성을 생각해 볼 수 있다. 만약 제3자 펀딩업자가 법정에 출석하여 변론기일에서 직접 진술을 하거나 행위를 하는 방법으로 소송절차에 간섭할 경우에는 재판장의 소송지휘권이나 법정경찰권 등을 통한 제재가 가능할 수 있을 것이다. 그러나 제3자 펀딩업자의 소송절차 간섭은 법정의 변론기일에서 직접 이루어지기보다는 소송대리인을 통하는 등 법정 외에서 이루어질 개연성이 높은데 그러한 경우에는 재판장이 소송지휘권이나 법정경찰권을 실효적으로 행사할 여지가 별로 없을 것이다.

위와 같은 방법 외에 소송비용 재판에서 법원은 여러 가지 사정을 고려할 수 있으므로,[7] 제3자 펀딩업자의 소송절차 간섭으로 인한 절차적 악영향을 참작하여 당사자의 소송비용 부담 비율을 조정할 수 있을 것이다.

다. 제3자 펀딩업자를 상대로 한 직접 제재

(1) 외국의 사례

뒤에서 제3자 펀딩업자를 상대로 상대방 소송비용을 부담하도록 하는 재판을 할 수 있는지와 관련하여 좀 더 자세히 검토하겠지만, 호주는 제3자 펀딩업자와 같이 금융조력을 제공하는 제3자도 절차법상의 녹적과 의무의 수범자로 규정하여 그러한 제3자가 절차법상의 목적과 의무에 반하는 행위를 하는 경우 법원이 소송비용 등의 재판을 통해 제3자를 상대로 필요한 조치를 할 수 있는 근거를 마련하고 있다.[8]

또한 소송비용의 재판과 관련해서는, 뒤에서 자세히 보는 바와 같이, 영국과 호주 모두 법원에 소송비용 부담액, 소송비용 부담비율, 소송비용 책임주체 등을 결정할 완전한 재량을 부여함으로써, 제3자 펀딩업자를 포함한 제3자를 상대로도 소송비용부담의 재판을 할 수 있도록 하였다.[9]

(2) 입법론적 검토

우리 민사소송법상 제3자 펀딩업자는 당사자의 지위도 가지지 못하고 법상 명문화된 특수한 제3자로서의 지위도 가지지 못한다. 물론 제3자 펀딩업자는 제3자 펀딩계약을 통해 금융제공자로서의 역할을 할 뿐 소송절차에 간섭하는 것은 예정되어 있지 않아 민사소송법상 아무런 역할과 지위도 규정되지 않는 게 자연스러울 수도 있다. 그러나 제3자 펀딩업자가 표준계약이나 영업준칙에 정해진 대로 금융제공자로서의 역할에 그치지 않고 소송절차에 간섭하는 경우를 대비해 법원이 소송절차의 적법성과 공정성을 보호하기 위하여 제3자 펀딩업자를 상대로 직접 제재할 수 있는 수단은 가질 수 있어야 한다. 이러한 측면에서 호주와 같이 제3자 펀딩업자도 소송절차의 적법성과 공정성을 보호하여야 할 의무의 수범자로 하여 만약 이를 위반할 경우 법원이 제3자 펀딩업자를 상대로 직접 소송비용 등의 재판을 통해 제재할 수 있도록 하는 게 바람직할 것이다.

III. 국제중재절차

1 제3자 펀딩업자에 대한 중재관할 유무

가. 문제의 소재

중재라는 것은 본질적으로 당사자 간의 중재합의, 즉 양 당사자의 중재에 대한 동의를 기초로 성립하는 것이다.[10] 따라서 중재합의의 당사자가 아닌 제3자는 원칙적으로 중재관할 내지 중재판정부의 심판권한에 포함될 수 없는 것이다.[11] 제3자 펀딩업자의 경우에도, 중재당사자 사이의 중재합의를 포함하는 기본계약의 당사자가 아니고 후발적으로 중재당사자들과 별도의 중재합의를 하지 않는 이상, 원칙적으로 중재관할의 범위에 포함되지 않을 것이다. 더구나 표준계약과 행위준칙에서 의도한 대로 제3자 펀딩업자가 금융제공자로서의 역할에만 머무르고 중재절차에 별다른 영향력이나 통제력을 미치지 않을 경우에는 제3자 펀딩업자를 중재관할의 범위에 포함시켜야 할 명분이나 이유도 별로 없을 것이다.

그러나 사안에 따라 제3자 펀딩업자가 중재절차에 일정한 영향력이나 통제권을 행사하는 경우에는, 이를 문제삼는 상대방 당사자나 중재판정부 입장에서는 제3자 펀딩업자에게 중재비용 또는 그 담보를 부담시키기 위해 또는 제3자 펀딩업자에게 제3자 펀딩과 관련한 자료와 정보의 공개를 요청하기 위해 제3자 펀딩업자를 중재관할의 범위에 포함시키려는 시도를 할 수 있다.[12]

제3자 펀딩업자가 중재관할의 범위에 포함되는지 여부의 문제는 다음과 같이 두 가지 접근방법을 통해 검토해 볼 수 있다. 우선 묵시적 동의 내지 법인격 부인 등의 여러 가지 이론을 통해 중재합의에 서명하지 않은 자(non-signatory)도 중재합의의 추가 당사자로 포함시킬 수 있는지를 검토하는 방법이 있다(이하 이를 "당사자 추가 이론"이라 한다). 그다음으로는 제3자 펀딩업자가 중재신청인으로부터 중재의 목적인 청구권을 양수하였다고 보아 제3자 펀딩업자가 중재신청인으로부터 중재합의를 승계했다고 볼 수 있는지를 검토하는 방법이 있다(이하 이를 "청구권 양도 이론"이라 한다). 이하에서는 위 각 방법에 의해 제3자 펀딩업자가 중재관할의 범위에 포함될 수 있을지를 검토한다.

나. 당사자 추가 이론

중재합의에 서명하지 않은 자(non signatory)에게도 중재관할의 범위를 확장하기 위한 이론으로는, 묵시적 동의(implied consent) 이론, 기업집단(group of companies) 이론, 금반언(estoppel) 이론, 법인격 부인(piercing the corporate veil 또는 alter-ego) 이론 등이 있다.[13]

우선, 묵시적 동의 이론에 따라 제3자 펀딩업자에게도 중재관할이 확장될지 여부를 보면, 쟁점은 제3자 펀딩업자의 행위, 발언, 기타 여러 증거 등을 종합했을 때 제3자 펀딩업자를 기존 중재합의의 당사자로 보는 것이 제3자 펀딩업자 및 기존 중재합의 당사자들의 객관적인 의도에 부합하는가의 문제라고 할 수 있다.[14] 그러나 제3자 펀딩업자가 중재판정 결과에 대해 경제적 이해관계를 가지고 있고 중재절차에 일정한 영향력을 행사한다고 하여 이를 가지고 중재합의에 대한 동의로 간주할 수는 없다.[15]

다음으로, 기업집단 이론을 보면, 이 이론은 기존 중재합의 당사자 일방과 제3자가 같은 기업집단에 속해 있을 때 검토할 수 있는데, 전문적인 금융회사로서의 제3자 펀딩업자와 의뢰인인 중재신청인이 같은 기업집단에 속할 가능성은 거의 없다고 볼 수 있으므로 이 이론은 제3자 펀딩과 관련하여서는 별 의미가 없을 것이다.[16]

금반언 이론에 따르면, 제3자가 중재합의를 포함하는 어떤 기본계약상 당사자의 권리를 주장하거나 행사하는 경우 그 제3자는 자신이 중재합의의 당사자가 아니라는 주장을 하지 못한다는 것이다.[17] 이 금반언 이론에 따라 제3자 펀딩업자에게 중재관할이 확장되려면, 제3자 펀딩업자가 기본계약, 즉 중재당사자들 사이의 계약에서 비롯되는 권리를 행사하거나 주장해야 하는데, 제3자 펀딩업자의 경제적 이해관계, 즉 중재신청인이 승소 시 회수할 중재판정금액의 일부에 대한 권리는 중재당사자들 사이의 기본계약에서 비롯된 것이 아니라 그와 별도의 계약인 제3자 펀딩업자와 중재신청인 사이의 제3자 펀딩계약에서 비롯된 것이다.[18] 따라서 제3자 펀딩업자가 중재판정 결과에 경제적 이해관계를 가지고 있다고 하여 그것만으로 제3자 펀딩업자에게 금반언 이론을 적용하여 중재관할을 확장할 수는 없다고 보아야 한다.

끝으로, 법인격 부인 이론을 적용하려면, 중재합의의 당사자는 형식적인 법인에 불과하고 제3자가 그 형식적인 법인의 사업내용이나 경영상의 의사결정을 완전히 지배해야 한다.[19] 그러나 제3자 펀딩업자가 중재신청인의 중재절차에 일부 영향력을 행사하는 문제가 발생한 정도로는 법인격 부인 이론을 적용하여 제3자 펀딩업자에게 중재관할을 확장하는 사유로 인정할 수 없을 것이다.[20]

요컨대, 제3자 펀딩업자와 중재당사자들이 추가적인 중재합의를 하지 않는 이상, 제3자 펀딩업자가 중재판정 결과에 경제적인 이해관계를 가지고 있고 중재절차에 일부 영향력을 행사하는 문제가 발생한다는 사정만으로, 제3자 펀딩업자를 중재합의의 당사자로 추가할 수는 없을 것이다.

다. 청구권 양도 이론

위와 같이 중재합의에 서명하지 않은 제3자에게 중재관할을 확대적용하는 방법 외에 제3자 펀딩업자가 중재판정 결과에 대해 상당한 경제적 이해관계를 가지고 있는 점에 착안하여 제3자 펀딩업자가 중재합의를 포함한 기본계약상 중재당사자의 권리를 양수한 것으로 보아 제3자 펀딩업자가 중재합의를 승계한 것으로 볼 수 있는지를 검토하는 방법이 있다.

만약 통상적인 관행과 달리 제3자 펀딩업자와 중재당사자 사이의 제3자 펀딩계약에서 제3자 펀딩업자가 중재당사자의 기본계약상 권리를 포괄적으로 양수한다는 점을 명시적으로 규정한 경우라면 제3자 펀딩업자가 중재합의도 승계한 것으로 볼 여지가 있을 것이다. 그러나 제3자 펀딩은 청구권

양도와는 명확히 구분되는 거래로서 제3자 펀딩업자는 중재판정 결과에 대해 경제적 이해관계를 가질 뿐 기본계약상 중재당사자의 권리, 즉 중재절차의 대상이 되는 권리를 양수하지 않는다. 따라서 제3자 펀딩업자가 중재당사자로부터 중재절차의 대상이 되는 권리를 양수하지 않는 통상적인 거래구조에서는 청구권 양도에 의해 중재합의가 승계될 여지는 없다.[21]

라. 검토

양 당사자 사이의 중재합의를 기초로 성립하는 국제중재절차에서는 중재합의의 당사자가 아닌 제3자 펀딩업자가 명시적으로 기존 중재합의 당사자들과 사이에 추가로 중재합의를 하지 않는 이상, 제3자 펀딩업자를 중재관할의 범위에 포함시킬 수 없을 것이다. 따라서 제3자 펀딩업자는 중재절차의 당사자로서의 지위와 역할을 가질 수 없고, 중재비용 판정 또는 중재비용의 담보제공을 명하는 판정의 당사자가 될 수도 없다. 이러한 상황에서 만약 제3자 펀딩업자의 중재절차 간섭 등으로 중재절차의 온전성과 적법성을 훼손할 위험이 발생하는 경우에 중재판정부는 중재관할의 범위에 포함되지 않는 제3자 펀딩업자를 상대로 직접 제재하기는 어렵고, 결국 제3자 펀딩을 받은 중재당사자를 상대로 간접적으로 제재를 해야 할 텐데, 이에 대하여는 바로 뒤에서 절차 남용의 법리 등과 관련하여 추가로 설명한다.

② 중재관할이 없는 제3자 펀딩업자의 위법행위에 대한 중재판정부의 제재

가. 개요

제3자 펀딩업자는 별도의 중재합의를 하지 않는 한 중재절차에서 당사자의 지위를 가질 수 없고 중재규칙 등에 의해 별도의 특수한 지위를 부여받은 바도 없으므로, 당사자의 절차적 행위에 간섭하거나 중재절차에 대한 통제권을 가지려 해서도 안 된다. 따라서 중재절차에서 중재인 선임이나 중재대리인 선임에 관한 의사결정을 해서도 안 되고, 화해 또는 신청취하 등을 결정할 수도 없으며, 그 밖에 중요한 의사결정을 강요하거나 지시해서도 안 된다. 그럼에도 불구하고 제3자 펀딩업자가 중재절차에 간섭하여 중재절차의 온전성, 중립성 및 공정성을 훼손할 위험이 발생하는 경우, 그러한 절차적 위법사유에 대해 중재판정부로서는 중재절차의 진행을 적법하게 관리하고 감독하기 위한 조치를 취할 수 있어야 한다. 그러나 제3자 펀딩업자에 대하여는 중재관할이 없으므로, 제3자 펀딩업자와 관련한 절차적 위법사유가 발생하더라도, 중재판정부가 제3자 펀딩업자를 상대로 직접 제재를 할 수는 없다. 또한 중재절차에서는 호주나 영국의 소송법제에서 볼 수 있는 바와 같이 소송비용 재판 등의 목적으로 제3자 펀딩업자에게 제한적으로나마 특수한 제3자의 지위를 부여할 방법도 없으므로, 제3자 펀딩업자를 직접적인 대상으로 한 중재비용 판정을 통해 제3자 펀딩업자를 견제할 수도 없다.

이와 같이 국제중재절차에서 제3자 펀딩업자를 상대로 직접 제재조치를 할 수 없는 상황에서, 제3자 펀딩업자의 부적절한 중재절차 개입이 있을 경우, 중재판정부는 중재절차를 적법하게 관리할 중재판정부 고유의 본질적 권한과 책임에 근거하여 중재당사자를 상대로 하여 중재절차의 온전성과 적법성을 보호하기 위한 조치를 취해야 할 것이다. 특히 제3자 펀딩업자의 간섭으로 인한 절차적 위법사유가 중대할 경우 절차 남용의 법리에 근거한 제재 조치를 고려해 볼 수도 있을 것이다. 이때 절차 남용의 법리에 기한 제재 조치는 중재판정부의 심판자로서의 기능에 내재된 중재절차 관리 권한에서 비롯된다고 볼 수 있어서, 중재판정부의 중재절차 관리 권한 이론과 절차 남용의 법리는 이론적으로 서로 겹치는 부분이 있으나, 절차 남용의 법리는 이론적으로나 실무적으로 별도의 쟁점으로서의 가치가 있으므로 이하에서는 위 두 가지 문제를 별도의 항으로 논의한다.

나. 중재절차의 적법한 진행을 관리할 중재판정부 고유의 본질적 권한

(1) 권한의 근거

대부분의 중재법이나 중재규칙은 중재판정부에게 중재절차를 진행하고 중재판정을 하는 데 필요한 상당한 정도의 권한과 재량을 인정하고 있다.[22)]

그런데 실제 중재절차를 진행함에 있어 중재판정부가 직면하는 절차적 문제들은 중재법이나 중재규칙 또는 당사자들의 중재합의로 전부 예상하고 대비하기에는 너무나 복잡하고 다양하다.23) 따라서 중재규범이나 중재합의가 중재판정부의 절차적 권한을 모든 문제별로 일일이 구체적으로 획정한 후 중재판정부의 권한을 그와 같이 명시적인 범위 내에서만 인정하는 것은 실용적이지도 않고 실현가능하지도 않다.24) 따라서 중재규범이나 중재합의가 사전에 구체적으로 규율하지 않은 다양한 절차적 문제에 대하여 중재판정부가 절차 관리 차원에서 직접 대처할 수 있도록 하는 '중재판정부 고유의 본질적 권한'이라는 일반적이고 포괄적인 관념이 필요할 수밖에 없다.25)

더욱이 당사자 사이의 분쟁에 대하여 구속력 있는 실체적 판단을 하는 심판자로서의 중재판정부가 자신의 심판기능에 내재하는 본질적이고 필수적인 권한으로서 분쟁해결절차의 온전성을 보호하고 분쟁해결절차를 적법하게 관리하고 감독하기 위한 포괄적 권한을 행사할 수 있다는 점은 영미 법원이나 국제재판소의 결정 그리고 중재판정을 통해 일관되게 확인되고 있다.26)

이러한 이유로 오늘날 국제중재에서 중재합의나 중재규범이 명시적으로 규정하지 않더라도 중재판정부가 중재절차의 온전성과 적법성을 유지하기 위하여 필요한 범위에서 포괄적인 절차적 결정 권한과 제재 권한을 보유한다는 점 자체에는 별다른 이의가 없다.27)

(2) 권한의 유형과 내용

중재판정부 고유의 절차적 관리 권한은 다양한 경우에 인정될 수 있는데, 우선 절차 진행에 있어 다양한 결정을 할 수 있는 권한을 들 수 있다. 구체적으로는 당사자의 합의가 없는 상황에서 중재지를 정할 때, 절차분리 여부를 결정할 때, 증거능력을 판단할 때, 화해를 권고할 때, 당사자 이외의 자의 참여를 통제할 필요가 있을 때 등이 해당할 수 있다.28)

또한 중재판정부 본연의 역할로서 분쟁에 대한 최종 판단 권한을 가진다.29) 이와 관련해서는, 중재관할에 관한 결정 권한, 인용 금액을 결정할 권한, 일정한 범위 내에서 자기의 결정을 정정할 권한 등을 행사할 수 있다.30)

다음으로 제3자 펀딩과 관련하여 의미 있는 권한으로서, 중재판정부는 중재절차 참여자들의 절차적 위법을 예방하거나 제재할 권한을 가진다.31) 이러한 권한은 당사자나 대리인의 부당하거나 악의에 의한 행위로부터 중재판정부의 심판권한을 보호하고 중재절차의 온전성과 공정성을 유지하기 위하여 필수적인 것이다.32) 특히 중재법이나 뉴욕협약 등은 적법절차(due process) 위반을 중재판정 취소사유나 중재판정 집행거부사유로 규정하고 있고, 중대한 절차위반에 관련된 중재판정은 공서양속에도 위반한 것으로 볼 수 있다는 점에서, 절차위반이나 절차 남용을 예방하고 제재한다는 것은 집행가능한 중재판정을 내려야 한다는 중재인의 의무와도 관련되어 있다고 볼 수 있다.33) 따라서 중재절차 참여자들의 악의 또는 부당한 행위로부터 중재절차를 보호함으로써 공정하고 중립적으로 중재절차를 진행하는 것은 중재판정부의 권한임과 동시에 의무라고 할 수도 있다.34)

이러한 절차적 권한을 행사하는 방법은 상황에 따라 다를 수 있는데, 위법하거나 부당한 행위를 금지하는 임시적 처분을 내릴 수도 있고, 다양한 형태와 내용의 절차명령(procedural order)을 수시로 내릴 수 있으며, 중재비용 판정에 있어 위법하거나 부당한 행위를 참작하거나 중재비용의 담보제공명령을 내릴 수도 있고, 위법사유의 정도가 중대한 경우 중재절차를 중단하거나 중재신청을 각하하는 것도 고려해 볼 수 있다. 또한 사기나 부패와 같이 공서양속에 관련된 중대한 불법성이 의심되는 경우 필요한 조사를 할 수도 있다.35)

한편 중재판정부가 위와 같은 권한에 기하여 제재하거나 예방해야 할 절차적 위법사유 중 대표적인 예가 절차 남용이라 할 수 있는데, 절차 남용에 대하여는 항을 달리하여 구체적으로 살펴본다.

다. 절차 남용 법리의 적용가능성

(1) 절차 남용 법리의 근거와 내용

절차 남용에 대한 영미 보통법 국가들의 입장은 대체로 비슷한데, 캐나다 법원의 판례를 보면, "절차가 억압적이거나 남용적인 경우 또는 절차가 정의의 기본 원칙을 위반하는 경우에 절차 남용은 입증될 수 있다"고 한다.36) 호주 법원은 절차 남용을 예방할 권한이 법원의 권한에 내재되어 있다고 하면서 그 유형을 다음과 같은 세 가지, 즉 "정당하지 않은 목적으로 법원의 절차를 이용하는 경우, 법원 절차의 이용이 어느 한 당사자에게 억압적인 경우, 법원 절차의 이용이 사법 절차 관리의 명성에 악영향을 미치는 경우"로 분류한다.37) 영국 법원은 "법원 절차의 통상적이고 적절한 사용과는 다른 목적 또는 방법으로 법원 절차를 이용하는 것"이 절차 남용이라고 하며 그러한 절차 남용을 예방하고 제재할 권한은 사법절차를 관리하는 법원의 본질적인 권한이라고 판시한다.38) 영국 민사소송규칙 제3.4조는 어떤 청구가 절차 남용인 경우 그 청구를 판단에서 제외할 수 있다고 규정하기도 한다.39) 미국에서는 절차 남용이 각 주 법원에서 다루어지는데 대체로 앞서 본 영국 법원과 유사한 입장을 취하고 있다.40)

보통법 국가들과 달리, 대륙법 국가들의 법원은 대체로 이러한 문제를 신의칙 또는 권리남용 금지라는 관점에서 접근한다.41) 즉 절차적 권리도 신의성실에 맞게 선의에 따라 행사하여야 하는데 이를 남용적으로 행사하거나 악의를 가지고 또는 타인에게 해악을 끼칠 목적으로 행사하는 경우 이는 권리남용으로서 허용될 수 없다는 것이다.42)

중재절차에서도 앞에서 본 바와 같이, 중재판정부는 중재절차의 온전성을 보호하고 중재판정 결과의 공정성과 정당성을 확보하기 위해 중재절차를 적법하게 관리하고 감독할 고유의 권한을 가지므로, 그러한 권한에 근거하여 절차 남용에 해당하는 절차적 위법사유를 제재할 수 있다고 보는 것이 일반적이다.43)

요컨대, 절차 남용 법리는 보편적인 절차적 정의 관념에 바탕을 둔 법의 일반 원칙 내지 국제적 공서양속(international public policy)의 위상을 가진 법리라고 해도 손색이 없을 것이다. 따라서 절차 남용의 법리는 특별한 사정이 없는 한 중재지에 관계없이 국제중재절차에서 일반적으로 적용될 수 있다고 봄이 타당하다.44) 다만 절차 남용 법리에 기한 구체적인 제재방법은 개별 사건에 따라 서로 다를 수 있어 이를 일반적으로 설명하기는 어렵다.

(2) 제3자 펀딩업자의 절차적 위법에 대한 절차 남용 법리의 적용

소송절차에 대한 것이기는 하지만 영국이나 호주의 판례를 보면, 제3자 펀딩을 이용한 소송절차에서 제3자 펀딩업자가 소송절차에 대한 통제권을 행사하여 챔퍼티 또는 메인터넌스에 해당하는 경우 이를 절차 남용으로 보고 해당 소송절차를 중단할 수 있다고 판단한 사례가 있다.[45] 그러나 제3자 펀딩업자가 소송절차를 통제한다는 것은 절차 남용을 인정할 중요한 요소 중 하나일 뿐이므로 제3자 펀딩업자가 소송절차를 통제한다는 점이 인정되어 챔퍼티가 인정된다고 하여 그것만으로 절차 남용이 인정된다고 볼 수는 없고, 절차 남용 법리의 본래적 요건, 즉 해당 소송절차를 본래의 목적이 아닌 다른 목적으로 남용하였다는 점이 충족되어야 절차 남용을 인정할 수 있다고 판단한 사례도 있다.[46] 그러나 어느 입장을 취하더라도, 챔퍼티적 요소인 제3자 펀딩업자가 소송행위에 부당하게 간섭하거나 소송절차를 통제하였다는 점이 절차 남용을 인정할 가장 중요한 요소 중 하나이고, 제3자 펀딩업자의 간섭의 정도가 심해질수록 절차 남용을 인정할 가능성이 높아진다는 점을 부인하기는 어렵다.[47] 그리고 제3자 펀딩업자가 당사자를 형해화시키고 소송절차를 통제할 경우, 이는 국가의 소송절차를 본래의 목적과 방법으로 이용한 것이라기보다는 제3자 펀딩업자가 자신의 이익을 목적으로 비정상적인 방법으로 소송절차를 이용한 것으로 볼 여지가 충분하다는 점에서, 소 제기의 목적과 방법이 남용적이어야 한다는 절차 남용 고유의 요건을 충족하는 것도 어렵지 않을 것이다. 따라서 특별한 사정이 없는 한, 제3자 펀딩업자가 소송절차에 대한 통제권을 행사할 경우에는 절차 남용 법리를 적용할 가능성이 커진다고 할 것이다.

국제중재절차에서 제3자 펀딩업자가 중재절차에 대한 통제권을 행사할 경우에도 중재절차를 타락시키거나 왜곡시킬 위험을 증대시켜 중재절차의 온전성과 공정성에 심각한 위험을 초래할 수 있기 때문에,[48] 중재절차를 적법하게 관리하고 감독해야 할 책임이 있는 중재판정부는 이를 예방하고 제재하여야 한다. 특히 제3자 펀딩업자가 중재절차를 전적으로 통제함으로써 중재절차를 그 본연의 목적이 아닌 자신의 경제적 이익을 추구하는 상업적 목적으로 사용한다고 볼 수 있을 경우에는 절차 남용의 법리를 적용할 수 있어야 한다.

다만 중재판정부가 제3자 펀딩업자를 직접 제재할 수는 없기 때문에 제3자 펀딩업자의 부당한 간섭을 이유로 한 절차 남용이 인정될 경우에도 중재판정부는 중재신청인을 상대로 필요한 조치를 할 수밖에 없다. 구체적인 방법으로는 사안의 중대성에 따라 중재비용 판정에서 참작할 수도 있고, 소송절차에서의 절차 남용의 법적 효과를 유추하여 중재절차를 중단하거나 중재신청 자체를 각하하는 것도 고려해 볼 수 있다. 다만, 중재규범의 목적과 취지상 중재합의 및 중재절차의 유효성이 추정되어야 한다는 점에서 중재절차를 중단하거나 중재신청을 각하하는 조치에는 신중을 기할 필요도 있을 수 있다. 이러한 관점에서, 제3자 펀딩업자의 절차통제로 절차의 공정성에 심각한 의문이 있음에도 불구하고 중재인이 아무런 조치를 취하지 않을 경우 상대방 당사자가 해당 중재인에 대하여 이의신청(기피신청)을 하는 방법 등을 대안으로 고려해 볼 수 있을 것이다.

라. 검토

과거 챔퍼티 금지 법리는 소송의 결과에 경제적 이해관계를 가진 제3자가 소송절차를 통제하며 영향력을 행사할 경우 판사와 증인을 매수하고, 증거를 조작하며, 청구금액을 부풀려 소송절차를 부패시키거나 왜곡시킬 위험이 커질 수 있다는 점을 경계했다. 이와 같은 문제의식은 챔퍼티 금지 법리가 완화된 이후에도 완전히 사라지지 않고 공서양속 규범을 통해 계속 살아있는 상태라 할 수 있다. 이러한 역사적·사회적 인식을 염두에 두고 현대에 생겨난 제3자 펀딩산업은 제3자 펀딩업자를 소송비용을 제공하고 소송위험을 인수하는 금융업자로서의 지위에 머무르게 하고 제3자 펀딩업자가 소송절차를 통제하고 소송대리인에게 직접 지시를 하는 것을 스스로 엄격히 제한하고 있다.

이는 국제중재절차를 위한 제3자 펀딩에서도 마찬가지여서, 챔퍼티 금지 법리 등 소송절차에 관련한 주요 법적 제약사항은 국제중재절차를 위한 제3

자 펀딩에도 적용될 수 있기 때문에, 국제중재절차를 위한 제3자 펀딩업자도 중재절차에 간섭하지 않는 것을 원칙으로 한다. 그리고 중재절차라는 것이 당사자 사이의 중재합의를 기초로 성립하는 것이기 때문에 중재합의 당사자가 아닌 제3자 펀딩업자는 중재관할의 범위에 포함될 수도 없다. 따라서 중재절차에서도 제3자 펀딩업자는 절차적으로 간섭하지 않는 것이 원칙적인 모습이라 할 것인데, 그럼에도 불구하고 제3자 펀딩업자가 당사자의 절차적 행위에 간섭하여 중재절차를 통제하려 할 경우 중재판정부로서는 중재절차를 적법하게 관리할 권한에 근거하여 중재신청인을 상대로 필요한 제재조치를 취해야 한다.

패소 시 상대방 소송(중재)비용 부담

I. 문제의 소재

제3자 펀딩이 이용된 분쟁해결절차에서 패소 시 상대방 소송(중재)비용 부담이 문제되는 이유는, 그 국면에서 제3자 펀딩이 분쟁해결절차에 대한 접근을 확대시키므로 장려되어야 한다는 명분과 제3자 펀딩을 받은 의뢰인의 자력에 상관없이 승소한 상대방 당사자는 자신의 소송(중재)비용을 전보받을 수 있어야 한다는 공정성 차원에서의 명분이 서로 충돌하기 때문이다.[49] 즉 의뢰인의 입장에서는 자력이 없어 소(중재)를 제기하지 못하다가 제3자 펀딩 덕분에 비로소 소(중재)를 제기할 수 있게 되었는데, 패소 시에 의뢰인 자신 또는 제3자 펀딩업자가 상대방 소송(중재)비용에 대하여 책임을 질 추가적 위험을 부담해야 한다면, 의뢰인으로서는 소(중재) 제기 여부를, 제3자 펀딩업자로서는 펀딩 여부를 재고할 수밖에 없게 되어, 사법에 대한 접근을 확대시키기 위한 제3자 펀딩의 활용이 줄어들 수 있다. 반면 상대방 당사자의 입장에서는 원래는 자신이 승소할 경우 자신의 소송(중재)비용을 당연히 전보받을 수 있어야 하는데 패소한 당사자는 자력이 없고 제3자 펀딩업자는 소송(중재)당사자가 아니라는 이유로 승소한 상대방 당사자가 자신의 소송(중재)비용을 상환받지 못하는 것은 공정하지 않을 수 있다.

그리고 거래 동기 측면에서 제3자 펀딩업자는 승소할 경우에는 상대방 당사자로부터 지급되는 분쟁해결금액으로부터 수익을 얻을 수 있는 반면 패소할 경우에는 상대방 당사자에 대하여 아무런 추가적인 위험 내지 책임을 부담하지 않아도 된다면, 제3자 펀딩업자가 승소가능성에 대한 엄격한 검증을 할 인센티브가 다소 줄어들어 승소가능성이 낮은 소송(중재)에 대한 제3자 펀딩이 늘어날 염려도 있다.

한편 분쟁해결절차를 적법하게 관리할 책임이 있는 법원(중재판정부)의 관점에서도 분쟁해결절차의 공정성과 신뢰성을 보존하기 위하여 적절한 소송지휘권(중재절차 관리 권한)을 행사할 수 있어야 하는데, 제3자 펀딩이 이용된 분쟁해결절차에서 제3자 펀딩업자가 당사자를 대신하여 분쟁해결절차에 대한 통제권를 과도하게 행사하는 등으로 분쟁해결절차의 온전성과 공정성을 침해할 수도 있는 상황을 대비하여, 법원(중재판정부)은 소송(중재)비용 부담재판이라는 레버리지 또는 채찍을 통해 제3자 펀딩업자의 행위를 감독하고 통제할 수 있어야 한다.

위와 같은 문제의식을 감안할 때, 제3자 펀딩을 받은 당사자가 패소했을 때 당사자가 아닌 제3자 펀딩업자로 하여금 상대방 소송(중재)비용을 부담하도록 하는 재판(판정)을 할 수 있는지, 그리고 제3자 펀딩업자가 상대방 소송(중재)비용을 부담해야 할 경우 승소한 상대방 당사자에게 상환해야 하는 소송(중재)비용의 범위와 한도는 어떠한지 등을 구체적으로 검토할 필요가 있다.

II. 제3자 펀딩업자에게 상대방 소송(중재)비용을 부담하도록 결정할 수 있는지 여부

1 소송절차

가. 외국의 규정과 판례

(1) 영국

영국의 경우 상급법원법 제51조가 소송비용부담재판에 있어 누가 얼마나 비용을 부담할지를 결정할 완전한 재량을 법원에 부여하고 있다.[50] 그리고 민사소송규칙 제48.2조는 법원이 제3자를 상대로 소송비용부담재판을 할 경우 그 제3자가 당사자 간의 소송절차에 소송비용재판 목적으로만 추가되어야 한다고 규정하며,[51] 소송당사자가 아닌 제3자를 상대로 소송비용부담재판을 할 수 있는 근거를 명확히 하였다.

이러한 법적 근거를 가지고 영국 법원은 일찍부터 제3자로부터 지원을 받은 소송에서 의뢰인이 패할 경우 그 제3자로 하여금 승소한 상대방 당사자의 소송비용을 부담하도록 할 수 있다고 판시하였다.[52] 그러다가 일부 판례에서는 제3자를 순수한 비상업적 자금제공자와 전문적인 상업적 자금제공자로 구분하여 전자인 비상업적 자금제공자의 경우에는 그가 지원한 소송의 당사자가 패소하더라도 상대방 당사자에 대하여 소송비용을 상환할 책임이 없다고 판시하기도 하였다.[53]

그러나 영국 법원은 *Arkin* 판결을 통해 패소 시 제3자 펀딩업자의 상대방 소송비용에 대한 책임기준을 확실히 제시하였다. 그 판결에서 법원은 제3자 펀딩업자가 소송의 결과에 지분을 가지고 있어서 승소할 경우 상당한 수익을 얻을 수 있으면서 패소할 경우에는 상대방 소송비용에 대하여 책임을 지지 않는 것은 공정하지 않다고 하면서, 전문적인 상업적 제3자 펀딩업자는 패소 시 상대방 소송비용에 대하여 책임을 져야 한다고 판시하였다.[54] 동시에 *Arkin* 판결은 비전문적이고 순수한 목적의 자금제공자 역시 패소 시 상대방 소송비용에 대하여 책임을 져야 할 수도 있음을 지적하였다.[55]

(2) 호주

원래 호주 뉴사우스웨일즈주의 경우 통일민사절차규칙(Uniform Civil Procedure Rules) 제42.3조 규정으로 인하여 승소한 당사자가 패소한 당사자 측 제3자 펀딩업자를 상대로 소송비용의 지급을 구하는 데 제약이 있었는데, 그 규정이 폐지됨으로써 현재는 민사절차법 제98조[56]에 의해 법원이 제3자 펀딩업자를 상대로도 소송비용부담결정을 할 수 있는 재량을 가진다고 볼 수 있다.[57]

더 나아가 호주는 제3자 펀딩업자들이 소송절차 전반에 미칠 수 있는 영향력이 커지자 그들로 인한 부작용을 막기 위해 그들도 법원의 사건관리 내지 소송지휘의 대상에 포함시킴으로써 민사절차법상 목적 및 의무조항 등을 제3자 펀딩업자에도 적용하려 하고 있다.[58) 예를 들어, 호주 뉴사우스웨일즈주 민사절차법 제56조는 "실제 분쟁에 대한 공평하고, 신속하며, 경제적인 해결을 민사절차법의 궁극적인 목적"으로 선언하면서 "당사자는 그와 같은 궁극적인 목적이 실현되도록 법원을 돕고 그러한 취지에서 [...] 법원의 소송지휘와 명령을 따라야 할 의무"가 있다고 규정한다.[59) 그리고 그와 같은 의무의 적용범위에 "당사자를 대리하는 변호사"와 "당사자에 의해 시작된 절차에 이해관계를 가진 자"도 포함시키고 그 절차에 관련된 이해관계를 가진 자 중 하나로서 "당사자에게 금융조력을 제공하는 자"를 열거함으로써 제3자 펀딩업자도 민사절차법상 목적와 의무의 적용범위에 명시적으로 포함시키고 있는 것이다.[60)

이를 근거로 법원으로서는 제3자 펀딩을 받은 당사자가 패소했을 때 승소한 당사자의 소송비용 부담과 관련하여 제3자 펀딩업자를 대상으로 한 소송비용의 재판을 할 경우, 그리고 제3자 펀딩을 받은 당사자를 상대로 소송비용의 담보제공에 관한 재판을 할 경우에 제3자 펀딩업자의 행위가 위와 같은 민사절차법상 의무와 목적조항에 부합하는지 여부를 평가한 결과를 반영할 수 있다.[61)

나. 국내법상 검토

민사소송법 제98조는 패소자가 소송비용을 부담하는 것을 원칙으로 하되, 제107조에서 예외적으로 제3자에게 비용상환을 명할 수 있는 경우를 정하고 있다.[62) 그와 같이 소송비용에 대하여 책임을 질 수 있는 제3자에는 "법정대리인·소송대리인·법원사무관등·집행관" 그리고 "무권대리인"이 포함된다.[63) 여기서 법원사무관등은, 민사소송법 제40조 제2항[64)에 의해, 법원서기관·법원사무관·법원주사 또는 법원주사보를 가리키는 용어이다. 따라서 위 열거적인 제3자의 범위에 제3자 펀딩업자가 해당될 여지는 없으므로, 제3자 펀딩업자가 국내 민사소송법상 소송비용을 부담할 가능성은 없다고 볼 수 있다.

2 국제중재절차

소송절차에서는 위 영국이나 호주의 예에서 볼 수 있는 바와 같이 절차법상의 근거에 의해 법원이 당사자가 아닌 제3자 펀딩업자를 상대로 소송비용 재판을 할 수 있는 권한을 행사할 수 있다. 그러나 중재합의를 한 당사자 사이에서만 권한을 가질 수 있는 중재판정부는 원칙적으로 중재합의의 당사자가 아닌 제3자 펀딩업자에 대하여 중재비용 판정을 할 권한을 가질 수 없다.[65] 물론 중재합의의 당사자가 아닌 제3자가 중재합의의 범위에 포함되는 것으로 해석하여 중재합의의 구속을 받을 수 있도록 하는 다양한 중재이론이 존재하지만, 제3자 펀딩업자의 경우에는 그러한 이론이 적용될 여지가 거의 없다.[66]

그러나 소송절차에서 제3자 펀딩업자를 상대로 소송비용의 재판을 할 필요성이 있다면 중재절차라 하여 그 필요성을 달리 볼 이유는 없으므로, 추후 중재법이나 중재기관의 중재규칙에 제3자 펀딩업자를 상대로 중재판정부가 중재비용의 판정을 할 수 있는 근거 규정을 도입할 필요가 있을 것이다.

III. 패소 시 제3자 펀딩업자가 부담해야 할 상대방 소송비용의 범위[67]

1 영국의 판례상 기준

승소한 상대방 당사자가 소송비용을 전보받지 못하는 것은 불공정하다는 관점에서 패소 시 제3자 펀딩업자가 소송비용을 부담해야 한다는 원칙을 제시한 *Arkin* 판결은 그러한 원칙으로 인해 제3자 펀딩업자가 상대방 소송비용에 대한 과도한 상환 부담을 두려워한 나머지 제3자 펀딩사업을 기피할 수 있다는 부작용도 고려하였다.[68] 영국 법원은 그와 같은 부작용을 피하기 위해 패소 시 제3자 펀딩업자가 부담할 상대방 소송비용을 제한할 필요성을 고려하여, 소송비용 전체가 아닌 일부만을 지원한 제3자 펀딩업자는 자신이 제공한 일부의 소송비용을 한도로만 승소한 상대방 당사자에 대하여 비용상환책임을 진다고 판시한 것이다.[69] 이때의 한도를 *Arkin* 상한금액이라 부르는데, 위 *Arkin* 사안에서와 같이 제3자 펀딩업자가 소송비용의 일부만을 지원하였을 경우뿐만 아니라 소송비용의 전부를 지원하였을 경우에도 위 *Arkin* 상한금액 제한원칙이 적용되지 않을 이유는 없다.[70] 따라서 제3자 펀딩업자가 소송비용 전부를 지원한 경우에도 자신이 지원한 금액 한도에서만 승소한 상대방 당사자에 대하여 비용상환책임을 지면 된다. 그러나 위와 같은 *Arkin* 상한금액 제한원칙은, 제3자 펀딩에 챔퍼티적 요소가 없이 제3자 펀딩을 받은 당사자가 소송의 결과에 주된 이해관계를 가지고 본인이 직접 소송절차에 대한 통제권을 계속 행사한 경우에만 적용될 수 있고, 제3자 펀딩계약과 제3자 펀딩업자의 행위에 챔퍼티적 요소가 있다고 인정될 경우에는 위 상한금액 제한원칙이 적용되지 않는다.[71] 따라서 챔퍼티적인 제3자 펀딩이 이루어진 후 패소하였을 때에는 제3자 펀딩업자가 위 상한금액의 제한을 받지 아니하고 상대방 당사자 소송비용 전부에 대하여 책임을 져야 한다.[72]

한편 제3자 펀딩을 받은 당사자를 상대로 소송비용의 담보제공을 명할 수도 있는데 그와 같은 소송비용에 대한 담보액도 제3자 펀딩업자가 지원하는 경우가 대부분이다. 그런데 그와 같이 소송비용의 담보제공이 이루어진 소송절차에서 제3자 펀딩을 받은 당사자가 패소한 경우 위 *Arkin* 상한금액, 즉 제3자 펀딩업자가 실제 제공한 소송비용에 위 담보액도 포함되는지 여부가 문제될 수 있다.[73] 즉, 제3자 펀딩업자로서는 소송 초기에 상대방 소송비용의 담보를 제공한 이상 나중에 패소하더라도 그 담보금액 이상으로 상대방 소송비용에 대한 책임을 부담하지는 않을 것이라 기대하는 반면, 승소한 상대방 당사자가 그 담보금액보다 더 많은 금액을 소송비용으로 지출한 경우 상대방 당사자로서는 실제 지출한 금액과 소송비용의 담보금액 사이의 차액에 대하여도 제3자 펀딩업자로부터 상환받고 싶어하기 때문이다. 이에 관하여 제3자 펀딩업자의 비용상환 한도금액에 위 소송비용의 담보금액까지 포함될 경우 제3자 펀딩업자의 비용상환부담이 지나치게 커질 수 있다는 비판이 제기될 수 있다. 그러나 *Excalibur* 판결에서 영국 법원은 제3자 펀딩업자가 소송비용을 제공한다는 관점에서 볼 때 전형적인 소송비용이라 할 수 있는 변호사나 전문가의 보수를 지급하는 것이나 소송비용의 담보제공명령에 따른 담보금액을 제공하는 것이나 서로 달리 볼 이유는 없다고 판시하였다.74) 따라서 제3자 펀딩업자가 제공한 소송비용의 담보금액도 패소 시 제3자 펀딩업자의 비용상환금액의 한도인 *Arkin* 상한금액에 포함된다고 보아야 한다.

2 검토

위 *Arkin* 상한금액 제한원칙에 대해 제3자 펀딩업자들은 대체로 환영하였지만, 소송비용의 재판에 있어 법원에 부여된 재량을 제3자 펀딩업자들에 대하여만 제한할 이유는 없다는 비판론이 강하게 제기되었다.75)

승소한 상대방 당사자의 소송비용 전부에 대하여 제3자 펀딩업자들이 책임을 진다고 하여 제3자 펀딩산업의 계속성이 위협받을 것이라는 염려는 별 근거가 없고, 실무적으로도 제3자 펀딩업자들의 대부분은 패소 시 상대방 소송비용 전부에 대하여 책임을 지는 것을 전제로 의뢰인과 제3자 펀딩계약을 체결한다는 점에서, 제3자 펀딩업자의 과도한 책임부담을 염려해 *Arkin* 판결에서와 같이 제3자 펀딩업자의 소송비용 책임을 제한할 필요는 별로 없어 보인다.76)

제3자 펀딩업자에 대하여도 영국식 소송비용 부담 원칙의 일반적인 모습에 따라 법원의 전적인 재량에 의해 제3자 펀딩업자가 승소한 상대방 당사자에 대하여 부담해야 할 비용상환액을 결정하도록 하는 것이 타당할 것이다.77)

I. 문제의 소재

패소한 자가 상대방 소송(중재)비용까지 부담해야 한다는 소송(중재)비용 재판(판정)의 원칙이 적용될 경우 판결선고(중재판정) 후 패소한 당사자에게 상대방 소송(중재)비용을 부담하도록 하는 재판(판정)을 함으로써 승소한 당사자를 쉽게 보호할 수 있다고 생각할 수도 있을 것이다.[78] 그러나 그 패소한 당사자는 물론 그 당사자를 지원한 제3자 펀딩업자가 패소 후 상대방 소송(중재)비용에 대하여 책임을 지지 않으면, 법원(중재판정부)에 의한 소송비용 재판(중재비용 판정)의 실효성이 없어지고 승소한 상대방 당사자가 자신의 소송(중재)비용을 상환받을 길은 요원해질 우려가 있다.[79] 이러한 문제점을 해결하기 위한 방법으로 원고가 패소하여 상대방 당사자에게 소송(중재)비용을 상환해야 할 경우를 대비해 소송(중재)절차 초기에 미리 원고(중재신청인)에게 소송(중재)비용의 담보제공을 명할 수 있을 것이다. 이러한 소송(중재)비용의 담보제공은 원고(중재신청인)가 패소했을 경우 승소한 상대방 당사자의 소송(중재)비용상환청구권을 확보할 수 있게 할 뿐만 아니라 법원(중재판정부)에 의한 소송(중재)비용 재판(판정)의 실효성을 담보할 수 있다.[80]

또한 소송(중재)비용 담보제공은 제3자 펀딩을 받은 원고(중재신청인)를 제3자 펀딩업자로부터 보호할 수 있는 수단이 될 수도 있다.[81] 즉, 패소 후 제3자 펀딩업자가 상대방 소송(중재)비용에 대하여 책임을 지지 않거나 소송(중재)절차 중에 승소가능성에 대한 예상이 부정적으로 바뀌었다며 제3자 펀딩업자가 계약을 해지할 경우 원고는 그러한 제3자 펀딩업자의 행위에 취약할 수밖에 없다.[82] 그런데 소송(중재)절차 초기에 소송(중재)비용의 담보제공명령이 내려질 경우 그 담보를 제공하지 않으면 소송(중재)이 진행될 수가 없기 때문에 소송(중재)을 통해 수익을 얻으려는 제3자 펀딩업자는 그 담보비용을 부담하지 않을 수 없을 것이다. 그와 같이 일단 제3자 펀딩업자가 소송(중재)절차 초기에 상당한 자금을 투입하게 되면 중간에 제3자 펀딩계약을 해지하기가 어렵게 될 것이고 패소 후 상환해야 할 수 있는 상대방 소송(중재)비용의 상당 부분은 위 담보금액으로 충당될 수 있을 것이다.[83] 이로써 소송(중재)비용 담보제공은 상대방 당사자뿐만 아니라 제3자 펀딩을 받은 당사자도 보호할 수 있는 기능을 수행할 수 있다.[84]

위와 같은 의의를 가지는 소송(중재)비용의 담보제공은 과거에는 별로 활용되지 않다가 최근 들어 소송(중재)절차에서 그 활용이 늘어나는 추세에 있는데, 법원(중재판정부)이 소송(중재)비용의 담보제공을 명할 수 있는 권한을 가지는지 여부는 국가마다 또는 중재규칙마다 다를 수 있어 법원(중재판정부)이 소송(중재)비용의 담보제공을 명할 수 있는 근거를 살펴보고, 그러한 근거가 있을 경우 일반적으로 어떠한 기준에 의해 담보제공을 명하는지를 살펴볼 필요가 있다. 또한 제3자 펀딩이 이용된 소송(중재)절차에서 원고(중재신청인)가 제3자 펀딩을 받고 있다는 사실이 소송(중재)비용의 담보제공을 명할지 여부의 판단에 어떠한 영향을 미치는지도 살펴볼 필요가 있다.

II. 소송(중재)비용의 담보제공을 명하는 결정의 근거와 판단기준

1 소송절차

가. 국내법상 검토

국내 민사소송법상으로 소송비용의 담보제공이 적용될 수 있는 경우는 원고가 국내에 주소, 사무소 또는 영업소를 두지 아니한 때 또는 청구가 이유없음이 명백한 때 등에 한정된다.85) 민사소송법 제117조 규정상으로는 소송비용의 담보제공을 명할 수 있는 사유가 예시적이라 볼 수도 있어 제3 자 펀딩을 받은 원고가 패소 시 상대방 소송비용을 상환할 자력이 없다는 점을 들어 소송비용의 담보제공을 명할 수 있다고 볼 여지도 있다. 그러나 대법원이나 헌법재판소의 결정에 따르면 민사소송법 제117조에 따라 소송 비용의 담보제공을 명할 수 있는 사유는 위 규정에 명시적으로 열거된 사유 또는 그에 준하는 사유임이 명백한 경우에 제한되어야 함을 알 수 있다.86) 따라서 국내에서는 민사소송법 제117조를 근거로 제3자 펀딩이 이루어진 사실 또는 원고의 자력이 부족하다는 사실을 들어 소송비용의 담보제공을 명하는 재판을 하기는 어려울 것이다.87)

나. 외국법상 검토

외국의 경우 관련 사례와 논의가 많은 호주의 예를 보면, 호주 법원은 원고 또는 항소인에게 소송비용의 담보제공을 명하는 재판을 함에 있어 광 범위한 재량을 행사할 수 있다.88) 소송비용의 담보제공을 명할 수 있는 사 유 역시 다양하여, 원고가 호주 내에 주소 또는 사무소를 두지 아니한 경우 뿐만 아니라 ① 원고의 주소가 누락되거나 허위로 기재된 경우, ② 소 제기 후 원고가 주소를 변경한 경우, ③ 법인인 원고가 패소 시 상대방 소송비용 을 상환할 수 없을 것이라고 믿을 만한 상당한 이유가 있는 경우, ④ 제3자 의 이익을 위하여 소를 제기한 원고가 패소 시 상대방 소송비용을 상환할 수 없을 것이라고 믿을 만한 상당한 이유가 있는 경우, ⑤ 원고가 집행을 피하기 위하여 재산을 은닉하거나 처분하였다고 믿을 만한 상당한 이유가 있는 경우 등에 소송비용의 담보제공을 명할 수 있다.89)

호주 뉴사우스웨일즈주 민사소송규칙과 일부 판결은 소송비용의 담보제 공을 명하는 재판의 판단기준을 제시하고 있기도 한데, 그에 따르면 ① 원 고 청구의 근거와 승소가능성, ② 소 제기의 진정성(genuineness), ③ 원고의 자력, ④ 원고의 무자력이 피고의 행위에서 기인한 것인지 여부, ⑤ 소송비 용의 담보제공을 명할 경우 원고의 소 제기를 좌절시키거나 억압할 여지는 없는지 여부, ⑥ 소송이 공익적 중요성을 가지는지 여부, ⑦ 예상되는 소송비용의 규모, ⑧ 소송비용의 담보제공 신청이 소 제기 후 신속하게 이루어졌는지 여부 등을 고려하여 소송비용의 담보제공을 명하는 재판을 하여야 한다.[90] 다만, 원고의 무자력이 중요한 고려요소이긴 하지만, 자연인인 원고의 경우 단지 무자력이라는 이유 하나만으로 소송비용의 담보제공을 명할 수 있는 것은 아니다.[91]

2 국제중재절차

일부 국가의 중재법이나 일부 중재기관의 중재규직은 중재판정부가 중재신청인에게 중재비용의 담보제공을 명할 수 있는 권한을 명시적으로 인정하고 있다.[92] 예를 들어, 영국 중재법 제38(2)조나 런던국제중재법원 중재규칙 제25.2조는 구체적으로 중재판정부의 중재비용 담보제공명령 권한을 인정하고 있는 것이다.[93]

그런데 상당수 중재법이나 중재규칙은 중재판정부가 임시적 조치(interim measure)를 할 수 있는 일반적인 권한에 대해서는 언급하면서도 중재비용의 담보제공을 명할 수 있는 구체적인 권한을 가지는지에 대하여는 침묵하고 있다.[94] 이와 같이 중재절차에 관한 준거법 또는 당사자가 합의한 중재규칙상으로 중재판정부가 중재비용의 담보제공을 명할 수 있는 권한을 가지는지 여부가 명확하지 않을 때에도 중재판정부가 중재신청인에게 중재비용의 담보제공을 명할 수 있는 권한을 가지는지 여부가 문제될 수 있다. 그런데 그와 같은 경우에도 일반적인 임시적 조치의 권한에 근거하여 중재판정부가 중재비용의 담보제공을 명할 수 있다고 보는 견해가 일반적이며, 심지어는 일반적인 임시적 조치의 권한조차 명시적으로 규정되어 있지 않다고 하더라도 중재판정부는 중재절차의 온전성을 보호하여야 한다는 본연의 권한과 역할에 근거하여 중재비용의 담보제공을 명할 수 있다는 견해가 유력하게 제기된다.[95]

중재피신청인이 중재비용의 담보제공을 명하는 결정을 신청한 경우 중재판정부는 제반 사정을 고려하여 결정을 하게 될 텐데, 구체적으로 ① 중재신청의 성공가능성, ② 중재신청인이 패소 시 상대방 중재비용을 상환할 능력이 있는지 여부, ③ 어떤 한 당사자에게 상대방 당사자의 중재비용을 위한 담보를 제공하도록 하는 것이 공정하다고 볼 수 있는지 여부 등을 참작할 것이다.96) 또한 중재비용 담보제공명령이 중재판정부의 일반적인 임시적 조치 권한에 근거하여 이루어지는 경우에는 일반적인 임시적 조치의 요건인 필요성(necessity), 긴급성(urgency) 등의 요건도 인정되어야 할 것이다.97)

다만, 당사자 사이의 합의에 의한 분쟁해결절차라는 중재의 본질상, 중재합의 당시에 이미 상대방 당사자의 자력이 부족하다는 것을 알았거나 알 수 있었음에도 불구하고 그 상대방과의 분쟁을 중재에 의해 해결하기로 합의한 것이라면, 그 상대방 당사자가 향후에 중재비용을 상환할 자력이 없을 것이라는 점은 이미 용인되었다고 보는 것이 합리적이므로, 중재합의 이후 중재비용 담보제공명령 신청을 할 때까지 상대방 당사자의 자력과 관련하여 중대한 사정변경이 발생한 경우가 아니라면 중재비용의 담보제공을 명할 수 없다는 견해가 상사중재에 관한 한 다수의 입장이라고 한다.98)

III. 제3자 펀딩이 소송(중재)비용의 담보제공을 명하는 결정에 미치는 영향

1 소송절차

소송당사자가 아닌 제3자 펀딩업자가 소송의 결과로부터 상업적인 이익을 추구하는 것을 공서양속에 반하는 것으로 보는 것은 아니지만, 그러한 제3자가 승소할 경우에는 이익을 얻기로 하면서 패소할 경우에는 상대방 소송비용 상환에 대하여 책임을 지지 않기로 하는 것은 공정하지 않다는 인식이 일반적이다.99) 이러한 인식하에 호주 법원은 제3자 펀딩업자가 패소 시 상대방 소송비용에 대한 상환 책임을 부담하지 않기로 한 경우에는 제3자 펀딩을 받은 당사자를 상대로 소송비용의 담보제공을 명하는 것이 필요하다는 입장이다.100)

2 국제중재절차

가. 상사중재

제3자 펀딩이 이용된 상사중재절차에서 중재신청인이 상대방 중재비용을 상환할 자력이 있는지 여부에 초점을 맞춰, 중재신청인이 자력이 거의 없는 종이 회사(paper company)에 불과하다는 점, 제3자 펀딩계약에 상대방 소송비용 상환에 대한 제3자 펀딩업자의 책임이 규정되어 있지 않다는 점, 제3자 펀딩업자가 언제든 임의로 계약을 해지할 수 있다는 점 등을 근거로 중재신청인 측에 중재비용의 담보제공을 명한 사례도 있다.[101] 그러나 제3자 펀딩이 이용되었더라도, 상사중재에서 중재비용의 담보제공을 명하는 결정의 핵심적인 판단기준은 중재합의 이후 중대한 사정변경이 있었는지 여부이므로, 중재합의 이후 중재신청인의 자력 등에 중대한 사정변경이 발생한 경우가 아니라면 중재비용의 담보제공을 명할 수 없다는 견해도 있다.[102]

나. 투자중재

투자중재는 상대적으로 우월한 지위에 있다고 볼 수 있는 국가와 상대적으로 취약한 지위에 있다고 볼 수 있는 개별 투자자 사이의 관계를 규정하는 투자협정에 기반하고 있는 점, 투자중재의 구조가 기본적으로 투자자 일방만을 보호하기 위한 편면적인 절차적 수단으로 설계되어 있는 점 등으로 인해 투자중재와 일반 상사중재 사이에는 서로 다른 점이 많다. 그로 인해 투자중재절차에서 중재비용의 담보제공을 명하는 판단을 함에 있어서는 상사중재와는 그 고려요소가 다를 수 있다.

그러한 관점에서 중재비용의 담보제공이 문제된 투자중재 사례를 보면, 투자중재절차의 중재판정부들이 대체로 중재비용의 담보제공을 명하기 위한 요건으로 중재신청인이 상대방 중재비용을 상환할 자력이 없다는 점에 추가하여 중재신청인의 남용적 행위 또는 악의까지 요구하고 있음을 알 수 있다.[103] 이때 중재신청인의 남용적 행위 또는 악의는 과거 중재비용 판정을 이행하지 않았던 전력 등에 의해서만 소명할 수 있을 것이다.[104] 이와 같이 중재비용 담보제공명령의 인용기준이 높을 경우 사실상 피신청인 국가의 중재비용 담보제공 신청이 받아들여질 가능성은 매우 낮아질 수밖에 없는데, 이러한 기준을 제시한 이유로는 투자자가 투자중재 신청을 하였을 때에는 이미 그 이전에 피신청인 국가의 재산수용이나 기타 조치로 투자자의 자력이 줄어들었을 것인데 그러한 투자자에게 중재비용의 담보제공까지 명하는 것은 부당하다고 보았기 때문일 수 있다.[105]

이러한 경향은 제3자 펀딩이 이용된 투자중재 사건에도 비슷하게 적용되는데, *Guaracachi America Inc v. Bolivia* 사건에서 중재판정부는 투자중재절차에서 중재비용 담보제공을 명하는 것은 매우 이례적이고 예외적이라 하면서 제3자 펀딩이 이용된 사실만으로 예외적인 조치인 중재비용 담보제공 명령을 정당화할 수는 없다는 입장을 취하였다.[106]

RSM Production Corporation v. St Lucia 사건의 경우에는 중재신청인이 무자력이고 제3자 펀딩업자가 상대방 중재비용에 대하여 책임을 지는지 여부가 불확실한 상황에서 결론적으로 중재판정부가 중재비용의 담보제공을 명하였으므로 앞서 본 기준과 다른 기준을 적용한 것 아닌가 하는 의문이 들 수도 있을 것이다.[107] 그러나 *RSM Production Corporation v. St Lucia* 사건에서도 중재판정부가 중재비용 담보제공을 명하게 된 결정적인 이유는 중재신청인이 당해 사건의 비용을 제때 납부하지 않았을 뿐만 아니라 과거 다른 사건에서 자신에게 불리하게 부과된 중재비용 판정을 이행하지 않았다는 점에서 중재신청인의 악의 내지 남용적 행위가 소명되었다고 보았기 때문이므로, 이 사건에서도 앞서 살펴본 일반적인 경향은 유지되고 있다고 보아야 할 것이다.[108]

EuroGas Inc v. Solvak Republic 사건에서도 피신청인은 제3자 펀딩업자로부터 중재비용을 제공받는 신청인이 향후 자신에게 불리한 중재비용 판정을 이행할 자력이 없다는 점 등을 주장하며 중재비용의 담보제공명령을 신청하였다.[109] 그러나 중재판정부는 신청인의 자력이 부족하거나 제3자 펀딩이 이용된 사실만으로 중재비용의 담보제공을 명할 예외적 사유가 충족된다고 할 수 없고, 피신청인이 당해 사건이나 다른 사건에서 중재비용을 납

부하지 않거나 중재비용 판정을 이행하지 않은 전력이 있다는 점을 신청인이 소명하지 못한 이상 중재비용의 담보제공을 명할 이유가 없다고 하며 앞서 살펴본 일반적인 경향을 따랐다.110)

3 검토

소송절차와 중재절차를 막론하고, 제3자 펀딩 자체가 공서양속에 반하지 않고 허용되는 관행이라면, 제3자 펀딩이 이루어졌다는 사실 자체만으로 원고(중재신청인)의 무자력을 추정하고 원고(중재신청인)가 패소했을 때 상대방 비용을 상환할 능력이 없을 것이라고 단정함으로써 소송(중재)비용의 남보세공을 명하는 것은 바람직하지 않다. 특히 상업적 제3자 펀딩의 경우 자력이 있음에도 위험관리나 재무관리의 목적으로 제3자 펀딩을 이용하는 당사자가 많다는 점에서도 제3자 펀딩을 이용했다는 사실만으로 상대방 비용을 상환할 자력이 없다고 추정하는 것은 합리적이지 않다.

제3자 펀딩이 이용된 소송(중재)절차에서 소송(중재)비용의 담보제공이 문제되는 경우, 제3자 펀딩이 이루어진 사실 자체만으로 소송(중재)비용의 담보제공을 명해서는 안 될 것이고, 제3자 펀딩업자가 패소 시 상대방 소송(중재)비용을 상환할 의무를 부담하는지, 상대방 소송(중재)비용을 충당할 보험 등 다른 재무적 수단은 없는지, 원고(신청인)가 다른 비용을 제때 납부하지 않거나 다른 사건에서 자신에게 불리한 비용 결정을 이행하지 않은 전력은 없는지, 원고(신청인)의 무자력이 피고(피신청인)의 행위에서 비롯된 것은 아닌지 등을 종합적으로 검토한 후 결정해야 할 것이다.

제3자 펀딩계약에 관련된 정보와 자료의 공개

I. 문제의 소재

제3자 펀딩계약은 제3자 펀딩업자와 의뢰인 사이의 비밀유지약정의 제한을 받으므로, 외부에 계약과 관련된 정보와 자료가 공개되지 않는 것이 일반적이다. 그러나 제3자 펀딩계약을 체결하기 전에 제3자 펀딩업자는 사건의 승소가능성에 대하여 평가를 하게 되고 그 평가를 바탕으로 제3자 펀딩업자의 펀딩보수 내지 수익비율 등 제3자 펀딩계약의 주요 조건을 정하거나 의뢰인과 사이에 소송(중재)의 전략을 논의하기도 해야 한다. 그런데 이때 제3자 펀딩계약에 관련한 예민한 정보나 자료가 상대방 당사자에게 공개된다면, 의뢰인 청구의 약점이 상대방 당사자에게 노출되어 상대방 당사자에 대한 관계에서 의뢰인이 불리한 입장에 놓이게 되는 부작용이 발생할 수 있으므로, 그 공개에 신중할 필요도 있다.

그러나 분쟁해결절차의 온전성과 공정성을 보호하기 위하여 분쟁해결절차를 적법하게 관리하고 지휘해야 할 권한과 책임을 가진 법원(중재판정부)으로서는 그 권한과 책임을 이행하기 위해 제3자 펀딩이 이용된 분쟁해결절차의 경우 제3자 펀딩에 관련된 정보 또는 자료를 필요로 할 수 있다. 이처럼 법원(중재판정부)이 제3자 펀딩에 관련된 정보 또는 자료를 필요로 하는 경우로는, 제3자 펀딩업자와 법관(중재인) 사이에 이해상충이 있는지 여부를 확인할 필요가 있을 때, 제3자 펀딩을 받은 당사자를 상대로 하여 소송(중재)비용 담보제공명령 신청이 있을 때, 제3자 펀딩을 받은 당사자가 패소하여 상대방 소송(중재)비용 부담에 관한 재판을 해야 할 때, 상대방 당사자로부터 공서양속에 반하는 제3자 펀딩을 이용한 소송(중재)수행이 절차 남용이므로 소송(중재)절차가 중단되어야 한다는 항변이 제기되었을 때 등이 있다.111) 위와 같이 제3자 펀딩에 관련된 정보나 자료를 필요로 할 수 있는 사유 중 법관(중재인)과 제3자 펀딩업자 사이의 이해상충 여부를 확인하기 위한 목적으로 제3자 펀딩의 존재와 제3자 펀딩업자의 동일성 정보를 의무적으로 공개해야 한다는 데에는 이론의 여지가 거의 없다. 그러나 다른 사유의 경우에는 법원(중재판정부)이 제3자 펀딩에 관한 정보나 자료의 공개를 요구할 수 있는 권한의 유무, (권한이 있다고 볼 경우) 그 기준과 범위 등과 관련한 논란이 있다.

이하에서는 소송절차와 국제중재절차를 나누어, 법원 또는 중재판정부가 제3자 펀딩을 받은 당사자를 상대로 제3자 펀딩에 관한 자료와 정보의 공개를 요구할 권한을 가지는지 여부 그리고 공개의 기준 내지 범위에 관한 논의를 살펴본다.

II. 소송절차

1 제3자 펀딩계약 공개에 관한 근거규정이 있는 경우

소송절차와 관련하여 제3자 펀딩의 정보와 자료에 대한 공개의무를 규정한 사례로는 호주의 경우를 참고할 수 있다.112) 호주의 연방법원 집단소송에 관한 실무지침(이하 "호주 실무지침")에 따르면, 소송 초기에 제3자 펀딩을 받은 당사자는 법원과 상대방 당사자에게 제3자 펀딩계약을 공개해야 한다.113) 다만 상대방 당사자에게 제3자 펀딩계약을 완전한 형태로 공개할 경우에 상대방 당사자에게 소송전략을 노출시켜 상대방 당사자가 부당하게 전략적 우위를 차지할 수 있다는 점을 염려하여 상대방 당사자에게 공개하는 제3자 펀딩계약의 경우에는 일부 민감한 정보를 삭제하여 제공할 수 있도록 하였다.114) 그러나 법원이 필요로 할 경우에는 삭제되지 않은 완전한 제3자 펀딩계약서의 제출을 요구할 수 있다.115) 이와 같이 제3자 펀딩계약을 공개하는 것은 법원이 소송펀딩을 받은 당사자를 상대로 소송비용의 담보제공을 명하거나 소송펀딩을 받은 당사자가 패소했을 때 부담해야 할 상대방 소송비용에 관한 재판을 해야 할 경우 등에 법원의 판단자료로서 소송펀딩계약을 참고할 수 있도록 하기 위해 필요한 것이다.116)

한편 뉴사우스웨일즈주 증거법상 당사자와 변호사 사이, 당사자와 제3자 사이 또는 변호사와 제3자 사이에 주고받은 의사연락 또는 문서는 비밀로 보호될 수 있는 특권이 인정되는데,117) 이러한 특권을 이유로 당사자 또는 그 대리인은 제3자 펀딩계약서 및 관련된 문서들의 공개에 대하여 이의를 제기할 수 있고, 위 증거법상 특권을 이유로 그러한 이의신청이 인용될 수도 있다.118)

2 제3자 펀딩계약의 공개에 관한 근거규정이 없는 경우

호주를 제외하면, 제3자 펀딩과 관련한 정보와 자료의 공개를 직접 규율하는 규정을 가진 국가를 찾기가 쉽지 않은데, 그와 같이 직접적인 근거규정이 없는 경우에도 법원이 제3자 펀딩이 이용된 소송절차를 제대로 지휘하고 감독할 수 있도록 하기 위해 일방 당사자에게 제3자 펀딩이 제공된 경우에는 법원이 그 제3자 펀딩의 존재사실을 가능한 조기에 알 수 있어야 한다는 것에 별다른 이견은 없어 보인다.119) 즉 판사는 자신의 독립성을 유지하고 소송절차의 온전성과 공정성을 보존하기 위한 고유의 권한으로서 최소한 제3자 펀딩업자의 동일성 정보와 제3자 펀딩의 존재 사실에 대하여는 그 공개를 명할 수 있어야 한다는 것이다.120)

한편 단순한 제3자 펀딩의 존재사실이나 제3자 펀딩업자의 동일성 정보를 뛰어넘어 제3자 펀딩계약의 내용과 조건까지 공개하는 문제는 계약문서에 해당하는 제3자 펀딩계약서를 증거개시하는 것과 본질에서 다르지 않다는 견해가 유력하다.121) 따라서 일반 증거법상의 원칙에 따라 제3자 펀딩계약의 내용과 조건이 중요성의 관점에서 실체상·절차상 쟁점과 관련성이 인정되는 경우에 그 공개를 명할 수 있을 것이고, 만약 그 내용과 조건이 변호사-의뢰인 특권의 대상이라면 공개할 수 없을 것이다.

　　그리고 집단소송의 상황에서는 일반 소송절차보다 법원의 소송지휘권과 절차감독권이 보다 광범위하게 인정되므로 당사자에게 공개를 명할 수 있는 정보나 자료의 범위가 더 넓게 인정될 여지가 있을 것이다.[122]

III. 국제중재절차

1 중재인의 이해상충 여부 확인을 위한 제3자 펀딩의 존재와 제3자 펀딩업자 동일성 정보의 공개

　　이론적으로는 소송절차에서도 제3자 펀딩이 이루어지는 경우 제3자 펀딩업자와 법관 사이의 이해상충 여부가 문제될 수 있겠지만, 법관들은 대부분의 국가에서 비교적 엄격한 법적·윤리적 제약하에 전업으로 근무하는 경우가 많아 실제로는 법관과 제3자 펀딩업자 사이의 이해상충이 발생할 여지는 크지 않다고 볼 수 있다.[123]

　　그러나 중재인의 경우에는 본업(本業) 내지 전업(專業)으로 하기보다는 다른 직업을 가지고 있거나 다른 조직에 소속되어 있는 경우가 대부분이며 소속이 자주 바뀌는 경우도 많아 제3자 펀딩업자와 사이에 이해상충이 발생할 여지가 크다. 이러한 이유로 중재인과 제3자 펀딩업자 사이의 이해상충 여부를 확인하기 위하여 제3자 펀딩을 이용하는 당사자로 하여금 중재판정부와 중재기관에 제3자 펀딩의 존재 및 제3자 펀딩업자의 동일성 정보를 의무적으로 공개할 것을 요구하는 중재 관련 법령이나 중재규칙 등이 늘어나고 있다.[124]

　　우선 앞서 살펴본 대로 싱가포르나 홍콩은 중재와 관련하여 제3자 펀딩을 허용하면서 변호사 또는 당사자가 제3자 펀딩의 존재와 제3자 펀딩업자의 동일성 정보를 의무적으로 공개하도록 하는 법을 제정하였다.[125] 그리고 국제상업회의소의 중재규칙, 싱가포르 국제중재센터의 투자중재규칙 및 중국 국제경제무역중재위원회의 투자중재규칙 등도 당사자에게 제3자 펀딩의 존재와 제3자 펀딩업자의 동일성 정보 등을 공개하도록 의무화하거나 중재판정부에 그러한 공개를 요구할 권한을 부여하고 있다.126)

위와 같이 중재인과 제3자 펀딩업자 사이의 이해상충을 확인하기 위한 정보를 공개하도록 하는 규정이 늘어나고 있지만, 그와 같은 규정이 적용되지 않는 경우에도, 중재판정부는 중재절차의 온전성과 신뢰성을 보호하기 위해 가지는 고유의 권한으로서 중재인의 이해상충 여부를 확인하기 위하여 제3자 펀딩의 존재와 제3자 펀딩업자의 동일성 정보를 공개하도록 요구할 수 있다는 데 별다른 이의가 없다.127) 제3자 펀딩의 존재와 제3자 펀딩업자의 동일성 정보는 이해상충 여부를 확인하기 위한 최소한의 정보일 뿐만 아니라 그것이 공개된다고 하여 제3자 펀딩을 받은 당사자의 약점이나 전략이 노출되는 부작용이 발생한다고 보기도 어렵기 때문이다.

중재절차에서 제3자 펀딩의 존재와 제3자 펀딩업자의 동일성 정보가 공개되면, 중재인은 제3자 펀딩업자와의 직간접적인 관계로 인하여 자신의 공정성(impartiality)과 독립성(independence)에 의심할 만한 사정이 있다면 이를 고지해야 하고, 그러한 고지내용을 기초로 상대방 당사자는 중재인 자격에 대한 이의신청을 고려할 수 있다.128)

2 제3자 펀딩계약 내용과 조건의 공개

중재인의 이해상충 여부를 확인하기 위해서뿐만 아니라 제3자 펀딩을 받은 중재신청인이 상환해야 할 상대방 중재비용을 정해야 할 때, 중재비용의 담보제공을 명할지 여부를 결정할 때, 제3자 펀딩을 받은 중재신청인이 진정한 당사자인지 여부가 의심스러울 때, 피신청인이 제3자 펀딩계약을 이유로 절차상 항변을 제기할 때에도 제3자 펀딩과 관련한 정보 또는 자료의 공개가 필요할 수 있다.129) 그런데 위 사유 중 중재인의 이해상충 여부를 확인하기 위한 경우를 제외한 나머지 사유에 대한 판단을 내리기 위해서는 제3자 펀딩업자의 동일성 정보나 제3자 펀딩의 존재 사실과 같은 최소한의 정보에서 더 나아가 제3자 펀딩계약의 구체적인 조건이나 내용에 대한 확인도 필요로 한다. 이러한 이유로 중재절차의 피신청인이 중재판정부에 신청인으로 하여금 제3자 펀딩계약의 내용과 조건을 공개하도록 명할 것을 신청하는 경우가 종종 있다. 이에 대하여 중재판정부는 제3자 펀딩의 존재 사실 및 제3자 펀딩업자의 동일성 정보에 대한 공개요구는 거의 대부분 받아들이지만 제3자 펀딩계약의 구체적인 내용과 조건에 대한 공개요구에 대하여는 입장이 갈린다.130)

EuroGas 사건이나 *South American Silver* 사건에서는 중재판정부가 제3자 펀딩업자의 동일성 정보에 대하여는 공개를 명하였지만 제3자 펀딩계약의 조건에 대한 피신청인의 공개요청은 받아들이지 않았다.131) 그러나 *Muhammet Çap* 사건에서는 중재판정부가 당사자들의 권리를 보호하고 중재절차의 온전성을 보존하기 위해 필요한 경우 당사자가 신청한 절차 명령을 내릴 고유의 권한을 가진다면서 그 권한에 근거하여 해당 중재판정부는 중재신청인에게 제3자 펀딩업자의 동일성 정보뿐만 아니라 제3자 펀딩계약의 조건도 공개할 것을 명하였다.132)

그런데 제3자 펀딩계약의 내용과 조건을 공개하라는 의미를 면밀히 살펴보면, 그 실질은 제3자 펀딩계약서라는 서면증거를 개시하는 것과 거의 흡사하다.133) 따라서 중재절차의 피신청인이 중재비용에 대한 담보제공명령을 신청하는 등에 있어 자신의 절차상 신청을 뒷받침하기 위한 증거자료로서 중재신청인이 당사자로 된 제3자 펀딩계약의 내용 공개를 신청하는 경우, 그 신청은 증거로서의 계약문서를 개시해 달라는 신청과 그 실질이 다르지 않다.134) 따라서 그러한 신청에 대하여는 중재절차에 적용되는 증거조사규칙에 따라 판단하는 것이 합리적일 것이다.135)

실무적으로 국제중재절차에서 증거개시 신청 및 그에 대한 결정은 보통 국제중재 증거조사에 관한 국제변호사협회 규칙(이하 "국제변호사협회 규칙")136)에 의하므로, 그에 따른 기준을 살펴보면, "특정성", "관련성", "중요성", "증거가치" 등을 기준으로 특정 문서의 증거개시 여부를 결정하며, 변호사-의뢰인 특권의 적용대상에 대하여는 증거개시 결정을 할 수 없음을 알 수 있다.137) 따라서 제3자 펀딩계약 내용의 공개를 신청하는 피신청인은 국제변호사협회 규칙에 따라 그 계약의 내용이 구체적으로 자신의 절차상 신청과 중요한 관련성이 있음을 소명해야 할 것이다.138) 반대로 제3자 펀딩을 받은 신청인은 피신청인이 공개를 요구하는 제3자 펀딩계약의 내용이 피신청인의 절차상 신청과 중대한 관련성이 없고 그 계약내용이 변호사-의뢰인 특권 또는 비밀유지약정의 적용대상에 해당하므로 공개할 수 없다고 주장해야 할 것이다.139)

제3자 펀딩에 대한 금융규제의 문제

서언

본서의 주제를 가리키는 용어로서 제3자 펀딩 이외에도 법률금융, 소송금융이라는 용어가 사용되는 데서도 알 수 있는 바와 같이, 실무적으로 제3자 펀딩은 금융거래로 취급되고 있고 주요 제3자 펀딩업자들 역시 자신들을 금융전문가로 부르고 있다. 이러한 인식을 바탕으로 호주 등을 중심으로는 제3자 펀딩에 대한 금융규제[1)]가 필요한지, 만약 필요하다면 어떠한 방식과 정도로 규제를 할지에 대한 논의도 본격적으로 진행되고 있다.

그러나 제3자 펀딩에 대한 규제 논의를 위해서는 먼저 이론적으로 제3자 펀딩의 거래 실질이 금융의 정의에 부합하는지 또는 경제적으로 금융의 기능을 수행하는지를 살펴볼 필요가 있다. 또한 제3자 펀딩을 경제적 기능상 금융의 범주에 포섭할 수 있다 해도, 제3자 펀딩은 일견 전통적인 금융의 요소와 어울릴 것 같지 않은 소송이라는 공적인 기능 내지 작용을 새로운 수익의 기회이자 위험의 요소로 고려하는 생소한 거래로서, 기존의 금융법 체계에서는 예상하거나 대비하지 못한 거래일 가능성이 크다. 이러한 점을 고려하여 본격적인 규제 논의 이전에 제3자 펀딩의 법적 성격과 관련하여 제3자 펀딩이 기존의 금융법 체계에 포섭될 수 있는지도 분석할 필요가 있다.

위와 같은 제3자 펀딩의 금융적 기능과 금융법 체계에서의 법적 성격에 대한 검토 이후, 제3자 펀딩에 대한 본격적인 규제 논의를 전개함에 있어서는, 우선 제3자 펀딩으로 인하여 예상되거나 이미 발생한 위험요소를 확인하고, 그 위험의 정도에 따라 제3자 펀딩에 대한 규제의 내용과 수준 및 방법을 입법론적으로 검토할 필요도 있다.

이하에서는 위에서 제시한 주제를 중심으로 논의를 전개하며, 필요한 경우 영국, 호주, 미국 등에서의 제3자 펀딩의 금융법적 성격에 대한 판례와 제3자 펀딩에 대한 규제 논의를 소개한다.

한편, 본서는 제3자 펀딩계약 그 자체, 즉 제3자 펀딩업자와 의뢰인 사이의 관계에 집중하여 계약법적·절차법적 논의를 진행하였다. 그와 같은 맥락에서 이 장의 규제법적 논의에서도 그 범위를 제3자 펀딩업자와 의뢰인 사이의 금전 지급과 권리 취득의 관계에 집중하고, 보호의 대상 내지 규제의 중점 역시 의뢰인(소송당사자)을 보호하기 위한 제3자 펀딩업자의 지급능력 및 영업행위에 대한 규제에 초점을 맞춘다. 따라서 제3자 펀딩업자의 법적 형태나 제3자 펀딩업자와 그 상위 투자자들 사이의 관계와 관련된 금융규제법적 문제들[2]은 이 장에서 다루지 않거나 제한적으로만 언급한다. 이와 같은 검토범위의 제약으로 인하여 이 장에서의 규제법적 논의와 입법론적 결론은 완전하지 않을 수 있음을 미리 밝혀둔다.[3]

제3자 펀딩의 금융적 기능과 금융법 체계상 법적 성격

I. 제3자 펀딩의 실질과 금융의 기능

1 금융의 개념 및 기능

제3자 펀딩의 거래 실질과 그로 인한 경제적 기능이 금융의 개념과 기능에 포섭될 수 있는지를 검토하기 위해서는 우선 금융의 개념과 기능을 살펴볼 필요가 있다. 그런데 개별적인 금융상품에 대한 정의가 아닌 금융 전체에 대한 포괄적인 법적 정의를 발견하기도 쉽지 않을뿐더러,4) 일부 이론적인 개념 정의5)에 따르더라도 그 개념요소가 추상적이고 포괄적이어서 어떤 새로운 거래 내지 경제현상을 금융의 영역에 포섭하여 규제할 필요성이 있는지 여부를 판단하기 위한 목적으로는 적합하지 않을 수 있다. 따라서 금융에 대한 관념적인 정의보다는 금융의 일반적인 기능을 토대로 제3자 펀딩 거래를 금융거래로 범주화할 수 있는지를 검토하는 것이 합리적일 것이다.

그런데 금융의 기능 역시 그 기능을 열거하거나 분류하는 일관된 원칙이나 기준은 없으나, 전통적으로 자금수요자와 자금공급자의 관계에서 자금공급자의 입장에서는 투자의 수단으로서, 자금수요자의 입장에서는 자금조달의 수단으로서 금융의 기능을 파악하였고, 근래에 와서는 위험의 이전과 인수를 통한 위험의 관리 역시 중요한 금융의 기능으로 파악하고 있다는 점은 대체로 인정할 수 있을 것이다.6) 이러한 투자수단 내지 자금조달수단 그리고 위험관리수단으로서의 기능 이외에도 최근에는 과거와 비교하여 지급수단이 다양화되고 복잡해지면서 지급수단으로서의 금융의 기능에도 주목을 하고 있다. 이러한 점을 고려하여 호주에서는 금융상품 전체에 대한 일반적인 정의를 시도하면서 금융의 기능을 크게 세 가지, 즉 투자, 위험관리, 비현금지급으로 파악하고 있는데,[7] 본서에서도 그와 같은 금융기능 분류를 참고로 하여 금융의 기능을 투자, 위험관리, 비현금지급 정도로 유형화하여 분석하기로 한다.

2 제3자 펀딩의 개념과 실질이 금융의 기능에 부합하는지 여부

앞에서 살펴본 제3자 펀딩의 개념을 이루는 거래요소를 다시 분석해 본다면, 첫째, 의뢰인은 소송비용에 필요한 자금을 조달하기 위하여 제3자 펀딩업자와 제3자 펀딩계약을 체결하고 제3자 펀딩업자로부터 조달한 자금을 사용하여 소송이라는 과업을 수행한다. 둘째, 제3자 펀딩업자는 이익을 얻을 목적으로 의뢰인에게 소송비용에 사용될 자금을 공급하고 승소할 경우 그 소송으로 인한 성과(수익)를 배분받을 권리를 얻는다. 셋째, 의뢰인이 소송이라는 현상으로 인해 직면하는 재무적 위험, 즉 (i) 본인의 소송비용, (ii) (상대방) 소송비용의 담보제공명령에 따른 비용 및 (iii) 패소 시 지급해야 할 상대방 소송비용으로 인한 위험과 관련하여, 의뢰인은 제3자 펀딩계약을 통해 제3자 펀딩업자에게 그 위험을 이전하고 제3자 펀딩업자는 그 위험을 인수한다.[8]

위와 같은 거래요소를 기초로 의뢰인과 제3자 펀딩업자 사이의 현금흐름을 분석해 보면, 제3자 펀딩업자가 의뢰인에게 소송비용을 지급한 후 의뢰인의 소송결과가 승소일 경우에는 그 소송비용을 회수할 뿐만 아니라 소송의 성과로 인한 수익도 배분받게 된다. 반면 의뢰인의 소송결과가 패소일 경우에는 제3자 펀딩업자가 소송비용을 회수할 수 없을 뿐만 아니라 상대방 소송비용을 추가로 지급할 의무까지 부담함으로써 이미 지급한 소송비용을 초과하는 손실을 입게 된다. 이때 의뢰인으로서는 제3자 펀딩업자로부터 자금을 조달한 후 소송결과가 패소일 경우에는 그 자금을 상환할 의무가 없고 소송결과가 승소일 경우에만 그 자금을 상환하고 수익을 배분하게 된다.

위와 같은 분석을 기초로 제3자 펀딩이 금융의 기능으로서 투자, 위험관리, 비현금지급의 기능을 수행하는지를 살펴본다.

첫째, 투자와 관련하여, 위에서 본 제3자 펀딩에 따른 자금흐름 특징을 보면 제3자 펀딩업자는 소송의 위험에 수반하는 재무적 수익을 목적으로 타인에게 금전을 지급하면서 수익을 배분받을 권리를 얻고 소송의 결과에 따라서는 자신이 지급한 금전의 총액을 초과하는 위험9)도 감수해야 한다. 이러한 거래의 속성은 자본시장법 제3조 제1항이 정의하는 '투자성'의 개념적 징표를 만족시키기에 충분하다는 점 등을 고려하면 제3자 펀딩이 투자로서의 속성을 가진다는 점을 부정하기는 어려울 것이다. 이러한 투자적 기능으로 인해 실무에서는 제3자 펀딩을 소송투자라 부르기도 한다. 그러나 금융규제법의 관점에서 어떤 거래의 투자적 기능을 검토할 때에는 투자자와 발행인(자금수요자) 사이의 정보비대칭으로부터 투자자를 보호하기 위한 정보공시와 사기규제가 핵심적인 문제인데 제3자 펀딩업자를 투자자로 하는 제3자 펀딩계약에서 그와 같은 문제를 고려할 필요가 있을지는 의문이다.

둘째, 위험관리와 관련해서도 앞서 살펴본 대로 제3자 펀딩은 소송의 재무적 위험에 노출된 의뢰인이 그 위험을 제3자 펀딩업자에게 이전하도록 한다는 점에서 위험을 관리하는 금융의 기능을 수행한다고 볼 여지가 있다. 이러한 측면에서 제3자 펀딩은 대표적인 위험관리상품인 보험, 그 중에서도 법률비용보험이나 책임보험과 비교되기도 한다. 그러나 위험이전을 포함하는 모든 계약이 파생상품이나 보험상품이 되는 것은 아니다. 그리고 제3자 펀딩으로 이전되는 소송의 위험이 금융법상 위험관리상품에 의해 규율을 하기에 적합한 성질을 가지는지 그리고 그 위험의 정도가 금융법에 의한 규율을 정당화할 정도인지에 대하여는 추가적인 고려가 필요하다.

셋째, 비현금지급수단으로서의 기능과 관련해서는, 의뢰인이 수행하는 소송 또는 그 수익을 배분받을 권리를 불특정 다수인 간에 재화의 교환수단 또는 금전채무의 이행수단으로서 사용할 수 있는지 그리고 사회 일반이 그러한 기능을 인식하는지가 관건일 텐데,10) 소송 내지 소송의 결과에 대해 그러한 기능을 인정하기는 어려울 것이다.

위와 같이 제3자 펀딩이 금융의 경제적 기능 중 투자와 위험관리의 기능을 수행한다는 관점에서 보면 제3자 펀딩을 금융거래로 볼 여지가 있지만, 제3자 펀딩에 대한 규제 필요성이나 방법을 논의하기 위해서는 그 이전에 실정법으로서의 현행 금융법 체계를 기준으로 제3자 펀딩의 법적 성격을 좀 더 분석할 필요도 있다. 따라서 이하에서는 제3자 펀딩을 활용하고 있는 외국에서 기존의 금융상품 법제와 체계에 비추어 제3자 펀딩의 법적 성격을 어떻게 파악하려 했는지를 먼저 살펴보고, 국내 금융법 체계를 기준으로 한 제3자 펀딩의 문제점과 법적 성격을 검토한다.

II. 외국에서의 제3자 펀딩의 법적 성격에 대한 판례와 논의

1 개요

제3자 펀딩이 적극 활용되는 호주에서는 제3자 펀딩계약이 회사법상 금융상품에 해당할 수 있는지 여부 등에 관한 법원의 판단이 있었고, 미국에서는 제3자 펀딩계약이 연방 증권법상 투자계약에 해당하는지 여부에 대한 이론적 논의가 있다.

이하에서는 호주와 미국에서의 관련 판례와 이론적 논의를 소개하면서 실정법 체계에서 제3자 펀딩계약의 법적 성격을 규명하기 위한 단초를 제공한다.

2 호주의 판례와 입법

가. 제3자 펀딩계약이 금융위험관리를 위한 금융상품인지 여부

(1) 금융상품 및 금융서비스인가에 관련된 호주 회사법 규정

호주 회사법 제763A(1)조는, "금융투자"를 하거나 "금융위험을 관리"하거나 "비현금성 지급(non-cash payment)"을 하는 기구(facility)를 "금융상품"이라 정의하고, 같은 법 제764A(1)조에 따라 증권, 파생상품 등을 금융상품에 포함시킨다.11) 그리고 같은 법 제766A(1)조는, "금융상품 자문(financial product advice)을 제공"하거나 "금융상품 거래(deal in a financial product)"를 하거나 "금융상품 시장을 조성(make a market for a financial product)"하거나, "등록된 기구를 운용(operate a registered scheme)"하는 행위 등을 금융서비스 제공이라 정의한다.12) 이를 기초로 같은 법 제911A(1)조는 금융서비스사업(financial services business)을 영위하는 자로 하여금 금융서비스 제공에 대하여 호주 금융서비스인가(financial services licence)를 받도록 요구하고 있으며, 같은 법 제912A(1)조는 금융서비스인가를 받은 자가 준수해야 할 의무요건을 규정하고 있다.13) 위와 같은 요건에 의해 금융서비스인가를 받은 자는 금융당국인 호주 증권투자위원회의 감독과 규제를 받게 된다.

(2) 법원의 판단

위와 같은 호주 회사법 규정하에서, 제3자 펀딩업자인 International Litigation Partners Pte Ltd(이하 "국제소송파트너스")와 소송펀딩계약을 체결한 Chameleon Mining NL(이하 "카멜레온")은 소송펀딩계약이 금융상품으로서의 파생상품임에도 국제소송파트너스가 호주 금융서비스인가를 받지 않았으므로 자신이 위 소송펀딩계약을 해제할 권리가 있다고 주장했다.14) 그러나 1심 법원은 그 소송펀딩계약이 파생상품도 아니고 금융상품도 아니라고 하며 카멜레온의 청구를 기각하였다(이하 이 사건에 관한 일련의 판결은 "카멜레온 판결").15)

그런데 위 사건의 항소심을 맡은 호주 뉴사우스웨일즈주 항소법원(New South Wales Court of Appeal)은 다수의견으로 소송펀딩계약이 원고의 소송 패소로 인한 금융위험을 관리하는 위험관리상품으로서 회사법 제763A조의 금융상품에 해당한다고 판시하며, 국제소송파트너스는 호주 금융서비스인가 없이 금융상품을 제공하였으므로, 카멜레온이 그 계약을 해제할 권한이 있다고 결론내렸다.16)

그러나 위 사건의 결론은 호주 최고법원에서 다시 파기되었다. 호주 최고법원은 위 소송펀딩계약이 일종의 금융 융통(financial accommodation)으로서 금융상품이라기보다는 신용거래(credit facility)에 해당하고 따라서 국제소송파트너스는 호주 금융서비스인가를 받아야 할 요건으로부터 면제된다고 판시한 것이다.17)

나. 제3자 펀딩계약이 금융상품 중 운용투자기구18)에 해당하는지 여부

(1) 운용투자기구의 정의

호주 회사법 제9조에서는 금융상품 중 운용투자기구를 다음과 같은 개념 요소를 가진 것으로 정의한다.19) 첫째, 구성원들은 투자기구에 의해 발생하는 수익권에 대한 대가로 금전 등을 출자한다.20) 둘째, 그 출자된 금전 등은 그 투자기구에 권리를 가진 구성원들을 위하여 금융수익을 내기 위해 집합화되거나 또는 공동의 사업에 사용된다.21) 셋째, 구성원들은 그 기구의 운용에 대해 일상적인 지시를 하지 않는다.22)

위와 같은 요소로 인하여 호주 회사법상의 운용투자기구는 "운용펀드(managed funds)" 또는 "집합투자(collective investments)" 등으로 불리기도 한다.

(2) *Brookfield Multiplex Limited* 사건에 대한 법원의 판단

(가) 주요 경과와 결론

호주연방법원에서 소송펀딩계약이 금융상품으로서 운용투자기구에 해당하는지 여부가 다투어졌는데, 결론적으로 법원은 소송펀딩계약이 회사법 제9조의 운용투자기구에 해당한다고 판단하였다(이하 "멀티플렉스 판결").23) 이 사건에서는 Brookfield Multiplex Limited(이하 "멀티플렉스" 또는 "피고")를 상대로 대표소송(representative action)을 제기한 여러 투자자 집단의 구성원들, 그들의 대리인인 Maurice Blackburn Pty Ltd(이하 "모리스 블랙번") 및 제3자 펀딩업자인 International Litigation Funding Partners Pte Ltd(이하 "국제소송펀딩파트너스") 사이에 체결된 소송펀딩계약(이하 "이 사건 계약")이 문제되었다.24) 여기서 피고는 이 사건 계약이 회사법에 의해 등록되지 않은 운용투자기구라고 주장하면서, 위 집단 구성원들, 대리인 및 제3자 펀딩업자가

이 사건 계약을 더 이상 이행하는 것을 중지해 줄 것과 이 사건 소송절차의 중단을 신청하였다.25)

(나) 법원 판단의 근거

법원은 이 사건 계약이 호주 회사법 제9조의 운용투자기구에 관한 정의에 부합하는지에 관하여 판단하기 위해, 첫 번째 개념요소로서 '기구'의 정의를 검토하였다. 그 정의에 의할 때, '기구'에 해당하려면 "어떤 프로그램(programme)이나 행위계획(plan of action) 등"이 있어야 하는데, 이 사건의 계약의 경우 다음과 같은 특징으로 인하여 기구라는 개념요소에 부합할 수 있다고 하였다: "① 피고 멀티플렉스를 상대로 한 집단 구성원들의 청구권 실현을 촉진하기 위해 제3자 펀딩업자의 비용으로 대리인인 모리스 블랙번에 의해 제공되는 법률서비스를 이용하는 것, ② 제3자 펀딩업자가 집단 구성원들을 상대로 한 소송비용 상환명령과 소송비용의 담보제공명령을 책임지기로 약속하는 것, ③ 제3자 펀딩업자가 위와 같은 청구권의 실현으로부터 이익을 얻거나 상환을 받을 의도로 위와 같은 약속을 하는 것, ④ 집단 구성원들은 그들 자신의 소송비용에 대한 책임, 상대방 소송비용 상환명령에 대한 책임 또는 소송비용의 담보제공명령에 대한 책임으로부터 보호받기로 하는 것."26)

덧붙여 법원은 이 사건 계약에 의한 기구가 다음과 같은 세부단계로 이행된다고 하였다: "① 제3자 펀딩업자가 집단 구성원들의 소송비용을 제공하고, 집단 구성원들의 상대방에 대한 소송비용 상환책임 그리고 소송비용의 담보제공책임을 이행하기로 제안함, ② 대리인인 모리스 블랙번은 소송비용과 경비를 부담하는 제3자 펀딩업자의 지시를 수용하기로 제안함, ③ 집단 구성원들은 위와 같은 제안조건을 수용하고 그에 따라 대리인인 모리스 블랙번에도 같은 조건으로 지침을 내림, ④ 본격적인 소송행위, ⑤ 판결회수금액의 배분."27)

둘째, 법원은 운용투자기구의 개념요소 중 '금전 등을 출자하는 것(contribute money or money's worth)'과 관련하여서는, 이 사건 계약에서 집단 구성원들에 의한 약속과 제3자 펀딩업자에 의한 약속 모두 '금전의 가치를 가지는 것(money's worth)'에 해당할 수 있다고 하며, 이 부분 개념요소도 충족된다고 판시하였다.28)

셋째, 법원은 운용투자기구의 개념요소 중 '수익권을 얻기 위한 대가로서 (as consideration to acquire rights to benefits)'와 관련하여서는, 이 사건 계약에서 집단 구성원들의 약속은 제3자 펀딩업자로부터의 수익, 즉 제3자 펀딩업자가 소송비용을 제공하고 상대방 소송비용에 대한 상환명령 내지 소송비용의 담보제공명령에 대하여도 책임을 지기로 약속함으로써 집단 구성원들이 얻게 되는 수익의 대가로 이루어졌다고 판단하고, 제3자 펀딩업자의 약속은 그들이 획득하게 될 판결회수금액에 대한 지분이라는 수익을 얻는 대가로 이루어졌다고 판단하며, 위 개념요소도 인정된다고 판시하였다.29)

넷째, 법원은 운용투자기구의 개념요소 중 '해당 기구에 의해 발생한 수익(benefits produced by the scheme)'과 관련하여서는, 먼저 이 사건 집단 구성원들이 얻을 수익을 다음과 같이 열거하였다: "① 집단 구성원들의 비용부담 없이 제공받는 법률서비스, ② 상대방 소송비용 상환명령에 대한 위험의 제거, ③ 제3자 펀딩업자가 소송비용의 담보를 제공하기로 하는 약속으로 인한 수익, ④ 해당 기구의 조건에 따라 판결회수금액의 배분에 참여할 계약적 권리로 인한 수익".30) 이러한 분석을 바탕으로 법원은 "제3자 펀딩업자가 해당 기구의 조건에 따라 판결회수금액의 배분에 참여할 권리라는 수익을 얻었다"고 판단하였다.31)

더 나아가 법원은 "소송에서 패소를 했을 때 어떠한 비용 위험에도 노출되지 않는 상태에서 청구를 제기할 수 있는 기회를 얻는 것이 수익이 아니라고 부인하는 것은 부당하다고 평가하며, 그와 같은 수익은 이 사건 기구에서 각 당사자가 의무를 이행한 결과물이므로 이 사건 기구에 의해 발생한 것"이 맞다고 판시하였다.32)

다섯째, 법원은 운용투자기구의 개념요소 중 '출자한 금전 등이 집합화되거나 공동사업에 사용될 것(any of the contributions are to be pooled, or used in a common enterprise)'과 관련해서는, 먼저 집합화(pooled)라는 것이 반드시 펀드를 수반하거나 물리적 개념(physical concept)을 포함한다고 볼 수 없다고 하며, 자원들이 어디에 위치해 있는지를 알고 그것들을 이용가능하다는 점을 알게 됨으로써 어떤 특정 자원들이 집합화되는 목적은 달성될 수 있다고 보았다.[33] 그러한 점에서 이 사건 계약의 경우 "집단 구성원들이 그들 각자의 약속을, 제3자 펀딩업자의 수익을 위해, 이 사건 기구의 목적을 위해, 그리고 이 사건 기구 구성원들의 수익을 위해, 이용가능하게 함으로써 (출자한 금전 등의) 집합화는 달성되었다"고 판시하였다.[34] 그리고 법원은 "분쟁해결금액의 궁극적인 집합화(ultimate pooling of Resolution Sums)도 위 금전 등의 집합화 요건을 충족시킨다"고 하고 "제3자 펀딩업자의 집단 구성원들에 대한 약속은, 각 청구에 대한 소송수행업무를 위해서뿐만 아니라 이 사건 기구 구성원들의 수익을 위한 목적으로 이 사건 기구를 진행시키기 위해 집합적으로 사용되는 것"이라고 판단했다.[35]

한편 법원은 기구 구성원들의 행위가 그들 공동의 목적과 긴밀히 관련되어 있거나 그 목적에 기여하는 것이라면 공동의 사업에 해당할 수 있다고 전제하였다.[36] 그러한 전제하에 이 사건 계약의 경우 집단 구성원들, 제3자 펀딩업자 그리고 대리인의 수익을 위하여 집단 구성원들의 청구를 제기한다는 공동의 목적이 있고, 그 목적을 위해 집단 구성원들은 대리인에 적절한 지시를 내리고 제3자 펀딩업자에 약속을 하며, 제3자 펀딩업자는 자금을 제공하고, 대리인은 법률서비스를 제공하며, 이로써 그들 각자는 이 사건 기구에 의한 성공으로부터 수익을 얻게 된다는 점에서 '공동의 사업' 요건도 충족된다고 판시하였다.[37]

또한 호주연방법원은 '사업(enterprise)'이라는 것은 본질적으로 상업적(commercial)이거나 경제적(economic)이어야 하는데, 이 사건 기구는 집단 구성원들의 관점에서나 제3자 펀딩업자의 관점에서나 대리인의 관점에서도 상업적이거나 경제적이라 하기에 충분하다고 판단하였다.[38]

(다) 멀티플렉스 판결에 대한 반응

위와 같은 법원 판결을 통해 제3자 펀딩이 호주 회사법상 금융상품으로 규제되고 제3자 펀딩업자에게는 금융서비스인가 요건이 강제될 분위기가 형성되자, 호주 금융서비스·국민연금·회사법 장관(Minister for Financial Services,

Superannuation and Corporate Law)이 멀티플렉스 판결로 인하여 (회사법상 운용투자기구에 관한 규정을 따라야 하는 제3자 펀딩업자의 무거운 규제 부담이 생김으로써) 모든 집단소송이 중단될 지경에 이르렀다고 우려하는 등 제3자 펀딩과 관련한 갑작스런 금융규제에 대하여 부정적인 여론이 나타났다.[39] 이에 2010년 호주 증권투자위원회는 집단소송에 펀딩을 한 제3자 펀딩업자들을 회사법상 운용투자기구에 대한 규제로부터 면제시키는 임시적인 구제책을 시행하였다.[40]

그러한 임시적인 대책에 더하여 2012년 호주 정부는 집단소송을 위한 제3자 펀딩을 운용투자기구에서 제외하고, 이해상충을 관리하기 위한 적절한 체계를 갖춘 제3자 펀딩업자에 대하여는 금융서비스인가 요건을 면제시킬 수 있는 규정[41]을 도입하였고, 호주 증권투자위원회는 금융서비스인가 요건을 면제받기를 원하는 제3자 펀딩업자를 위하여 이해상충 관리기준을 제공하였다.[42]

그러나 2020년 위와 같은 면제를 폐지하고 제3자 펀딩업자로 하여금 금융서비스인가를 받도록 의무화하는 규제가 도입되었다.[43]

(3) *LCM Funding* 사건에 대한 법원의 판단과 후속 입법

위와 같이 제3자 펀딩에 대한 금융규제가 불확실한 상황에서 위 멀티플렉스 판결을 뒤집는 호주 연방법원 판결이 선고되었다. 호주 연방법원(The Full Court of the Federal Court of Australia, FCAFC)은 2022. 6. *LCM Funding Pty Ltd v. Stanwell Corporation Limited* 사건[44]에서 제3자 펀딩이 호주 회사법 제9조의 운용투자기구에 해당하지 않는다고 판결하며 앞서의 멀티플렉스 판결이 잘못되었음을 지적하였다.

이러한 *LCM Funding* 판결의 연장선상에서, 입법으로도 제3자 펀딩을 회사법상 운용투자기구, 호주 금융서비스인가, 상품 공시 등의 규제로부터 면제하는 규정이 도입되었다.[45]

3 미국 증권법상 논의

가. 미국 증권법상 투자계약의 개념

미국의 증권규제법인 1933년 증권법(Securities Act) 및 1934년 증권거래법(Securities Exchange Act, 이하 양 법을 특별히 구별할 필요가 없을 경우에는 "미국 증권법"이라고만 한다)상 증권의 한 유형인 투자계약(investment contract)과 관련하여, 제3자 펀딩업자와 의뢰인 사이의 제3자 펀딩계약이 미국 증권법상 투자계약에 해당할 여지가 있고 따라서 제3자 펀딩계약이 증권 관련 발행규제와 공시규제의 적용을 받게 될 가능성이 있다는 점을 주목하는 일부 논의가 있다.[46]

우선 미국 증권법상 투자계약의 개념을 살펴보기로 한다. 미국 증권법에서 투자계약은 증권법의 규율대상으로서의 증권의 개념과 범위에 대하여 포괄적이고 신축적인 해석을 가능하게 하는 증권의 종류로서, 그 구체적인 개념요소 내지 기준은 미국 연방대법원의 *SEC v. W. J. Howey Co.* 판결[47] (이하 "*Howey* 판결" 또는 "*Howey* 기준")을 통해 정립되었다고 한다.[48]

Howey 판결은 투자자가 "공동사업에 자신의 금전을 투자해서 오로지 사업자 또는 제3자의 노력에서 비롯되는 이익을 얻을 것을 기대하는 계약, 거래 또는 기구"가 투자계약에 해당한다고 판시하고 있다.[49] 그에 따를 때, 투자계약은 ① '금전의 투자', ② '공동의 사업', ③ '오로지 타인의 노력에서 비롯되는', ④ '이익의 기대'라는 개념요소로 이루어져 있다고 분석해 볼 수 있을 것이다.[50] 이러한 개념요소는 *Howey* 판결 이후 다른 후속 판결에서 좀 더 구체화되기도 하고 논쟁의 대상이 되기도 했는데, 특히 '공동의 사업'이라는 요소와 '오로지 타인의 노력'이라는 요소가 *Howey* 기준과 관련하여 주된 논란의 대상이 되었다.

우선 사업의 공동성과 관련하여서는, 수평적 공동성(horizontal commonality)과 수직적 공동성(vertical commonality)이라는 두 가지 정의가 있다.[51] 수평적 공동성 기준은 복수의 투자자가 투자한 금전 등이 집합되고 그 수익이 투자자들 간에 비례적으로(*pro rata*) 배분되며 각 투자자의 수익성이 전체 사업의 수익성에 의해 결정될 때 충족될 수 있다.[52] 반면 수직적 공동성 기준은 투자자의 이익이 사업자의 이익에 긴밀하게 연계될 때 충족되므로 "복수의 투자자가 없더라도 투자자가 사업자의 능력과 노력에 의해 이익을 얻는 경우"에 수직적 공동성 기준은 충족될 수 있다고 할 것이다.53)

한편, '오로지 타인의 노력에서 비롯'되어야 한다는 요소는, *Howey* 판결 이후의 판결을 통해 그 '오로지'라는 요소의 엄격성이 많이 완화되어, 투자자 이외의 타인에 의한 노력이 사업의 성공 또는 실패에 미친 영향이 "부인할 수 없을 정도로 상당한(undeniably significant)" 정도라고 인정할 수 있으면 '오로지 타인의 노력에서 비롯'되어야 한다는 기준은 충족될 수 있다.54) 따라서 투자자가 공동의 사업에 일부 관여하더라도 미국 증권법상 투자계약 인정에 방해가 되지는 않는다.55)

나. 제3자 펀딩계약이 투자계약의 개념에 포섭될 수 있는지 여부

미국 증권법상 증권의 유형 중 하나인 투자계약의 개념요소를 바탕으로 제3자 펀딩계약이 미국 증권법상 증권에 포섭될 수 있는지를 살펴본다.

첫째, '금전의 투자'라는 개념요소의 경우, 그 요소가 쉽게 충족될 수 있는데, 제3자 펀딩계약에 따라 제3자 펀딩업자가 법률비용 상당의 금전을 투자하는 것으로 볼 수 있기 때문이다.56)

둘째, 사업의 '공동성' 요건의 경우, 제3자 펀딩계약에서 의뢰인(당사자)이 자신에게 유리한 판결이나 화해를 얻기 위한 노력을 들이는 데 실패하여 의뢰인이 승소금액을 얻지 못하면 제3자 펀딩업자도 이익을 얻지 못한다는 측면에서 제3자 펀딩업자의 이익이 의뢰인의 이익과 긴밀하게 연계되어 있다고 할 수 있으므로, 수직적 공동성 요건은 충족된다고 볼 수 있다.57) 한편 수평적 공동성을 충족하기 위해서는 개념적으로 복수 투자자의 투자가 집합화되어야 하므로 한 개의 제3자 펀딩업자만 참여하는 통상적인 제3자 펀딩계약은 수평적 공동성 요건을 충족하지 못한다.58) 그러나 복수의 제3자 펀딩업자가 참여하는 신디케이션 방식의 제3자 펀딩계약의 경우에는 수평적 공동성 요건도 충족시킬 수 있을 것이다.59)

셋째, '오로지 타인의 노력에서 비롯되는 이익의 기대'라는 요소의 경우, 앞서 살펴본 것처럼 그 '오로지'라는 단어가 상징하는 엄격성의 정도가 많이 완화되었는데, 그럼에도 제3자 펀딩계약에서 투자자인 제3자 펀딩업자가 소송절차 전반을 지배하고 통제할 경우 투자자인 제3자 펀딩업자의 노력에서 이익이 비롯되었다고 볼 수 있어 이 개념요소는 부정될 가능성이 높을 것이다. 그러나 제3자 펀딩계약이 챔퍼티로 인정될 여지를 방지하고 변호사윤리 기준을 위반하는 것을 예방하기 위해, 제3자 펀딩업자는 계약 등을 통해 자신은 소송절차에 대한 통제권을 행사하지 않고 변호사의 직업적 독립성을 훼손하지도 않는다는 점을 명시하고 있으며, 실제 소송을 수행할 권한과 책임은 소송상 청구의 주체인 의뢰인과 그의 위임을 받은 소송대리인에게 부여하고 있어, 제3자 펀딩계약에서 이익을 좌우하는 소송의 성과는 의뢰인과 변호사의 노력과 능력에 달려 있다고 할 것이다.[60] 따라서 제3자 펀딩계약에서 이익을 실현시키는 소송의 성공은 위 투자계약 개념 정의에서 사업자(promoter)에 해당하는 의뢰인 및 제3자에 해당하는 소송대리인인 변호사의 노력과 능력에서 상당 부분 비롯된다고 할 수 있다.[61] 반면 투자자인 제3자 펀딩업자가 관여할 여지가 일부 있다 하더라도 그러한 여지는 앞서 살펴본 법적·윤리적 제약으로 상당 부분 제한되어 있다.[62] 따라서 제3자 펀딩계약은 오로지 투자자 아닌 타인의 노력에서 비롯되는 이익의 기대라는 요소를 충족시킬 수 있다.[63]

넷째, 제3자 펀딩이 투자계약에 해당하기 위해서는 투자의 대상 내지 목적으로서 소송이 '사업(enterprise)'에 해당하는지를 검토해야 한다. 그러나 제3자 펀딩이 투자계약에 해당하는지에 관한 기존의 논의에서 소송이 '사업'에 해당하는지에 대한 구체적인 검토는 이루어지지 않았다. 물론 앞서 호주의 판례에서 본 것처럼 투자자금을 소송에 사용하는 제3자 펀딩계약이 운용투자기구의 '사업(enterprise)' 요건을 충족시킨다는 결론을 내리면서 소송을 '사업'으로 인정한 사례도 있기는 하다. 그러나 소송의 기능과 목적 및 그에 대한 사회통념을 고려하면, 소송이 '사업'의 범주에 포함된다는 결론을 일반적으로 받아들이기는 어려워 보인다.

다. 제3자 펀딩에 증권규제를 적용할 필요성이 있는지 여부

투자계약의 수평적 공동성 요건을 충족시킬 수 있는지 여부, 소송이 사업에 해당하는지 여부 등과 관련하여 일부 논란의 여지가 있음에도 불구하고, 제3자 펀딩이 미국 증권법상 증권의 한 유형인 투자계약에 해당한다고 볼 가능성을 아예 부정할 수는 없다. 그러나 투자계약의 요건에 대한 문언 해석상으로 제3자 펀딩이 투자계약에 해당할 가능성이 있다고 하더라도, 현실적으로 제3자 펀딩계약을 증권법상의 증권으로 규제할 필요성이 없으면 증권법상 투자자 보호를 위한 규제를 적용할 수 없다.[64]

만약 제3자 펀딩계약을 투자계약으로 보아 증권법상 규제의 적용대상으로 본다면 제3자 펀딩계약에서 투자자라 할 수 있는 제3자 펀딩업자를 보호하기 위해 발행인의 입장이라 할 수 있는 의뢰인에게 증권법상 규제를 적용해야 하는데, 이는 제3자 펀딩을 허용하면서 그 산업 전반에 대한 정부 차원의 규제를 본격적으로 고려하는 영국과 호주에서의 논의 방향과 맞지 않다. 즉, 영국과 호주에서의 규제 논의는 금융소비자로서의 의뢰인(소송당사자)을 금융업자인 제3자 펀딩업자의 불공정한 영업관행 또는 지급여력 부족으로부터 보호하기 위하여 제3자 펀딩업자의 미시적 건전성과 영업행위를 규제하고자 함에 그 목적이 있는 반면, 위 미국 증권법 규제에 관한 논의는 그 반대방향, 즉 의뢰인의 사기와 침묵으로부터 제3자 펀딩업자를 투자자로서 보호하는 데 그 주된 목적이 있기 때문이다.

물론 제3자 펀딩에서도 소송의 위험에 관한 정보의 비대칭으로부터 제3자 펀딩업자를 보호할 필요성이 없는 것은 아니다. 그러나 제3자 펀딩업자와 의뢰인 사이의 정보비대칭은 소송에 대한 제3자 펀딩업자의 사전 실사(due diligence)를 실효성 있게 보장하거나 제3자 펀딩계약의 설계과정에서 의뢰인으로 하여금 중요한 정보를 진술하고 보장하게 함으로써 상당 부분 해결할 수 있다. 이와 같이 금융규제에 의하지 않고도 제3자 펀딩계약에 내재하는 정보비대칭을 해결할 수 있음에도 제3자 펀딩업자의 정보비대칭을 해결하기 위해 증권법상의 규제를 부과하는 것은 위험의 수준과 정도를 고려하지 않은 과도한 규제라고 보아야 한다.

요컨대 개념적으로 제3자 펀딩계약이 증권법상 증권의 요건을 충족할 수 있더라도 투자자 보호를 목적으로 하는 증권법상의 규제를 제3자 펀딩계약에 적용하는 것은 적합하지 않다.

III. 국내 금융규제법 체계에서의 제3자 펀딩의 법적 성격과 문제점

1 현행의 금융규제법 체계에 대한 개관

현재의 국내 금융규제 체계는 금융업을 크게 은행업, 금융투자업, 보험업 등으로 나누고, 금융투자업의 경우에는 과거 산재(散在)해 있던 관련 규제법령(증권거래법, 선물거래법, 간접투자자산운용업법, 신탁업법, 종합금융회사에 관한 법률, 한국증권선물거래소법)들을 하나의 법, 즉 자본시장과 금융투자업에 관한 법률(이하 "자본시장법")로 통합하고 있다.[65]

자본시장법 제정과정에서 본래는 은행과 보험도 포함하는 명실상부 통합금융법을 염두에 두기도 했으나 은행과 보험은 일단 기존의 기관별 규제를 유지하고, 금융투자업에 대하여만 자본시장법 제정을 통해 포괄주의, 기능별 규제를 적용하기로 한 것이다.[66] 그러나 보험업에 대한 금융규제법인 보험업법 역시 포괄주의, 기능별 규제 등을 특징으로 하는 자본시장법의 영향을 받아 그 규제대상인 보험상품을 포괄적으로 정의하고, 자본시장법상의 투자자 보호장치를 반영하여 보험계약자를 보호하기 위한 영업행위 규제를 강화하고 있다.

위와 같이 은행법, 자본시장법, 보험업법이 현행 금융규제 체계의 주요 축을 이루고 있지만, 그 이외에도 금융상품판매에 있어서 포괄적이고 기능적인 영업행위 규제를 통해 빈틈없는 금융소비자보호 규제체계를 구축하기 위한 금융소비자 보호에 관한 법률(이하 "금융소비자보호법")이 제정되어 그 시행을 앞두고 있고, 서민금융 관련 금융법으로서 유사수신행위의 규제에 관한 법률(이하 "유사수신행위법"), 대부업 등의 등록 및 금융이용자 보호에 관한 법률(이하 "대부업법") 등도 금융규제에 있어 의미를 가질 수 있다.

이하에서는 제3자 펀딩이 개별 금융법이 규율하는 금융상품의 정의에 부합하는지를 중심으로 제3자 펀딩이 현행 금융법 체계의 규제대상이 될 수 있는지를 살펴본다. 그 과정에서 제3자 펀딩계약 또는 제3자 펀딩업자와의 관련성이 거의 없다고 볼 수 있는 은행법은 제외하고, 제3자 펀딩계약이 자본시장법상 증권에 해당하는지, 소송의 위험이 파생상품의 기초자산으로 적합한지, 제3자 펀딩이 집합투자기구의 운용방법 내지 운용자산의 측면에서 적합한지, 제3자 펀딩계약이 보험업법상 보험상품에 해당하는지, 제3자 펀딩계약이 금융소비자보호법상 금융상품에 해당하는지, 제3자 펀딩이 유사수신행위법을 위반하는 거래인지, 제3자 펀딩이 대부업법 등이 규율하는 금전의 대출에 해당하는지 등의 문제를 검토한다.

2 자본시장법과 관련한 법적 문제

가. 문제의 소재

제3자 펀딩계약이 자본시장법의 규제범위에 포함될 수 있는지 여부를 판단함에 있어서는 제3자 펀딩계약이 자본시장법상의 금융투자상품에 해당하는지 여부를 검토하는 것이 핵심이다. 이와 관련하여 자본시장법의 기본적 특징과 체계를 먼저 개괄적으로 살펴본 후, 자본시장법상 제3자 펀딩과 관련하여 제기될 수 있는 주요 문제들을 검토한다.

나. 자본시장법의 기본 체계와 특징

금융투자업에 관한 한 통합적인 규제법인 자본시장법은 다음과 같은 네 가지 주요 특징으로 인하여 선진적이고 획기적인 입법으로 평가받는데, 그 주요 특징은 다음과 같다.

첫째, 규제대상인 금융투자상품과 영업범위를 포괄적이고 추상적으로 정의하는 포괄주의 방식을 채택함으로써 기존 열거주의 방식에서 탈피하였다.[67] 이로써 "투자자의 금융상품에 대한 다양한 수요에 부응"하고 금융투자업의 범위를 확대하면서 금융혁신을 도모할 수 있게 되었고 투자자보호규제의 적용범위을 확대함으로써 규제의 공백을 극복할 수 있게 된 것으로 평가받고 있다.68)

둘째, '동일기능'에 대한 '동일규제' 적용이라는 원칙하에 "금융투자상품과 금융투자업 그리고 투자자 유형이라는 세 가지 요소로 구성되는 금융기능별로 동일한 '경제적 위험'을 보유한 것으로 인정되는 경우"에는 동일한 규제를 적용하는 기능별 규제방식을 채택함으로써 기존 기관별 규제방식에서 탈피하였다.69)

셋째, 금융투자업자가 각 금융투자업 별로 필요한 인가 또는 등록요건만 충족하면 각 금융투자업 별로 별도의 금융기관을 설립하지 않더라도 복수의 금융투자업을 겸업할 수 있게 허용하는 겸업(허용)주의 방식을 채택함으로써 기존의 전업주의 방식에서 탈피하였다.70)

넷째, 금융소비자 내지 금융투자업자의 거래상대방으로서의 투자자를 보호하기 위한 규제를 강화하고 체계화하는 한편, "위험감수능력"을 기준으로 투자자를 "일반투자자"와 "전문투자자"로 구분하여 각각에 대한 규제를 달리 정하고 있다.71)

위와 같은 자본시장법 체계하에서 금융투자상품의 개념은 "자본시장법의 적용범위를 결정하는 기초 개념"이자 "기능별 규제로의 전환을 위한 제도적 기초"로서 기능하는데,72) 그러한 금융투자상품에 대하여 자본시장법은 일반적이고 추상적인 정의규정-명시적 포함 규정(증권과 파생상품)-명시적 제외 규정(양도성 예금증서와 관리신탁수익권)이라는 단계적 정의방식을 취하고 있다.73) 또한 새로운 증권 유형으로서 미국 증권법상 투자계약(investment contract) 개념으로부터 도입된 '투자계약증권'을 통해 포괄주의 규제원칙을 구현하고자 한다.74)

다. 자본시장법상 증권에 해당하는지 여부

자본시장법 제3조 제1항은 금융투자상품에 대한 일반적 정의를 내리고 있는데, 앞서 제3자 펀딩의 금융적 기능을 검토하면서 확인한 바와 같이, 제

3자 펀딩계약은 금융투자상품의 일반적 정의 요소, 즉 ① 이익의 목적, ② 금전 등의 지급, ③ [소송의 성과(수익)를 배분받을] 권리, ④ 투자성(위험)을 모두 충족할 수 있으므로, 일견 자본시장법상 금융투자상품에 해당할 여지도 있어 보인다. 그러나 자본시장법 제3조 제1항의 금융투자상품의 일반적 정의 규정과 제4조 및 제5조의 증권 및 파생상품에 대한 구체적 정의 및 분류 규정 사이의 관계와 관련하여, 제3조 제1항에 따른 금융투자상품의 일반적 정의 규정만 충족해도 금융투자상품으로 취급되어 자본시장법의 적용을 받을 수 있다는 견해도 있지만, 자본시장법의 규정 체계상 제4조나 제5호의 증권 및 파생상품의 구체적인 유형에 해당하지 않으면 금융투자상품으로 볼 수 없다는 해석이 타당하다.75) 따라서 제3자 펀딩계약이 자본시장법상 금융투자상품의 일반적 정의에 부합하는 것만으로는 자본시장법의 적용대상이 될 수 없고 제4조와 제5조의 구체적인 유형에 해당하여야 자본시장법의 적용범위에 포함될 수 있을 것이다.

제3자 펀딩계약이 자본시장법상 금융투자상품의 유형으로서 증권으로 취급될 수 있는지를 검토하기 위해서는, 증권의 구체적인 유형 중 투자계약증권을 살펴볼 필요가 있다. 그런데 자본시장법상 투자계약증권은 미국 증권법상 투자계약 개념을 반영한 것이라고 평가받고 있으므로, 앞서 살펴본 미국 증권법상 투자계약에 관한 논의는 국내 자본시장법상 투자계약증권에도 적용될 수 있을 것이다. 즉, 제3자 펀딩계약을 투자계약증권으로 해석할 경우 제3자 펀딩업자가 보호의 대상인 투자자로서 취급될 것인데, 정책적으로 제3자 펀딩에 대한 규제 논의는 의뢰인을 제3자 펀딩업자로부터 보호하기 위한 차원에서 이루어지고 있다는 점에서, 투자자인 제3자 펀딩업자를 보호하기 위한 법을 제3자 펀딩계약에 적용하는 것은 제3자 펀딩의 거래구조 및 현실과 맞지 않는 것이다.

요컨대, 제3자 펀딩계약이 투자계약증권의 정의에 부합할 여지가 있더라도, 제3자 펀딩계약에 증권규제법 내지 자본시장법의 규제를 적용하는 것은 자본시장법의 체계, 목적 및 정책적 필요와 맞지 않으므로, 제3자 펀딩계약을 금융투자상품(증권)으로 취급할 필요는 없을 것이다.

라. 파생상품의 기초자산과 관련한 문제

앞서 살펴본 바와 같이, 제3자 펀딩은 소송으로부터 발생하는 의뢰인의 재무적 위험을 제3자 펀딩업자에게 이전하는 위험관리기능을 수행하는 측면이 있으므로, 제3자 펀딩계약의 파생상품 해당 여부와 관련하여, 소송의 위험 내지 소송의 손익을 파생상품의 기초자산으로 볼 수 있는지가 문제될 수 있을 것이다.

자본시장법 제4조 제10항 제5호는 "그 밖에 자연적·환경적·경제적 현상 등에 속하는 위험으로서 합리적이고 적정한 방법에 의하여 가격·이자율·지표·단위의 산출이나 평가가 가능한 것"까지 기초자산의 범위를 확대하고 있는데, 여기서 기초자산 여부의 관건은 결국 "객관적인 방법에 의하여 현금흐름의 산출이 가능한 것"인지 여부에 달려 있다.[76] 그런데 소송의 위험 내지 소송의 손익을 객관적인 현금흐름으로 산출할 수 있는 객관적인 방법을 생각하기는 어렵다는 점에서 소송의 위험 내지 소송의 손익은 파생상품의 기초자산 요건을 충족할 수 없을 것이다.

마. 집합투자기구의 운용자산과 관련한 문제

제3자 펀딩업자를 집합투자업자로 가정할 경우, 제3자 펀딩과 관련하여 소송의 수익을 배분받을 권리를 취득하고 실행하는 방법으로 자금을 운용하여 그 소송의 수익을 운용실적으로 배분한다고 구성할 수도 있고, 아예 소송 (수행) 자체를 운용방법으로 하여 그 소송의 수익을 운용실적으로 배분한다고 구성할 여지도 있을 것이다. 한편 운용자산으로는 소송의 수익을 배분받을 권리를 운용자산으로 간주할 가능성이 크겠지만, 소송상 청구 자체를 운용자산으로 간주할 가능성도 배제할 수 없을 것이다.

이와 관련하여 자본시장법이 운용자산의 범위를 "재산적 가치가 있는 투자대상자산"으로 포괄적으로 규정하고 있으므로, 소송의 수익을 배분받을 권리 또는 소송상 청구 그 자체도 집합투자기구의 운용자산이 될 수 있다는 견해도 가능할 수 있다. 그러나 집합투자에서 집합투자업자는 언제든 환매청구에 응하여 운용자산을 처분하여 조성한 금전으로 환매대금을 지급해야 하고(자본시장법 제235조 제1항, 제5항), 운용자산은 시가 또는 공정가액으로 평가할 수 있어야 한다(자본시장법 제238조 제1항). 그런데 소송의 수익을 배분받을 권리 또는 소송상 청구 그 자체는 처분 내지 환가에 적합하지 않을 뿐만 아니라 시가에 의한 가액평가도 거의 불가능하다고 볼 수 있으며, 소송의 종기를 예상할 수 없다는 점에서 환매청구에 언제든 응하기에도 적합하지 않다.

더 나아가 집합투자업자는 투자자에 대하여 선량한 관리자의 주의로써 집합투자재산을 운용하여야 하고, 투자자의 이익을 보호하기 위하여 해당 업무를 충실하게 수행하여야 할 의무를 부담하는데(자본시장법 제79조), 제3자 펀딩을 집합투자기구의 운용방법 내지 운용자산으로 할 경우, 운용자산의 처분성 결여 내지 소송의 불확실성 등을 이유로 집합투자업자로서의 선관의무나 충실의무에 위반한 것으로 판단할 여지도 있다.

여러모로 제3자 펀딩 내지 소송은 집합투자에 적합하지 않다는 판단을 받을 가능성이 커 보인다.

3 보험업법의 적용가능성

가. 보험업법의 기본 체계와 특징

앞서 잠시 언급한 것처럼, 자본시장법 제정과정에서 영국의 금융서비스시장법(Financial Services and Market Act)을 모델로 하여 금융투자업뿐만 아니라 은행업, 보험업까지 포괄하는 진정한 의미의 통합금융법을 제정하기 위한 논의도 있었으나, 결국은 통합의 대상을 금융투자업에 한정하는 자본시장법이 제정되었고 은행업, 보험업에 관한 한 기존의 소위 기관별 규제방식이 유지되어 보험업법이 보험업에 대한 금융규제법으로서의 역할을 한다고 볼 수 있다.77)

그러나 보험업에 관한 규제법인 보험업법 역시, 금융상품의 포괄적 정의, 기능별 규제, 부수업무 겸업 허용, 금융소비자(금융거래의 상대방) 보호 강화를 특징으로 하는 자본시장법의 영향을 받아, 보험상품 정의에 있어 자본시장법상 금융투자상품에 대한 일반적이고 포괄적인 단계적 정의방식과 유사하게 보험업법 제2조 제1호에서 일반적이고 추상적인 정의를 규정함과 동시에 명시적 제외사항을 시행령에 위임하고 있으며 같은 호 각 목에서 명시적 포함 유형을 열거하고 있다.[78]

또한 보험업에서 금융소비자(금융거래의 상대방)라 할 수 있는 보험계약자 보호를 강화하기 위하여 자본시장법상 투자자보호를 위한 영업행위 규제장치를 보험업법에도 반영하였다.[79]

따라서 제3자 펀딩계약이 자본시장법상 금융투자상품에 해당할 수 있는지 여부를 검토함으로써 자본시장법이 제3자 펀딩 상황에서 의뢰인을 보호하기 위하여 적용될 수 있는지 여부를 검토하는 것과 마찬가지로, 위와 같은 보험상품에 대한 포괄적 정의규정을 매개로 하여 제3자 펀딩계약에서 의뢰인을 보호하기 위한 목적으로 보험업법상의 규제를 제3자 펀딩업자에 적용할 수 있는 가능성을 검토해 볼 수 있을 것이다.

나. 제3자 펀딩계약이 보험상품에 해당하는지 여부

보험업법 역시 보험상품 정의와 관련하여 자본시장법과 유사하게 "일반적 정의-명시적 포함-명시적 제외"와 같은 방식을 취하고 있다.[80] 그러나 보험업법의 보험상품 정의방식은 그 일반적 정의규정에도 불구하고 자본시장법과는 다소 다르게 시행령이 열거하고 지정하는 계약만이 보험상품에 포함된다는 다소 제한적인 포괄적 정의방식을 취하고 있다고 평가할 수 있다.[81]

구체적으로 보면, 보험업법은 보험상품에 관하여 "위험보장을 목적으로 우연한 사건 발생에 관하여 금전 및 그 밖의 급여를 지급할 것을 약정하고 대가를 수수하는 계약"이라고 일반적으로 정의하면서, 생명보험상품, 손해보험상품, 제3보험상품을 명시적으로 포함하고 있다.[82]

제3자 펀딩계약은 소송으로 인한 위험을 관리하고 이전하는 기능을 수행할 수 있고, 제3자 펀딩업자가 의뢰인에게 소송비용 등을 지급하며, 의뢰인은 제3자 펀딩업자에게 승소 시 일정한 수익을 분배한다는 점에서 위 일반적 정의에 부합할 여지도 있어 보인다. 그러나 위험을 이전하거나 전가하는 성질의 모든 거래가 보험상품이 될 수 있는 것은 아니다.[83] 위 일반적인 정의에서 말하는 '대가의 수수'는 보험계약자의 보험료 지급채무를 의미할 텐데 보험계약자의 보험료 지급채무는 원칙적으로 확정적인 채무여야 한다.[84] 이에 반해 제3자 펀딩계약에서 의뢰인은 승소할 경우에만 조건부로 제3자 펀딩업자에게 판결금액의 일부를 지급하게 되므로 위 보험상품의 정의에서 말하는 '대가의 수수'라는 요건을 충족한다고 보기는 어렵다.

그리고 보험상품에 대한 정의규정은 제한적인 포괄적 정의규정으로서 보험업법 시행령이 구체적으로 지정하는 계약이 아니면 보험업법이 정하는 보험상품에 해당한다고 볼 수 없는데, 제3자 펀딩계약은 보험업법 시행령에 열거된 계약에 포함되어 있지 않다.

더욱이 보험의 본질상으로도 보험상품은 본질적으로 대수의 법칙을 전제로 설계될 수 있는데,[85] 개별적이고 이질적인 위험을 취급하는 제3자 펀딩계약에는 대수의 법칙을 적용할 수 없다는 점에서도 제3자 펀딩계약을 보험상품으로 취급하기는 어렵다.

또한, 독일에서도 제3자 펀딩계약이 보험상품에 해당하는지에 관한 논의가 있었으나 독일 금융당국은 제3자 펀딩계약이 보험상품에 해당하지 않는다는 유권해석을 내린 바도 있다.

위와 같은 점을 고려하면, 목적과 기능의 유사성에도 불구하고 제3자 펀딩계약이 보험업법상 보험상품에 해당하기는 어려워 제3자 펀딩업자가 보험업법의 규제를 받을 것이라 말하기는 어려울 것이다.

그러나 ① 보험업법에서 보험업자의 보험계약자에 대한 보험금 지급의무 등을 담보하기 위하여 보험업 허가 시에 일정한 자본금 또는 기금을 요구하고 그 이후에도 지급여력을 계속 확보하도록 규제하는 것처럼[86] 제3자 펀딩에서도 제3자 펀딩업자의 의뢰인에 대한 소송비용 등 지급책임을 담보하기 위하여 지급여력을 감독할 필요가 있는 점, ② 보험계약 체결과 이행과정에서 보험계약자를 보호하기 위하여 보험업자의 영업행위를 규제하고 보험업자에게 일정한 공시의무[87]를 부과하는 메커니즘은 제3자 펀딩계약에서도 동일한 목적과 취지로 활용될 여지가 많은 점 등에 비추어 보면, 보험업법에서 보험계약자를 보호하기 위한 규제수단은 제3자 펀딩에서 의뢰인을 보호하기 위한 규제를 논의함에 있어 일정 부분 참고가 될 수도 있을 것이다.

4 금융소비자보호법의 적용가능성

가. 금융소비자보호법의 기본 체계와 특징

세계적으로 금융감독체계는 금융시스템 보호 목적의 건전성 규제와 금융소비자 보호 목적의 영업행위 규제를 단일 기관에서 집행하는지 아니면 그 두 가지 규제를 분리하여 집행하는지 여부를 기준으로 일원화 모델과 이원화 모델로 크게 분류해 볼 수 있다.[88] 그 이원화 모델의 특징 중 하나로서 건전성 규제를 위한 근거 법률과 구분되는 영업행위 규제에 관한 별도의 근거 법률로서 금융소비자 보호에 관한 통합법이 별도로 제정되어야 한다는 주장이 계속 제기되었고, 그러한 요구에 부응하는 취지에서 금융소비자보호 기본법 제정안이 국회에 여러 차례 제출된 바 있다.[89] 그리고 최근에 금융소비자 보호를 위한 통합적인 기본법으로서 금융소비자보호법이 국회를 마침내 통과하여 2021년 9월 시행을 앞두고 있다.

금융소비자보호법은 기본체계상 "소비자 입장에서 금융상품 및 판매행위 속성을 재분류·체계화하여 '동일기능-동일규제' 체계를 도입"함으로써 "어떤 유형의 금융상품이든 판매과정에서 불완전판매 요소를 걸러낼 수 있는 빈틈없는 규제체계[를] 구축"하고자 하는 것을 목적으로 하고 있다.[90] 그러한 목적에 따라 금융소비자보호법은 예금성·투자성·보장성·대출성 상품으로 분류한 모든 금융상품 및 서비스를 대상으로 한 포괄적이고 기능적인 영업행위 규제를 예정하고 있다.[91] 한편 금융소비자보호법은 "금융규제법상 '소비자'라는 용어를 사용하는 최초의 입법"인데 금융소비자보호 법제의 보호대상으로서의 금융소비자에 대하여 "금융상품 계약체결 등에 관한 금융상품 판매업자 또는 금융상품 자문에 관한 금융상품 자문업자의 거래상대방"으로 정의하고 있다.[92]

나. 제3자 펀딩이 금융소비자보호법상 금융상품에 해당하는지 여부

금융소비자보호법의 적용범위는 은행법, 자본시장법, 보험업법 등 기존 금융법상의 모든 금융상품을 포함하고 있다. 그러나 제3자 펀딩은 기존의 각 금융법이 취급하는 금융상품에 해당한다고 보기 어렵다. 자본시장법과 보험업법은 앞에서 검토한 바와 같고, 그 외에 열거하는 은행법상 예금과 대출, 여신전문금융법상 신용카드, 시설대여, 연불판매, 할부금융, 상호저축은행법상 예금과 대출에도 제3자 펀딩이 해당할 여지는 거의 없어 보인다.

따라서 제3자 펀딩계약의 의뢰인을 금융소비자로 의율하여 금융소비자보호법을 적용히는 것은 규제 체계상 가능해 보이지 않는다.

5 유사수신행위법과 관련한 문제

유사수신행위법은 인허가나 등록·신고 없이 불특정 다수인으로부터 자금을 조달하는 것을 업으로 하는 일정한 행위로서, "원본무손실·수익가능성"을 약속하고 출자금을 받는 행위 등을 금지하고 처벌한다.[93] 제3자 펀딩에서 의뢰인이 다수의 제3자 펀딩업자로부터 또는 제3자 펀딩업자를 중개자로 하여 다수의 상위 투자자들로부터 소송비용 명목의 자금을 조달한 경우 이를 유사수신행위로 볼 여지도 있을 수 있다.

그러나 유사수신행위법은 "업으로 할 것"을 요구하고 있는데, 대부분의 의뢰인들은 일회적이거나 매우 간헐적으로 발생하는 소송을 수행하기 위하여 제3자 펀딩을 이용한다는 점에서 계속적이거나 반복적일 것을 요구하는 "업으로 할 것"이라는 요건을 충족할 수 없을 것이다.[94] 또한 제3자 펀딩계약에서 의뢰인은 제3자 펀딩업자나 그 상위투자자들에게 원금 내지 원본에 해당하는 소송비용의 상환을 보장하지 않는다는 점에서 유사수신행위법이 요구하는 "원본무손실 약정"의 요건을 충족할 수도 없다.[95] 더 나아가 제3자 펀딩은 유사수신행위법이 유사수신행위의 유형으로 열거하고 있는 "출자금, 예금·적금·부금·예탁금, 사채의 발행·매출, 회비징수"에 해당하지도 않는다.

따라서 현행법상 제3자 펀딩계약을 통해 의뢰인이 제3자 펀딩업자들 또는 그 상위 투자자들로부터 소송비용 명목의 자금을 조달하더라도 그러한 행위를 유사수신행위로 보기는 어렵다.

6 제3자 펀딩이 금전 대출에 해당하는지 여부

제3자 펀딩업자는 의뢰인에게 금전을 지급하고 수익을 배분받을 권리를 얻는데, 그 구조가 금전을 대여하고 이자를 지급받는 거래와 비슷하다고 볼 여지도 있다는 점에서 은행법, 상호저축은행법, 대부업법 등이 규율하는 대출에 해당할 여지는 없는지도 검토할 필요가 있다.96) 그러나 제3자 펀딩계약에서는 패소 시 의뢰인이 반환할 의무가 없다는 점, 의뢰인의 반환 여부가 의뢰인의 신용위험에 결부되었다기보다는 소송의 결과라는 우연적 사건에 결부되어 있다는 점, 제3자 펀딩업자의 수익(upside)이 금리에 의해 미리 정해지지 않는 점 등을 고려할 때 제3자 펀딩을 국내법 체계상 금전 대출로 인정하거나 제3자 펀딩업자를 대부업법상 대부업자로 보기는 어려워 보인다.

그리고 제3자 펀딩을 금전 대출로 인정할 경우, 제3자 펀딩업자의 수익이 이자제한법 또는 대부업법상의 최고이자율(24%)의 제한을 받아야 하는데, 이러한 제한이 제3자 펀딩의 실무나 거래구조와 전혀 맞지 않다는 점에서도 제3자 펀딩을 금전 대출로 인정하는 것은 적합하지 않다.

IV. 검토

이 절에서는 제3자 펀딩에 대한 본격적인 규제 논의에 앞서 제3자 펀딩의 금융법적 성격을 파악하기 위해 먼저 제3자 펀딩이 금융의 기능을 수행하는지를 살펴보았다. 제3자 펀딩은 투자수단의 다양화라는 차원에서 소송의 위험을 재무적 수익의 기회로 활용하려는 제3자 펀딩업자에게 투자의 기능을 제공하는 측면이 있고, 소송의 재무적 위험을 이전 또는 전가하려는 의뢰인에게 위험관리의 기능을 제공하는 측면이 있다. 이처럼 투자와 위험관리의 기능을 수행한다는 점에서 제3자 펀딩은 금융의 기능을 수행하는 거래라 할 수 있다.

　그러나 제3자 펀딩은 전통적인 금융의 요소와 잘 어울리지 않는 소송이
라는 요소를 고려해야 하는 새로운 금융거래로서 호주나 미국의 사례에서
확인할 수 있는 것처럼, 현행 금융법 체계를 기준으로 제3자 펀딩의 법적
성격을 규정짓거나 제3자 펀딩에 대한 법적 규제가능성을 판단하는 것은 쉽
지 않다. 포괄주의와 기능별 규제를 지향하며 새로운 금융수단도 쉽게 포섭
할 것처럼 보였던 국내 주요 금융법 체계에서도 제3자 펀딩계약을 규율하기
에 적합한 금융상품을 찾기는 어려워 보인다.

　이와 같이 기존의 금융규제 체계로 제3자 펀딩을 규율하기가 적합하지
않은 상황에서, 금융거래로서의 제3자 펀딩으로 인한 위험이 있다면 다음
절에서 보는 바와 같이 입법론적 관점에서 그 위험을 평가하고 그 위험의
정도에 따라 대응 수준과 방법을 결정할 필요가 있을 것이다.

제3자 펀딩에 대한 규제 여부와 방법[97]

I. 문제의 소재

제3자 펀딩을 본격적으로 활용하고 있는 영국과 호주 등에서는 제3자 펀딩업계에서 시장의 실패로 발생할 수 있는 위험과 부작용을 인식하고 그에 대한 규제 여부와 수준을 고민하기 시작하였다. 이하에서는 그와 같은 정책적 논의를 먼저 소개한 후, 금융규제의 목적과 필요성 측면에서 제3자 펀딩으로 인한 위험의 성질과 유형 등을 분석할 것이다. 이 과정에서 금융규제의 목적별로 제3자 펀딩의 위험에 대응하기 위한 외국의 구체적인 규제사례와 내용을 살펴본다. 그런 다음 제3자 펀딩으로 인한 위험의 성격이나 수준이 금융당국에 의한 공적인 금융규제로 대응할 필요가 있는 정도인지, 아니면 계약, 법원의 감독과 심사, 시장의 기능 또는 자율규제 등의 방법으로 충분히 대응할 수 있는 정도인지를 판단한 후, 구체적인 대응 방안을 구상해 본다.

II. 외국에서의 정책적 논의 소개[98]

1 영국

가. 자율규제의 시행

영국에서 제3자 펀딩에 대한 규제는 주요 제3자 펀딩업자들로 구성된 영국 소송펀딩업자협회(The Association of Litigation Funders of England Wales)
와 그 협회 구성원들[99])에 적용되는 자율적인 영업준칙으로서의 행위규약을
중심으로 하는 자율규제 방식에 의해 이루어진다고 할 수 있다.[100])

영국에서 민사사법시스템의 현대화를 감독하고 조정하는 공적 자문기구
인 민사사법위원회(Civil Justice Council)[101])의 특별소위원회가 초안을 마련한
영국 행위규약은 2011년 11월 민사사법위원회 이사회에 의해 채택되어 공
표되었고, 영국 소송펀딩업자협회는 그 행위규약에 따라 제3자 펀딩업계를
자율적으로 관리·감독하는 역할을 맡기 위해 설립되었다.[102])

영국에서는 위 협회가 자율규제 방식으로 위 행위규약을 집행하는데, 위
행위규약에는, 회원인 제3자 펀딩업자들이 따라야 할 행위기준과 업계의 모
범 관행이 규정되어 있고, 회원인 제3자 펀딩업자들과 소송펀딩계약을 체결
한 다른 개인이나 법인이 이용할 수 있는 독립적인 불복절차도 갖추어져 있
다.[103])

그 외에 금융회사에 대한 (미시적인) 건전성 규제의 일환으로서 제3자 펀
딩업자에 대하여 자본 적정성 요건을 부과하고 있는데 그 구체적인 내용에
대하여는 아래 건전성 규제에 대한 각론에서 살펴본다.

나. 자율규제에 대한 정책적 평가

제3자 펀딩업계에 대한 영국의 규제는 자율규제 방식을 특징으로 하는
데, 자율규제의 본질적 한계로서 위 협회에 가입하지 않은 제3자 펀딩업자
는 행위규약에 의한 통제를 받지 않을 수 있고, 위 협회에 가입한 제3자 펀
딩업자라도 위 행위규약을 위반했을 때 받을 수 있는 제재는 회원자격 정지
또는 협회로부터의 퇴출(제명)에 불과해 그 실효성에 의문이 있을 수 있다는
점이 지적되고 있다.[104])

그러나 그와 같은 자율규제의 한계에도 불구하고, 영국 내에서 제3자 펀
딩정책에 대한 가장 권위 있는 견해로 알려져 있는 잭슨 최종보고서는 영국
에서 제3자 펀딩시장이 더 확장되지 않는 한 자율규제로 충분하고 경성규범
에 의한 공적인 규제는 아직은 불필요하다는 입장을 밝힌 바 있다.[105])

2 호주

가. 개요

시장에서 제3자 펀딩업자에 대한 금융규제가 부족하다는 점을 지적하며, 제3자 펀딩업자의 자본 적정성을 감독하고 이해상충을 방지하며 소비자를 위한 정보공시를 의무화시키기 위해 제3자 펀딩업자에게 진입 규제로서 인가 요건을 부과하여 금융당국으로 하여금 제3자 펀딩업자를 규제하도록 할 것인지의 문제를 검토할 필요성을 제기하였고, 이에 관하여 호주 정부(주 정부와 연방 정부 포함)는 다수의 연구보고서를 발표한 바 있다.106)

나. 호주 생산성위원회 보고서

우선, 호주 생산성위원회가 2014년 발표한 연구보고서는 제3자 펀딩업자의 자본 적정성을 검증할 수 있도록 하기 위해 제3자 펀딩업자가 회사법상 금융서비스제공업자로서 인가를 받아야 한다고 제안한다.107)

호주에서 일반적으로 금융서비스인가의 목적은 "① 인가를 받은 사업자가 회사법에 따라 그들의 금융서비스사업을 수행할 만한 충분한 자본을 보유하도록 하고, ② 그 사업이 실패할 경우 무질서하거나 위법한 사업청산 (wind-up)의 위험을 감소시킬 금융상 완충장치(financial buffer)가 있도록 하며, ③ 그 사업자의 소유주들이 금융손실의 위험을 통해 회사법을 준수하도록 할 인센티브를 가지도록 하기 위함"이라고 한다.108) 그런데 제3자 펀딩업자에 대하여도 위와 같은 목적의 금융당국 인가 제도를 통해 제3자 펀딩업자로 하여금 "자신들의 금융상 의무에 관련된 적정한 자본을 보유하도록 하고 위험과 이해상충을 관리하기 위한 의무 내지 시스템과 관련하여 고객에게 적절히 공시"하도록 할 필요가 있다는 것이다.109)

한편 위 연구보고서에 따르면 제3자 펀딩업자에 대한 감독기관은 반드시 호주 증권투자위원회일 필요는 없고, 호주 건전성감독청(Australian Prudential Regulation Authority)이 더 적절할 수 있다고 한다.110)

다. 빅토리아주 법률개혁위원회 보고서

호주의 주요 주인 빅토리아주에서도 주정부기관인 법률개혁위원회(Victorian Law Reform Commission)가 2018년 3월 제3자 펀딩 등에 관한 전면적인 정책보고서[111]를 발표했다.

빅토리아주 보고서는, 우선 다른 금융상품 또는 금융서비스제공업자와 달리 제3자 펀딩업자는 호주 증권거래소에 상장되지 않는 한, 의무적 인가 요건, 재무적 공시 요건, 보고 의무 그리고 건전성 감독 등의 규제를 받지 않고 있으나, 제3자 펀딩이라는 산업 전반의 문제에 대응하기 위하여는 개별 사건에서의 법원의 심사와 감독만으로는 부족하고 입법을 통한 정부적 차원의 규제가 필요하다는 점을 주목하였다.[112]

구체적으로 그 보고서는 제3자 펀딩업자로 하여금 소송펀딩계약에서의 자신의 의무를 이행할 적정한 자본과 유동성을 갖추게 함으로써 자력이 부족한 제3자 펀딩업자로부터 원고 당사자와 피고 당사자를 보호할 필요가 있다고 하면서, 제3자 펀딩업자가 금융당국으로부터 인가를 받도록 하고 적정한 자본을 보유할 수 있도록 해야 한다는 입장을 취하고 있다.[113]

라. 호주 법률개혁위원회 보고서

호주 연방정부기관인 호주 법률개혁위원회는 2018년 12월 발표한 보고서에서 위 생산성위원회 보고서나 빅토리아주 보고서와는 다른 결론을 내놓고 있는데, 그 호주연방 보고서의 주요 내용을 살펴보면 아래와 같다.

제3자 펀딩업자에 대한 금융서비스인가의 필요성을 주장하는 측이 그 필요성의 근거로 주로 주장하는 사유는 제3자로부터 펀딩을 받은 원고가 패소했을 때 그와 상대하는 피고를 보호하기에 기존의 소송비용 담보제공명령은 부족하고 그 한계점을 해결하기 위해 금융당국에 의한 인가 요건이 필요하다는 것이다.[114]

그런데 호주연방 보고서는, 호주 증권투자위원회의 의견을 바탕으로, 호주 금융서비스인가 요건은 신용위험을 대비하기 위한 것도 아니고 특정 책임을 충족하기 위한 담보로 의도된 것도 아니라는 점을 지적하며, 위와 같은 사례에서 소송비용의 담보제공명령이 제3자 펀딩업자 또는 원고 측의 신용위험에 노출된 피고를 보호하기에 더 적합하다고 보고 있다.[115]

또한 호주연방 보고서는, 호주 증권투자위원회 의견을 인용하며, "호주 금융서비스인가 요건은 인가를 받은 자로 하여금 고객에 대한 자신의 금융상의 의무를 확실히 이행하도록 하는 데 초점이 있는 것도 아니고, 인가를 받은 자의 신용위험을 관리하기 위한 것도 아니며, 인가를 받은 자의 사업이 잘못된 사업모델로 인하여 실패하는 것을 방지하기 위한 것도 아니고, 손실을 입은 소비자에 대하여 보상을 제공하기 위한 것도 아니"라는 점을 강조한다.[116]

더 나아가 호주연방 보고서는 제3자 펀딩업자가 금융서비스인가를 받는다고 하여, 그 제3자 펀딩업자로 하여금 승소한 상대방의 소송비용에 대하여 책임을 지도록 하거나 고객을 위하여 중단없이 소송에 대한 펀딩을 계속유지하도록 하는 것을 보장할 수도 없고, 제3자 펀딩업자로 하여금 펀드를 주주들에게 분배할 수 있을 정도로 적정한 자본을 갖출 것이라는 점을 보장할 수도 없다고 하며, 제3자 펀딩업자를 규제하기 위한 수단으로서의 금융서비스인가 제도의 한계점을 지적하고 있다.[117]

이러한 점을 고려하여 호주연방 보고서는 아직 소송펀딩산업이 그리 크지 않은 상황에서 인가 제도의 편익이 의무적인 자본 적정성 요건을 요구하는 인가 제도를 시행함으로써 발생할 수 있는 규제비용보다 크다고 할 수 없다고 하면서, 아직은 인가 제도를 통한 규제보다는 개별 사건에 대한 법원의 심사와 감독을 통해 제3자 펀딩의 소비자를 적절하고 효율적으로 보호할 수 있을 것이라 결론 내리고 있다.[118]

III. 금융규제의 목적별 제3자 펀딩의 위험요인과 그에 대한 규제사례

1 금융규제의 목적과 필요성

일반적으로 금융규제는 그 목적에 따라, 금융소비자[119] 보호를 위한 규제와 시스템 안정성 유지를 위한 규제로 나누어 볼 수 있고, 금융소비자 보호를 위한 규제는 건전성 규제와 영업행위 규제로 나누어 볼 수 있다.[120] 여기서 시스템 안정선 유지를 위한 규제는 주로 지급결제시스템의 운영과 관리를 책임지는 은행과 관련하여 논의되는 것으로서, 제3자 펀딩과 시스템 리스크 사이에서 특별한 연관성을 찾기는 어렵기 때문에, 이하에서는 시스템 안정성 유지를 위한 규제는 논의하지 않는다.

한편 건전성 규제는 미시적 건전성과 거시적 건전성으로 나누어 볼 수 있는데, 거시적 건전성은 시스템 위험에 대응하기 위한 것으로서 앞서 언급한 금융시스템의 안전성 확보를 위한 규제와 관련이 있기 때문에,[121] 이하에서 건전성이라 할 때에는 주로 금융소비자 보호를 위한 미시적 건전성으로서 개별 금융기관에 대한 건전성 규제를 의미함을 미리 밝혀둔다.

건전성 규제는 "금융업자의 도산에 의한 금융소비자의 재산상 손실의 발생을 방지하는 것"을 목적으로 하며, "금융업자의 진입규제, 업무범위, 재무건전성, 경영건전성 등에 관한 기준의 제시와 관리"를 주된 내용으로 한다.[122] 건전성 규제의 핵심은 재무건전성 규제인데, 재무건전성 규제는 금융업자에 종류에 따라 그 취지나 내용이 다를 수 있다. 예를 들어 보험회사의 경우는 위험인수에 따른 보험금 지급 등 보험계약의 이행을 보장하기 위한 지급여력 규제가 필요한 것이고, 금융투자업자, 은행 등의 경우에는 금융소비자의 재산을 수탁자로서 보관하다가 도산함으로써 생길 수 있는 금융소비자의 손해나 손실을 막기 위해 최소한의 재무적 요건을 규정할 필요가 있는 것이다.[123]

한편 영업행위 규제는 금융업자가 금융소비자와 거래할 때 지켜야 할 "적절한 행위와 영업관행에 관한 규칙과 기준의 제시"함으로써 금융업자의

"부적절한 행위에 의해 손해나 손실의 발생가능성을 방지하는 것"을 목적으로 하며, "거래관련 정보의 공시, 금융업자와 그 구성원의 자격과 진실성, 거래의 공정성, 금융상품의 판매 및 권유방법 등에 관한 기준의 제시와 관리"를 주 내용으로 한다.[124)]

제3자 펀딩에 대한 금융규제를 논할 때에도 위와 같은 목적별 규제 영역에 따라 제3자 펀딩업자에 대하여 규제가 필요한 사유와 그에 대한 대응을 구분하여 검토할 수 있을 것이다. 이하에서는 건전성 규제와 영업행위 규제로 나누어, 제3자 펀딩업자에 대하여 규제가 필요하다는 주장의 근거와 그에 대응한 외국의 규제사례를 살펴본다. 이때 진입 규제는 건전성 규제 차원에서 건전성 규제와 같이 검토한다.

2 건전성 규제와 진입 규제

가. 제3자 펀딩업자에 대한 건전성 규제와 진입 규제의 필요성 주장

호주 생산성위원회 보고서는 제3자 펀딩업자에 대한 금융규제가 필요한 사유로서 "금융감독이 부족하여 제3자 펀딩업자로 하여금 자신의 금융상 의무에 관련된 적정한 자본을 유보하도록 할 조치를 할 수 없다"는 점을 들고 있다.[125)] 영국의 잭슨 최종보고서에서도 제3자 펀딩업자에 대한 규제가 필요할 수 있는 사유를 언급하고 있는데, 그 사유 중 하나가 "제3자 펀딩업자가 지급불능상태에 이를 수 있는 가능성을 대비할 만한 보장장치가 없다"는 점이다.[126)]

위와 같은 분석에서 공통적으로 지적하는 것은 제3자 펀딩업자에 대한 자본 적정성 규제의 필요성인데, 그 필요성은 보험업자에 대한 지급여력(보험금 지급능력) 규제 메커니즘을 통해서 유추할 수 있다. 즉, 위험관리 내지 위험이전이라는 목적과 기능이라는 측면에서[127)] 보험업법이 규율하는 보험상품과 제3자 펀딩 사이에 유사한 측면이 많은데, 보험업법은 보험업자의 보험계약자에 대한 보험금 지급의무 등의 이행을 보장하기 위하여 보험업 허가 시에 일정한 자본금 또는 기금을 요구하고 그 이후에도 자본 적정성을 계속 확보하도록 규제한다.[128)] 그런데 보험상품과 그 기능에 있어 유사한 측면이 있는 제3자 펀딩계약에서도 제3자 펀딩업자의 의뢰인을 위한 법률비용 지급의무뿐만 아니라 패소 시 상대방을 위한 법률비용 상환의무 이행을 재무적으로 확실히 할 필요성이 있다고 할 수 있고, 이러한 필요성은 앞서 본 보험업자에 대한 자본 적정성 관련 건전성 규제 및 진입 규제의 근거와 별반 다르지 않다.

이렇듯 제3자 펀딩업자의 자본 적정성 문제가 당사자 간의 계약이나 법원의 개별 사건에 대한 개입을 통해 해결할 문제라기보다는 금융규제적 방법으로 해결해야 할 문제라고 주장하는 입장에서는, 이를 건전성 규제 내지 진입 규제의 관점에서 접근하고 있다.129)

나. 외국의 제3자 펀딩업자에 대한 건전성 규제 및 진입 규제 사례

(1) 영국과 홍콩

영국에서는 자율규제의 특성상 제3자 펀딩업자의 재무건전성이 영국 건전성 감독청(Prudential Regulation Authority)이나 영국 금융행위 감독청(Financial Conduct Authority)과 같은 국가기관의 공적 감독을 받지 않고, 연성규범인 행위규약에 규정된 자본 적정성 요건에 따라 영국 소송펀딩업자협회의 규율을 받는다.130)

영국 행위규약은 개정을 거쳐 제3자 펀딩업자의 자본 적정성 요건에 대하여 2011년 처음 시행되었을 때보다 강화된 규정을 적용하는데, 그 주요 내용은 아래와 같다.

원래 2011년 행위규약에 따르더라도, 제3자 펀딩업자는 지급기한이 도래한 모든 채무를 지급할 수 있어야 하고 자신이 체결한 모든 소송펀딩계약 하에서 최소 36개월 동안의 펀딩 책임을 이행할 수 있는 자본을 유지해야 했다.131) 그 이후 개정을 거쳐 현재는 위 요건에 더하여 ① 최소 5백만 파운드 또는 협회에 의해 지정된 금액의 자금을 조달할 수 있어야 하고,132) ② 자본의 적정성에 대해 계속적으로 공시할 의무를 부담하며,133) ③ 매년 회계법인의 감사를 받아 그 감사의견을 제출하고 자신이 최소한의 자본금 요건을 충족하고 있다는 합리적인 증거도 제출해야 할 의무를 부담한다.134)

홍콩 실무규약 역시 위 영국 행위규약과 유사한 자본 적정성 요건에 관한 규정을 포함하고 있다.135) 그 실무규약에 의해 홍콩에서는 제3자 펀딩업자가 최소 2,000만 홍콩 달러 이상의 자본을 확보하고 있어야 하고 최소 36개월 동안 자신의 모든 제3자 펀딩계약에서 발생하는 총 채무를 이행할 자력을 갖춰야 한다.136)

(2) 싱가포르

싱가포르 민법과 제3자 펀딩 시행령은 제3자 펀딩업자의 적격 요건을 규정하는데, 그에 따르면 우선 제3자 펀딩업자는 제3자 펀딩을 주된 사업으로 영위하여야 한다.137) 또한 제3자 펀딩업자는 500만 싱가포르 달러 이상의 자본금을 갖춰야 한다.138)

3 영업행위 규제

가. 제3자 펀딩업자에 대한 영업행위 규제의 필요성 주장

호지스 교수 등의 공동연구보고서는 제3자 펀딩에 대하여 규제가 필요한 사유로 제3자 펀딩업자와 의뢰인 사이의 이해상충 가능성, 의뢰인이 제3자 펀딩계약의 내용을 이해할 능력이 부족할 가능성 등을 거론하며, 제3자 펀딩과 관련하여 효과적인 소비자보호 제도를 구축할 필요성을 제기하였다.139)

한편 호주 생산성위원회 보고서는, "의뢰인들이 제3자 펀딩업자와 비교하여 제한된 능력과 경험을 가지고 있기 때문에 그 계약이 불공정하게 체결될 수 있다는 점", "제3자 펀딩업자, 소송대리인 그리고 원고 사이에 잠재적인 이해상충이 존재한다는 점" 등을 제3자 펀딩업자에 대하여 규제가 필요한 사유로 지적하고 있다.140) 또한 호주 법무부 상설위원회 보고서는 금융서비스인가를 받지 않은 제3자 펀딩업자와 관련된 소비자보호가 미흡하다고 분석한다.141)

위와 같은 분석은 제3자 펀딩업자에 대하여도 영업행위 규제가 필요할 수 있다는 점을 보여준다.

나. 외국의 제3자 펀딩업자에 대한 영업행위 규제 사례

(1) 미국

미국의 일부 주는 제3자 펀딩을 허용하면서 동시에 소비자보호의 일환으로 그 영업행위를 규제하는데, 대표적인 예가 오하이오주이다. 오하이오 주법에 따르면, 소송펀딩계약서를 작성할 때에는 제3자 펀딩업자가 지급해야 하는 총액, 승소 시 소비자가 상환해야 하는 총액, 연 환산이율 등을 분명하게 표시해야 한다.142) 또한 위 오하이오 주법은 소비자가 제3자 펀딩업자로부터 소송비용을 받은 후 5일 이내에는 위약금 없이 소송펀딩계약을 취소할 수 있다고 규정한다.143)

한편 뉴욕 검찰청은 소비자가 제3자 펀딩계약의 조건과 효과를 완전히 이해하지 못한 상태에서 제3자 펀딩계약을 체결하는 것을 방지하기 위한 협정을 제3자 펀딩업자들과 체결하였는데, 그에 따르면 소비자가 펀딩을 받은 때로부터 5일 이내에는 위약금 없이 제3자 펀딩계약을 취소할 수 있다.144)

(2) 호주

(가) 일반적인 금융소비자보호 규정의 적용

아직 호주에서 제3자 펀딩업자가 금융서비스제공업자로서 반드시 인가를 받아야 할 의무는 없으므로, 금융서비스인가를 받았을 때 적용되는 본격적인 영업행위 규제를 받지는 않는다. 그러나 금융서비스인가를 받지 않은 제3자 펀딩업자도 호주 증권투자위원회법상 금융소비자를 보호하기 위한 다음과 같은 일반적인 제한사항, 즉 ① 비양심적 행위를 해서는 안 되고,145) ② 오인하게 하거나 기만적인 행위를 해서는 안 되며,146) ③ 허위이거나 오인하게 하는 진술을 해서는 안 된다147)는 요건 등은 준수해야 한다.148)

이러한 조항들은 제3자 펀딩업자가 소송펀딩계약에서 불공정한 조건을 부과하거나 소송의 승소가능성 등에 대하여 오인하게 하거나 계약의 중요한 조항을 설명하지 않을 수 있는 위험을 완화시켜 줄 것이다.149)

(나) 호주 증권투자위원회의 이해상충 관리기준

i) 개요

금융업자에 대한 영업행위 규제 중 가장 핵심적인 사항 중 하나가 금융소비자와의 이해상충을 방지하고 관리할 의무를 부과함으로써 이해상충행위를 규제하는 것이다.[150]

제3자 펀딩과 관련한 이해상충을 관리하기 위한 기준은 제3자 펀딩업자 자체적으로 수립하기도 하고 일부 사적 기관에서 자율규범의 차원에서 논의되기는 했으나, 금융당국에 의해 도입된 예는 거의 없었다. 그러나 호주의 경우에는, 제3자 펀딩업자가 금융당국에 의한 본격적인 금융규제를 면제받을 수 있는 요건으로서 이해상충을 관리하기 위한 적절한 시스템을 갖출 것을 요구하는 규정[151]을 도입하였고, 그러한 이해상충 관리 시스템의 일환으로서 호주 증권투자위원회는 이해상충 관리에 관한 규제가이드[152]를 발표하여 금융서비스인가 요건을 면제받기를 원하는 제3자 펀딩업자가 준수해야 할 이해상충 관리에 관한 기준을 제시하였다(이하 "호주 이해상충 관리기준").[153]

호주 이해상충 관리기준은 제3자 펀딩업자와 의뢰인 사이의 이해상충 상황에서 의뢰인을 보호하기 위한 목적으로 제3자 펀딩업자가 의뢰인과의 이해상충을 관리하고 방지하기 위해 따라야 할 적절한 관행과 절차 및 내부시스템에 관한 기준을 제공하고 있다.

ii) 이해상충 확인·평가·관리를 위한 절차와 시스템 구축

제3자 펀딩업자는 이해상충이 일어나는 상황을 확인하고, 충돌하는 이해관계를 평가하며, 그러한 이해상충에 적절히 대응할 수 있는 절차를 규정하고 그 규정을 비치하고 있어야 한다.[154] 그와 같은 이해상충 관리절차는 각 제3자 펀딩계약의 특징, 규모 그리고 복잡성 등을 적절히 반영할 수 있도록 설계되어야 한다.[155]

제3자 펀딩업자는, 위와 같은 절차를 제대로 이행했는지를 평가할 수 있기 위해, 자신이 확인한 이해상충 내역과 그에 대한 조치내역 등을 기재한 기록을 계속 보관해야 한다.[156]

제3자 펀딩업자는 12개월 이내의 정기적인 간격으로 위와 같은 시스템

이 제대로 작동하는지 감시하는 차원에서 위와 같은 절차의 적절성을 계속 검토해야 한다.157)

iii) 이해상충 공시의무

호주 이해상충 관리기준은 이해상충을 관리하기 위한 절차의 일환으로 의뢰인들에 대한 제3자 펀딩업자의 이해상충 공시를 강조한다.158) 호주 이해상충 관리기준에 따라 제3자 펀딩업자가 공시해야 할 사항은 ① "제3자 펀딩업자, 변호사 그리고 의뢰인들의 서로 다른 이해관계, 제3자 펀딩에서 이해상충이 일어날 수 있는 특정 상황에 대한 정보", ② "제3자 펀딩업자와 분쟁이 있는 의뢰인에게 이용가능한 분쟁해결방법에 관한 세부사항" 등이 있다.159)

제3자 펀딩업자의 공시는 적시에 이루어져야 하고, 특정되어야 하며, 의뢰인이 정보를 갖춘 상태에서 의사결정을 할 수 있도록 충분한 세부사항까지 제공하는 방식으로 이루어져야 하고, 제3자 펀딩계약을 체결하는 과정뿐만 아니라 제3자 펀딩계약이 이행되고 있는 중에도 계속 이루어져야 한다.160)

제3자 펀딩업자의 적절한 공시는 의뢰인이 제3자 펀딩계약을 체결할지 여부에 관하여 오인을 하게 할 위험을 피하도록 할 수 있을 것이다.161)

iv) 구체적인 상황별 이해상충 관리의 기준과 절차

호주 이해상충 관리기준은, 이해상충 관리가 필요한 상황을, ① 제3자 펀딩계약을 위해 의뢰인을 유인하거나 모집할 때, ② 소송펀딩계약 조건을 협상하고 작성할 때, ③ 변호사와 의뢰인 사이에 직접적인 계약관계가 없을 때, ④ 제3자 펀딩업자, 변호사 그리고 의뢰인 사이에 기존 이해관계가 존재할 때, ⑤ 화해 결정이나 제안을 할 때 등으로 분류하면서, 그 각 상황에서 이해상충을 관리할 수 있는 적절한 관행과 절차를 준수할 것을 요구한다.162)

첫째, 제3자 펀딩계약을 위해 의뢰인을 유인하거나 모집함에 있어서는, 기만적이거나 의뢰인을 오인하게 하는 유인전략을 사용해서는 안 된다.163)

둘째, 제3자 펀딩계약의 조건을 협상하고 그 계약을 체결함에 있어서는 다음과 같은 조건 등을 포함시켜야 한다: ① "의뢰인에게 외부의 법적 자문을 구할 수 있는 기회를 제공할 수 있는 숙려기간(cooling-off period)", ② "변호사가 제3자 펀딩업자의 지시보다 의뢰인의 지시를 우선시해야 한다는 의무", ③ "화해 제안을 승낙할지 여부를 검토하고 결정함에 있어 적용되어야 할 소정의 절차", ④ "제3자 펀딩과 관련한 분쟁의 해결방법", ⑤ "제3자 펀딩업자와 변호사 사이의 계약조건을 의뢰인들에게 분명하고 완전히 공개할 의무" 등.164) 또한 제3자 펀딩계약의 조건이 계약의 불공정성 또는 비양심성에 관한 기존 법리(the existing body of law on unfair contracts and un-conscionability) 그리고 호주 증권투자위원회법상 금융서비스와 관련하여 비양심적인 영업행위로부터 금융소비자를 보호하기 위한 일반적인 조항165)을 위반하지 않도록 주의해야 한다.166)

셋째, 의뢰인에 대한 변호사의 의무와 관련하여, 변호사가 의뢰인과 직접적인 계약관계를 체결하여 변호사가 의뢰인에 대하여 신인의무를 부담하도록 해야 하고, 만약 변호사와 의뢰인 사이에 직접적 계약관계가 없을 경우에는 제3자 펀딩업자와 변호사 사이의 계약조건에 변호사가 의뢰인의 이익을 적절히 보호할 수 있도록 하는 장치를 두어야 한다.167)

넷째, 제3자 펀딩업자, 의뢰인 그리고 변호사 사이의 기존 이해관계와 관련하여서는, 원칙적으로 그러한 이해관계가 없이 서로 독립적이어야 하되 만약 독립성에 영향을 미칠 만한 기존 이해관계가 있다면 그러한 이해관계를 의뢰인에게 공개해야 한다.168)

다섯째, 제3자 펀딩에서 이해관계자 사이의 이해상충이 가장 문제되는 국면인 화해의 결정과 관련하여서는, 제3자 펀딩업자와 소송대리인인 변호사가 의뢰인의 이익보다 자신들의 상업적인 이익을 우선시할 수 있는 위험을 대비해 외부의 독립적인 변호사가 의뢰인을 위해 화해조건을 검토하도록 해야 한다.169)

IV. 제3자 펀딩으로 인한 위험의 평가와 그에 따른 규제상 대응 수준과 방법

1 문제의 소재

제3자 펀딩을 활용하고 있는 국가에서는 제3자 펀딩업계에서 시장의 실패로 발생할 수 있는 위험요인을 확인하거나 예상하고 그에 대한 규제 여부와 방법에 대하여 본격적인 논의를 진행하고 있다. 국내에서도 제3자 펀딩을 활용할 경우 그 위험에 대한 대비가 필요할 것인데, 앞서도 언급한 바와 같이 제3자 펀딩으로 인한 위험이 예상된다고 하여 그에 대한 대응이 반드시 공적인 규제로서의 금융규제일 필요는 없다. 공적인 규제가 아닌 자율규제의 방식으로 대응할 수도 있고, 제3자 펀딩이 소송에 관련된 금융방법이라는 점에서 소송에 관여할 수 있는 법원이나 변호사를 통한 규제도 가능할 것이다.

이하에서는 금융소비자인 의뢰인과 금융업자인 제3자 펀딩업자 사이의 관계에서 제3자 펀딩으로 예상되는 구체적인 위험을 확인하고, 그 위험의 정도에 따라 각 위험에 대하여 어떤 규제 수단을 사용하는 것이 적정할지를 검토한다.

2 제3자 펀딩으로 인한 위험의 확인

앞서 검토한 호주와 영국의 논의를 정리하자면, 금융거래로서의 제3자 펀딩에서 금융소비자인 의뢰인이 다음과 같은 위험요인에 취약할 수 있다는 점을 알 수 있다.

첫째, 제3자 펀딩업자와 의뢰인 사이의 능력과 경험의 불균형으로 인하여 제3자 펀딩계약의 금융 조건이나 기타 내용이 불공정할 수 있다(이하 "계약내용의 불공정 문제").

둘째, 계약 교섭과 체결과정에서 제3자 펀딩업자의 부적절한 영업관행으로 의뢰인이 제3자 펀딩계약의 금융적 의미와 효과 등을 오인한 상태로 경솔하게 계약을 체결할 수 있다(이하 "계약체결과정의 문제").

셋째, 계약 체결과 이행 및 소송수행 과정에서 금융업자로서의 제3자 펀딩업자와 금융소비자로서의 의뢰인 사이의 이해상충의 여지가 크다(이하 "이해상충의 문제").

넷째, 제3자 펀딩업자가 의뢰인으로부터 인수한 소송의 재무적 위험, 즉 의뢰인을 위한 소송비용에 대한 책임, 패소 시 상대방 소송비용에 대한 책임을 이행할 충분한 자본을 갖추지 못할 수 있다(이하 "지급여력의 문제" 내지 "지급능력의 문제").

3 제3자 펀딩의 위험에 대한 규제적 대응 수준과 방법의 결정

앞서도 언급한 바와 같이 제3자 펀딩으로 인한 위험이 예상된다고 하여 그에 대하여 반드시 공적 규제를 집행할 필요는 없다. 위험의 성질과 수준에 맞게 규제적 대응 수준을 결정하는 것이 사회적으로 바람직할 것이다.

이러한 관점에서 위에서 확인한 위험요인을 검토하면, 우선 계약 내용의 불공정 문제와 계약체결과정의 문제는 제3자 펀딩계약에 대한 법원의 실체법적 심사, 즉 계약의 효력 내지 계약의 하자에 대한 법원의 심사로 해결할 수 있는 여지가 크다. 또한 영국, 싱가포르, 홍콩 등에서 볼 수 있는 바와 같이 자율규제에 기반하여 업계 준칙인 실무규약을 제정하고 그 규약의 내용을 표준 계약에 반영함으로써 위와 같은 문제를 완화시킬 수 있는 부분도 있다. 이에 더하여 영국 행위규약과 같이 제3자 펀딩계약 체결 전에 의뢰인이 독립적인 변호사의 자문을 받도록 하는 모범 관행을 수립하는 방법에 의해서도 위 문제의 위험성을 감소시킬 수 있을 것이다. 한편 약관의 규제에 관한 법률에 근거하여 공정거래위원회가 제3자 펀딩계약을 규제할 가능성도 생각해 볼 수 있지만, 앞서 살펴본 것처럼 제3자 펀딩계약은 보통 각 사건마다 그 사건의 특성에 맞게 개별적으로 작성되는 경향이 있으므로, 제3자 펀딩계약이 약관의 규제에 관한 법률의 적용을 받을 여지는 별로 없을 것이다.

그리고 이해상충의 문제에 대하여는, 앞에서 검토한 바와 같이, 금융규제의 방법이 아니더라도, 이해상충의 위험을 고려한 제3자 펀딩업자와 의뢰인 사이의 적정한 계약설계, 변호사윤리기준의 구속을 받는 소송대리인의 적절한 역할 및 소송절차에 대한 법원의 절차법적 감독 등의 방법으로 그 해결을 시도할 수 있다.170) 만약 이해상충의 문제를 해결하기에 위와 같은 대체적인 수단이 부족하다면, 그 다음으로는, 영국, 싱가포르, 홍콩 등에서 시행하는 바와 같이, 업계 자율규범에 반영된 이해상충 관리에 관한 영업준칙을 집행하는 자율규제 방식을 먼저 검토해야 할 것이다.

끝으로 제3자 펀딩업자의 지급여력 내지 지급능력의 문제는, 보험회사에 대하여 지급여력을 규제하는 것과 유사한 측면이 있으므로, 지급여력 규제를 목적으로 한 공적 규제를 검토할 여지도 있을 것이다. 그러나 제3자 펀딩업자가 인수하는 재무적 위험 중 패소 시 상대방 소송비용에 대한 책임은, 건전성 규제를 통해서만 해결할 수 있는 문제가 아니라, 소송절차법상 법원이 소송절차 초기에 상대방 소송비용에 대한 담보제공을 명하도록 하고 표준 계약조항에서 그 담보제공 비용을 제3자 펀딩업자가 부담하도록 함으로써도 충분히 해결할 수 있다.171) 또한 소송이 장기간 계속될 경우 제3자 펀딩업자가 의뢰인의 소송비용을 계속적으로 공급할 수 있는 지급능력과 관련해서도, 제3자 펀딩업자가 제3자 펀딩계약 체결 후 일정 기간 이내에 예상 소송비용의 상당 부분을 미리 에스크로 계좌 등에 입금하도록 함으로써 추후 제3자 펀딩업자의 자력부족으로 소송비용을 지급하지 못할 위험을 대비할 수 있을 것이다. 그리고 위와 같은 계약법적 또는 절차법적 대체 수단이 부족하다고 판명된다 해도, 우선은 영국 행위규약과 같은 자율규범에 제3자 펀딩업자가 갖추어야 할 적정한 자본 요건을 규정하고 그 요건을 충족하지 못할 경우 협회에서 제명하는 방법으로 제3자 펀딩업자의 지급여력 확보를 유도할 수 있을 것이다.

이처럼 제3자 펀딩업자와 의뢰인 사이의 관계에서 발생할 수 있는 제3자 펀딩의 위험은 아직은 업계의 자율규제나 법원의 개별 사건에 대한 심사와 감독 등으로 충분히 규율할 만한 수준으로 판단되므로, 아직은 제3자 펀딩에 대한 공적인 금융규제를 전면적으로 도입하거나 집행할 단계는 아니라고 보인다.172)

그러나 만약 호주에서 일부 기관이 주장하는 바와 같이 제3자 펀딩에 공적인 규제를 도입해야 한다면, 그 공적인 규제를 집행할 기관으로 어떤 기관이 적합할지가 국내에서도 문제될 수 있다. 이와 관련해서는 제3자 펀딩의 금융거래로서의 속성 및 금융소비자로서의 의뢰인을 보호하기 위하여 제3자 펀딩업자의 지급능력과 영업행위를 규제할 필요성 등의 관점에서 금융위원회를 고려해 볼 수 있고, 소비자보호 관점에서 공정거래위원회를 고려해 볼 수도 있으며, 분쟁해결절차 및 변호사제도와의 관련성으로 인해 법무부를 고려할 여지도 있을 것이다.173) 만약 특정 부처가 맡기에 제3자 펀딩의 속성과 파급효과가 복합적이라 판단된다면 복수의 관련 부처를 공동의 소관 부처로 지정하는 방법도 있을 것이다.

검토

　제3자 펀딩은 금융의 속성을 가진 금융거래의 일종이지만, 기존 금융의 요소와는 다소 이질적인 소송의 위험과 소송의 공적 성격을 고려해야 하는 특수성 등으로 인해 기존의 금융법 체계를 기준으로 제3자 펀딩의 법적 성격을 규명하는 것은 어려운 일이다. 제3자 펀딩은 개별 금융법이 규율하는 금융상품의 정의에 부합하지 않거나, 일부 개별 금융상품의 정의에 부합할 여지가 있다 하더라도 그 금융상품을 규율하는 법률의 목적이나 기능이 제3자 펀딩업자와 의뢰인 사이에서 문제되는 위험을 해결하기에 적합하지 않다는 점에서 제3자 펀딩이 특정 법률이나 금융상품의 범위에 포함된다는 결론을 내리기가 어려운 것이다. 이러한 이유로 호주에서도 법원이나 금융당국이 제3자 펀딩의 금융법적 성격에 대하여 명확하고 일관된 입장을 내놓지는 못하고 있다.

　이러한 상황에서 제3자 펀딩업자와 의뢰인 사이의 금융거래로 생길 수 있는 위험과 부작용에 대하여 어떻게 대응해야 할지가 입법론적으로 문제될 수 있는데, 제3자 펀딩업자와 의뢰인 사이에서 예상되는 위험은 대부분 적정한 계약설계, 자율규제 및 법원의 감독과 심사 등의 방법으로 일단 해결할 수 있을 것으로 보이고, 아직은 공적인 금융규제를 전면적으로 도입할 수준은 아닌 것으로 판단된다.

미 주

Chapter 1

1) 대법원은 "[...] 구속영장청구 기각, 보석 석방, 집행유예나 무죄 판결 등과 같이 의뢰인에게 유리한 결과를 얻어내기 위한 변호사의 변론활동이나 직무수행 그 자체는 정당하다 하더라도, 형사사건에서의 성공보수약정은 수사·재판의 결과를 금전적인 대가와 결부시킴으로써, 기본적 인권의 옹호와 사회정의의 실현을 사명으로 하는 변호사 직무의 공공성을 저해하고, 의뢰인과 일반 국민의 사법제도에 대한 신뢰를 현저히 떨어뜨릴 위험이 있으므로, 선량한 풍속 기타 사회질서에 위배되는 것으로 평가할 수 있다[...]"고 판시하고 있다(대법원 2015. 7. 23. 선고 2015다200111 전원합의체 판결).

2) Volsky (2013), 25.

3) Couture (2014), 1(이 논문은 Westlaw 논문검색시스템에서 검색한 버전인데, 그 버전에는 원래의 논문 페이지가 표기되어 있지 않아 이하에서는 부득이 Westlaw 버전상의 페이지를 표시함을 미리 밝혀 둔다); Garber (2010), 1.

4) International Council for Commercial Arbitration (2018), 17.

5) Volsky (2013), 25.

6) Legg et al (2011), 625.

7) Steinitz and Field (2014), 713.

8) International Council for Commercial Arbitration (2018), 50.

9) Jackson (Final, 2009), 160.

10) Jackson (Preliminary, 2009), 160.

11) The Arbitration and Mediation Legislation (Third Party Funding) (Amendment) Ordinance Order No. 6 of 2017, Section 3, 98G ["Hong Kong Amendment Ordinance"].

12) The Civil Law (Amendment) Act 2017, Section 5B(10) ["Singapore Amendment Act"].

13) The Comprehensive Economic and Trade Agreement between Canada and the European Union, Article 8.1.

14) Singapore Guidance Note, para 5.

15) Nieuwveld and Sahani (2017), 23; Coester and Nitzsche (2005), 93; Singapore Guidance Note, para 34; Roland ProzessFinanz AG의 샘플 계약서["Roland Sample Agreement"] 제5조.

16) Volsky (2013), 25.

17) Nieuwveld and Sahani (2017), 12.

18) Nieuwveld and Sahani (2017), 12; Singapore Guidance Note, para 34, Volsky (2013), 25.

19) Samra (2016), 2301; Garber (2010), 13.

20) De Morpurgo (2011), 352.

21) Samra (2016), 2304.

22) 청구권 양도에서는 원래의 청구권 주체가 자신의 청구권을 제3자에 처분하여 그 양수인인 제3자가 새로운 권리주체가 되고 원래의 청구권자는 그 청구권에 대한 관리처분권 내지 소송수행권을 상실하게 되는 것이 원칙일 것이다. 이러한 거래를 통해 청구권을 양수한 제3자는 청구권이 양도될 당시 평가된 청구권의 가치와 실제 판결을 통해 인정되는 청구권의 가치 사이의 차액을 이용하여 투자의 기회를 가질 수 있다[De Morpurgo (2011), 355].

23) Hodges et al (2012), 84.

24) Hodges et al (2012), 68, 84.

25) 여기서 비소구 대출이라 함은, 그 대출을 받은 차용인의 소송이 그 차용인에게 유리한 조건으로 종결될 때에만 그 차용인이 그 대출을 상환하면 되는 대출조건을 말한다[Lyon (2010), 574]. 비소구 조건에서는 원고가 패소하였거나 아니면 승소하였더라도 그 판결금액이나 화해금액이 원고가 받은 대출금액을 초과하지 않을 경우에는 대출자가 그 대출금의 상환을 구할 권리를 갖지 못한다[Lyon (2010), 577-8].

26) Garber (2010), 9-10; Sebok (2015), 842.

27) Garber (2010), 9-10; Sebok (2015), 842.

28) Sebok (2015), 843; Couture (2014), 1; Garber (2010), 13-15.

29) Steinitz (2011), 1302.

30) Samra (2016), 2305.

31) Samra (2016), 2305.

32) Steinitz and Field (2014), 716-7.

33) Steinitz and Field (2014), 716-7.

34) 상법 제719조; 박세민 (2019), 621; 한기정 (2018), 614.

35) 상법 제720조 제1항; 박세민 (2019), 641.

36) Van Boom (2010), 92-94.

37) Council Directive 87/344/EEC, art. 2, 1987 O.J. (L 185) 2 (EC).

38) Nieuwveld and Sahani (2017), 101-3; Faure and De Mot (2012), 746; Van Boom (2010), 94-99.

39) Nieuwveld and Sahani (2017), 102-3; Van Boom (2010), 101-2.

40) Nieuvveld and Sahani (2017), 102-3; Van Boom (2010), 101-2.

41) Faure and De Mot (2012), 746.

42) Nieuwveld and Sahani (2017), 102; Faure and De Mot (2012), 746.

43) Nieuwveld and Sahani (2017), 102.

44) 이규호 (2011), 224, 234.

45) Boardman (2012), 673.

46) 박세민 (2019), 4; 한기정 (2019), 20; 한기정 (2018), 10.

47) Samra (2016), 2318; Molot (2009), 381-3.

48) Cord (2017), 183; Samra (2016), 2318; Van Boom (2010), 101-2.

49) Samra (2016), 2318.

50) 박세민 (2019), 16; Silver (2014), 620; Faure and De Mot (2012), 759.

51) 박세민 (2019), 11.

52) Samra (2016), 2318.

53) Samra (2016), 2318.

54) Hodges et al (2012), 74.

55) 보험법 제650조 제1항; 박세민 (2019), 310; Van Boom (2010), 99-100.

56) 박세민 (2019), 146-7; 보험법 제644조는 "보험계약당시에 보험사고가 이미 발생하였거나 또는 발생할 수 없는 것인 때에는 그 계약은 무효로 한다"고 하여 보험계약 당시에는 보험사고가 발생하지 않았을 것을 전제로 한다.

57) Boardman (2012), 681.

58) Boardman (2012), 681.

59) Silver (2014), 620.

60) Silver (2014), 620.

61) 이때 책임보험자는 자신의 책임을 최소화하기 위해 피보험자가 피고로 관여된 소

송의 판결금액을 최소화하는 데 이해관계를 가질 것이고, 제3자 펀딩업자는 자신의 수익을 최대화하기 위해 원고가 제기한 소송의 판결금액을 최대화하는 데 이해관계를 가질 것이다.

62) Sebok (2015), 882-91; Boardman (2012), 686-7; Dluzniak (2009), 3-5.

63) Boardman (2012), 687-9; Dluzniak (2009), 5-7.

64) 보험법 제720조, 제723조, 제724조 제4항.

65) Steinitz and Field (2014), 722.

66) Boardman (2012), 687-9; Dluzniak (2009), 4-5; Stempel (2007).

67) 대법원 2015. 7. 23. 선고 2015다200111 전원합의체 판결 참조.

68) 정선주 (2008), 145.

69) 김자영 외 (2015), 74; 박경재 (2010), 476 등.

70) 외국에서 관련 용어로는, 성공보수(contingent fee), 조건부 보수(conditional fee), 손해액 연계 보수(damages-based agreement) 등을 들 수 있는데, 성공보수는 보통 변호사가 자신의 비용으로 당사자를 대리하고, 당사자가 승소하면 그 판결금액의 일정 비율과 함께 상환받게 되며, 만약 당사자가 패소하면 아무런 보수나 대가도 받지 못하는 약정을 말하고, 조건부 보수는 당사자가 패소할 경우 할인된 보수만을 받고 당사자가 승소하면 정상적인 요율에 의한 보수에 더하여 일종의 보너스를 추가로 받기로 하는 약정을 말하며 이때의 추가보수는 성공보수와 달리 판결금액에 연동되지 않는다. 한편 손해액-연계 보수약정은 영국에서 주로 사용되는 용어로서 미국에서의 성공보수약정과 비슷하다고 한다[Nieuwveld and Sahani (2017), 5, 103-6].

71) Velchik and Zhang (2017), 18; De Morpurgo (2011), 352.

72) Boardman (2012), 678; De Morpurgo (2011), 352.

73) Velchik and Zhang (2017), 18-19; Grous (2006), 213.

74) Nieuwveld and Sahani (2017), 103-4; De Morpurgo (2011), 352; Van Boom (2010), 101-2.

75) Nieuwveld and Sahani (2017), 103.

76) Martin (1992), 490.

77) Nieuwveld and Sahani (2017), 105-6.

78) De Morpurgo (2011), 352; Sebok (2010), 45; Martin (1992), 490.

79) Steinitz (2011), 1293-4.

80) Faure and De Mot (2012), 758-9; Steinitz (2011), 1294.

81) Faure and De Mot (2012), 758-9; Steinitz (2011), 1294.

82) Steinitz (2011), 1294.

83) Steinitz and Field (2014), 715.

84) https://www.marketwatch.com; https://www.prnewswire.com 기사 참조.

85) https://iclg.com/alb/11487-litigation-funding-opportunities-in-africa 참조.

86) US Chamber Institute for Legal Reforms (2020), 7-8.

87) Lloyd's (2008), 10.

88) Zimmerman et al (2016), 112-3.

89) Lloyd's (2008), 10.

90) Burford Capital (2019), 1-2.

91) Steinitz and Field (2014), 717.

92) Steinitz and Field (2014), 717.

93) Steinitz (2011), 1284.

94) Steinitz (2011), 1284.

95) Lyon (2010), 574, 577.

96) Lyon (2010), 574.

97) Lyon (2010), 574.

98) Steinitz (2011), 1277; Lyon (2010), 574.

99) Lyon (2010), 577-8.

100) Lyon (2010), 577-8; Juridica, "Pioneering corporate claim finance for commercial litigation" 〈http://www.juridicainvestments.com/~/media/Files/J/Juridica/pdfs/public-policy-statement.pdf〉 ["Juridica Statement"].

101) Abrams and Chen (2013), 1088.

102) Steinitz (2011), 1277; Lyon (2010), 578; US Chamber Institute for Legal Reforms (2009), 3.

103) Steinitz (2011), 1278.

104) Steinitz (2011), 1278.

105) Steinitz (2011), 1282.

106) Steinitz (2011), 1282.

107) Steinitz (2011), 1282.

108) Hodges et al (2012), 68.

109) Hodges et al (2012), 71.

110) Hodges et al (2012), 73.

111) Harbour Litigation Funding 홈페이지의 〈Funding Criteria〉 참조: "Unless part of a portfolio, it is extremely rare that we would fund a case worth less than £10 million." (2024년 9월 최종 방문)

112) Victorian Law Reform Commission (2018): "IMF Bentham, for example, usually funds single-party claims above $5 million in value, and multi-party claims above $20 million in value."

113) Coester and Nitzsche (2005), 88.

114) Hodges et al (2012), 71-72; Jackson (Preliminary, 2009), 162.

115) Hodges et al (2012), 71-72.

116) Jackson (Preliminary, 2009), 162.

117) Nieuwveld and Sahani (2017), 38-39; Abrams and Chen (2013), 1088.

118) Abrams and Chen (2013), 1088.

119) Hodges et al (2012), 74.

120) Nieuwveld and Sahani (2017), 38-39; Abrams and Chen (2013), 1088.

121) Nieuwveld and Sahani (2017), 40.

122) IMF Bentham, Disclosure Statement, para 3.2; Burford Capital, Admission Document, 22; Nieuwveld and Sahani (2017), 35, 39-42; Hodges et al (2012), 73-76.

123) Nieuwveld and Sahani (2017), 39-41.

124) International Council for Commercial Arbitration (2018), 71.

125) Popp (2019), 740.

126) IMF Bentham, Disclosure Statement, para 3.2; Nieuwveld and Sahani (2017), 25.

127) Nieuwveld and Sahani (2017), 25.

128) Hodges et al (2012), 76-77; Burford Capital, Admission Document, 22.

129) IMF Bentham, Disclosure Statement, para 3.8; Singapore Guidance Note, paras 33-34; England Code of Conduct, paras 2.5-2.6.

130) Nieuwveld and Sahani (2017), 23; Coester and Nitzsche (2005), 93; Singapore Guidance Note, para 34; Roland Sample Agreement, 7-8(Article 5).

131) Coester and Nitzsche (2005), 93; Singapore Guidance Note, para 34;

Roland Sample Agreement, 7-8(Article 5).

132) IMF Bentham, Disclosure Statement, para 3.9; Nieuvweld and Sahani (2017), 31-32.

133) Singapore Guidance Note, para 30.

134) Singapore Guidance Note, para 31; England Code of Conduct, para 10; SIARB Guidelines, para 3.2.

135) IMF Bentham, Disclosure Statement, para 3.9; Nieuvweld and Sahani (2017), 31-32; Singapore Guidance Note, para 30; England Code of Conduct, para 10; Hong Kong Code of Practice, para 2.12.

136) Abrams and Chen (2013), 1087.

137) Abrams and Chen (2013), 1087-8; Hodges et al (2012), 73; Standing Committee (2006), 4.

138) Nieuvweld and Sahani (2017), 23, 28-29; Steinitz and Field (2014), 753-755; IMF Bentham, Disclosure Statement, para 3.18.

139) IMF Bentham, Disclosure Statement, paras 3.11-3.12; Nieuvweld and Sahani (2017), 28; Singapore Guidance Note, para 33.

140) Nieuvweld and Sahani (2017), 28; Singapore Guidance Note, para 33.

141) IMF Bentham, Disclosure Statement, para 3.7; England Code of Conduct, para 9.1; Hong Kong Code of Practice, para 2.3.

142) IMF Bentham, Disclosure Statement, paras 3.19-3.20.

143) Australian Securities and Investments Commission (2013), 7.

144) Australian Securities and Investments Commission (2013), 7.

145) 한편 위에서 본 판결회수금액의 분배순위상, 판결회수금액에서 제3자 펀딩업자의 소송비용을 먼저 공제한 후 판결회수금액에 대한 제3자 펀딩업자와 의뢰인의 몫이 분배되기 때문에 의뢰인으로서는 소송비용을 최소화할 인센티브를 가진다고 볼 여지도 있다. 그러나 전체적으로 조망했을 때 패소의 경우에는 제3자 펀딩업자만 소송비용이 매몰될 위험을 오로지 부담하고, 승소의 경우에도 의뢰인으로서는 자신이 부담하지 않는 소송비용이 최대한 많이 투입되어서라도 승소금액을 최대화하는 게 더 유리하다고 판단할 가능성이 높으므로 제3자 펀딩업자와 비교하여 상대적으로 의뢰인이 소송비용에 더 유의미한 가치를 부여할 인센티브는 크지 않다고 할 것이다.

146) Australian Securities and Investments Commission (2013), 7.

Chapter 2

1) Sebok (2015), 844.

2) Perrin (2018), 2; Velchik and Zhang (2017), 10; Barker (2012), 459; Steinitz (2011), 1286-7; Lyon (2010), 579.

3) Samra (2016), 2308; Lyon (2010), 579, 584.

4) Velchik and Zhang (2017), 5-12; Lyon (2010), 580; Radin (1935), 49-56.

5) Radin (1935), 48.

6) Velchik and Zhang (2017), 6.

7) Radin (1935), 56.

8) Radin (1935), 48-49.

9) Radin (1935), 49.

10) Radin (1935), 51.

11) Radin (1935), 51; Velchik and Zhang(2017), 7.

12) Velchik and Zhang (2017), 6.

13) Velchik and Zhang (2017), 6.

14) Velchik and Zhang (2017), 6.

15) Velchik and Zhang (2017), 6-7.

16) Velchik and Zhang (2017), 6.

17) Velchik and Zhang (2017), 7.

18) Velchik and Zhang (2017), 7.

19) Velchik and Zhang (2017), 7-8.

20) Velchik and Zhang (2017), 8.

21) Velchik and Zhang (2017), 8.

22) Velchik and Zhang (2017), 8.

23) Velchik and Zhang (2017), 8.

24) Velchik and Zhang (2017), 8.

25) Velchik and Zhang (2017), 8.

26) Velchik and Zhang (2017), 8.

27) Velchik and Zhang (2017), 8; Sebok (2010), 74.

28) Velchik and Zhang (2017), 8; Radin (1935), 53.

29) Velchik and Zhang (2017), 8; Radin (1935), 53.

30) Radin (1935), 53-54.

31) Velchik and Zhang (2017), 9; Radin (1935), 54.

32) Velchik and Zhang (2017), 9; Radin (1935), 55.

33) Velchik and Zhang (2017), 9; Radin (1935), 55.

34) Martin (1992), 487; Radin (1935), 56-57.

35) Velchik and Zhang (2017), 9-10.

36) Lyon (2010), 580; Radin (1935), 53, 56.

37) Lyon (2010), 580; Radin (1935), 53, 56.

38) 당시 중세시대의 재판은 Trial by Ordeal, Trial by Battle 등의 방식으로 이루어졌는데, Trial by Ordeal은 신의 심판이라는 이름으로 행해지면서 육체적 위해를 가해서 그것을 이겨내는 사람은 무죄로 하는 재판방식이었고, Trial by Battle은 소위 결투재판을 의미하는데, 이러한 재판방식은 소송을 삶과 죽음의 문제로까지 비화시키는 위험한 도구 내지 제도로 만들었고 이때문에 소송은 어떤 경우에든 피해야 할 악으로 인식되게끔 하였다[Lyon (2010), 580; Radin (1935), 58].

39) Lyon (2010), 580-1.

40) Lyon (2010), 581; Radin (1935), 58.

41) Velchik and Zhang (2017), 11.

42) Barker (2012), 460; Lyon (2010), 581.

43) Velchik and Zhang (2017), 11; Barker (2012), 460; Lyon (2010), 581; Radin (1935), 64-67.

44) Velchik and Zhang (2017), 11; Barker (2012), 460.

45) Velchik and Zhang (2017), 12; Barker (2012), 460.

46) William Long, "Champerty and Contingent Fees Part III" (DRBILLLONG. COM, 2005) [Steinitz (2011), 1287에서 재인용].

47) Velchik and Zhang (2017), 12.

48) Sebok (2015), 895.

49) 래딘 교수는 챔퍼티에 대한 금지가 경제적으로는 "11세기, 12세기 르네상스를 뒤따라 서서히 성장하는 자본주의에 대한 저항에 그 연원을 두고 있다"고 지적하고 있다[Radin (1935), 65].

50) Lyon (2010), 581; Sebok (2010), 76; Martin (1992), 487; Radin (1935), 64-67.

51) Radin (1935), 64-65.

52) Sebok (2010), 75.

53) Velchik and Zhang (2017), 12.

54) Barker (2012), 460-1.

55) *Alabaster v. Harness* [1895] 1 Q.B. 339, 342; Sebok (2015), 895.

56) Lyon (2010), 581; Radin (1935), 68.

57) Radin (1935), 66.

58) Radin (1935), 66.

59) 앞서 살펴본 챔퍼티의 정의상, 변호사가 자신이 대리하는 소송의 판결금액 중 일정 비율 상당의 보수를 받게 되는 성공보수는 챔퍼티의 개념을 충족시킨다고 할 것이다[Martin (1992), 490].

60) Radin (1935), 68.

61) Radin (1935), 66.

62) Sebok (2010), 45.

63) Radin (1935), 70-71.

64) Martin (1992), 490.

65) Martin (1992), 490-1.

66) Sebok (2010), 45-46.

67) Solicitors Act 1932; Radin (1935), 76.

68) Sebok (2010), 46-47; Martin (1992), 491-2.

69) Martin (1992), 491-2.

70) Martin (1992), 492.

71) *NAACP v. Button*, 371 U.S. 415, 439 (1963); Sebok (2010), 47; Martin (1992), 492.

72) *Brown v. Board of Education*, 347 U.S. 483 (1954).

73) Lyon (2010), 587-90.

74) Yeazell (2004), 2000.

75) Yeazell (2004), 2001-3.

76) Lyon (2010), 589-90.

77) Perrin (2018), 199; Nieuwveld and Sahani (2017), 142-3; 미국 각 주의 챔퍼티 금지법 폐지 여부는, Sebok (2010), 44-45; Bond (2002), 1333 등을 참조할 수 있다.

78) Nieuwveld and Sahani (2017), 138-9; Lyon (2010), 584-5; *Saladini v. Righellis*, 687 N.E.2d 1224 (Mass. 1997): "We rule that the common law doctrines of champerty, barratry, and maintenance no longer shall recognized in Massachusetts."

79) *Osprey, Inc. v. Cabana Ltd. P'ship*, 532 S.E.2d 269, 279 (S.C. 2000); Steinitz (2011), 1290.

80) *Rancman v. Interim Settlement Funding Corp. et al.*, 789 N.E.2d 217 (Ohio 2003); Nieuwveld and Sahani (2017), 139-40; Lyon (2010), 585-6.

81) Nieuwveld and Sahani (2017), 140; Lyon (2010), 586.

82) Perrin (2018), 199.

83) New York Consolidated Laws (Judiciary Law) §§ 488-9; Perrin (2018), 199.

84) Steinitz (2011), 1288-9.

85) Martin (2008), 86.

86) *British Cash and Parcel Conveyors v. Lamson Store Service Co.* [1908] 1 KB 1006.

87) *Martell v. Consett Iron Company* [1955] 1 Ch 363.

88) Nieuwveld and Sahani (2017), 111-114; Mulheron (2014), 580.

89) *British Cash and Parcel Conveyors v. Lamson Store Service Co.* [1908] 1 KB 1006; Barker (2012), 461.

90) *Martell v. Consett Iron Company* [1955] 1 Ch 363; Barker (2012), 461.

91) Barker (2012), 461-2.

92) Criminal Law Act of 1967, Sections 13, 14(1).

93) Mulheron (2014), 580-1; England and Wales Law Commission (1966), paras 9-15.

94) Civil Law (Wrongs) Act 2002 (Australian Capital Territory), Section 221(1); Maintenance, Champerty and Barratry Abolition Act 1993 (New South Wales), Sections 3, 4; Wrongs Act 1958 (Victoria), Section 32(1) 등.

95) Barker (2012), 462.

96) *Stuart James Mansell v. Robert Owen Robinson* [2007] EWHC 101 (QB), [6]: "[...] It is no longer the case that the mere fact that a stranger to litigation provides financial or material support to a party in return for a share in the proceeds of the action means that inevitably the agreement

under which this is, done must be champertous. [...]" 등.

97) 즉 형사법적으로 비유하자면, 결과범이라기보다는 위험범에 가깝다고 할 수 있을 것이다.

98) *Factortame & Ors, R v. Secretary of State for Transport* [2002] EWCA Civ 932, [38]: "[...] The correct approach is not to ask whether, in accordance with contemporary public policy, the agreement has in fact caused the corruption of public justice. The court must consider the tendency of the agreement. The question is whether the agreement has the tendency to corrupt public justice. And this question requires the closest attention to the nature and surrounding circumstances of a particular agreement."; *Giles v. Thomson* [1993] UKHL 2, 13-14: "[...] the agreement is analysed to see whether the company, a stranger to the dispute between the motorist and the defendant, agrees to involve itself in the litigation in a way which yields a financial benefit from a successful outcome. If so, the agreement is champertous and prima facie unlawful."; *Sibthorpe & Anor v. London Borough of Southwark* [2011] EWCA Civ 25, [40]: "[...] when it comes to agreements involving those who conduct litigation or provide advocacy services, the common law of champerty remains substantially as it was [...]" 등

99) 제3자 펀딩업자가 소송절차에 대한 통제권을 행사할 경우의 절차적 해악에 대하여는 호주 법원의 주요 판결이 구체적으로 설명하고 있다: "[...] the funded party should still be in a position to benefit from a successful outcome and should be entitled to make informed decisions which are critical to the litigation. If the funder's level of control is such that, in reality, it will be making decisions of that kind, or even if the funded parties are not to be given sufficient information to enable them property to make decisions of that kind, there will be a substantial risk that the funder's intervention will be inimical to the due admistration of justice and that the Court's processes will be misused for commercial gain." (*Clair Keeley v. Treacy* [2005] 29 WAR 479; *Project 28 Pty Ltd v. Barr* [2005] NSWCA 240 등)

100) Lyon (2010), 587-8.

101) Sebok (2015), 845-7.

102) Carlucci (1996), 364.

103) Sebok (2010), 50, 53.

104) Radin (1935), 73-74.

105) Radin (1935), 73-74.

106) Lyon (2010), 590; Carlucci (1996), 364.

107) Sebok (2015), 844 등 참조.

108) Abramowicz (2005), 705.

109) Abramowicz (2005), 699-700 등.

110) Abramowicz (2005), 705; Margaret Radin (1987), 1903.

111) Abramowicz (2005), 705-6; Margaret Radin (1987), 1910.

112) Abramowicz (2005), 706; Margaret Radin (1987), 1912.

113) Abramowicz (2005), 706; Margaret Radin (1987), 1913.

114) Abramowicz (2005), 706-7.

115) Abramowicz (2005), 707.

116) Abramowicz (2005), 707.

117) Abramowicz (2005), 707.

118) Abramowicz (2005), 707.

119) Abramowicz (2005), 707.

120) Abramowicz (2005), 708.

121) Abramowicz (2005), 709.

122) Abramowicz (2005), 709.

123) Abramowicz (2005), 709.

124) Abramowicz (2005), 710.

125) Abramowicz (2005), 710.

126) Abramowicz (2005), 712.

127) Sebok (2010), 12, 84.

128) Sebok (2010), 78; Abramowicz (2005), 712.

129) Abramowicz (2005), 712-3.

130) Abramowicz (2005), 712-3.

131) Sebok (2010), 81; Abramowicz (2005), 713-4.

132) Sebok (2010), 81-82.

133) Sebok (2010), 84.

134) Sebok (2010), 82.

135) Sebok (2010), 84.

136) Sebok (2010), 4-6, 69.

137) Sebok (2010), 4-6, 69.

138) Sebok (2010), 5.

139) Sebok (2010), 5.

140) Sebok (2010), 6.

141) 소송마다 그에 내재되어 있는 복잡다기한 이해관계로 인하여 당사자 확정 및 청구의 진정성 판단과 관련하여 수많은 부수적인 분쟁이 파생될 것이고, 그러한 부수적인 문제를 해결하는 데에도 상당한 사법자원이 소요될 수밖에 없을 것이다.

142) US Chamber Institute for Legal Reform (2009).

143) Productivity Commission (2014), 623-4; De Morpurgo (2011), 381; McGovern et al (2010), 19.

144) De Morpurgo (2011), 381-2.

145) De Morpurgo (2011), 382.

146) Productivity Commission (2014), 623-4; De Morpurgo (2011), 382-3.

147) De Morpurgo (2011), 382.

148) Productivity Commission (2014), 623; De Morpurgo (2011), 382.

149) Productivity Commission (2014), 623.

150) Molot (2009), 369.

151) Molot (2009), 369-71.

152) Molot (2009), 369-71.

153) Molot (2009), 372-6.

154) Molot (2009), 372-6.

155) Molot (2009), 372-6.

156) 박세민 (2019), 4-5; 한기정(2019), 20; 한기정 (2018), 10.

157) Molot (2009), 381-3.

158) Molot (2009), 384-5.

159) Molot (2009), 385-6.

160) Molot (2009), 386-7.

161) Molot (2009), 388.

162) Molot (2009), 392.

163) Molot (2009), 390-2.

164) Molot (2009), 393-6.

165) Steinitz (2011), 1299.

166) Steinitz (2011), 1299.

167) Steinitz (2011), 1299.

168) Steinitz (2011), 1300.

169) Steinitz (2011), 1300.

170) Steinitz (2011), 1300-1.

171) Steinitz (2011), 1301.

172) Steinitz (2011), 1271, 1305; 호주 법무부 상설위원회(Standing Committee of Attorneys-General)가 발표한 소송펀딩에 관한 Discusssion Paper에서도 제3자 펀딩이 원고와 피고 사이에 기울어진 운동장을 바로잡는 장점이 있다고 지적하고 있다[Standing Committee (2006), 7: "Leveling the Playing field. With their strategic and investigative expertise, as well as their funds, LFCs assist plaintiffs to take action against wealthy or insured defendants. Similarly, LFCs' experience may assist in providing cohesive direction to large class actions"].

173) Steinitz (2011), 1305.

174) Burford Capital (2019), 2; Bogart (2013), 148-9.

175) Burford Capital (2019), 6-7.

176) Burford Capital (2019), 10-11.

177) Burford Capital (2019), 12-13.

178) Burford Capital (2019), 14-15.

179) Burford Capital (2019), 20-21.

180) Burford Capital (2019), 28-29.

181) Burford Capital (2019), 30-31.

182) Burford Capital (2019), 32-33.

183) Burford Capital (2019), 2, 31, 33; Bogart (2013), 149.

184) Burford Capital (2019), 2; Steinitz and Field (2014), 717; Bogart (2013), 149; Steinitz (2011), 1283.

185) Standing Committee (2006), 7.

186) Shamir (2016), 154; US Chamber Institute for Legal Reforms (2009), 4.

187) Shamir (2016), 154; US Chamber Institute for Legal Reforms (2009), 4.

188) Abrams and Chen (2013), 1106; Garber (2010), 29; Lyon (2010), 590-1.

189) Shamir (2016), 154; Garber (2010), 29; Lyon (2010), 591.

190) Shavell (2003), 1.

191) 세계 최대 제3자 펀딩업자라는 Burford Capital도 2017년에 이루어진 펀딩 건수는 59건이고, 2018년에 이루어진 펀딩 건수는 87건 정도라 한다[Burford Capital (2019), 12].

192) Burke (2002), 22-57.

193) Croley (2017), 45-49; Friedman (1989), 22-25; 국내에서 법경제학적인 방법으로 민사소송 제도를 분석한 송옥렬 교수 역시 "어느 정도의 소송이 사회적으로 바람직한지 생각하기"는 매우 어렵다는 점을 시사하고 있다[송옥렬 (2005), 141].

194) David Dana and Max Schanzenbach, "How Would Third Party Financing Change the Face of American Tort Litigation? The Role of Agency Costs in the Attorney-Client Relationship" (Searle Public Policy Roundtable on Third Party Financing of Litigation, 2009), 11 [Garber (2010), 28에서 재인용].

195) 이 문제를 오랫동안 연구한 미국 랜드연구소(The Rand Institute for Civil Justice)의 가버(Steven Garber) 박사도 소송을 승소가능성이 높은 소송과 승소가능성이 낮은 소송으로 분류하여 어떤 정책이나 제도로 인해 승소가능성이 높은 소송 건수가 증가하거나 승소가능성이 낮은 소송 건수가 감소하면 소송의 사회적 편익인 억제 효과(deterrence)가 향상될 것이라는 명제를 제시한 바 있다[Garber (2010), 28].

196) 승소금액이 높을 경우 청구금액도 높을 것이기 때문에 그에 비례하여 변호사보수와 인지대 등의 부담도 커질 것이다.

197) 상계, 반소 또는 법관의 재량에 의한 책임제한 등의 이례적 요인을 제외하면, 민사소송에서 하나의 청구원인을 기준으로, 그 청구원인이 인정되면 청구금액의 100%에 가까운 금액으로 인용되거나 그 청구원인이 인정되지 않으면 전부 청구기각되는 경우가 대부분이지, 그 중간의 어느 지점, 예를 들어 40%, 60%의 청구금액이 인정되는 경우는 거의 없을 것이다. 특히 법률전문가가 아닌 원고의 주관적 인식을 기준으로 하면 청구원인 사실이 인정되면 전부 승소를, 청구원인 사실이 인정되지 않으면 전부 패소를 예상하는 것이 보통이지, 하나의 청구원인을 기준으로 청구금액의 일부만 인용될 것을 예상하는 경우는 거의 없을 것이다.

198) US Chamber Institute for Legal Reforms (2009), 5.

199) US Chamber Institute for Legal Reforms (2009), 5.

200) US Chamber Institute for Legal Reforms (2009), 5-6.

201) US Chamber Institute for Legal Reforms (2009), 5-6.

202) US Chamber Institute for Legal Reforms (2009), 6.

203) US Chamber Institute for Legal Reforms (2009), 6.

204) Popp (2019), 740.

205) Velchik and Zhang (2017), 32; Burford Capital, Admission Document, 22.

206) Garber (2010), 27.

207) Productivity Commision (2014), 619; Barksdale (2007), 727.

208) Burford Capital, "The Burford Annual: A Report on our Business in 2018 and the State of Legal Finance" (2019), 13.

209) 예를 들어, 자본시장법 제79조는 투자자의 이익을 보호하기 위한 집합투자업자의 선관의무와 충실의무를 규정하고 있다.

210) Shamir (2016), 159; Lyon (2010), 595.

211) Shamir (2016), 159; Lyon (2010), 595.

212) Abramowicz (2014), 202.

213) Abramowicz (2014), 202.

214) Abramowicz (2014), 204.

215) Kidd (2016), 1241.

216) 이하의 수식은 제3자 펀딩업자가 통제될 수 있는 하나의 가능성을 이론적으로 검증해 보는 데 의의가 있을 뿐, 아래 수식을 통한 결론을 현실적으로 적용하는 데에는 일정한 한계가 있을 것이며, 제3자 펀딩업자가 승소가능성이 낮은 청구에 펀딩을 할 위험에 대한 실질적인 대비는 뒤에서 구체적으로 살펴볼 절차법적·규제법적 제도를 정비함으로써 이루어질 수 있을 것이다.

217) 여기서 수익률이라는 변수를 사용해야 하는 이유는, 제3자 펀딩업자는 금융업자로서 자신이 투자한 원본(여기서는 소송비용) 대비 목표 수익률을 설정하여 의사결정을 할 것이고, 챔퍼티 금지 법리 또는 공서양속을 기준으로 제3자 펀딩업자의 보수(수익)가 과도한지 여부를 심사할 법원 역시 제3자 펀딩업자가 제공한 원본 대비 수익률의 관점에서 판단할 개연성이 높기 때문이다. 수이률의 개념을 구체적인 수치로 설명하자면, 제3자 펀딩업자가 200달러의 자금을 소송비용으로 투입하여 승소했을 때 소송비용을 제외한 펀딩수익(펀딩보수)으로서 400달러를 예상하는 경우, R은 200%, 즉 2.0이 될 것이다.

218) Abramowicz (2014), 206-208 참조.

219) Abramowicz (2014), 206-208 참조.

220) Abramowicz (2014), 298-200, 206-208; Richey (2013).

221) Velchik and Zhang (2017), 32-33.

222) Velchik and Zhang (2017), 32-33.

223) Abramowicz (2014), 200, 215-20.

224) Abramowicz (2014), 216-7.

225) 이와 같은 방안은 반드시 제3자 펀딩의 상황에만 국한된 것이 아니라, 소송비용 부담 재판 전반에 있어 그 비용부담의 주체 및 부담액 등에 관한 법원의 재량이 확대되어야 함을 입법론적으로 주장하는 것이다.

226) Kidd (2016), 1280.

227) [b] By presenting to the court a pleading, written motion, or other paper […]—an attorney or unrepresented party certifies that […]: (1) it is not being presented for any improper purpose, such as to harass, cause unnecessary delay, or needlessly increase the cost of litigation; (2) the claims, defenses, and other legal contentions are warranted by existing law or by a nonfrivolous argument […]; (3) the factual contentions have evidentiary support […]; and (4) the denials of factual contentions are warranted on the evidence[…].
[c] (1) […] If […] the court determines that Rule 11(b) has been violated, the court may impose an appropriate sanction on any attorney, law firm, or party that violated the rule or is responsible for the violation[…].

228) Popp (2019), 742.

229) Kidd (2016), 1285; Abramowicz (2014), 199; Richey (2013), 518-522.

230) Kidd (2016), 1284-6; Barksdale (2007), 731.

231) Lyon (2010), 592.

232) US Chamber Institute for Legal Reforms (2009), 6-7

233) US Chamber Institute for Legal Reforms (2009), 6-7.

234) Lyon (2010), 597.

235) Popp (2019), 743-4; Garber (2010), 32-33.

236) 뒤에서 보는 바와 같이, 의뢰인과 제3자 펀딩업자 사이의 계약상 의뢰인은 소송전략 등에 관한 소송대리인의 합리적인 의견 또는 자문을 존중해야 할 의무를 부담하는 것이 보통이다. 따라서 화해에 있어서도 화해 여부 및 조건에 대한 소송대리인의 의견 내지 자문이 합리적이라면 그 의견 내지 자문을 따라야 할 것이다. 한편 의뢰인의 화해 여부 및 조건에 관한 입장이 지나치게 불합리하거나 악의(bad faith)에 기반한 것으로 볼 수 있을 경우에는 제3자 펀딩업자가 의뢰인과의 제3자

펀딩계약에 규정된 소정의 분쟁해결절차를 이용할 수 있다. 이러한 장치 등을 통해 의뢰인 자신만의 비합리적인 고집 내지 주장은 견제될 수 있을 것이다.

237) Lyon (2010), 596-7.

238) 비슷한 취지로, 호문혁 (2016), 6: "재판외 분쟁해결절차를 적극적으로 권장하는 것은 법의식과 도덕관념이 확고한 사회에서 가능한 일이지, 그렇지 못한 곳에서는 별로 바람직하지 않다"; 송옥렬 (2005), 149: "소의 제기와 관련하여 사회적 이익을 고려할 수 있는 메커니즘이 없는 이상, 화해를 장려하는 것이 반드시 바람직하다고 볼 수는 없으며, 따라서 최근에 이루어진 화해를 촉진하는 제도들에 대해서도 보다 비판적으로 접근할 필요가 있다."

239) US Chamber Institute for Legal Reforms (2009), 8.

240) Nieuwveld and Sahani (2017), 153 4; Lyon (2010), 604.

241) Popp (2019), 744; Nieuwveld and Sahani (2017), 153-4; Lyon (2010), 604.

242) Herschkopf (2017), 11; American Bar Association (2012), 32-33.

243) American Bar Association (2012), 33.

244) Herschkopf (2017), 13; Nieuwveld and Sahani (2017), 154-5; American Bar Association (2012), 34.

245) *Leader Techs. v. Facebook, Inc.*, 719 F.Supp. 2d 373 (D. Del. 2010); Herschkopf (2017), 13; American Bar Association (2012), 34.

246) *Berger v. Seyfarth Shaw LLP*, 2008 WL 4681834 (N.D. Cal. Oct. 22, 2008); *Leader Techs. v. Facebook, Inc.*, 719 F.Supp. 2d 373 (D. Del. 2010) 등.

247) *Devon IT, Inc. v. IBM Corp.*, 2012 WL 4748160 (E.D. Pa. Sept. 27, 2012); *In re Int'l Oil Trading Co.*, 548 B.R. 825, 833 (Bankr.S.D.Fla. 2016); *Mondis Tech. v. LG Electronics*, 2011 WL 1714304 (E.D. Tex. May 4, 2011) 등.

248) Herschkopf (2017), 13; Nieuwveld and Sahani (2017), 154-5; American Bar Association (2012), 33-34.

249) Perrin (2018), 205; Herschkopf (2017), 13; Nieuwveld and Sahani (2017), 155-6.

250) Herschkopf (2017), 11-12; Nieuwveld and Sahani (2017), 154; American Bar Association (2012), 35-36.

251) *Miller UK Ltd. v. Caterpillar, Inc.*, 17 F.Supp.3d 711, 736 (N.D.Ill. 2014); Herschkopf (2017), 13; American Bar Association (2012), 35-36.

252) *Doe v. Society of Missionaries of Sacred Heart*, 2014 WL 1715376 (N.D.Ill.

May 1, 2014); Herschkopf (2017), 13.

253) Nieuwveld and Sahani (2017), 154.

254) US Chamber Institute for Legal Reforms (2009), 7-8.

255) US Chamber Institute for Legal Reforms (2009), 7-8.

256) 보험계약의 보험자와 피보험자 및 성공보수약정의 소송대리인과 원고 사이에도 이해상충의 위험이 존재하고, 법률비용보험의 피보험자나 성공보수약정의 원고 당사자도 소송비용의 부담을 제3자에게 전가할 수 있는 만큼 소 제기의 유인이 커졌다고 볼 여지가 있기 때문이다.

257) Glasgow et al (2018), 42; Nieuwveld and Sahani (2017), 248.

258) "변호사가 아닌 자는 변호사가 아니면 할 수 없는 업무를 통하여 보수나 그 밖의 이익을 분배받아서는 아니 된다."

259) 최수정 (2019), 199; 허규 (1974), 56; 윤경 (2003), 4 [이 논문의 페이지는 저자인 윤경 변호사의 홈페이지(https://yklawyer.tistory.com/225)에 게재된 버전을 기준으로 한 것임을 미리 밝혀둔다].

260) 최수정 (2019), 199; 윤경 (2003), 4; 허규 (1974), 57.

261) 윤경 (2003), 4-5; 장형룡 (1991), 110-2.

262) 장형룡 (1991), 110-2.

263) 장형룡 (1991), 108.

264) 대법원 2014. 3. 27. 선고 2012다23412 판결; 대법원 2010. 1. 14. 선고 2009다55808 판결; 대법원 2009. 10. 15. 선고 2008다88832 판결; 대법원 2007. 12. 13. 선고 2007다53464 판결; 대법원 2006. 6. 27. 선고 2006다463 판결; 대법원 1996. 3. 26. 선고 95다20041 판결; 서울고등법원 1989. 5. 15. 선고 88나44126; 대법원 1983. 5. 24. 선고 82다카1919 판결; 서울고등법원 1973. 2. 21. 선고 72나2045 판결 등.

265) 소송신탁에 관한 일본의 주요 판례는 허규 (1974)를 참고하기를 바란다.

266) 대법원 1983. 5. 24. 선고 92다카1919 판결.

267) 최수정 (2019), 199-200; 윤경 (2003), 5-6; 허규 (1974), 58-59.

268) 대법원 2006. 6. 27. 선고 2006다463 판결 등.

269) 윤경 (2003), 8-9; 허규 (1974), 59-62.

270) "변호사가 아닌 자는 변호사가 아니면 할 수 없는 업무를 통하여 보수나 그 밖의 이익을 분배받아서는 아니 된다."

271) 이혜민 (2019), 119-124; 전성재 (2017), 38-41.

272) 전성재 (2017), 41.

273) 이혜민 (2019), 121.

274) 헌법재판소 2007. 8. 30. 선고 2006헌바96 결정; 헌법재판소 2000. 4. 27. 선고 98헌바95 결정; 이혜민 (2019), 121-2.

275) 이혜민 (2019), 124.

276) 이혜민 (2019), 124; 전성재 (2017), 41.

277) De Morpurgo (2011), 405-8.

278) De Morpurgo (2011), 405-8.

279) 법무부, "보도자료: 중재 친화적 환경 조성을 위한 「중재법」 개정안 국회 본회의 통과" (2016. 5. 19.)

280) Kim et al (2019): 2017년 기준으로 세계적인 국제중재기관인 ICC(International Chamber of Commerce)에 접수된 국제상사중재 건수를 당사자의 국적별로 집계했을 때 우리나라 당사자는 세계에서 9번째로 많았다. ICC 이외의 다른 주요 국제중재기관의 사건 집계를 보더라도, 홍콩국제중재센터의 경우 우리나라 당사자의 사건 수가 7위(2023년 통계에서는 8위)를 기록했다.

281) 대법원, 2023 사법연감, 720면.

282) 대법원 사법연감에 따르면 2022년 기준 소송구조 신청 대비 인용 비율은 전국 기준 61.5% 정도이고, 서울중앙지방법원 기준 55.8% 정도이다(대법원, 2023 사법연감, 731면).

283) 영국 법원은, 위에서 묘사한 우리나라의 여건과 비슷했던 영국의 상황을 평가하며, 소송구조도 제한적이고, 미국식 성공보수나 법률비용보험도 일반적인 않은 상황에서는, 제3자 펀딩과 같은 사적 법률금융방법이 반드시 필요하다는 취지로 판시한 바 있다(*Hamilton v. Al Fayed* [2002] EWCA Civ 665 [83]).

284) 민사사건이 아닌 행정사건에 관한 통계라 그 의미가 제한적이긴 하지만, 주요 행정사건을 기준으로 주요 7대 로펌의 승소율과 다른 대리인의 승소율을 비교했을 때, 전자는 70.7%에 이르는 반면 후자는 44%에 머물렀다고 한다[머니투데이, "김앤장 등 7대 로펌, 정부 상대 승소율 따져보니" (2018. 9. 21.)]

285) 법률신문, "법의 날 특집: 법률신문·사내변호사회·IHCF 공동 로펌평가 조사분석" (2020. 4. 27.) 참조.

286) 예를 들어, 2016년 기준 국내 기업이 외국 로펌에 지급한 법률서비스 비용은 약 1조 6,000억 원에 달했다고 한다[법률신문, "법률서비스 무역수지 적자 2년 만에 다시 급증세" (2017. 2. 13.)]. 물론 이 수치는 제3자 펀딩의 주요 대상인 외국 법원에서의 소송, 국제중재뿐만 아니라 일반 기업자문에 대한 보수도 포함된 것이므

로, 그 의미는 제한적일 수 있다.

287) 싱가포르나 홍콩 역시 중재절차에 대한 제3자 펀딩이 성공적으로 안착하면 소송절
차에 대한 제3자 펀딩으로 확대할 계획을 가지고 있음을 알 수 있다[Gayner and Khouri (2017), 1033].

288) Barrington (2017) 22-23.

289) Nieuwveld and Sahana (2017), 45.

290) Gaillard (2012), 67-68.

291) Gaillard (2010), 274-7.

292) Gaillard (2012), 70.

293) Gaillard (2010), 277.

294) Gaillard (2012), 68; Gaillard (2010), 279-80.

295) Gaillard (2012), 70; Gaillard (2010), 278, 280.

296) Gaillard (2012), 70.

297) Gaillard (2010), 278.

298) Gaillard (2012), 68.

299) Gaillard (2010), 279, 281.

300) Gaillard (2010), 281.

301) McConnaughay (1999), 463-5.

302) Moses (2017), 236; Born (2016), 406; Paulsson (2016), 4.

303) Moses (2017), 236; Born (2016), 406; Paulsson (2016), 4; Gaillard (2012), 71.

304) Gaillard (2012), 71.

305) Paulsson (2016), 4, 9; Gaillard (2012), 71.

306) Paulsson (2016), 2; Gaillard (2012), 71.

307) Born (2016), 319-20; Paulsson (2016), 2-3, 22-23.

308) 임성우 (2016), 43.

309) Born (2016), 319-20; Paulsson (2016), 2-3, 22-23.

310) Moses (2017), 216.

311) McConnaughay (1999), 473.

312) Moses (2017), 231-2; 임성우 (2016), 319-20; Born (2016), 388-9; McConnaughay (1999), 469.

313) Paulsson (2016), 24-25.

314) Paulsson (2016), 15-16; Gaillard (2012), 73.

315) Paulsson (2016), 2, 13.

316) Paulsson (2016), 15-16.

317) Moses (2019), 170-1; Moses (2017), 243; Paulsson (2016), 15-16.

318) Moses (2019), 169-70; Paulsson (2016), 15.

319) Moses (2019), 170-71.

320) Messina (2019), 437; Rogers (2010), 167.

321) 물론 사건에 따라 특정 국가의 법이 아닌 '형평과 선'에 따라 판단을 하는 경우도 있지만 실무적으로 그러한 예는 드물다[임성우 (2016), 278].

322) 정선주 (2019), 557.

323) Messina (2019), 443; Lisa Bench Nieuwveld, "Third Party Funding-Maintenance and Champerty-Where is it Thriving?" (2011).

324) 정선주 (2019), 557(특히 同논문 각주 23번에서는 "독일의 소송법학자들은 대체로 법원과 중재판정부에 의한 권리보호의 동가치성을 인정하고 있다"고 한다); Fortese and Hemmi (2015), 112; Mc Connaughay (1999), 456, 479.

325) 정선주 (2019), 557; Fortese and Hemmi (2015), 112.

326) 정선주 (2019), 557: "중재법 또한 [...] 중재판정의 취소사유나 승인집행거부사유의 명시를 통해 절차적 기본권이 중재 제도에서도 보장되어야 함을 분명히 하고 있다"; Fortese and Hemmi (2015), 112-3.

327) 임성우 (2016), 118.

328) 임성우 (2016), 119.

329) 법무부, "보도자료: 중재친화적 환경 조성을 위한 중재법 개정안 국회 본회의 통과" (2016. 5. 19.), 6.

330) *Mitsubishi Motors Corp. v. Soler Chrysler-Plymouth Inc.*, 473 US 614 (1985).

331) McConnaughay (1999), 454, 473-5.

332) Rogers (2010), 169; Kleinheisterkamp, (2009), 119; McConnaughay (1999), 455, 478.

333) McConnaughay (1999), 456-7.

334) Kleinheisterkamp (2009), 120; Connaughay (1999), 457.

335) Kleinheisterkamp (2009), 119-20; Connaughay (1999), 457.

336) 국제중재절차에 관련한 제3자 펀딩을 분석하는 논문에서 국제중재절차를 위해 제3자 펀딩을 활용함으로써 생기는 장점과 단점을 분석하고 있지만, 그 내용은 앞 부

분에서 살펴본 소송절차를 위해 제3자 펀딩을 활용함으로써 생길 수 있는 장단점에 관한 논의내용과 상당 부분 흡사하다[Von Goeler (2016), 82-102; Messina (2019), 447-57].

337) *Bevan Ashford v. Geoff Yeandle* [1998] Ch 387: "Arbitration proceedings are a form of litigation. The lis prosecuted in an arbitration will be a lis that could, had the parties preferred, have been prosecuted in court. The law of champerty has its origins in, and must still be based upon, perceptions of the requirements of public policy. [...] In principle and on authority, the law of champerty ought to apply, in my judgment, to arbitration proceedings as it applies to proceedings in court. [...]"; Nieuwveld and Sahani (2017), 45; Messina (2019), 443-5.

338) *Otech Pakistan Pvt Ltd. v. Clough Engineering Ltd. and Anor* [2007] 1 SLR 989; Gayner and Khouri (2017), 1041.

339) *Cannonway Consultants v. Kenworth Engineering* [1997] ADRLJ 95; Gayner and Khouri (2017), 1041.

340) Von Goeler (2016), 83-84.

341) Chartered Institute of Arbitrators, "CIArb Costs of International Arbitration Survey 2011", 13.

342) Jeffery Commission, "How Much does an ICSID Arbitration Cost? A Snapshot of the Last Five Years" (Kluwer Arbitration Blog, 2016). 한편, 국제투자중재(ISDS) 사건에서 양 당사자가 지출하는 비용 합계는 평균적으로 1,800만 달러에 이른다는 자료도 존재한다[Columbia Center on Sustainable Investment, "Primer on International Investment Treaties and Investor-State Dispute Settlement" (January 2022)].

343) Von Goeler (2016), 83-84.

344) Von Goeler (2016), 102.

345) Von Goeler (2016), 91-92.

346) Von Goeler (2016), 92.

347) Von Goeler (2016), 84.

348) Gayner and Khouri (2017), 1034-5.

349) Gayner and Khouri (2017), 1040-2.

Chapter 3

1) 이하에서, 영국이라 할 때에는 다른 언급이 없는 한, 보통법 전통에 따르는 잉글랜드와 웨일즈를 가리킨다.

2) The Criminal Law Act 1967.

3) Perrin (2018), 48-50; euwveld and Sahani (2017), 110-112.

4) Perrin (2018), 48.

5) Perrin (2018), 48.

6) Perrin (2018), 49; Jackson (Preliminary, 2009), 161.

7) De Morpurgo (2011), 397.

8) De Morpurgo (2011), 397.

9) *Giles v. Thomson* [1994] 1 AC 142; *Hamilton v. Al Fayed* [2002] EWCA Civ 665 [2003] QB 1175; *Factortame & Ors, R (on the application of) v. Secretary of State for Transport* [2002] EWCA Civ 932; *Gulf Azov Shipping Co Ltd & Ors v. Idisi & Ors* [2004] EWCA Civ 292; *Arkin v. Borchard Lines Ltd & Ors* [2005] EWCA Civ 655; *Excalibur Ventures LLC v. Texas Keystone Inc & Ors* [2016] EWCA Civ 1144 등.

10) Perrin (2018), 50; Mulheron (2014), 572.

11) Nieuwveld and Sahani (2017), 112; Mulheron (2014), 581.

12) The Criminal Law Act 1967, Section 14(2); *Arkin* 판결 역시 같은 취지로 "The approach that we are about to commend will not be appropriate in the case of a funding agreement that falls foul of the policy considerations that render an agreement champertous"라 판시한 바 있다 (*Arkin v. Borchard Lines Ltd & Ors* [2005] EWCA Civ 655, [40]).

13) Mulheron (2014), 581.

14) Jackson (Final, 2009), 117.

15) Jackson (Final, 2009), 117.

16) *Arkin v. Borchard Lines Ltd & Ors* [2005] EWCA Civ 655, [40].

17) *Arkin v. Borchard Lines Ltd & Ors* [2005] EWCA Civ 655, [17]; *Gulf Azov Shipping Co Ltd & Ors v. Idisi & Ors* [2004] EWCA Civ 292, [54]; *Hamilton v. Al Fayed* [2002] EWCA Civ 665 [2003] QB 1175, [47], [70] 등.

18) Jackson (Preliminary, 2009), 160; Nieuwveld and Sahani (2017), 107.

19) *Factortame & Ors, R (on the application of) v. Secretary of State for*

Transport [2002] EWCA Civ 932, [44]: "This decision abundantly supports the proposition that, in any individual case, it is necessary to look at the agreement under attack in order to see whether it tends to conflict with existing public policy that is directed to protecting the due administration of justice [...]."

20) *Giles v. Thomson* [1994] 1 AC 142, 15: "all the aspects of the transaction should be taken together for the purpose of considering the single question whether [...] there is wanton and officious intermeddling with the disputes of others in where the meddler has no interest whatever, and where the assistance he render to one or the other party is without justification or excuse."

21) Nieuwveld and Sahani (2017), 106-7; De Morpurgo (2011), 398; Jackson (Preliminary Report, 2009), 160.

22) England Code of Conduct, para 9.3; Nieuwveld and Sahani (2017), 108; Mulheron (2014), 583; *Papera Traders Co Ltd v. Hyundai Merchant Marine Co Ltd* [2002] EWHC 2130 (Comm).

23) Nieuwveld and Sahani (2017), 108; *Papera Traders Co Ltd v. Hyundai Merchant Marine Co Ltd* [2002] EWHC 2130 (Comm).

24) Nieuwveld and Sahani (2017), 108.

25) *Giles v. Thomson* [1994] 1 AC 142; *Arkin v. Borchard Lines Ltd & Ors* [2005] EWCA Civ 655, [13]-[14], [40].

26) *Re Valetta Trust* [2012] 1 JLR 1, [8]; Mulheron (2014), 583.

27) *Lewis v. Tennants Distribution Ltd* [2010] EWHC 90161, [7]; Mulheron (2014), 583.

28) Mulheron (2014), 584.

29) *Giles v. Thomson* [1994] 1 AC 142; Mulheron (2014), 583-4.

30) Mulheron (2014), 584.

31) *Factortame & Ors, R (on the application of) v. Secretary of State for Transport* [2002] EWCA Civ 932, [84]-[85].

32) *Arkin v. Borchard Lines Ltd & Ors* [2005] EWCA Civ 655.

33) *Stocznia Gdanska Sa v. Latreefers Inc* [2000] EWCA Civ 36.

34) *Golden Eye (Intl.) Ltd v. Telefonica UK Ltd* [2012] EWHC 723, [99].

35) Mulheron (2014), 584.

36) Nieuwveld and Sahani (2017), 108-9.

37) *Factortame & Ors, R (on the application of) v. Secretary of State for Transport* [2002] EWCA Civ 932, [36].

38) *Mansell v. Robinson* [2007] EWHC 101 (QB); Nieuwveld and Sahani (2017), 109.

39) *Factortame & Ors, R (on the application of) v. Secretary of State for Transport* [2002] EWCA Civ 932, [31]; *Massai Aviation Services v. The Attorney General* [2007] UKPC 12, [12]; Mulheron (2014), 581.

40) Mulheron (2014), 581.

41) *Grovewood Holdings plc v. James Capel & Co. Ltd* [1995] Ch. 80, [87]-[89]; Mulheron (2014), 581.

42) *Abraham v. Thompson* [1997] 4 All ER 362 (CA) [374] (per Potter LJ); *Martell v. Consett Iron Co Ltd* [1955] Ch 363 [388]-[389] (per Danckwerts J).

43) *Arkin v. Borchard Lines Ltd & Ors* [2005] EWCA Civ 655; Mulheron (2014), 581.

44) https://www.gov.uk/government/organisations/civil-justice-council.

45) Mulheron (2014), 571; Perrin (2018), 51.

46) Perrin (2018), 51.

47) Mulheron (2014), 582.

48) Jackson (Final, 2009), 124.

49) England Code of Conduct, para 6.

50) England Code of Conduct, para 9.1.

51) England Code of Conduct, para 9.1.

52) England Code of Conduct, para 9.3.

53) England Code of Conduct, para 9.2.

54) England Code of Conduct, para 11.1.

55) England Code of Conduct, para 11.2.

56) England Code of Conduct, para 12.

57) England Code of Conduct, para 13.1.

58) England Code of Conduct, para 13.2.

59) Nieuwveld and Sahani (2017), 129.

60) Nieuwveld and Sahani (2017), 129-30; Lyon (2010), 575.

61) Nieuwveld and Sahani (2017), 129-30; Hodges et al (2012), 44.

62) The American Bar Association Best Practices for Third-Party Litigation Funding (August 2024).

63) Lyon (2010), 575; 미국의 주마다 다른 법과 규제에 관한 개략적인 내용은, Nieuwveld and Sahani (2017), 159 이하를 참조하기를 바란다.

64) 예를 들어 비양심성(unconscionability), 강박(duress) 등의 항변을 들 수 있다.

65) 예를 들어 절차남용(abuse of process), 악의적 제소(malicious prosecution) 등의 항변을 들 수 있다.

66) Perrin (2018), 198-200; Nieuwveld and Sahani (2017), 142-4.

67) Popp (2019), 732; De Morpurgo (2011), 395; Bond (2002), 1297.

68) *Del Webb Cmtys., Inc. v. Partington*, 652 F.3d 1145, 1156 (9th Cir. 2011); Cremades (2013), 189.

69) Cremades (2013), 189; Bond (2002), 1298, 1309.

70) Cremades (2013), 189.

71) Cremades (2013), 190-1.

72) GA. Code Ann. § 13-8-2(a) (West 2011); *Johnson v. Wright*, 682 N.W.2d 671, 676-7 (Minn. Ct. App. 2004); Cremades (2013), 190.

73) MISS. Code Ann. § 97-9-11, 97-9-13 (West 2013); *Sneed v. Ford Motor Co.*, 735 So.2d 306, 309 (Miss. 1999); Cremades (2013), 190-1.

74) Martin (2002), 88-89.

75) Cremades (2013), 191-2.

76) *Brown v. Bigne*, 28 P. 11, 13 (Or. 1891); Cremades (2013), 191.

77) *Brown v. Bigne*, 28 P. 11, 13 (Or. 1891); Cremades (2013), 191.

78) *Anglo-Dutch Petroleum Int'l, Inc. v. Haskell*, 193 S.W.3d 87, 105 (Tex. App. 2006); Cremades (2013), 191-2.

79) Cremades (2013), 192-3.

80) Nieuwveld and Sahani (2017), 139-40; Lyon (2010), 585-6; *Rancman v. Interim Settlement Funding Corp. et al.*, 789 N.E.2d 217 (Ohio 2003).

81) Nieuwveld and Sahani (2017), 140; Cremades (2013), 192; Lyon (2010), 586.

82) Cremades (2013), 193; Martin (2002), 88.

83) *Saladini v. Righellis*, 687 N.E.2d 1224 (Mass. 1997); *Schomp v. Schenok*, 40

N.J.L. 195, 202 (Sup. Ct. 1878); *Osprey, Inc. v. Cabana Ltd. P'ship*, 532 S.E.2d 269, 277-9 (S.C. 2000); *Landi v. Arkules*, 835 P.2d 458, 464 n.1 (Ariz. Ct. App. 1992); Nieuwveld and Sahani (2017), 138-9; Cremades (2013), 193; Lyon (2010), 584-5; Grous (2006), 213; Martin (2002), 87-88.

84) Bond (2002) 1334-9.

85) Bond (2002), 1334.

86) *Kraft v. Mason*, 668 So. 2d 679, 682 (Fla. 4th Dist. Ct. App. 1996); Grous (2006), 214.

87) Grous (2006), 214.

88) De Morpurgo (2011), 395.

89) *Charge Injection Techs., Inc. v. E.I. DuPont de Nemours & Co.*, 2016 Del. Super. LEXIS 118, 8-12 (Del. Super. Ct. Mar. 9. 2016); Popp (2019), 733.

90) *Mitchell v. Amerada Hess Corp.*, 638 P.2d 441, 445 (Okla. 1920); Martin (1992), 500.

91) *Mitchell v. Amerada Hess Corp.*, 638 P.2d 441, 445 (Okla. 1920); Martin (1992), 500.

92) *Sygma Photo News, Inc. v. Globe Int'l, Inc.*, 616 F.Supp., 1155-7 (S.D.N.Y 1985); Martin (1992), 506.

93) Popp (2019), 733; Grous (2006), 214; Martin (2002), 89.

94) Martin (2002), 89.

95) Popp (2019), 733-4; Grous (2006), 214; Martin (2002), 89-90.

96) Martin (2002), 90.

97) Popp (2019), 734; Grous (2006), 215; Martin (2002), 90-91.

98) Martin (2002), 91.

99) Perrin (2018), 200; Nieuwveld and Sahani (2017), 143-4.

100) Popp (2019), 734; Cremades (2013), 162.

101) Popp (2019), 734; Grous (2006), 217; Martin (2002), 91; Restatement (First) of Contracts § 527 cmt. a (1932): "Usury laws do not forbid the taking of business chances in the employment of money [...] If the probability of the occurrence of the contingency on which diminished payment is promised is remote, or if the diminution should the contingency occur is slight as compared with the possible profit to be obtained if the contingency does not occur, the transaction is presumably usurious."

102) Popp (2019), 734; Grous (2006), 217.

103) Grous (2006), 219; Martin (2002), 92-94; *Rancman v. Interim Settlement Funding Corp.*, No. 20523, 2001 WL 1339487 (Ohio Ct. App. Oct. 31, 2001).

104) *Rancman v. Interim Settlement Funding Corp.*, No. 20523, 2001 WL 1339487 (Ohio Ct. App. Oct. 31, 2001), 1-3; Martin (2012), 92-93; Grous (2006), 218.

105) *Rancman v. Interim Settlement Funding Corp.*, No. 20523, 2001 WL 1339487 (Ohio Ct. App. Oct. 31, 2001), 1; Martin (2012), 93; Grous (2006), 218.

106) *Rancman v. Interim Settlement Funding Corp.*, No. 20523, 2001 WL 1339487 (Ohio Ct. App. Oct. 31, 2001), 3; Martin (2012), 93; Grous (2006), 219.

107) *Rancman v. Interim Settlement Funding Corp.*, No. 20523, 2001 WL 1339487 (Ohio Ct. App. Oct. 31, 2001), 3; Martin (2012), 93; Grous (2006), 219.

108) Martin (2012), 93-94; Grous (2006), 219.

109) *Echeverria v. Estate of Lindner*, 2005 N.Y. Misc. LEXIS 894, pp. 22-23 (N.Y.Sup. Ct. Mar. 2, 2005); Popp (2019), 735.

110) *Odell v. Legal Bucks, LLC*, 665 S.E.2d 767, 780-1 (N.C. Ct. App. 2008); Popp (2019), 735.

111) Martin (2012), 94.

112) Martin (2012), 92.

113) Perrin (2018), 200; Nieuwveld and Sahani (2017), 144.

114) Bond (2002), 1306; Cremades (2013), 193-200.

115) 박정기 (2005), 351, 355.

116) Grous (2006), 221; 박정기 (2005), 358; *Willams v. Walker-Thomas Furniture Co.*, 350 F.2d 445, 449 (D.C. Cir. 1965): "[...] absence of meaningful choice [...] together with contract terms which are unreasonably favorable to the other party."

117) *Kohl v. Bay Colony Club Condo., Inc.*, 398 So. 2d 865, 867 (Fla. 4th Dist. Ct. App. 1981); *Bennett v. Behring Corp.*, 466 F.Supp. 689, 696 (S.D. Fla. 1979); Grous (2006), 221.

118) Cremades (2013), 198-9; Restatement (Second) of Contracts § 208 (1981).

119) Cremades (2013), 199.

120) *Core Funding Group, LP v. McIntire*, CIV.A. 07-4273, 2011 WL 1795242 (E.D. La. May 11, 2011); Cremades (2013), 199.

121) *Classic Funding, LLC v. Louis Burgos, LLC*, No. 80844, 2002 WL 31478977 (Ohio Ct. App. Nov. 7, 2002); Cremades (2013), 200.

122) *Saladini v. Righellis*, 687 N.E.2d 1224 (Mass. 1997), 1227: "We shall be guided in our analysis by a rule of what is fair and reasonable, looking to all of the circumstances at the time the arrangement is made to determine whether the agreement should be set aside or modified."; *Osprey* 판결 278: "When an agreement to finance a lawsuit is challenged, the court must 'consider whether the fees charged are excessive or whether any recovery by a prevailing party is vitiated because of some impermissible overreaching by the financier' [...] must be guided by an analysis of what is fair and reasonable under the circumstances."; Cremades (2013), 200; Bond (2002), 1307.

123) Bond (2002), 1307.

124) Cremades (2013), 196; Restatement (Second) of Torts § 682 (1977).

125) Cremades (2013), 193; Bond (2002), 1306.

126) *Underground Storage, Inc. v. Anderson*, 347 F.2d 964, 969 (10th Cir. 1965): "a cause of action for damages arising out of the common-law doctrine of champerty and maintenance as it was then known, is not now recognized [...] the existing remedies are through tort actions such as malicious prosecution, abuse of process, and wrongful initiation of litigation."; *Wolford v. Tankersley*, 695 P.2d 1201, 1222 (Idaho 1984): "While Idaho law does not recognize champerty and maintenance, Idaho law is in accord with the many states which continue to recognize that the goals of champerty and maintenance provisions are still around and well, both defensively and offensively, in the form of actions or defenses based on abuse of process or malicious prosecution of civil actions."

127) 좀 더 자세한 내용은, 미국변호사협회 모범실무지침, 12면을 참조할 수 있다.

128) Legg et al (2011), 630.

129) Legg et al (2011), 630-1.

130) Maintenance, Champerty and Barratry Abolition Act 1993 (New South Wales), Sections 3, 4.

131) Wrongs Act 1958 (Victoria), Section 32(1).

132) Civil Law (Wrongs) Act 2002 (Australian Capital Territory), Section 221(1).

133) 이때 위반의 기준이 되는 공서양속은 중세의 그것이 아니라 현대의 그것이므로 현대의 소송 및 그에 대한 펀딩 관행을 충분히 고려해야 한다고 한다(*Roux v. ABC* [1992] 2 VR 577).

134) Maintenance, Champerty and Barratry Abolition Act 1993 (New South Wales), Secction 6; Wrongs Act 1958 (Victoria), Section 32(2); Civil Law (Wrongs) Act 2002 (Australian Capital Territory), Section 221(2); Perrin (2018), 2; Barker (2012), 494; Legg et al (2011), 627.

135) *Campbells Cash and Carry Pty Ltd v. Fostif Pty Limited* [2006] HCA 41; *Project 28 Pty Ltd v. Barr* [2005] NSWCA 240.

136) Barker (2012), 498.

137) De Morpurgo (2011), 398; Attrill (2009), 7.

138) Standing Committee (2006), 5, 8.

139) Standing Committee (2006), 11.

140) *Clairs Keeley v. Treacy* [2003] WASCA 229; *Clairs Keeley v. Treacy* [2004] WASCA 277; *Clairs Keeley v. Treacy* [2005] WASCA 86 등.

141) *Dorajay Pty Ltd v. Aristocrat Leisure Ltd* [2005] FCA 1483 등.

142) *QPSX v. Ericsson Australia* [2005] FCA 933; *Dorajay Pty Ltd v. Aristocrat Leisure Ltd* [2005] FCA 1483 등.

143) *Clairs Keeley v. Treacy* [2005] WASCA 86 등.

144) *Clairs Keeley v. Treacy* [2005] WASCA 86 등.

145) *Clairs Keeley v. Treacy* [2005] WASCA 86; *Volpes v. Permanent Custodians* [2005] NSWSC 827 등.

146) *Fostif Pty Ltd v. Campbells Cash & Carry Pty Ltd* [2005] NSWCA 83; *Volpes v. Permanent Custodians* [2005] NSWSC 827; *Spratialinfo Pty Ltd v. Telstra Corporation Ltd* [2005] FCA 455; *Project 28 Pty Ltd v. Barr* [2005] NSWCA 240 등.

147) *Project 28 Pty Ltd v. Barr* [2005] NSWCA 240 등.

148) *Campbells Cash and Carry Pty Ltd v. Fostif Pty Limited* [2006] HCA 41, [61].

149) *Campbells Cash and Carry Pty Ltd v. Fostif Pty Limited* [2006] HCA 41, [62].

150) *Campbells Cash and Carry Pty Ltd v. Fostif Pty Limited* [2006] HCA 41, [80], [86].

151) *Campbells Cash and Carry Pty Ltd v. Fostif Pty Limited* [2006] HCA 41, [86].

152) *Campbells Cash and Carry Pty Ltd v. Fostif Pty Limited* [2006] HCA 41, [90].

153) *Campbells Cash and Carry Pty Ltd v. Fostif Pty Limited* [2006] HCA 41, [93].

154) *Campbells Cash and Carry Pty Ltd v. Fostif Pty Limited* [2006] HCA 41, [93].

155) *Campbells Cash and Carry Pty Ltd v. Fostif Pty Limited* [2006] HCA 41, [92].

156) *Campbells Cash and Carry Pty Ltd v. Fostif Pty Limited* [2006] HCA 41, [91].

157) *Campbells Cash and Carry Pty Ltd v. Fostif Pty Limited* [2006] HCA 41, [86], [89].

158) *Campbells Cash and Carry Pty Ltd v. Fostif Pty Limited* [2006] HCA 41, [89].

159) *Campbells Cash and Carry Pty Ltd v. Fostif Pty Limited* [2006] HCA 41, [89].

160) *Campbells Cash and Carry Pty Ltd v. Fostif Pty Limited* [2006] HCA 41, [89]: "That someone seeks out those who may have a claim and excites litigation where otherwise there would be none could be condemned as contrary to public policy only if a general rule against the maintenance of actions were to be adopted. But that approach has long since been abandoned and the qualification of that rule (by reference to criteria of common interest) proved unsuccessful. And if the conduct is neither criminal nor tortious, what would be the ultimate foundation for a conclusion not only that maintaining an action (or maintaining an action in return for a share of the proceeds) should be considered as contrary to public policy, but also that the claim that is maintained should not be determined by the court whose jurisdiction otherwise is regularly invoked?"

161) *Campbells Cash and Carry Pty Ltd v. Fostif Pty Limited* [2006] HCA 41, [81]-[82].

162) *Campbells Cash and Carry Pty Ltd v. Fostif Pty Limited* [2006] HCA 41, [63], [81].

163) *Campbells Cash and Carry Pty Ltd v. Fostif Pty Limited* [2006] HCA 41, [87]-[88].

164) *Earglow Pty Ltd v. Newcrest Mining Ltd* [2016] FCA 1433; *Mitic v. OZ Minerals Ltd* (No. 2) [2017] FCA 409; Perrin (2018), 8-9.

165) *Liverpool City Council v. McGraw-Hill Financial Inc.* [2018] FCA 1289; Perrin (2018), 9-10.

166) Queen Mary University of London, "2018 International Arbitration Survey: The Evolution of International Arbitration" (2018), 9.

167) Civil Law Act, Section 5A(1).

168) Civil Law Act, Section 5B(1), (2); Civil Law (Third-Party Funding) Regulations 2017, Regulation 3; Perrin (2018), 150-1.

169) Civil Law (Third-Party Funding) (Amendment) Regulations 2021.

170) Civil Law Act, Section 5B(4); Perrin (2018), 151.

171) Civil Law (Third-Party Funding) Regulations 2017, Regulation 4(1).

172) Legal Profession Rules 2015.

173) Legal Profession Rules 2015, Rule 49A.

174) Legal Profession Rules 2015, Rule 49B.

175) Singapore Guidance Note; SIARB Guidelines; SIAC Practice Note.

176) Singapore Guidance Note, para 28.

177) Singapore Guidance Note, para 28.

178) SIARB Guidelines, para 5.

179) Singapore Guidance Note, paras 30-31; SIARB Guidelines, paras 3.1-3.2.

180) Singapore Guidance Note, para 33.

181) Singapore Guidance Note, para 34.

182) Singapore Guidance Note, para 36; SIARB Guidelines, para 2.1.2.

183) Singapore Guidance Note, para 37(a); SIARB Guidelines, para 6.2.1.

184) Singapore Guidance Note, para 37(b).

185) Singapore Guidance Note, para 37(c); SIARB Guidelines, para 6.1.1.

186) Singapore Guidance Note, para 37(d); SIARB Guidelines, para 6.1.4.

187) Singapore Guidance Note, para 41.

188) Singapore Guidance Note, para 42.

189) Singapore Guidance Note, para 43; SIARB Guidelines, para 7.1.2.

190) Singapore Guidance Note, para 44; SIARB Guidelines, para 7.1.3.

191) Singapore Guidance Note, para 46.

192) SIAC Practice Note, para 5.

193) SIAC Practice Note, para 6.

194) SIAC Practice Note, paras 7-8.

195) SIARB Guidelines, para 8.1.

196) Perrin (2018), 76.

197) Law Reform Commission of Hong Kong (2016).

198) Perrin (2018), 76.

199) Law Reform Commission of Hong Kong, para 2.6.

200) Section 3 of Arbitration and Mediation Legislation (Third Party Funding) (Amendment) Ordinance 2017.

201) Section 3 of Arbitration and Mediation Legislation (Third Party Funding) (Amendment) Ordinance 2017.

202) Section 3 of Arbitration and Mediation Legislation (Third Party Funding) (Amendment) Ordinance 2017.

203) Section 3 of Arbitration and Mediation Legislation (Third Party Funding) (Amendment) Ordinance 2017.

204) Section 3 of Arbitration and Mediation Legislation (Third Party Funding) (Amendment) Ordinance 2017.

205) Hong Kong Code of Practice.

206) 독일에서는 연방헌법재판소가 2006년 변호사 성공보수를 전면 금지하고 있던 연방변호사법에 대하여 위헌 결정을 내렸으나 그 이후에도 일부 예외적인 경우에만 제한적으로 성공보수가 허용된다[정선주 (2008), 148, 168; Nieuwveld and Sahani (2017), 177-8 등].

207) Nieuwveld and Sahani (2017), 177; Hodges et al (2012), 39; De Morpurgo (2011), 401; Van Boom (2010), 94-95; Coester and Nitzsche (2005), 84-87.

208) Nieuwveld and Sahani (2017), 183; Hodges et al (2012), 39; De Morpurgo (2011), 400; Van Boom (2010), 94-96.

209) Cord (2017), 183; Nieuwveld and Sahani (2017), 183.

210) Cord (2017), 183-4.

211) Perrin (2018), 59; Nieuwveld and Sahani (2017), 176-7; Coester and

Nitzsche (2005), 85-87.

212) Nieuwveld and Sahani (2017), 178.

213) Perrin (2018), 59; Nieuwveld and Sahani (2017), 182-3; Hodges et al (2012), 40-42; Coester and Nitzsche (2005), 101.

214) Perrin (2018), 59; Nieuwveld and Sahani (2017), 182-3; Hodges et al (2012), 40-42 [독일 제3자 펀딩 시장의 자세한 현황에 관하여는, Hodges et al (2012), 40 이하를 참조할 수 있다]; Coester and Nitzsche (2005), 85, 101.

215) Coester and Nitzsche (2005), 101.

216) Perrin (2018), 62; Nieuwveld and Sahani (2017), 179; Hodges et al (2012), 40.

217) Perrin (2018), 62; Cord (2017), 184-5; Nieuwveld and Sahani (2017), 182-3; De Morpurgo (2011), 403; Coester and Nitzsche (2005), 96; 참고로, 독일에서 제3자 펀딩계약은 'prozessfinanzierungsvertrag'라 불리는데, 영어로는 'procedure funding contract'로 번역할 수 있을 것이다.

218) Cord (2017), 186.

219) Perrin (2018), 61-62; Nieuwveld and Sahani (2017), 181, 183; De Morpurgo (2011), 401; Coester and Nitzsche (2005), 94.

220) Veröffentlichungen des Bundesaufsichtsamtes für das Versicherungswesen (VerBAV 1999), 167.

221) Bundesrechtsanwaltsordnung § 49b; Nieuwveld and Sahani (2017), 177-8; 정선주 (2008), 148, 168.

222) De Morpurgo (2011), 403; Coester and Nitzsche (2005), 96.

223) Nieuwveld and Sahani (2017), 184; De Morpurgo (2011), 403; Coester and Nitzsche (2005), 96-97.

224) Perrin (2018), 63; Coester and Nitzsche (2005), 97-98.

225) Nieuwveld and Sahani (2017), 185.

226) Nieuwveld and Sahani (2017), 185-6; Coester and Nitzsche (2005), 99-100 [위 법률서비스법(RDG법)이 시행되기 전 비슷한 기능을 수행하였던 법률자문법 (Rechtsberatungsgesetz, RBerG) 기준으로도 제3자 펀딩업자의 역할이나 행위는 법률서비스에 해당하지 않는다고 밝히고 있다].

227) BGB(Bürgerliches Gesetzbuch) § 138; Perrin (2018), 62.

228) Perrin (2018), 62.

229) BGB § 242.

230) BGH, 09.05.2019- I ZR 205/17; BGH, 13.09.2018- I ZR 26/17.

231) "Wer vorsätzlich eine nach § 3 oder § 7 unzulässige geschäftliche Handlung vornimmt und hierdurch zu Lasten einer Vielzahl von Abnehmern einen Gewinn erzielt, kann von den gemäß § 8 Absatz 3 Nummer 2 bis 4 zur Geltendmachung eines Unterlassungsanspruchs Berechtigten auf Herausgabe dieses Gewinns an den Bundeshaushalt in Anspruch genommen werden."

232) BGH, 09.05.2019- I ZR 205/17; BGH, 13.09.2018- I ZR 26/17.

Chapter 4

1) Australian Securities and Investments Commission (2013), 7.

2) 여기서 제3자의 소송절차에 대한 통제권은 당사자의 소송수행권에 준하여 제3자가 당사자의 주요 소송행위에 대한 결정을 지배할 권한을 의미하므로, 원칙적으로는 소송대리인에 대한 권한 및 화해에 관한 권한도 포함한다고 보아야 할 것이다. 그러나 소송대리인을 선임하거나 소송대리인에게 지시할 권한 및 화해에 관한 의사결정을 할 권한은 다른 일반적인 소송행위를 수행하는 것보다 복잡한 이해관계를 포함한 경우가 많고, 앞에서 본 제3자 펀딩에 관한 주요 판례나 자율규범도 통상적으로 소송대리인 및 화해에 관한 권한은 소송절차에 대한 일반적인 통제권과 별도로 언급하는 경우가 많다. 이러한 점을 감안하여, 이하에서는, 소송대리인에 대한 관계나 화해와 관련한 상황은 일반적인 소송수행의 단계와는 별도로 언급한다.

3) Australian Securities and Investments Commission (2013), 8.

4) 김건식 외 (2018), 264; Kraakman et al (김건식 외 역, 2014), 71.

5) Kraakman et al (김건식 외 역, 2014), 71.

6) Steinitz (2012), 487-8.

7) Steinitz (2011), 1323-4.

8) IMF Bentham, Disclosure Statement, para 4.8.

9) Steinitz and Field (2014), 729; Steinitz (2012), 488.

10) Steinitz and Field (2014), 729-31; Steinitz (2012), 488-9; Steinitz (2011), 1319.

11) Steinitz and Field (2014), 729; Steinitz (2012), 489.

12) Steinitz (2012), 490-2.

13) Steinitz (2012), 492-3.

14) Steinitz (2012), 491.

15) Steinitz (2012), 491.

16) Steinitz (2012), 495.

17) Waye (2007), 249.

18) Steinitz and Field (2014), 739; Attrill (2009), 8.

19) Steinitz and Field (2014), 739-40.

20) Steinitz and Field (2014), 739.

21) Steinitz and Field (2014), 739.

22) Steinitz and Field (2014), 739.

23) Steinitz and Field (2014), 744; Steinitz (2012), 489; Attrill (2009), 8; IMF Bentham, Disclosure Statement, para 4.8.

24) IMF Bentham, Disclosure Statement, para 4.8.

25) IMF Bentham, Disclosure Statement, para 4.8.

26) Steinitz (2012), 489; Steinitz and Field (2014), 744.

27) IMF Bentham, Disclosure Statement, para 4.12.

28) Steinitz (2011), 1319-20.

29) American Bar Association (2012), 16; Attrill (2009), 16; Waye (2007), 234; IMF Bentham, Disclosure Statement, para 4.5; Richmond (2005), 669.

30) IMF Bentham, Disclosure Statement, para 4.5; Cord (2017), 186.

31) American Bar Association (2012), 16; Waye (2007), 235-7.

32) IMF Bentham, Disclosure Statement, para 4.7.

33) *Charge Injection Technologies, Inc. v. E.I. Dupont De Nemours & Company*, N07C-12-134-JRJ (Del. Super. Ct. 2015); *In re Valetta Trust v.* [2012] 1 JLR 1 (25 November 2011); *Giles v. Thomson* [1994] 1 AC 142; Mulheron (2014), 583; American Bar Association (2012), 11.

34) Mulheron (2014), 582-5.

35) *In re Valetta Trust v.* [2012] 1 JLR 1 (25 November 2011); *Giles v. Thomson* [1994] 1 AC 142; Mulheron (2014), 583.

36) American Bar Association, Model Rules of Professional Conduct ["ABA Model Rules"]; 미국의 경우 변호사등록 및 징계권한은 각 주의 변호사협회 소관이고, 전국적 차원의 미국변호사협회는 그러한 권한을 보유하고 있지 않으나, 미국 변호사협회의 모범 변호사직무행위규칙이 각 주 변호사협회의 변호사윤리규칙의

기초가 되고 있으므로 미국변호사협회의 모범 변호사직무행위규칙을 대표적으로 살펴본다.

37) "[...] a lawyer shall not represent a client if the representation involves a concurrent conflict of interest. A concurrent conflict of interest exists if there is a significant risk that the representation of one or more clients will be materially limited by the lawyer's responsibilities to another client, a former client or a third person or by a personal interst of the lawyer."

38) Nieuwveld and Sahani (2017), 148-9; American Bar Association (2012), 16-18.

39) Steinitz and Field (2014), 736; American Bar Association (2012), 24-25; 주요 제3자 펀딩업자 중 하나인 Burford Capital은 자신의 사업모델(business model)이 변호사들 및 기타 전문가들과의 상호 의뢰관계(referral relationships) 에 달려 있다고 설명하고 있기도 하다(Burford Capital, Admission Document, 13).

40) Steinitz and Field (2014), 736; American Bar Association (2012), 24-25.

41) Nieuwveld and Sahani (2017), 149; Steinitz and Field (2014), 736; American Bar Association (2012), 16, 25.

42) Steinitz and Field (2014), 740-1.

43) Nieuwveld and Sahani (2017), 149; American Bar Association (2012), 18.

44) Nieuwveld and Sahani (2017), 149; American Bar Association (2012), 18.

45) ABA Model Rules, Rule 1.8(i)(2); Nieuwveld and Sahani (2017), 150.

46) Nieuwveld and Sahani (2017), 150.

47) Nieuwveld and Sahani (2017), 150.

48) "[...] a lawyer shall not represent a client or, where representation has commenced, shall withdraw from the representation of a client if the lawyer is discharged."

49) "A lawyer must comply with applicable law requiring notice to or permission of a tribunal when terminating a representation. When ordered to do so by a tribunal, a lawyer shall continue representation notwith standing good cause for terminating the representation."

50) Nieuwveld and Sahani (2017), 150.

51) Nieuwveld and Sahani (2017), 150-1.

52) Nieuwveld and Sahani (2017), 151; American Bar Association (2012), 21.

53) Nieuwveld and Sahani (2017), 151, 153; Steinitz and Field (2014), 737, 741; American Bar Association (2012), 22-24.

54) American Bar Association (2012), 23: "A lawyer and client may agree among themselves to limit the scope of the lawyer's duties, but these limitation must be reasonable under the circumstances (and the client must give informed consent to the limitation)."

55) American Bar Association (2012), 23.

56) Nieuwveld and Sahani (2017), 152; American Bar Association (2012), 26-27.

57) Nieuwveld and Sahani (2017), 152.

58) Nieuwveld and Sahani (2017), 152.

59) Rule 5.4 Professional Independence of A Lawyer-Comment.

60) Steinitz (2011), 1292.

61) "A lawyer shall not accept compensation for representing a client from one other than the client [...]."

62) "A lawyer shall not permit a person who recommends, employs, or pays the lawyer to render legal services for another to direct or regulate the lawyer's professional judgment in rendering such legal services."

63) Nieuwveld and Sahani (2017), 153.

64) Nieuwveld and Sahani (2017), 153.

65) Nieuwveld and Sahani (2017), 153.

66) 윤성승 (2001), 8.

67) 윤성승 (2001), 19-21.

68) Steinitz (2012), 480, 490.

69) Steinitz (2012), 480, 490.

70) Steinitz (2012), 488.

71) Steinitz (2012), 488.

72) Steinitz (2012), 488-9; 윤성승 (2001), 81.

73) Steinitz (2012), 490.

74) 윤성승 (2001), 83-84.

75) 윤성승 (2001), 83-84.

76) 윤성승 (2001), 96-101.

77) 윤성승 (2001), 99-114.

78) Steinitz and Field (2014), 742.

79) Steinitz and Field (2014), 742-3.

80) Perrin (2018), 203-4.

81) 윤성승 (2001), 165-6.

82) Steinitz and Field (2014), 741-2; 윤성승 (2001), 28.

83) Steinitz and Field (2014), 743.

84) Steinitz and Field (2014), 743.

85) Steinitz and Field (2014), 744.

86) Steinitz and Field (2014), 744.

87) Perrin (2018), 204; Steinitz (2012), 504.

88) Steinitz and Field (2014), 744.

89) Steinitz and Field (2014), 744.

90) Steinitz and Field (2014), 747.

91) Steinitz and Field (2014), 747.

92) 상법 제719조; 정동윤 (주석 상법: 보험 II, 2015), 236.

93) Sebok (2015), 884; Silver (2014), 617-9; Boardman (2012), 696.

94) Boardman (2012), 683, 689.

95) Silver (2014), 620.

96) Boardman (2012), 688, 696.

97) 박세민 (2019), 203-4; 한기정 (2018), 199-203; Silver (2014), 620.

98) Silver (2014), 617-623; Steinitz (2011), 1295.

99) Silver (2014), 628-9.

100) Molot (2009), 386-7.

101) *Project 28 Pty Ltd v. Barr* [2005] NSWCA 240; Dluzniak (2009), 5; Sebok (2015), 896; Silver (2014), 617-631; Steinitz (2011), 1332-3.

102) 박세민 (2019), 641.

103) Silver (2014), 620-1; Steinitz (2011), 1333.

104) 상법 제720조.

105) 상법 제723조.

106) 상법 제724조 제4항; 정동윤 (주석 상법: 보험 II, 2015), 245-6.

107) 정동윤 (주석 상법: 보험 II, 2015), 276-7; 박세민 (2019), 650.

108) 금융감독원, 배상책임보험 표준약관.

109) 금융감독원, 배상책임보험 표준약관.

110) Sebok (2015), 882-891; Silver (2014), 619; Boardman (2012), 695-7; Steinitz (2011), 1333; Dluzniak (2009), 5; Molot (2009), 403; *In re Allstate Insurance Co.*, 722 S.W.2d 947, 952 (Mo. 1987).

111) Boardman (2012), 695-7.

112) Sebok (2015), 887.

113) *Groom v. Crocker* [1939] 1 KB 194; *Hall v. Svea Mut. Ins. Co.*, 493 N.E.2d; *Hurvitz v. St. Paul Fire & Marine Insurance Co.*, 135 Cal. Rptr. 2d.; Sebok (2015), 890-1; Dluzniak (2009), 4-5.

114) *Groom v. Crocker* [1939] 1 KB 194; *Hall v. Svea Mut. Ins. Co.*, 493 N.E.2d; *Hurvitz v. St. Paul Fire & Marine Insurance Co.*, 135 Cal. Rptr. 2d.; Sebok (2015), 890-1; Dluzniak (2009), 4-5.

115) Silver (2014), 621-2, 629; Boardman (2012), 687-9; Stempel (2007), 1-6.

116) 박세민 (2019), 204; 한기정 (2018), 199-203.

117) 상법 제651조; 박세민 (2019), 212-232; 한기정 (2018), 211-228.

118) Steinitz (2011), 1333.

119) Steinitz (2012), 1332-3.

120) Boardman (2012), 695-6.

121) Boardman (2012), 695-6; 물론 제3자 펀딩업자 역시 승소일 경우 판결금액에 대하여 일정 비율의 지분을 가지므로 소송의 결과에 이해관계가 있다고 할 수 있지만, 그가 소송의 결과에 대하여 가지는 이해관계는 (+) 아니면 (0)의 이해관계(못해도 판결로 인하여 추가로 지출할 일은 없는 이해관계)라 할 수 있어, (-) 또는 (0)의 이해관계를 가지는 제3자 펀딩업자의 이해관계(못하면 판결로 인하여 추가로 지출해야 하고 그 지출규모도 예상할 수 없는 이해관계)보다 더 절박하거나 위중하다고 하기는 어려울 것이다.

122) Boardman (2012), 696.

123) Boardman (2012), 696.

124) Boardman (2012), 696.

125) Boardman (2012), 696.

126) Boardman (2012), 696.

127) 예를 들어, England Code of Conduct 등 참조.

128) https://www.burfordcapital.com/investors/corporate-governance/document-centre; https://www.imf.com.au/funding 등.

129) 여기서 소송대리인과 관련된 문제나 화해와 관련된 문제도 소송수행단계의 일환으로 볼 수 있으나, 소송대리인의 문제 또는 화해의 문제는 본안에 관한 통상적인 소송수행단계와 차별화되는 쟁점이 있고 관련된 이해상충의 원인과 양상도 서로 다른 측면이 있어서, 제3자 펀딩에 관한 자율규범 등도 그 문제들을 서로 구분하여 다루고 있다. 이러한 관점에서 이하에서도 소송대리인의 문제, 일반적인 소송수행단계의 문제, 화해의 문제는 서로 항을 구분하여 논의한다.

130) Perrin (2018), 204; Steinitz and Field (2014), 757.

131) Stcinitz and Ficld (2014), 757.

132) Steinitz and Field (2014), 758.

133) Steinitz and Field (2014), 758.

134) Steinitz and Field (2014), 759.

135) Steinitz and Field (2014), 759-60.

136) Steinitz and Field (2014), 758.

137) Steinitz and Field (2014), 760.

138) Perrin (2018), 204; Steinitz and Field (2014), 760-1.

139) Steinitz and Field (2014), 762.

140) Steinitz and Field (2014), 762.

141) Steinitz and Field (2014), 760.

142) Waye (2007), 243-4.

143) Waye (2007), 236; Australian Securities and Investments Commission (2013), 23; Burford Capital, Admission Document, 15: "Where the Company participates in a claim but does not wholly own or control it, the Company will not be the client of the law firm representing the owner of the claim. Accordingly that law firm may be required to act in accordance with its client's wishes rather than those of the Company [...]."

144) Singapore Guidance Note, para 37; Australian Securities and Investments Commission (2013), 22-23; Attrill (2009), 11.

145) Singapore Guidance Note, para 37; Australian Securities and Investments Commission (2013), 22-23; Attrill (2009), 11.

146) IMF Bentham, Disclosure Statement, para 3.9.

147) Perrin (2018), 204; Steinitz and Field (2014), 764-6.

148) Steinitz and Field (2014), 765.

149) Steinitz and Field (2014), 765.

150) England Code of Conduct, para 12: "The LFA shall not establish a discretionary right for a Funder or Funder's Subsidiary or Associated Entity to terminate a LFA in the absence of the circumstances described in clause 11.2."

151) International Council for Commercial Arbitration (2018), 28; Perrin (2018), 204.

152) IMF Bentham, Disclosure Statement, para 4.7.

153) Waye (2007), 253.

154) Waye (2007), 249.

155) Waye (2007), 237-253; Burford Capital, Admission Document, 13.

156) England Code of Conduct, para 9.3; Hong Kong Code of Practice, para 2.9; Singapore Guidance Note, paras 37, 41; SIARB Guidelines, para 6.1.4; Waye (2007), 253.

157) IMF Bentham, Disclosure Statement, para 3.17; IMF Bentham, Code of Best Practices.

158) IMF Bentham, Code of Best Practices; International Council for Commericial Arbitration (2018), 28; Perrin (2018), 204; IMF Bentham, Disclosure Statement, para 3.17; Waye (2017), 254.

159) IMF Bentham, Disclosure Statement, para 3.23.

160) Singapore Guidance Note, para 42.

161) IMF Bentham, Code of Best Practices.

162) IMF Bentham, Code of Best Practices; England Code of Conduct, para 11.1; Waye (2007), 245.

163) England Code of Conduct, para 11.2; Hong Kong Code of Practice, para 2.13; Perrin (2018), 205.

164) Singapore Guidance Note, para 28; SIARB Guidelines, para 5.1; Hong Kong Code of Practice, para 2.8; Perrin (2018), 205; Steinitz and Field (2014), 763.

165) Singapore Guidance Note, para 28; SIARB Guidelines, para. 5.2; Hong

Kong Code of Practice, para 2.8; Perrin (2018), 205; Steinitz and Field (2014), 763.

Chapter 5

1) 이시윤 (2019), 155; 호문혁 (2016), 236.

2) 이시윤 (2019), 788-9; 민일영 (주석 민사소송법, 2018), 538-9.

3) 민사소송법 제107조.

4) 제3자 펀딩업자가 당사자의 소송행위에 간섭하고 소송절차를 통제할 경우 챔퍼티에 해당하거나 공서양속에 위반한다고 볼 수 있는데, 챔퍼티 금지 법리와 절차 남용 법리 사이의 관계에 대하여는 영국의 판례도 견해가 갈린다. 일부 판례는 챔퍼티가 인정되면 절차 남용을 인정하여 해당 소송절차를 중단할 수 있다고 판단하였지만, 다른 판례에서는 챔퍼티가 인정되더라도 당해 소송절차를 본래의 목적 내지 방법과 다른 목적 내지 방법으로 이용하였다는 절차 남용 본래의 요건을 입증해야 절차 남용을 인정할 수 있다고 판단하기도 하였다. 절차 남용의 법리에 관하여는 아래 국제중재절차에 관하여 설명할 때 좀 더 자세히 검토한다.

5) 민일영 (주석 민사소송법, 2018), 72-79.

6) 민일영 (주석 민사소송법, 2018), 80.

7) 민사소송법 제99조, 제100조, 제101조.

8) New South Wales Civil Procedure Act 2005 No. 28, Section 58: [...] (4) Each of the following persons must not, by their conduct, cause a party to civil proceedings to be put in breach of a duty identified in subsection (3)— [...] (b) any person with a relevant interest in the proceedings commenced by the party. (5) The court may take into account any failure to comply with subsection (3) or (4) in exercising a discretion with respect to costs. (6) For the purposes of this section, a person has a relevant interest in civil proceedings if the person— (a) provides financial assistance or other assistance to any party to the proceedings [...]

9) (영국) Senior Courts Act 1981, Section 51; (호주 뉴사우스웨일즈주) New South Wales Civil Procedure Act 2005 No. 28, Section 98(1).

10) Born (2016), 99; Blackaby et al (2009), para 2.39.

11) Von Goeler (2016), 209.

12) Von Goeler (2016), 211.

13) Moses (2017), 39-45; 임성우 (2016), 107-8; Born (2016), 100-4; Blackaby et al (2009), paras 2.40-2.46.

14) Born (2016), 103; Von Goeler (2016), 214.

15) Von Goeler (2016), 215-6.

16) Von Goeler (2016), 216-7.

17) Born (2016), 102; Von Goeler (2016), 217-8.

18) Von Goeler (2016), 218.

19) Von Goeler (2016), 218-9.

20) Von Goeler (2016), 219.

21) Von Goeler (2016), 222-3.

22) 임성우 (2016), 154; 목영준 외 (2018), 165-6.

23) International Law Association (2014), 2.

24) International Law Association (2014), 2.

25) International Law Association (2014), 3.

26) International Law Association (2014), 4-5.

27) Moses (2014).

28) International Law Association (2014), 7-8.

29) International Law Association (2014), 9-10.

30) International Law Association (2014), 9-10, 12-14.

31) International Law Association (2014), 10; Moses (2014).

32) International Law Association (2014), 10-11, 17.

33) International Law Association (2014), 17.

34) International Law Association (2014), 17.

35) International Law Association (2014), 17.

36) *R v. Scott* [1990] 3 S.C.R. 979; Gaffney (2010), 516.

37) *Rogers v. The Queen* [1994] HCA 42; Gaffney (2010), 516.

38) *Hunter v. Chief Constable of the West Midlands Police* [1982] AC 529, 536; Attorney General v. Baker [2000] The Times (7 March 2000); Gaffney (2010), 516; Gaillard (2017), 17.

39) The English Civil Procedure Rules, Rule 3.4: "The Court may strike out a statement of case if it appears to the court [...] that the statement of

case is an abuse of the court's process or is otherwise likely to obstruct the just disposal of the proceedings."

40) Gaillard (2017), 17; Gaffney (2010), 516.

41) Gaillard (2017), 16-17; Gaffney (2010), 516-7.

42) Gaillard (2017), 16-17; Gaffney (2010), 516-7.

43) Gaillard (2017) 18; Gaffney (2010), 521.

44) Gaillard (2017), 18; International Law Association (2014), 17-18.

45) *Grovewood Holdings plc v. James Capel & Co Ltd* [1995] Ch 80 등.

46) *Abraham v. Thomson* [1997] 4 All ER 362 등.

47) *Campbells Cash and Carry Pty Ltd v. Fostif Pty Limited* [2006] HCA 41, [265], [277]: "[...] it is clear that in particular cases the facts which make an agreement champertous, whether taken by themselves or taken with other facts, may also cause the prosecutioon of proceedings under the agreement to be an abuse of process. [...] the more room to intermeddle, the more likely is it that the litigation is an abuse of process. [...]"

48) 과거 챔퍼티 법리가 생겨난 배경에는 그 당시 시대적 상황상 사법시스템이 외부 영향력으로부터 취약할 수 있다는 점이었는데, 법원의 소송절차를 제3자 펀딩업자의 영향력으로부터 보호할 필요가 있다면, 법원의 절차보다 외부 영향력에 더 취약하다고 볼 수 있는 중재절차를 제3자 펀딩업자의 영향력으로부터 보호해야 할 필요성은 소송절차보다 더 크다고 할 수 있을 것이다.

49) *Arkin v. Borchard Lines Ltd & Ors* [2005] EWCA Civ 655, [30]-[33].

50) Senior Courts Act 1981, Section 51.

51) Civil Procedure Rules, Part 48.3.

52) *Hill v. Archbold* [1968] 1 QB 686, 494-5; *Arkin v. Borchard Lines Ltd & Ors* [2005] EWCA Civ 655, [25].

53) *Hamilton v. Al Fayed* [2002] EWCA Civ 665 [71].

54) *Arkin v. Borchard Lines Ltd & Ors* [2005] EWCA Civ 655, [38].

55) *Arkin v. Borchard Lines Ltd & Ors* [2005] EWCA Civ 655, [44]: "[...] it does not follow that it will never be appropriate to order that those who, for motives other than profit, have contributed to the costs of unsuccessful litigation, should contribute to the successful party's costs on a similar basis."

56) New South Wales Civil Procedure Act 2005 No. 28, Section 98 (1): "Subject to rules of court and to this or any other Act: (a) costs are in the discretion of the court, and (b) the court has full power to determine by whom, to whom and to what extent costs are to be paid, and (c) the court may order that costs are to be awarded on the ordinary basis or on an indemnity basis."

57) Legg et al (2011), 646-7; 제3자 펀딩업자를 상대로 소송비용 지급명령을 내린 판결로는, *Knight v. FP Special Assets Ltd* [1992] 174 CLR 178; *Gore v. Justice Corporation* [2002] 119 FCR 428 등을 참조할 수 있다.

58) Legg et al (2011), 656.

59) New South Wales Civil Procedure Act 2005 No. 28, Section 56.

60) New South Wales Civil Procedure Act 2005 No. 28, Section 56.

61) Legg et al (2011), 658-9.

62) 이시윤 (2019), 684-5; 이혜민 (2019), 139.

63) 민사소송법 제107조 제1항, 제2항.

64) "제1항의 경우에는 이송결정을 한 법원의 법원서기관·법원사무관·법원주사 또는 법원주사보(이하 "법원사무관등"이라 한다)는 그 결정의 정본(正本)을 소송기록에 붙여 이송받을 법원에 보내야 한다."

65) International Council for Commercial Arbitration (2018), 161.

66) International Council for Commercial Arbitration (2018), 161.

67) 중재절차에서 제3자 펀딩업자에게 상대방 중재비용을 부담시킬 방법은 없으므로, 제3자 펀딩업자가 부담할 상대방 중재비용의 범위는 별도로 논의할 필요가 없다. 따라서 이하의 논의는 소송절차에 대한 논의에 한정된다.

68) *Arkin v. Borchard Lines Ltd & Ors* [2005] EWCA Civ 655, [38].

69) *Arkin v. Borchard Lines Ltd & Ors* [2005] EWCA Civ 655, [39].

70) *Arkin v. Borchard Lines Ltd & Ors* [2005] EWCA Civ 655, [43].

71) *Arkin v. Borchard Lines Ltd & Ors* [2005] EWCA Civ 655, [40].

72) *Arkin v. Borchard Lines Ltd & Ors* [2005] EWCA Civ 655, [40].

73) 이를 간단한 수식으로 설명하자면, 제3자 펀딩업자가 변호사 보수로 100원, 기타 각종 경비지출로 100원을 지급하였고, 소송 초기에 소송비용 담보제공명령에 따른 담보비용으로 200원을 지급하였을 때, 소송비용 담보제공명령에 따른 담보비용이 *Arkin* 상한금액에서 제외된다고 볼 경우, 제3자 펀딩업자가 패소 시 부담하는 소송비용 상환책임의 한도는 변호사 보수 100원과 경비지출 100원 합계 200원에

불과하지만, 담보비용이 *Arkin* 상한금액에 포함될 수 있다고 볼 경우, 제3자 펀딩업자의 상환책임 한도는 400원(변호사 보수 100원+경비지출 100원+담보비용 200원)으로 크게 늘어난다.

74) *Excalibur Ventures LLC v. Texas Keystone Inc* [2016] EWCA Civ 1144, [39].

75) Jackson (Final, 2009), 122-3.

76) Jackson (Final, 2009), 123.

77) Jackson (Final, 2009), 123.

78) Legg et al (2011), 652.

79) Legg et al (2011), 652.

80) Legg et al (2011), 652.

81) Legg et al (2011), 652.

82) Legg et al (2011), 652.

83) Legg et al (2011), 652.

84) Legg et al (2011), 652.

85) 민사소송법 제117조.

86) 대법원 2013. 5. 31.자 2013마488 결정; 헌법재판소 2016. 2. 25. 선고 2014헌바366 결정; 이혜민 (2019), 142.

87) 이혜민 (2019), 142-3.

88) Federal Court of Australia Act § 56; Federal Court Rules, Part 19; *Fiduciary Ltd v. Morning Research Pty Ltd* [2004] NSWSC 664; *Green v. CGU Ins. Ltd* [2008] 67 ACSR 105.

89) Uniform Civil Procedure Rules 2005 (NSW) § 42.21; Federal Court Rules, Part 19.2.

90) Uniform Civil Procedure Rules 2005 (NSW) § 42.21; *KP Cable Investments Pty Ltd v. Meltglow Pty Ltd* [1995] 56 FCR 189; *Jazabas Pty Ltd v. Haddad* [2007] 65 ACSR 276; Legg et al (2011), 649-50.

91) Uniform Civil Procedure Rules 2005 (NSW) § 42.21(1B): "If the plaintiff is a natural person, an order for security for costs cannot be made merely on account of his or her impecuniosity."

92) International Council for Commercial Arbitration (2018), 164.

93) English Arbitration Act 1996, Section 38(3); LCIA Rules, Article 25.2.

94) International Council for Commercial Arbitration (2018), 169.

95) *RSM Production Corporation v. Saint Lucia* (ICSID Case No. ARB/12/10) Decision on Saint Lucia's Request for Security for Costs (13 August 2014), [55]; International Council for Commercial Arbitration (2018), 169-170.

96) CIARB Guidelines; International Council for Commercial Arbitration (2018), 167.

97) International Council for Commercial Arbitration (2018), 169.

98) CIARB Guidelines; International Council for Commercial Arbitration (2018), 168.

99) *Green v. CGU* [2008] 67 ACSR; Legg et al (2011), 649, 651.

100) *Green v. CGU* [2008] 67 ACSR; Legg et al (2011), 649, 651.

101) *X v. Y and Z* (ICC Case), Procedural Order (3 August 2012); International Council for Commercial Arbitration (2018), 170-1.

102) International Council for Commercial Arbitration (2018), 172.

103) *South America Silver Limited v. The Plurinational State of Bolivia* (PCA Case No. 2013-15), Procedural Order No. 10 (11 January 2016), [59]; *RSM Production Corporation v. Saint Lucia* (ICSID Case No. ARB/12/10), Decision on Saint Lucia's Request for Security for Costs (13 August 2014), [75]; International Council for Commercial Arbitration (2018), 174.

104) *South America Silver Limited v. The Plurinational State of Bolivia* (PCA Case No. 2013-15), Procedural Order No. 10 (11 January 2016), [59]; *RSM Production Corporation v. Saint Lucia* (ICSID Case No. ARB/12/10), Decision on Saint Lucia's Request for Security for Costs (13 August 2014), [75]; International Council for Commercial Arbitration (2018), 174.

105) International Council for Commercial Arbitration (2018), 174.

106) *Guaracachi America Inc. and Rurelec Plc v. Plurinational State of Bolivia* (PCA Case No. 2011-17), Procedural Order No. 14 (11 March 2013); Internatioanl Council for Commercial Arbitration (2018), 176.

107) *RSM Production Corporation v. Saint Lucia* (ICSID Case No. ARB/12/10), Decision on Saint Lucia's Request for Security for Costs (13 August 2014); International Council for Commercial Arbitration (2018), 177.

108) *RSM Production Corporation v. Saint Lucia* (ICSID Case No. ARB/12/10), Decision on Saint Lucia's Request for Security for Costs (13 August 2014); International Council for Commercial Arbitration (2018), 177.

109) *EuroGas Inc and Belmont Resources Inc v. Slovak Republic* (ICSID Case No. ARB/14/14), Procedural Order No. 3 (23 June 2015); International Council for Commercial Arbitration (2018), 177-8.

110) *EuroGas Inc and Belmont Resources Inc v. Slovak Republic* (ICSID Case No. ARB/14/14), Procedural Order No. 3 (23 June 2015); International Council for Commercial Arbitration (2018), 177-8.

111) Von Goeler (2016), 131-2; Herschhopf (2017), 9.

112) Von Goeler (2016), 130.

113) Federal Court of Australia, "Class Action Practice Note-General Practice Note" (25 October 2016) ["Australia Practice Note"]; 호주 빅토리아주의 대법원도 유사한 목적과 취지의 규정을 시행하고 있다(Supreme Court of Victoria, "Practice Note No. 9 of 2010-Conduct of Group Proceedings").

114) Australia Practice Note, paras 6.1- 6.4; Perrin (2018), 10-11.

115) Perrin (2018), 10.

116) Legg et al (2011), 655-6.

117) New South Wales Evidence Act 1995 No. 25, Sections 117-9.

118) *Hastie Group Ltd. v. Moore* [2016] NSWCA 305; Perrin (2018), 10-11.

119) *In re Agent Orange Prod. Liab. Litig.*, 818 F.2d 216, 226 (2d Cir. 1987); Huang (2012), 532.

120) Herschkopf (2017), 9; Shannon (2015), 903-4.

121) *Miller UK Ltd. and Miller International Ltd. v. Caterpillar Inc.*, United States District Court for the Northern District of Illinois, Memorandum Opinion of 6 January 2014, 2014 WL 67340, 11, 14; *Arroyo & Ors v. BP Exploration Co (Columbia) Ltd.* [2010] EWHC 1643 (QB), [48]; Von Goeler (2016), 137.

122) Herschkopf (2017), 9; Shannon (2015), 904.

123) Perrin (2018), 54.

124) International Council for Commercial Arbitration (2018), 83, 98; Von Goeler (2016), 142.

125) International Council for Commercial Arbitration (2018), 102-3.

126) International Chamber of Commerce, 2021 Arbitration Rules; Singapore International Arbitration Center, Investment Arbitration Rules; China International Economic and Trade Arbitration Commission, Investment

Arbitration Rules; Singapore International Arbitration Center, Practice Note: On Arbitrator Conduct in Cases Involving External Funding (31 March 2017); International Council for Commercial Arbitration (2018), 100-1.

127) *Muhammet Çap & Sehil Inşaat Endustri ve Ticaret Ltd Sti v. Turkmenistan* (ICSID Case No. ARB/12/6), Procedural Order No. 3 (12 June 2015); International Council for Commercial Arbitration (2018), 98, 107.

128) SIAC Practice Note; ICC Note; Frignati (2016), 512-5.

129) International Council for Commercial Arbitration (2018), 107; Von Goeler (2016), 131-2.

130) International Council for Commercial Arbitration (2018), 106.

131) *EuroGas Inc and Belmont Resources Inc v. Slovak Republic* (ICSID Case No. ARB/14/14); *South American Silver Limited v. Plurinational State of Bolivia* (PCA Case No. 2013-15), Procedural Order No. 10 (11 January 2016); International Council for Commercial Arbitration (2018), 106.

132) *Muhammet Çap & Sehil Inşaat Endustri ve Ticaret Ltd Sti v. Turkmenistan* (ICSID Case No. ARB/12/6), Procedural Order No. 3 (12 June 2015); International Council for Commercial Arbitration (2018), 107.

133) Von Goeler (2016), 137.

134) Von Goeler (2016), 137-8.

135) Von Goeler (2016), 137-8.

136) IBA Rules on the Taking of Evidence in International Arbitration ["IBA Rules"].

137) IBA Rules, Articles 3, 9; Von Goeler (2016), 137-8.

138) Von Goeler (2016), 137.

139) Von Goeler (2016), 138.

Chapter 6

1) 이하, 용어의 문제로서 금융의 영역에서 법령에 의해 설립된 금융당국이 강제적으로 집행하는 규제를 '외부적 규제' 또는 '공적 규제'라 하고, 자율규제기관 또는 금융업자가 자율적으로 집행하는 규제를 '자율규제'라 하며, 공적 규제와 자율규제를 합하여 '금융규제'라 한다. 이 외에도 명성 또는 인센티브에 기반한 시장규율, 법원의 사법심사 등의 방법으로도 금융업자를 규제할 수 있을 텐데, 이러한 방법을 모

두 포함하여 금융시장에서 시장의 실패에 대한 대응 수단을 통칭하여 언급할 때에는 '규제'라는 용어를 사용하기로 한다.

2) 예를 들어 제3자 펀딩업자의 조직법적 형태, 투자기구 또는 펀드의 형식, 환매·수익 배분 등.

3) 특히 규제법적 논의의 출발점 내지 전제라 할 수도 있는 제3자 펀딩의 허용가능성, 즉 현행 규제법 체계상 외국의 제3자 펀딩업자나 국내의 다른 금융업자가 제3자 펀딩거래를 할 수 있을지의 문제에 대한 결론은 제한적일 수밖에 없을 것이다.

4) 국내에서 자본시장법이나 보험업법은 각자의 영역에서는 포괄주의와 기능별 규제를 지향하지만, 금융 내지 금융상품 전체에 대한 포괄적이고 일반적인 법적 정의는 내리고 있지 않다. 외국의 입법례 중에는 호주가 금융상품 전체에 대한 일반적인 정의를 시도하고 있지만, 그나마도 금융이라는 것 자체에 대해 일반적이고 개념적인 정의를 하기보다는 투자, 위험관리, 비현금지급이라는 대표적인 금융의 기능을 포괄·열거하는 방식으로 금융상품을 정의하고 있어서, 이를 통해 금융 그 자체에 대한 일반적인 법적 개념을 도출하기는 어려워 보인다.

5) 박준 외 (2018), 2: "금융이란 자금공급자와 자금수요자 사이에서 현재의 현금과 장래의 현금흐름의 가치를 교환하는 행위라고 할 수 있다"; 김건식 외 (2013), 33: "자금의 공급자와 수요자 사이에서 일어나는 자금의 융통을 금융이라 하고 [...]."

6) 박준 외 (2018), 2-5.

7) 유지호 외 (2008), 121-3 등.

8) 이러한 소송에 관한 위험의 이전과 인수는 법률비용보험에서 보험자가 피보험자의 소송으로 인한 모든 비용, 즉 피보험자 자신이 지출하는 소송비용과 함께 패소 시 상대방의 소송비용까지 담보하는 원리와 유사한 측면이 있다.

9) 패소 시 상대방 소송비용에 대하여도 책임을 져야 하기 때문이다.

10) 정경영 (2018), 118-9 참조.

11) Corporations Act 2001, Sections 763A(1), 764A(1).

12) Corporations Act 2001, Sections 766A(1).

13) Corporations Act 2001, Sections 911A(1), 912A(1).

14) *Chameleon Mining NL v. International Litigation Partners Pte Ltd*, (2010) NSWSC 972; Legg et al (2011), 660-1.

15) *Chameleon Mining NL v. International Litigation Partners Pte Ltd*, (2010) NSWSC 972; Legg et al (2011), 660-1.

16) *International Litigation Partners Pte Ltd. v. Chameleon Mining NL* (2011) 276 ALR 138; Legg et al (2011), 661.

17) *International Litigation Partners Pte Ltd v. Chameleon Mining NL* [2012] HCA 45.

18) Managed Investment Scheme.

19) Corporations Act 2001, Section 9.

20) "people contribute money or money's worth as consideration to acquire rights (interests) to benefits produced by the scheme."

21) "any of the contributions are to be pooled, or used in a common enterprise, to produce financial benefits, or benefits consisting of rights or interests in property, for the people (the members) who hold interests in the scheme."

22) "the members do not have day-to-day control over the operation of the scheme."

23) *Brookfield Multiplex Limited v. International Litigation Funding Partners Pte Ltd* [2009] FCA 450; Perrin (2018), 4.

24) *Brookfield Multiplex Limited v. International Litigation Funding Partners Pte Ltd* [2009] FCA 450, [1]-[2].

25) *Brookfield Multiplex Limited v. International Litigation Funding Partners Pte Ltd* [2009] FCA 450, [2].

26) *Brookfield Multiplex Limited v. International Litigation Funding Partners Pte Ltd* [2009] FCAFC 147, [39].

27) *Brookfield Multiplex Limited v. International Litigation Funding Partners Pte Ltd* [2009] FCAFC 147, [40].

28) *Brookfield Multiplex Limited v. International Litigation Funding Partners Pte Ltd* [2009] FCAFC 147, [51].

29) *Brookfield Multiplex Limited v. International Litigation Funding Partners Pte Ltd* [2009] FCAFC 147, [70].

30) *Brookfield Multiplex Limited v. International Litigation Funding Partners Pte Ltd* [2009] FCAFC 147, [71].

31) *Brookfield Multiplex Limited v. International Litigation Funding Partners Pte Ltd* [2009] FCAFC 147, [71].

32) *Brookfield Multiplex Limited v. International Litigation Funding Partners Pte Ltd* [2009] FCAFC 147, [81].

33) *Brookfield Multiplex Limited v. International Litigation Funding Partners Pte*

Ltd [2009] FCAFC 147, [90].

34) *Brookfield Multiplex Limited v. International Litigation Funding Partners Pte Ltd* [2009] FCAFC 147, [92].

35) *Brookfield Multiplex Limited v. International Litigation Funding Partners Pte Ltd* [2009] FCAFC 147, [92]-[93].

36) *Brookfield Multiplex Limited v. International Litigation Funding Partners Pte Ltd* [2009] FCAFC 147, [97].

37) *Brookfield Multiplex Limited v. International Litigation Funding Partners Pte Ltd* [2009] FCAFC 147, [97].

38) *Brookfield Multiplex Limited v. International Litigation Funding Partners Pte Ltd* [2009] FCAFC 147, [98].

39) Perrin (2018), 4; Productivy Commission (2014), 610; Legg et al (2011), 668.

40) Perrin (2018), 4; Productivy Commission (2014), 610; Legg et al (2011), 668.

41) The Corporations Amendment Regulation 2012 (No. 6).

42) Perrin (2018), 4-5; Australian Law Reform Commission (2018), 155; Victorian Law Reform Commission (2018), paras 2.23-2.24; Productivy Commission (2014), 610.

43) Piper Alderman, "At a Glance: Regulation of Litigation Funding in Australlia", Lexology (2023).

44) *LCM Funding Pty Ltd v. Stanwell Corporation Limited* [2022] FCAFC 103.

45) The Corporations Amendment (Litigation Funding) Regulations 2022.

46) Couture (2014); Carlucci (1996); Abraham (1992).

47) *SEC v. W. J. Howey Co.*, 328 U.S. 293, 298 (1946).

48) 임재연 (2018), 49-50; 심인숙 (2008), 57-58; Abraham (1992), 1313.

49) *SEC v. W. J. Howey Co.*, 328 U.S. 293, 298 (1946): "a contract, transaction or scheme whereby a person invests his money in a common enterprise and is led to expect profits solely from the efforts of the promoter or a third party."; 임재연 (2018), 50-52; 심인숙 (2008), 60-63; Carlucci (1996), 366.

50) 임재연 (2018), 50-52; 심인숙 (2008), 60-63; Carlucci (1996), 366.

51) 임재연 (2018), 50-51; 심인숙 (2008), 63; Carlucci (1996), 367-8; Couture

(2014), 5.

52) 임재연 (2018), 50-51; 심인숙 (2008), 63; Carlucci (1996), 367; Couture (2014), 5.

53) 임재연 (2018), 50-51; 심인숙 (2008), 63; Carlucci (1996), 367; Couture (2014), 5.

54) Couture (2014), 4; 심인숙 (2008), 60; Carlucci (1996), 368; Abraham (1992), 1318.

55) 임재연 (2018), 52; Abraham (1992), 1318.

56) Carlucci (1996), 374-5.

57) Couture (2014), 6; Carlucci (1996), 375; Abraham (1992), 1318.

58) Couture (2014), 6.

59) Couture (2014), 6.

60) Couture (2014), 4-5; Carlucci (1996), 375; Abraham (1992), 1318.

61) Couture (2014), 4-5; Carlucci (1996), 375; Abraham (1992), 1318-9.

62) Couture (2014), 4-5; Carlucci (1996), 375; Abraham (1992), 1318-9.

63) Couture (2014), 4-5; Carlucci (1996), 375; Abraham (1992), 1318-9.

64) *Marine Bank v. Weaver*, 455 U.S. 551, 556 (1982): 이 판결에서 미국 연방대법원은 어떤 계약이 *Howey* 기준을 충족시킨다고 하더라도 증권법상 보호의 필요가 없다면 그 계약을 증권법상 증권으로 취급할 수 없다고 판시하였다[Wendy Couture, "Are Litigation Finance Contracts Securities?" (October 2013)].

65) 성희활 (2018), 33; 임재연 (2018), 13; 정순섭 (2013), 6.

66) 김홍기 (2013), 21-22.

67) 성희활 (2018), 33; 임재연 (2018), 13; 정순섭 (2013), 6; 정순섭 (2008), 282-3.

68) 성희활 (2018), 61; 정순섭 (2008), 283.

69) 성희활 (2018), 63-66; 임재연 (2018), 14; 김홍기 (2013), 21; 정순섭(2013), 10.

70) 성희활 (2018), 62-63; 임재연 (2018), 14; 정순섭 (2013), 8.

71) 임재연 (2018), 14; 정순섭 (2013), 13.

72) 김상만 (2013), 10; 정순섭 (2008), 284.

73) 심인숙 (2008), 55-56; 정순섭 (2008), 287, 295-6.

74) 심인숙 (2008), 55-56; 정순섭 (2008), 287, 295-6.

75) 임재연 (2018), 37; 김건식 외 (2013), 63.

76) 김건식 외 (2013), 104; 정순섭 (녹색금융, 2009), 100, 105.

77) 임재연 (2018), 13-14; 김홍기 (2013), 21.

78) 정순섭 (2013), 11-12.

79) 김홍기 (2013), 29; 정순섭 (2013), 13-14.

80) 정순섭 (2013), 11.

81) 보험업법 제2조 제1호; 정순섭 (2013), 11.

82) 보험업법 제2조 제1호; 한기정 (2019), 14.

83) 유지호 외 (2008), 135.

84) 박세민 (2019), 106; 한기정 (2018), 46.

85) 박세민 (2019), 4 5; 박선종 (2012), 19.

86) 보험업법 제6조 제1항, 제9조 제1항, 제123조 제1항; 한기정 (2019), 804.

87) 보험업자는 보험계약자 보호를 위하여 경영상황, 보험상품, 보험계약 등에 관한 사항을 수시로 또는 정기적으로 공시해야 한다(보험업법 제124조 제1항, 보험업법 시행령 제67조).

88) 정순섭 (2015), 1053.

89) 단, 입법예고되었던 금융소비자보호 기본법 제정안이나 최근 제정된 금융소비자 보호에 관한 법률은 금융소비자보호원의 신설 등 감독체계의 개편과는 별도로 진행되어 별도의 감독기관 즉 금융소비자보호원의 신설을 전제하지는 않았다.

90) 금융위원회 보도자료.

91) 금융위원회 보도자료.

92) 금융소비자보호법 제2조 제8호; 정순섭 (2016), 88.

93) 정경영 (2017), 311.

94) 윤민섭 (2013), 87.

95) 정경영 (2017), 311.

96) 대출의 법적 성질과 관련하여, 법률상 또는 은행실무상 용어로서는 대출, 대부, 융자 등으로 다양하게 사용되나 그 의미는 동일하다고 하고, 기본적으로 소비대차계약의 법적 성질을 가진다고 한다[정찬형 (주석 금융법, 2007), 364].

97) 이 절에서 규제의 여부나 방법에 관한 논의를 하기 이전에, 과연 제3자 펀딩이 국내법 체계상 허용될 것인지, 즉 제3자 펀딩업자가 국내 당사자와 사이에 국내 소송이나 중재를 대상으로 제3자 펀딩계약을 체결하는 것이 금융규제상 허용될 것인가에 관한 의문이 있을 수 있다. 기존의 국내 금융규제법 체계에서 제3자 펀딩계약, 특히 제3자 펀딩업자와 의뢰인 사이의 관계를 규율할 만한 금융상품 내지 금

융규제법을 찾기 어렵다면, 제3자 펀딩업자와 의뢰인 사이에서 일종의 비전형 계약으로 제3자 펀딩계약을 체결하고 실행하더라도 이를 마땅히 규제하고 제재할 만한 규제법령이 없을 것이므로, 그러한 금융거래가 허용될 것이라고 볼 여지도 있을 것이다. 그러나 신종 금융거래로서의 제3자 펀딩계약이 활용될 경우, 금융당국으로서는 일단은 신중하거나 조심스러운 입장을 취하며 어떤 법적 근거를 동원해서라도 그 거래를 제한하거나 금지할 가능성도 배제할 수 없다. 이러한 측면에서는 의뢰인를 보호하기 위한 목적으로 제3자 펀딩업자에 대한 규제 필요성이나 규제 방법을 논하기에 앞서, 제3자 펀딩업자의 영업과 관련한 법적 불확실성을 해결하기 위한 입법을 먼저 논의할 필요도 있을 것이다. 그러나, 앞서도 밝힌 바와 같이, 본서에서 제3자 펀딩업자와 그 상위투자자와의 관계 그리고 제3자 펀딩업자의 법적 형태 등을 본격적으로 다루지 않는 관계로, 제3자 펀딩의 허용 여부 내지 허용 근거 법률에 관한 입법 문제를 검토하는 데에는 한계가 있음을 미리 밝혀 둔다.

98) 이 부분에서는 전체적인 규제의 틀에 대한 총론적 논의와 제도를 소개하고, 건전성 규제 및 영업행위 규제와 관련한 영국과 호주에서의 각론적인 규제사례는 이하에서 제3자 펀딩의 위험을 분석하고 대응 방법을 모색하는 부분에서 구체적으로 언급한다.

99) 2019년 10월 당시 협회의 회원사로는 Augusta Ventures Ltd, Balance Legal Capital LLP, Burford Capital, Calunius Capital LLP, Harbour Litigation Funding Ltd, Redress Solutions PLC, Therium Capital Management Limited, Vannin Capital PCC, Woodsford Litigation Funding Limited, Arthur J. Gallagher, ClaimTrading Limited, Flightman & Priest LLC, Mourant Ozannes, Nivalion AG, Philip Ells, QLP Legal, Stevens & Bolton LLP, TheJudge Limited가 있다.

100) Mulheron (2014), 570-1; Perrin (2018), 50-51.

101) https://www.gov.uk/government/organisations/civil-justice-council.

102) http://associationoflitigationfunders.com/code-of-conduct; Mulheron (2014), 571; Perrin (2018), 51.

103) Perrin (2018), 51.

104) Mulheron (2014), 576-7; The Association of Litigation Funders of England Wales, Articles of Association, Article 30.

105) Jackson (Final, 2009), 124.

106) Australian Law Reform Commission (2018), 157; Perrin (2018), 5; Productivity Commission (2014), 610 등.

107) Productivity Commission (2014), 631-2.

108) Productivity Commission (2014), 632.

109) Productivity Commission (2014), 633.

110) Productivity Commission (2014), 632-3.

111) Victorian Law Reform Commission (2018).

112) Victorian Law Reform Commission (2018), paras 2.21, 2.31.

113) Victorian Law Reform Commission (2018), para 2.25.

114) Australian Law Reform Commission (2018), 160

115) Australian Law Reform Commission (2018), 160.

116) Australian Law Reform Commission (2018), 161.

117) Australian Law Reform Commission (2018), 161.

118) Australian Law Reform Commission (2018), 161-3.

119) "금융거래의 상대방으로서 금융업자와 금융상품을 거래하는 당사자를 표현할 때 사용하는 용어로는 거래상대방, 고객, 예금자, 투자자, 보험계약자, 금융이용자 등의 용어"를 사용할 수 있는데, 이하에서는 금융거래의 상대방으로서 예금자와 투자자 그리고 보험계약자뿐만 아니라 제3자 펀딩계약의 의뢰인 등까지 포괄하는 용어로서 "금융소비자"라는 용어를 사용한다. 그리고 금융소비자의 반대 당사자로서 금융업무를 제공하는 은행법상 금융기관, 자본시장법상 금융투자업자, 보험업법상 보험회사와 제3자 펀딩업자 등을 포괄하는 용어로는 "금융업자"라는 용어를 사용한다 [김종민 외 (2009), 13-14; 정순섭 (금융소비자 보호, 2009), 6 등 참조].

120) 김종민 외 (2009), 14-16; 정순섭 (2002), 5-6.

121) 김범준 (2015), 326; 김해식 외 (2015), 18; 정순섭 (2011), 12.

122) 김종민 외 (2009), 14.

123) 박선종 (2012), 10; 정순섭 (2012), 5; 김해식 외 (2015), 18: 개별 보험회사에 대한 재무건전성 규제는 "보험회사에 충분한 준비금 적립과 자본 보유를 요구함으로써 보험계약자에게 언제라도 보험금을 지급할 수 있는 능력을 유지하는 방향으로 변화해 왔다."

124) 정순섭 (2012), 5-6; 김종민 외 (2009), 15.

125) Productivity Commission (2014), 629-30.

126) Jackson (Final, 2009), 118.

127) "보험료 지급채무와 보험급여지급채무를 통해서 보험계약자 측의 위험이 보험자에게로 이전 또는 전가된다." [한기정 (2019), 18]

128) 보험업법 제6조 제1항, 제9조 제1항, 제123조 제1항; 한기정 (2019), 804.

129) Productivity Commission (2014), 630-1; Jackson (Final, 2009), 121.

130) Mulheron (2014), 574.

131) England Code of Conduct, para 9.4.1.

132) England Code of Conduct, para 9.4.2.

133) England Code of Conduct, para 9.4.3.

134) England Code of Conduct, para 9.4.4.

135) Hong Kong Code of Practice.

136) Hong Kong Code of Practice, para 2.5.

137) Singapore Civil Law Act, Section 5B(10); Civil Law (Third Party Funding) Regulations 2017, Regulation 4(1)(a).

138) Civil Law (Third Party Funding) Regulations 2017, Regulation 4(1)(b).

139) Hodges et al (2012), 143-4.

140) Productivity Commission (2014), 629-30.

141) Standing Committee (2006), 8.

142) Ohio Rev. Code Ann. § 1349.55; Popp (2019), 748.

143) Ohio Rev. Code Ann. § 1349.55; Popp (2019), 749.

144) Popp (2019), 748.

145) Australian Securities and Investments Commission Act 2001, Section 12CA: "A person must not, in trade or commerce, engage in conduct in relation to financial services if the conduct is unconscionable within the meaning of the unwritten law, from time to time, of the States and Territories."

146) Australian Securities and Investments Commission Act 2001, Section 12DA: "A person must not, in trade or commerce, engage in conduct in relation to financial services that is misleading or deceptive or is likely to mislead or deceive."

147) Australian Securities and Investments Commission Act 2001, Section 12DF: "A person must not, in trade or commerce, in connection with the supply or possible supply of financial services, or in connection with the promotion by any means of the supply or use of financial services: (a) make a false or misleading representation that services are of a particular standard, quality, value or grade [...]."

148) Australian Law Reform Commission (2018), 156; Perrin (2018), 4.

149) Australian Law Reform Commission (2018), 156.

150) 성희활 (2018), 149; 임재연 (2018), 196-7.

151) The Corporations Amendment Regulation 2012 (No. 6).

152) Australian Securities and Investments Commission (2013).

153) Productivity Commission (2014), 610; Australian Law Reform Commission (2018), 155; Victorian Law Reform Commission (2018), paras 2.23-2.24.

154) Australian Securities and Investments Commission (2013), 12-13.

155) Australian Securities and Investments Commission (2013), 12-13.

156) Australian Securities and Investments Commission (2013), 14.

157) Australian Securities and Investments Commission (2013), 15.

158) Australian Securities and Investments Commission (2013), 17.

159) Australian Securities and Investments Commission (2013), 17.

160) Australian Securities and Investments Commission (2013), 18-19.

161) Australian Securities and Investments Commission (2013), 18.

162) Australian Securities and Investments Commission (2013), 20-27.

163) Australian Securities and Investments Commission (2013), 20-21.

164) Australian Securities and Investments Commission (2013), 21-22.

165) Australian Securities and Investments Commission Act 2001, Div. 2 of Pt. 2.

166) Australian Securities and Investments Commission (2013), 22.

167) Australian Securities and Investments Commission (2013), 23.

168) Australian Securities and Investments Commission (2013), 23-24.

169) Australian Securities and Investments Commission (2013), 25-27.

170) Law Council of Australia (2011), 15-16.

171) Australian Securities and Investments Commission (2018), 15-16.

172) Jackson (Final, 2009), 124; Australian Law Reform Commission (2018), 161-3.

173) 앞서 살펴보았듯이, 호주에서는 제3자 펀딩에 대한 공적 규제를 시행할 경우, 영업행위 감독 내지 소비자 보호에 초점을 맞춰서 호주 증권투자위원회가 규제를 하는 것이 적합한지, 아니면 건전성 감독에 초점을 맞춰서 호주 건전성감독청이 규제를 하는 것이 적합한지에 관한 논의도 있었다[Productivity Commission (2014), 632-3; Australian Law Reform Commission (2018), 161-3 등].

저자 약력

학력
서울대학교 법과대학 법학부 졸업(법학사)
同 대학원 석사과정 및 박사과정 졸업(법학석사 및 법학박사)
런던정경대(LSE) 법학석사과정 졸업(LL.M.)

경력
청주지방법원 판사
헤이그 상설중재재판소(Permanent Court of Arbitration, PCA)
법무법인(유) 율촌 파트너 변호사
EY(Ernst&Young) 한영회계법인 파트너 및 법무실장
한양대학교 법학전문대학원 교수(현)

제3자 펀딩(Third-Party Funding): 소송과 중재를 위한 금융

초판발행	2025년 1월 20일
지은이	안태준
펴낸이	안종만·안상준
편 집	이수연
기획/마케팅	최동인
표지디자인	BEN STORY
제 작	고철민·김원표
펴낸곳	(주) **박영사**
	서울특별시 금천구 가산디지털2로 53, 210호(가산동, 한라시그마밸리)
	등록 1959. 3. 11. 제300-1959-1호(倫)
전 화	02)733-6771
f a x	02)736-4818
e-mail	pys@pybook.co.kr
homepage	www.pybook.co.kr
ISBN	979-11-303-4844-5 93360

copyright©안태준, 2025, Printed in Korea

* 파본은 구입하신 곳에서 교환해 드립니다. 본서의 무단복제행위를 금합니다.

정 가   28,000원